어·린·이·와·청·소·년·을·위·한
마음을 치유하는
101가지 이야기

은유를 사용한 심리치료

George W. Burns 지음 · 김춘경 옮김

WILEY

학지사

상담이나 심리치료 현장에서 미술이나 음악, 동작, 놀이, 게임 등 다양한 치료 매체들이 사용되고 있지만, 이야기만큼 매력적인 것도 없을 것이다. 그 이야기가 자신의 문제를 은유적으로 다루는 경우에는 더욱 그렇다. 은유는 문학에서뿐 아니라 사람들이 그들 자신, 그들의 가치, 그들의 세계에서 새롭고 창조적인 관점을 즐기기 위해 사용할 수 있는 효과적인 도구라 하여 외국에서는 상담과 심리치료, 치료교육 장면에서 널리 사용되고 있다.

최근에는 우리나라에서도 이야기치료, 은유치료, 동화치료, 독서치료, 문학치료 등을 활발하게 연구하여 치료현장에서 적용하고 있다. 이름은 각기 다르지만 이야기나 문학작품을 활용한 이 치료기법들은 여러 가지 치료적 유익을 위해 활용된다. 즉, 아동이나 청소년을 대상으로 그들 내면에 아직 인식되지 않거나 활용되지 않은 자원을 발견하고 접근하기 위해서, 부끄러워하거나 수치스럽게 생각하지 않고 저항감 없이 이야기의 주인공과 자신을 동일시함으로써 자신의 문제에 직면시키기 위해서, 표현하기 적절하지 않거나 억압된 감정을 자연스럽게 배출하는 정서적 카타르시스를 경험하기 위해서, 자신이나 자신이 처한 상황에 대한 새로운 통찰력을 키우기 위해서 활용되고 있다. 이러한 경험과 통찰은 자신의 생활을 스스로 조절하여 적응해 나가는 데 도움이 될 뿐 아니라 문제를 해결하는 힘과 능력을 키워 준다.

역자가 은유적 이야기의 치료적 효과를 경험한 것은 '경북대 사이버 상담실'을 운영하면서부터였다. 당시만 해도 인터넷 사용이 흔하지 않았고, 사이버 상담실은 거의 없었기 때문인지 공개상담은 물론이고, 전문가의 상담을 기다리는 비밀

상담 요청이 꽤 많았다. 상담을 신청한 사람의 안타까운 마음은 이해가 되나 비밀 상담의 경우, 일주일 정도의 답변 기간이 필요함을 사전에 예고할 정도로 답변을 빨리해 줄 수 없는 형편이었다.

그런데 뜻밖의 일들이 일어났다. 아직 답변을 하지 않은 상담 신청자의 파일을 열었는데, 상담에 대한 감사의 편지가 와 있는 것이다. 이러한 경우는 어쩌다 한 번이 아니라 꽤 자주 생겼다. 무슨 일인지 이해가 안 되고, 놀랍고, 이상하기까지 했다. 빨리 답변을 못 주어 미안한데, 오히려 '감사하다'라는 인사를 먼저 받으니 말이다. 무슨 일인지 궁금했는데, 내용을 알고 보니, 그들은 사이버 상담실에서 매일 새벽에 발송하는 좋은 글들을 읽고 그 글이 상담에 대한 답변인 줄 안 것이다.

사이버 상담실을 구축하면서, 예방과 치료적 차원에서, 인생에서 주요하게 대두되는 삶의 과제와 생활의 문제영역을 크게 다섯 가지 영역으로 나누어 바람직하고 만족스럽게 해결하기 위한 좋은 글들을 선정하여 아침마다 발송하는 '옹달샘'이라는 시스템을 마련하였었다.

상담 신청자들은 '옹달샘'에서 보내는 짧은 글들을 읽고, 그 이야기의 내용을 통해 자기 문제를 새로운 시각에서 다시 바라보게 되거나 문제해결의 실마리를 찾았던 것이다. '물에 빠진 사람이 지푸라기라도 잡고 싶은 심정'을 이해할 수 있었던 경험이었다. 문제를 가진 사람은 그 문제를 해결하려고 치료에 도움이 되는 모든 정보나 이야기를 치료적 목적으로 활용하려는 노력을 한다. 그들의 문제와 상관없이 발송된 이야기 속에서 그들은 치료적 메시지를 찾아냈고, 문제를 해결해 나갈 수 있었던 것이다.

은유와 상징의 치료적 효과와 기능은 이미 널리 알려져 오래전부터 활용되고 있다. Lankton과 Lankton의 치료적 은유이야기 만들기 기법이나 Gardner의 상호 이야기하기 기법, Mills와 Crowley의 실생활이야기를 활용한 치료적 은유이야기 기법이나 가상적 이야기를 활용한 치료적 은유이야기 기법, 내담아동의 글쓰기 기법을 통한 이야기 만들기 등 다양한 은유치료 기법들이 있다. 그러나 이런 기법들의 효과를 개인 상담이나 집단 상담에서 톡톡히 경험하였지만, 항상 뭔가 부족하고 아쉬운 마음이 남아 있었다. 이는 내담 아동이나 청소년들에게 좀 더 적합하고 좀 더 많은 치료적 효과를 줄 수 있는 이야기에 대한 굶주림이었던 것 같다. '옹달샘'을 준비하면서 모았던 수백 편의 짧은 이야기, 문학치료 연구를 하면서 읽은 다양한 문학작품들, 동화치료를 하면서 분석했던 많은 동화들에 관한 자료들이 있었지만 내가 도와주어야 할 아이에게는 좀 더 다른 이야기가 필요했다. 유사한 문제 같지만 다른 배경을 지닌 아이가 가지고 온 문제이기 때문에 뭔가 좀 더 다른 치료적 요소가 들어간 그 아이에게 딱 맞는 치료적 이야기를 만들어야 했다. 의사들이 환자를 진단하여 약을 처방하듯이 내담자들의 동일시를 이끌어 내고 카타르시스, 통찰력과 문제해결력을 증진시킬 수 있는 치료적 요소가 들어간 이야기를 만들면서 많은 한계로 괴로워할 때 시원한 생수와 같은 책을 접할 수 있었다. 그것이 바로 Burns의 *101 Healing Stories*다.

저자인 Burns는 Milton Erickson 연구소에서 은유적 이야기를 활용하여 많은 내담자를 치료하고, 그 치료적 효과를 가르치고 있다. 아동과 청소년 내담자들에게 처방할 수 있는 학습향상, 자신돌보기, 행동양식 바꾸기, 인간관계 관리하기,

정서조절하기, 도움이 되는 생각만들기, 삶의 기술 개발하기, 문제해결 기술, 삶의 위기관리 등의 핵심 주제에 관한 은유적 이야기 101가지를 우리에게 제시하고 있다. *101 Healing Stories*를 통해, 저자는 치료에 필요한 자료, 즉 물고기만 주는 것이 아니라, 물고기를 잡는 법도 자세하게 안내하고 있다. 뿐만 아니라 부모와 교사들을 위한 안내도 상세히 하고 있다.

아무리 많은 책과 자료가 있어도, 현재 상담하는 내담아동이나 청소년에게 딱 맞는 적절한 이야기를 찾지 못했거나 혹은 치료적 이야기를 만들 재주가 없어 한탄한 적이 있는 상담자에게, 그리고 자녀나 학생의 문제행동을 바꾸기 위해서 어떤 이야기를 해 주고 싶은데 잔소리거리나 설교만 생각날 뿐 그들을 변화시킬 수 있는 감동적인 이야기를 찾지 못해 안타까워했던 부모나 교사들에게 이 책은 좋은 지침이 될 것이다.

이런 분들에게 도움이 될 것을 기대하면서 번역을 시도하였다. 부디 많은 분들에게 도움이 되기 바란다. 이 책을 함께 읽으며 각각의 이야기마다 감동과 치료적 효과를 함께 토론한 경북대학교 아동가족상담 전공 대학원생들과 문학치료 대학원 학생들에게 고마움을 전한다. 이 책의 출판을 도와주신 학지사 김진환 사장님과 편집부 담당자께도 감사드린다.

2009년 1월

김춘경

"이야기 하나만 해 주세요." 이런 요구를 얼마나 많이 들었는가? 엄마나 아빠, 선생님, 할아버지나 할머니, 삼촌, 고모나 이모, 아기 돌보는 사람, 보육원 교사 등 아이와 관계가 있는 사람이라면 누구할 것 없이 끊임없이 이야기해 달라는 아이들의 요구를 피할 수 없었을 것이다. 하지만 이야기를 해 달라고 할 때 아이들이 정말 원하는 것이 무엇인가에 대해 생각해 본 적이 있는가? 그들은 그냥 재미만 찾는 걸까? 환상의 세계로 여행을 하고 싶은 걸까? 이야기해 주는 사람과 듣는 사람이라는 특별한 관계에서 친밀감을 느끼고 싶은 걸까? 자신이 되고 싶은 등장인물과 자신을 동일시하고 싶은 걸까? 실제 삶 속에서 행동하고 관계를 만들고 삶에 대처하는 방법에 대한 모델을 찾으려는 걸까?

아이들은 이야기를 좋아한다. 증거가 필요하다면, "제발 이야기 하나만 해 주세요."라는 말을 들어 보라. 서점과 도서관을 꽉 채운 아동도서 코너들을 보라. 인기 있는 아동 영화나 수많은 비디오게임의 주제가 되는 갈등, 투쟁, 승리의 작품으로 다시 태어나는 이야기들을 보라. 그것은 "새 책 하나 사도 돼요?" "DVD 하나 빌려도 돼요?"와 같은 말로 변할 수는 있어도, 끊임없이 이야기를 해 달라고 보채는 채워지지 않는 허기와 같은 것이다. 이야기를 통해서 문제해결의 기술을 얻고 정보를 얻고 배우고자 하는 욕망들을 채운다고 보면, 이 책을 쓰면서 하게 되는 첫 번째 질문은 다음과 같을 것이다. '교육, 건강, 치유, 행복에 관한 이야기들을 어린 내담자와 지속적으로 나누려면 어떻게 하는 것이 가장 효과적이고 유익할까?'

7

이 책이 제공하는 것

화가가 작품에 감동을 담는 데 꼭 필요한 요건이 두 가지 있는 것처럼, 은유를 쓰는 사람도 똑같은 요건이 필요하다. 기술(skill)과 기법(art)이 바로 그것이다. 화가에게 기술은 원근법, 색채, 명암 등에 대한 지식과 그 사용법이 되고, 은유치료사에게 필요한 기술은 아이를 매료시키고 아이가 문제에 쉽게 동일시되며 그 해결책을 찾는 데 동참할 수 있게 하는 치료적 이야기를 구성하는 능력이다.

기법은 원칙의 적용을 넘어서는 것이다. 이는 수많은 작품 가운데서 하나의 작품을 눈에 띄도록 만드는 것과 같이, 이야기를 듣는 사람에게 그 사람에게만 관련된 감동이 되도록 이야기를 만들어 주는 것이다. 또한 기법은 이야기를 아이와 그 아이의 필요에 따라 구체적으로 다듬는 것이고 연관성과 의미 모두와 소통하는 것이다.

이 책에서는 아동이나 십대 청소년뿐 아니라 상담을 하러 오는 내담자들에게도 유용한 치유적 이야기를 사용해서, 확신을 가지고 효과적으로 작업할 수 있도록 하는 능력과 자격을 만들어 줄 기술과 기법 모두를 될 수 있는 대로 알기 쉽게 다루고자 한다. 나는 은유를 다루는 워크숍에서 "이야기에 대한 아이디어를 어떻게 찾으십니까?" "어떻게 해야 아이들이 이야기에 빨려들 수 있습니까?" "딱 맞는 이야기를 만들어 내는 소재나 자료들을 어디서 찾으십니까?" "어떻게 해야 효과적으로 치유적 이야기를 할 수 있습니까?" 등의 질문을 자주 듣는다. 나는 이 책에서 이런 질문들에도 답하고자 한다. 다행히 이런 질문에 답해 줄 수 있는 실용적이고 배울 만한 단계들이 있고, 나의 목표는 효과적으로 이야기하는 법, 이야기가 은유적으로 되게 하는 법, 치료적 이야기를 찾는 곳 등을 이 책의 각 장에서 될 수 있는 대로 명확하게 제시하는 것이다. 또한 이 책에는 이야기를 전달하기 위한 지침들과 가장 효과적으로 내담자를 끌어들여 치유의 여행에 발을 내딛게 하기 위한 이야기꾼의 목소리에 대한 지침들도 들어 있다. 이 책은 이런 실용적인 과정을 통해 자신의 경험과 여타의 자료들로 은유적 이야기를 만들어 내는 방법들에 대해서 독자를 조용히 안내할 것이다.

이야기로 치료를 하고자 한다면, 지금 바로 이야기들을 모으기 시작하라고 말하고 싶다. 서점, 비디오, 아이들이 즐기는 게임들 속에서 찾아라. 한 아이와의 뜻 깊고 소중하며 익살스러운 상호작용이 다른 아이에게도 도움이 되도록 잘 기록해 두어라. 가르치고 치유하는 것에서, 이야기는 강력하면서도 미묘한 능력을 발휘해 나를 오랫동안 매료시켜 왔기 때문에 나는 이야기 모으는 것을 아주 좋아한다. 여행을 할 때는 문화적인 이야기와 아이들의 이야기를 찾아보고, 아이를 둔 친구네 책꽂이를 눈여겨 보고, 아이들이 자신들에 대해 어떻게 쓰는지 살펴보라. 치료를 위해 찾아온 아이들은 치료실에서 수많은 비극적 이야기와 승리를 얻어 내는 이야기에 귀 기울이면서 치료사에게 아이의 힘과 복원력과 대처능력에 대해 가르쳐 줄 것이다. 겸손하게 내담자나 다른 아이들의 창조적이고 상상력 풍부한 이야기에 귀 기울이는 시간을 가진다면 그들의 젊은 삶의 경험들을 배울 수 있을 것이다. 아이들은 뭘 말해야 하고 말해서는 안 되는지, 그리고 어떻게 말해야 하는지에 대해 어른들이 만들어 놓은 제한과 구조를 전혀 알지 못하기도 한다. 이야기치료사와 함께할 수 있는 기회가 있다면 모임에도 참여하고 회합에도 나가 보라. 그러면 치료사들의 기법을 관찰할 수도 있고, 그들이 전하고자 하는 메시지를 받아들일 수도 있을 것이다. 유명인사의 문집, 민담, 아동도서에서, 또는 인터넷에 돌아다니는 농담이나 옛이야기 속에서도 탁월한 은유 요소를 담고 있는 이야기들을 볼 수 있을 것이다. 어떤 방법으로 이야기를 모았든, 거기에는 그 이야기들이 본래 가지고 있는 가치에서 뭘 버릴 것이며 뭘 받아들이고 그 장점을 키워 나갈 것인지에 대한 기술을 획득할 수 있을 것이다. 이러한 과정을 여기에서 읽게 될 이야기만이 아니라 나중에 알게 될 어떤 이야기에서라도 따르기를 권한다.

이 책이 경험 있는 치료사들에게 의미 있는 치료적 은유를 구성하기 위한 새로운 아이디어를 다양하게 소개하는 것이기를 바란다. 그들에게 기술 연마를 위한 기법을 선사하고, 의사소통을 강화하고, 우리가 하는 일의 효과에 힘을 더하고 더 즐겁게 하도록 할 것이다.

이제 겨우 치료적 은유의 가능성을 발견한 초보 은유치료사들에게는 어떤 이론적 배경을 가졌든 임상에서 바로 적용할 수 있는 치료적 이야기의 단계별 과정, 사례, 풍부한 원천 등을 제공할 것이다. 뿐만 아니라 은유를 적용시키는 방법에 대해서도 배울 수 있어서 치료적 의사소통과 변화의 과정, 결과를 촉진하는 보상 등의 기법에 관한 능력도 키울 것이다.

한 마디 혹은 두 마디

나는 은유를 이야기 장르에서 의사소통의 한 형태(이야기, 작품, 일화 등과 같은)로서 한 경험의 장에서 취해진 표현이 다른 경험의 장으로 옮겨가는 표현이라는 의미로 정의한다. '앞발을 다친 곰처럼 화가 난 불량배'라는 표현은 불량배와 곰의 겉모습이 닮았다는 것이 아니라 곰에 대한 묘사나 문맥, 이야기, 곰의 행동하는 모양새 등이 불량배가 지닌 상상 속의 이미지 및 불량배의 행동과 통하는 데가 있다는 의미다. 은유에 문학적 치료 가능성을 부여하는 것이 이런 상징적 연관이다.

치료와 교육에서의 은유는 말 그대로 아이의 문제를 해결하고 새로운 대처 방안을 제공하는 데 도움을 줄 수 있는 경험, 과정, 결과에 대해서 내담자와 간접적이고 상상적이며 함축적인 의사소통을 할 수 있는 형태로 만들어진다. 치료사는 이야기를 듣는 아이가 불량배와 만날 수 있는 환경적·정서적 문제를 다룰 수 있는 자원으로 앞발을 다친 곰한테서 자신을 보호하려면 무엇이 필요한지에 대해 이야기할 수 있다. 이런 은유들은 옛이야기, 민담, 일화, 농담, 속담, 비유, 그 외의 다른 정보들을 다 포함한다. 아이들과 은유로 의사소통을 할 때 필요한 그 외의 도구들과 기법들은 제3장에서 자세히 소개할 것이다. 여러 가지 작품이나 옛이야기, 일화 등과 치료적 은유를 달리 보는 것은 (1) 의도적으로 만들어 낸 상징적 의사소통, (2) 구체적 치유나 치료적 의도의 조합 때문이다.

이 책에서 옛이야기, 민담, 일화 등의 차별성을 현학적으로 다루는 것은 나의 목적이 아니다. 사실 대부분 그런 용어들을 동의어처럼 사용할 것이다. 은유나 치유적 이야기, 치료 목적으로 만든 이야기 같은 용어들을 사용하는 것은 단지 무심코 나오는 일화적인 설명만을 말하는 것도 아니고, 사교모임에서나 있을 법한 앞뒤 맞지 않는 이야기도 아니라는 것을 말하고자 하는 의도에서다. 은유나 치유적 이야기라는 것은 분명하고 합리적이며 윤리적인 치료적 목적을 가지고 신중하고 정교하게 만들어진 것을 말한다. 다시 말해서, 인간의 긴 이야기하기 역사에 근거를 두고 효과적인 의사소통 과학에 기초하여, 내담자의 필요에 따른 구체적인 치료적 관련성을 보여 주면서 훌륭한 이야기꾼의 기법으로 전하도록 정교하게 만들어진 이야기를 뜻한다.

말로 하는 이야기와 글로 쓴 이야기

부모님한테서 오랫동안 이야기를 듣고, 다시 그 이야기를 내 아이들과 손자들 그리고 다양한 내담자들에게 해 주면서, 나는 '이야기하기'와 '이야기 쓰기'가 전혀 다른 과정이라는 걸 알게 되었다. 사실 글로 쓴 형태로 이야기하기에 대해 뭔가를 말하려고 하는 건 좀 생소하다. 이야기는 한번 글로 인쇄되고 나면 늘 말로 해 왔던 방식 그대로라 할지라도 불변성을 지니게 되어 버린다. 실재성은 이야기를 역동적으로 만든다. 이야기는 진화하고 변화하며, 듣는 이의 귀에서 귀로, 이야기하는 이의 입에서 입으로 옮겨 다닐 때마다 그에 맞춰 조금씩 바뀐다. 이야기의 영향력은 주로 이야기를 듣는 사람과 그 주변 환경의 요구에 따른 유연성과 개작 가능성에 있는 경우가 많다. 그러므로 비슷한 단초를 가진 이야기를 똑같은 방식으로 두 번 반복해서 이야기하지 말기를 바란다.

따라서 이 책에서는 맨 처음 들었거나 처음 개발해 낸 이야기라는 것에 큰 의미를 두지 않는다. 이야기를 읽는 방식이 지난번 내담자에게 들려줬던 그 방식이라거나 다음에 또 그렇게 할 거라는 것도 별 의미가 없다. 그저 그 이야기가 이런 형태로 기록된 적이 있다는 것을 정확한 어휘가 아닌 그 주제나 이야기를 만든 단서, 의미 같은 걸로 보여 줄 수 있을 따름이다. 이야기를 기억하려고 애쓰거나 이야기의 축어적 의미 그대로를 아이와 결부시키려고 하는 것보다는 하나하나의 이야기 속에 들어 있는 치료적 메시지를 찾아보라. 이런 이야기들은 배우가 대사를 정확하게 기억하고 그대로 되풀이하는 것처럼 말했던 걸 또 하고 또 하도록 만들어진 것이 아니다. 이야기가 진화하도록 내버려 두고, 그에 따라 여러분이 만들어 내는 자신의 이야기들과 이야기하는 기술들을 발달시켜 나가기 바란다. 이야기는 우리 안에서 드러나게 되고, 우리 자신의 경험으로 그 의미를 전하게 되고, 다시 우리를 개별적인 존재로 정의할 수 있도록 해 준다. 이야기는 그 속에서 우리 치료사들과 내담자들이 행복해지고 잘 사는 법을 찾을 수 있게 해 줄 뿐 아니라 긍정적인 정서 상태를 창조하고 유지할 수 있는 방법들도 발견하게 해 준다.

이 책의 구조

이 책은 3부로 나누어 특정 아동을 치료할 때 다시 찾아보고 싶은 부분들을 쉽게 참조할 수 있도록 구성해 놓았다. 제1부 '어린이와 청소년들에게 효과적으로 이야기하기'에서는 정보를 주고, 교육하고, 가치관을 가르치고, 훈련시키고, 경험을 쌓게 하고, 문제해결을 돕고, 변화시키고, 치유할 수 있도록 하는 은유의 마술을 시험한다. 여기에는 효과적으로 이야기를 하는 법과 이야기를 하는 사람이 목소리를 어떻게 써야 하는지에 대한 지침도 들어 있다. 제3장에서는 치료적 메시지의 의미를 은유적으로 전달하는 데 유용한 도구들과 기법, 자원들에 대해서 논의한다. 이 장에서는 은유치료에서 책, 드라마, 비디오, 꼭두각시 인형, 장난감, 놀이, 유머, 함께 만드는 이야기, 그 외 다른 미디어들을 어떻게 사용할 것인가를 다루고 있다.

제2부 '치유적 이야기, 교훈적 이야기'는 모두 10장으로 나눠져 있는데, 각 장에는 치료적 성과가 담긴 주제와 관련된 이야기들이 10개씩 들어 있다(제4장만 예외적으로 9개의 이야기가 들어 있다.). 각 장은 결과의 주제에 대한 간단한 설명으로 시작하여 특정 결과가 지향하는 목표에 대한 여러분의 이야기 아이디어를 기록하고 개발하는 걸로 마무리한다.

각 장의 이야기들이 엮어 내는 화젯거리들은 일반적인 치료적 목표를 나타낸다. 이런 화젯거리들이 모든 것을 포괄하는 전반적인 소아과 치료적 목표를 담을 수 있다는 건 아니다. 이는 나 자신의 임상적 실행에서 얻는 경험과 다른 치료사의 임상, 교육, 소아과 관련 인사들 및 발달심리학자들과 가진 논의들에서, 또 내가 주관했던 한 학회에서 가장 일반적인 10가지 치료적 목표로 보았던 것을 목록화하기를 요청했는데, 이것들은 미출판된 연구의 결과 등에서 나온 것들이다. 내가 사용했던 결과 목표(outcome goal)는 내가 치유적 이야기를 구축하는 데 알맞은 틀이 되었다. 나는 그것들이 여러분의 은유 아이디어를 발달시키는 길잡이가 되기를 바란다. 하지만 그것이 비단 치료적 결실만도 아니고 여러분이나 여러분의 어린 내담자들과 관련된 것만도 아니라는 걸 명심하기 바란다. 유익하다면 마음껏 사용하고, 그렇지 않다면 다른 누군가에게는 맞는 이야기가 될 수도 있으니 여러분의 이야기(또는 치료)에 제한을 두지 말라.

제13장에 있는 이야기들은 제2부의 일반적 형태에서 벗어나는 것들로 어린이를 위해 어른이 만든 이야기가 아닌 어린이가 만든 이야기들이다. 어린이에게 자신의 치유적 이야기를 쓰게 한 어느 학교의 프로젝트에서 나온 이야기들이 주를 이룬다.

제3부 '어린이를 위한 치유적 이야기 만들기'는 결과 지향적 이야기를 여러분이 직접 개발하는 과정으로 안내할 것이다. 은유를 제대로 만들지 못하게 하는 함정과 그에 따르는 몇 가지 유익한 방식에 대해서도 논의한다. 또한 은유를 만들도록 도와주는 다양한 자료들을 보여 줄 것이고, 효과적인 치료적 은유를 간단하게 만들고 배열하고 제시할 수 있도록 하는 초보과정도 제시할 것이다. 그리고 제17장은 자녀들의 치료적 개입의 효과를 증진시키는 방법인 은유를 사용하는 방법을 부모들에게 가르치는 내용이다.

이 책에서 중점을 두는 것은 은유치료를 바탕으로 한 연구의 재해석이 아니라 이야기하는 방법과 은유를 만들어 내는 아이디어를 찾는 방법, 자신의 치료적 이야기를 만드는 방법에 대한 실용적인 활용이다. 은유치료에 있어서 과학적인 면과 미학적인 면은 둘 다 중요하기 때문에 언어 형식으로서의 은유의 본질과 그 효용성 및 다양한 치료적 적용을 더 탐색해 볼 수 있도록 책의 말미에 세부 자료 부분을 마련해 놓았다. 이는 더 심도 있는 치료적 이야기의 소재를 다양한 자료와 아동도서 및 인터넷 웹사이트에서 볼 수 있는 전통 민담 등에서도 찾을 수 있도록 해 줄 것이다.

이 책의 특성에 대해 한 가지 더 덧붙이자면, 다시 보고 싶은 결과 지향의 장들과 다른 정보들을 빨리 찾을 수 있도록 해당 장의 제목을 페이지 가장자리에 탭 처리해 놓았다는 것이다. 이런 방식으로 책을 구성해 놓은 것은 정해진 시간 안에 치료실에 앉아 있는 아이와 치료를 하기 위해 미리 준비된 유용한 생각들의 자료들을 제공할 수 있게 되기를 바라는 마음에서다. 이런 방식으로 책을 쓰고 구성한 것은 나를 딜레마에 처하게도 했다. 나는 『어린이와 청소년을 위한 마음을 치유하는 101가지 이야기』가 명확하고 실용적이며, 설사 그렇게 보인다 해도 너무 규범적이지 않게 접근할 수 있기를 바랐다. 나는 은유가 개인적이어야 하고, 개별 아이와 힘을 모아 개발하는 것이 최상이며, 아이의 특성과 문제, 자질 및 바람직한 결과 등을 고려해야 한다는 걸 말하고 싶다. 내가 이 책에 담긴 이야기들을 쓰는 동안 누렸던 즐거움만큼, 여러분도 아이들의 은유 속으로 떠나는 여행을 즐겨 보기 바란다.

⊙ 감사의 글

등장인물 없이 완성되는 이야기는 없다. 이 책의 배후 이야기에도 이 책의 진전에 아낌없이 공헌한 사랑스럽고 가치 있는 등장인물들이 가득하다. 이 책의 정신을 지키기 위해 먼저 아이들에 관해 언급하고 싶다. 나는 특히 2003년 호주 서부의 헬레나 대학 7학년 학생 모두에게 감사한다. 그들이 쓴 멋지고 창조적이며 표현이 풍부한 이야기는 나로 하여금 나 자신의 노력에 겸허함을 느끼게 하였다. 그들이 쓴 모든 이야기를 여기에 다 수록할 수는 없었으나, Emma Barley, Anthea Challis, Corin Eicke, Erin Kelley, Jonathon Matthews, Oliver Potts, Nathaniel Watts, Stephanie Wood 등이 그들의 이야기를 제13장에 수록하고 제15장에서 언급하도록 허락해 준 것에 대해 감사한다. 이 프로젝트를 열정적으로 지지해 준 헬레나 대학의 John Allen-Willams, MScEd 학장, Susan Boyett, BPsych 학교심리학자 그리고 Claire Scanlon, BEd 7학년 교사에도 감사드린다.

다른 동화들은 절친한 친구의 아들인 Sam Green과 호주 서부의 존 커틴 예술대학 학생인 Pia Hill의 창조적 펜에 의해 만들어졌다. Pia의 이야기를 차용하는 것을 허락해 준 데 대해 Barrie Wells 교장과 Suzanne Covich, MCA 영어교사에 감사드린다. 이야기 수집에 애써 주신 빅토리안 초등학교의 Pamela Wooding, BEd 교사에도 비록 그 이야기들이 이 책에 실리지는 않았지만 매우 감사드린다.

Julie Nayda는 이 책을 시작할 때부터 끝까지 나와 함께 작업하면서, 용어를 선정하고, 문맥을 정돈하며, 이야기에 대한 그녀 자신의 유용한 아이디어를 제시하는 등 나에게 건설적인 조언을 아끼지 않았다. 그녀는 나의 일과 삶에, 그리고 이와 같은 프로젝트에 매우 소중한 자산이다. 그것은 우리로 하여금 진정한 팀, 즉 작업 동료이며 친구임을 느끼게 해 주었다.

자신이 작업한 것에 대해 동료 비평가의 허심탄회한 비평을 요청하기는 결코 쉽지 않다. 그러나 Stephanie Bennett, MClinPsych, Susan Boyett, BPsych, Eva Marjanovic, MAppPsych 그리고 John Thompson BA(hons)의 지지와 솔직한 비평은 매우 도움이 되었다. Elaine Atkinson, MPsych, Stephen Lankton, MSW, Rob McNeilly, MBBS, Julie Nayda, Tracey Weatherhilt, BPsych, Rick Whiteside, MSW 그리고 Michael Yapko, Ph.D.도 함께 논의해 주면서 많은 피드백으로써 기여를 해 주었다. 그리고 제17장에 자신의 아름다운 생일 이야기의 시를 수록할 수 있도록 허락해 준 Deborah Clifford에게도 감사한다.

나의 편집자 Tracey Belmont와 함께 다시 일할 수 있어서 매우 기뻤으며, 이 책에 관한 그녀의 초기 아이디어에 감사드린다. 원고를 편집해 준 Diana Plattner 에게 감사드리고, 효과적이고 친절하게 제작 편집을 해 준 Kevin Holm과 Cristina Wojdylo 그리고 Wiley & Sons 출판사 여러분에게도 감사드린다. 여러분 모두의 지지, 격려, 세부적인 부분에 대한 배려에 감사드린다.

어린이들 — 나의 자녀들, 손자들 그리고 내담자로 만나는 아이들 — 은 나의 삶을 매우 풍요롭게 해 준다. 그들은 기꺼이 무조건적인 미소를 보내고 우리를 그들의 세계로 받아들이며 자신들의 경험을 나누어 주었다. 내 아이들이 어렸을 때, 나는 그들이 삶에서 필요로 하는 것이 무엇인지를 가르치는 것이 아버지인 나의 책임이라고 생각했다. 그런데 할아버지가 되어 나는 나의 손자들이 나에게 가르쳐 줄 수 있는 것으로부터 배울 것이 많다는 것을 발견하고 있다. William

Wordsworth가 '아버지들을 위한 일화(An Anecdote for Father)'에서 자신의 다섯 살 난 아들에게 말했듯이.

내가 백 가지를 가르칠 수 있다 해도
나는 그것을 너로부터 배우네.

| 차 례 |

첫 번째 이야기 이야기 속의 이야기

우선 이 책에 나오는 이야기와 논의 속에서 몇 번씩 만나게 될 등장 인물인 생쥐 프레드에 대해 말하려고 한다. 프레드는 처음 우리 집에 온 60년 전부터 늘 그랬듯이 3대째 우리 집 모퉁이 벽의 구멍 속에 살고 있다. 내 딸이 날마다 듣는 낡아빠진 이야기책은 지겹다면서 뭔가 다른 이야기를 해 달라고 조르던 어느 날 밤, 프레드의 이야기는 시작되었다. 뭐 특별히 필요한 게 있는 것도 아니었고, 어디서 왔는지도 모른다고 하면서 그날 했던 행동들을 그대로 옮긴 간단한 이야기를 해 주었다. 다음날 밤, 도서관에서 색깔 고운 새 이야기책을 빌려다 주었는데도 딸아이는 생쥐 프레드만 찾았다. 프레드는 딸과 아들 그리고 손자까지 재미있게 해 주고 많은 걸 알려 주면서 함께해 오다가, 이제는 작은 손녀의 삶 속에까지 발을 들여 놓으려는 참이다.

조그마하고 가끔은 멍청하기도 한 생쥐 프레드를 그토록 훌륭한 이야기꾼으로 만들어 준 데는 두 가지 특별한 것이 있다. 하나는 아주 열심히 듣는다는 것이고, 다른 하나는 자기가 본 것으로 이야기를 만들어 간다는 것이다. 한번은 절친한 친구인 토마스(나의 손자)와 함께한 특별한 모험에 대한 이야기를 한 적이 있는데, 그 모험은 프레드가 집 벽의 틈 속을 요리조리 돌아다니다가 먼지투성이의 찢어진 보물지도를 발견하면서 시작되었다. 프레드와 토마스는 그걸 마루 위에 펼쳐 놓고 조심조심 살펴보기 시작했다.

"이것 봐!" 토마스가 말했다. "조지 할아버지 집이 바로 옆이야."

"그리고 토마스 산으로 이어지고 있는 발자국이 찍혀 있어." 프레드도 한마디 거들었다.

"그 산이 어디 있는지 알아." 토마스가 이어서 설명했다. "내가 거기 올라가 봤는데, 조지 할아버지가 내 뒤에서 그 이름을 말한 적이 있거든."

그래서 프레드와 토마스는 그 지도를 따라 꼭대기까지 갔다. 갑자기 길 아래에서 무겁게 쿵쿵쿵 울리는 소리가 들려 아래를 굽어보았더니 거대하고 무시무시한 공룡이 코끼리보다 큰 발로 사람들을 마구 밟으면서 빙글빙글 춤을 추고 있었다. 그놈은 '악당 렉스'라고 불리는 티라노사우루스였다. 사람들은 그놈에게서 도망가려고 달려가면서 개미들을 밟아대고 있었다. 이럴 수가! 공룡이 사람들을 짓밟고 사람들은 개미들을 짓밟는데, 누구도 개미들이 도와달라고 소리치는 건 들을 수 없었다.

프레드와 토마스는 지도에서 산꼭대기 바로 밑에 있는 비밀 동굴을 하나 찾았다. 토마스에겐 비좁아서 몸을 비틀어도 힘들겠지만, 프레드만한 생쥐라면 얼마든지 들어갈 수 있었다. 그 안으로 들어서자 별세계가 펼쳐졌다. 늪지와 정글을 지나고 해변을 따라가고 섬들을 건너가니까 커다란 나무로 된 보물상자가 있었는데, 그곳은 바로 지도에 십자 표시가 된 곳이었다.

프레드와 토마스가 얼마나 흥분했을지 상상할 수 있겠는가? 헉! 그러나 이어지는 그들의 실망! 그 낡은 보물상자를 꽉 잠그고 있는 녹슨 자물쇠를 열 열쇠가 없었던 것이다! 토마스가 산을 내려가 조지 할아버지에게서 연장통을 빌려와서 계속 밀어 보고, 잡아당겨 보고, 끌어당겨 보고, 잡아 흔들어 보고, 쾅쾅 두드려 보고, 쉬지 않고 비틀어 보고 하다 보니 그 자물쇠가 펑 소리를 내면서 열렸다. 드디어 딱딱한 뚜껑을 들어올리자 길게, 천천히 끼이이익 하는 소리가 들렸다.

　그러나 그 속에 금이나 보석 같은 거라곤 하나도 없었다는 사실이 그 둘을 얼마나 더 실망시켰을지……. 어쨌든 금이나 보석이 악당 렉스라는 티라노사우루스한테서 사람들과 개미들을 구할 수 있게 하는 건 아니니까라고 토마스는 생각했다. 토마스는 아주 대단한 검이 한 자루 나와서 영웅처럼 자기가 나쁜 공룡을 없애 버리고 싶었는데, 그 상자 속에는 이야기 말고는 아무것도 없었다. 프레드와 토마스가 뚜껑을 막 닫으려고 하자 그 이야기가 말했다.

　"잠깐!" 상자가 둘을 불렀다. "나는 말로 한 적이 있거나 글로 쓴 적이 있는 모든 이야기들의 힘을 다 쥐고 있는 마법의 이야기야. 너희들이 나를 발견했으니까, 난 너희들을 도와야 해. 뭘 원하니?"

　"있잖아, 우리한테 굉장히 큰 문제가 있어." 생쥐 프레드가 말했다. 생쥐의 키로 올려다볼 때 악당 렉스의 크기를 생각하면서, 프레드는 사람들이 어떻게 개미들을 밟게 되었고 또 어떻게 나쁜 공룡에게 짓밟히게 되었는지를 말해 주었다.

　"우리 개미한테 가보자." 그 이야기가 말했고, 셋은 긴 줄로 늘어서서 허둥지둥 집으로 들어가는 개미들의 뒤를 따라갔다. 개미들은 혼이 빠져서 이리저리 종종걸음을 치고 있었다. 누군가가 개미들의 집과 수많은 개미 친구들을 짓밟으며 개미 집 위에 서 있었다. 생쥐 프레드와 토마스는 점잖게 이야기를 여왕개미에게 데리고 갔고, 그 이야기는 개미들 말로 이야기를 하나 하기 시작했다. 개미들은 허둥대는 걸음을 멈추고 이야기를 들으려고 모여들었으며, 혼돈 위로 고요가 살며시 내려앉았다. 프레드와 토마스는 도저히 이해할 수 없었다. 이야기가 끝난 뒤에도 잠시 동안 침묵이 흘렀다. 개미들은 그 이야기에게, 또 자기네 개미들끼리도 조용조용 소리를 낮춰 말했다. 프레드와 토마스는 개미들이 뭔가에 동의한다는 듯 고개를 끄덕이는 것을 보았다.

　드디어 이야기가 말했다. "사람들에게 가보자."

　사람들도 역시 완전히 엉망이 되어 이리저리 달아나고만 있었다. 악당 렉스는 사람들의 마을을 휘젓고 돌아다니면서 차를 납작하게 뭉개 버리고, 집을 깡그리

무너뜨리고, 학교를 부수고, 사람들을 짓밟고 있었다. 프레드와 토마스는 사람들의 고통을 들으면서 별 다른 도리가 없었기에 그 이야기를 데려다 주었다. 이야기는 이야기를 들으려고 멈추어 선 사람들의 혼란 상태를 진정시켜 주었고, 그들을 매료시켰고, 용기를 주었고, 희망을 갖게 해 주었다.

"자, 이제 악당 렉스를 찾으러 갈 시간이다." 그 이야기가 말했다.

이건 조그맣고 멍청한 프레드 같은 생쥐나 겨우 토마스만한 꼬마의 용기로는 선뜻 나서기 힘든 제안이었다. 그렇지만 농장에 콱콱 찍힌 그 거대한 발자국, 납작해진 관목들과 쓰러져 버린 나무들을 따라가서 큰 나무 밑에 누워 아무 일 없다는 듯 코를 골며 자고 있는 공룡을 찾는 건 전혀 어려운 일이 아니었다. 토마스는 조심조심 긴 초록색 꼬리, 거대한 다리, 불룩한 배, 굵은 목을 지나서 공룡의 귀에 그 이야기를 데려다 놓았다. 공룡은 귀를 쫑긋 세우더니 슬며시 눈을 뜨고 공룡 말로 하는 이야기를 들었다. 이내 그놈의 눈에서 눈물이 볼을 따라 흘러 내려와 프레드와 토마스 옆으로 떨어져서 둘은 얼른 몸을 피해야 했다. 눈물이 마치 2층 창문에서 물 한 바가지를 확 부어 버리는 것 같았으니까.

"자." 그 이야기가 손짓을 했다. "렉스의 머리 위로 올라와. 우리 사람들이랑 개미한테 같이 가자."

와! 대단해, 정말! 공룡의 머리에 올라타는 건 꿈에서조차 있을 수 없는 일이잖아! 공룡은 납작해져 버린 농작물이랑 집들을 피해서 발을 조심스럽게 옮기기 시작했다. 마을로 돌아와서 그 이야기는 울타리를 다 없애고 다리를 놔 주고는 공룡과 사람들, 개미들에게 모두 이해할 수 있는 말로 설명해 주었다.

"축배를 들자." 누군가 소리를 쳤고, 모두 모여 상상조차 하기 힘든 잔치를 벌였다. 렉스는 풍선을 불었는데, 그 누가 부는 것보다 컸다. 사람들은 자기들이 농사 지어 저장해 둔 음식으로 대접을 했고, 개미들은 나중에 쓰레기들을 싹 다 치웠다. 모두 어느 때보다 행복하다는 걸 느꼈다.

어느 순간에 프레드와 토마스가 이야기에게 물었다. "너 뭘 어떻게 한 거니? 네가 한 이야기가 뭐니?"

그 이야기가 대답했다. "들어 보지 못한 다른 이들의 이야기를 우리의 이야기로 끌어넣는 건 되게 쉬워. 우리 이야기가 우리가 보는 것과 만나게 되는 일들로 만들어지는 것처럼, 난 그냥 개미들에게 사람들의 이야기를 해 줬을 뿐이야. 개미들처럼 사람들도 자기 집과 생명이 다 파괴되어서, 일부러 개미들을 밟는 게 아니라 악당 렉스를 올려다봐야 하니까 자기네들이 개미들에게 어떤 짓을 하고 있는지 내려다볼 수가 없는 거라고. 그리고 나서 사람들에겐 개미들 이야기를 해 줬고, 공룡에게는 사람들의 이야기를 해 줬지. 공룡은 자기 외로움에 사로잡혀서 자기가 사람들에게 무슨 짓을 하고 있는지 전혀 몰랐거든."

이야기를 듣고 나서 개미들은 사람들이 조심조심 걸어서 자기들을 보호하니까 청소를 깨끗이 해 주는 걸로 도움을 주었고, 사람들은 공룡이 조심조심 걷는 만큼 외로운 공룡의 친구가 되어 주었다. 그리고 공룡은 사람들과 개미들이 친구가 되어 주니까 주의해서 걸어다녔다.

계속해서 그 이야기는 말했다. "이야기라는 건 전쟁을 일으킬 수도 있고 멈출 수도 있으며, 우정을 생기게 할 수도 있고 깨뜨려 버릴 수도 있으며, 우리 생각을 어지럽힐 수도 있고 유익한 생각을 하게 할 수도 있어. 그리고 세상을 풍요하게 할 수도 있고 큰 짐이 되게 할 수도 있는 거야. 렉스가 제대로 걷는 걸 배우는 만큼만 모두 할 수 있다면, 문제를 해결하고 우리 삶을 멋지게 만들 힘을 가질 수 있을 거야."

이야기한테서 더 들을 게 있었지만 모두 탁자를 탕탕 치면서 "이야기! 이야기!"라고 외치며 프레드를 불러대는 통에 그걸로 감사해야 했다. 렉스는 너무 흥분해서 자기도 모르는 사이에 탁자를 휙 날려 버릴 뻔했지만 조심하기는 했다. 프레드는 모두 이야기를 잘 들어주고 잘 따라 주었다고 감사의 말을 전했다. 그러고는 이제 렉스를 '착한 렉스 티라노사우루스'라고 해야 하며, 그 이야기는 모든 이들에게 소중한 보물이기 때문에 더 이상 먼지 나는 낡은 상자 속에 숨어 있을 필요가 없다고 모두에게 선언했다.

어린이와 청소년을 위한　　　　　마음을 치유하는 101 가지 이야기

어린이와 청소년들에게
효과적으로 이야기하기

01

은유의 마법

어린이와 청소년들에게 치유적 이야기와 교훈적 이야기를 들려줘야 하는 이유

어릴 적 부모님이나 할머니, 할아버지가 베갯머리에 앉아서 나만의 환상 속으로 떠날 수 있게 하는 이야기를 읽어 주신 걸 기억하는가? 그 이야기의 마법이 어떻게 여러분을 매료시키고, 얼마나 황홀하게 만들고, 도대체 어떻게 그때까지 익숙했던 인물을 전혀 다른 것으로 바꿔 버리고, 여태까지 한 번도 겪어 보지 못한 경험 속으로 데려다 주었는가? 그 과정에서 어떻게 자신에 대해서 새로운 무언가를 발견하고, 이야기가 결론으로 향해 갈 때 어떤 감정을 느끼고, 그 이야기를 해 주는 사람과는 어떤 특별한 애정을 느낄 수 있었는가?

먼 옛날부터 이야기, 전설, 우화들은 정보를 서로 나누고 가치관을 가르치고 삶의 중요한 배움을 함께하게 하는 효과적이고 탁월한 자원이었다. 그냥 '옛날 옛날에'라는 말만 들어도 그것이 현실에서 가상의 세계나 다른 차원의 세계로 들어가게 하는 스위치 같은 게 되어 버린다. 그 말은 최면에 빠지는 것처럼 이야기하는 사람과 이야기 속의 인물로 특별한 관계를 만들 수 있도록 해 주는 초대가 된다. 그 말은 현실 속에서는 "에이, 설마……" 하고 말할 수 있는 상상의 세계 속으로 이야기를 듣는 사람이 여행을 떠날 수 있도록 초대하는 주문이면서 뭔가를 배우게도 해 준다. 또 그것은 이야기를 듣는 사람이 쏙 빠져 들어 거기에만 정신을 쏟게 만들고, 이야기 속 영웅의 마음을 나눌 수 있게 하는 특별한 경험의 장으로 부르는 초대다. 더불어 이야기를 하는 사람과 듣는 사람이 서로 유대를 나눌 수 있는 관계가 되도록 하는 초대다.

이야기는 효과적인 의사소통을 가능케 하는 다음과 같은 여러 가지 중요한 특성을 갖고 있다.

1. 듣는 이와 말하는 이의 양방향 소통이다.
2. 사람의 마음을 움직여서 가르친다.
3. 저항을 피해 간다.
4. 상상력을 사용하고 상상력을 더 키워 간다.
5. 문제해결 기술을 발달시킨다.
6. 결과의 가능성을 만들어 낸다.
7. 스스로 의사결정을 할 수 있도록 해 준다.

이런 방식으로 이야기는 아이들과의 치료적 관계 속에서 만들려고 하는 수많은 등장인물들을 복제해 내는데, 이는 이야기를 듣기 시작하면서 자기, 타인, 세계와의 관계가 전반적으로 변화하기 때문이다. 우리가 그걸 인식하든 못하든, 이야기를 나누는 것은 관계를 구축하게 하고, 관념에 도전하게 하고, 장래에 어떻게 할까에 대한 모델을 보여 주고, 이해력을 높여 준다. 등장인물과 이야기하는 사람을 통해서 어떤 부분으로는 자기 자신을 발견할 수도 있고, 조금씩 조금씩 그들의 행동과 가치관 및 기술에 의한 영향을 받을 수도 있다. 한 번 들은 이야기는 절대로 안 들은 게 될 수 없고 뭔가를 영원히 바꿔 놓게 된다고 한다. 따라서 치료적으로 아이들과 소통하는 데서 이야기는 논리적이고 생산적인 자원이 된다.

교훈적 이야기에 관한 간단한 역사

동굴 벽에 그림을 그리기 시작하고 돌에다 상징물을 새기기도 하고 종이에 글자를 인쇄하기도 하던 오랜 옛날부터 우리 선조들은 자손들에게 이야기를 전승시켜 왔다. 가장 오래도록 전해져 온 이야기들은 호주 원주민들의 전설 속에서 찾아볼 수 있을 듯하다. 불, 별, 까마귀 같은 자연 현상물에 대한 설명을 하면서도 강한 도덕적 메시지를 갖고 있는 이야기가 하나 있는데, 이것은 불을 다스리는 일곱 명의 여자들과 속임수를 써서 불의 지배권을 혼자 가지려고 훔치는 한 남자의 이야기로 시작된다. 남자에게 불의 지배권을 빼앗기고 아무 힘도 없어진 여자들은 하늘로 도망가서 일곱 자매라는 별자리가 된다. 그리고 자기밖에 모르던 그 남자 와칼라는 아무하고도 불을 나눠 쓰지 않으려고 해서, 불을 좀 달라고 하는 사람이 있으면, "워이, 워이." 하고 소리를 치며 약을 올렸다. 어느 날 불을 좀 나눠 달라는 사람에게 와칼라는 홧김에 그냥 숯을 던졌는데, 순식간에 불이 확 번져서 자신이 그만 다 타버렸다. 사람들이 지켜보는 데서 와칼라의 시체는 까만 몸을 가진 까마귀로 변하더니, 나무 위로 올라가 앉아 "워이, 워이." 하는 소리를 냈다고 한다.

이처럼 단순하게 보이는 이야기를 통해 나이 든 사람들은 젊은이들에게 '도둑질하지 말라, 이기적으로 살면 안 된다, 화를 잘 참아야 한다.'와 같은 메시지들을 전해 주었던 것이다. 이야기를 통해 그들은 세대에서 세대에 걸친 모든 문화의 아이디어, 신념, 도덕 그리고 행동을 형성하였다. 아이들에게 이야기를 해 주는 것은 인간이 의사소통을 해 온 역사만큼이나 오래된 기반을 갖고 있다.

샌디에이고의 심리학자 Michael Yapko는 최면술을 이용한 효과적인 의사소통 방법에 대해 쓰면서, "교육 자원으로서의 이야기는 전 인류 역사상 사람들을 교육하고 사회화하는 제일의 방법이었다."(Yapko, 2003, p. 433)라고 주장했다. 시간을 넘고 모든 문화를 초월하여 이야기는 세대에서 세대로 내려오면서 생존과 성공적인 삶을 위해 필요한 몸가짐과 가치관, 행동양식 등을 전수해 주는 효과적인 의사소통과 교육의 형식으로 사용되어 왔다. 성경 속 창조 신화, 호주 원주민들의 꿈의 시대[1]에 관한 전설들, 고대 그리스 신화 같은 이야기들은 세상이 어떻게 생겨나고 인류가 어떻게 만들어졌는지를 설명해 준다. 그러는 동안 우리가 우리의 세상을 만들어 낼 수 있게 하기도 한다. 세상에 대한 우리의 이야기가 창조론자들의 이론에 뿌리를 둔다면, 우리는 지옥으로 떨어지는 것에 대한 두려움과 천국에 이르고자 하는 소망을 함께 지닌 삶을 살지도 모른다. 세상에 대한 우리의 이야기가 지구상의 모든 생물들이 서로 얽히고설킨 관계로 된 것이라면, 우리는 대지와 그 창조물들 모두에 대해 존경심을 가지고 조심스레 발걸음을 떼며 다닐지도 모른다. 혹은 종교와 문화 간의 적개심과 대립에 대한 이야기를 들고 온다면, 우리는 이웃들과 더 첨예하게 갈등을 일으켜 결국 증오의 삶을 살아가게 될지도 모를 일이다. 우리의 이야기가 우리 세계를 결정하게 되듯이, 우리는 그렇게 세상을 보게 될 것이고 또 그렇게 만들 것이다.

이야기는 우리에게 가치관과 도덕적 규범, 받아들일 수 있는 행동양식에 대해 가르쳐 줄 것이다. 또 이야기는 우리에게 삶 속에서 경험할 수 있는 상황에 어떻게 대처하고 앞에 가로놓인 도전을 어떻게 가장 훌륭하게 처리할 수 있는지를 가르쳐 준다. 옛날에 사냥꾼들이 하루 종일 사냥감을 쫓아다니다가 그걸 잡아서 집으로 돌아왔다고 생각해 보자. 그들은 별 아래서 모닥불 가에 둘러앉아 자기가 잡은 신선한 고기를 불에 구우며 서로 모험담을 나누었을 것이다. 어떻게 사냥에 성공할 수 있었는지, 자기랑 같이 갔던 동료가 짐승의 뿔에 받혀 다치게 된 사건 같은 것을 아주 자세히 설명했을 것이다. 이런 식으로 그들은 거기에 모여 앉아 이야기를 듣고 있는 자기 부족의 젊은이들과 자기 경험을 함께 나누고, 확실히 사냥

---

1) 역주: 호주 신화에 나오는 시기로서 세계 창조 때의 지복 시대.

에 성공하는 법과 위험을 피하는 법 등을 가르쳐 줬다. 이런 이야기들은 배움의 과정을 줄여 준다. 눈을 크게 뜨고 사냥꾼의 이야기를 들었던 아이들은 어떻게 하면 제대로 할 수 있는지를 배웠기 때문에 맹수들에게 잡아먹힐 일은 없게 된다.

효과적으로 의사소통을 하게 하는 힘을 지닌 이야기는 세상에서 가장 고명하신 스승들이 늘 즐겨 쓰던 매체였으며 지금도 그러하다. 예수나 부처는 강의를 한 적이 없다. 대신 그들은 비유를 즐겨 사용했다. 수피교도들과 선불교도들은 심오한 가르침이 담긴 이야기들로 유명하다. 성경은 십계명처럼 매우 직접적이고 규범적인 가르침을 제공하기도 하지만, 의사소통의 주형식은 이야기와 관련이 있다. 실로 이야기하기는 세대에서 세대로 삶의 중요한 가르침을 전승하기 위해 가장 선호되어 오던 교육 자원이다.

배우기 위해서든 즐기기 위해서든(물론 배움과 오락의 명확한 구분이 불가능하긴 하지만), 우리는 이야기를 필요로 한다. 그래서 책을 사고, 도서관에 가고, 실화나 지어낸 이야기를 읽는다. 수세기 동안 전해 내려온 잘 알려진 고전들을 다시 엮은 연극이나 발레, 오페라를 보러 간다. 로미오와 줄리엣이라는 이야기를 얼마나 많이 들었는지, 그런데도 매번 볼 때마다 그 비극적 결말이 어떻게 되는지를 알고 싶어 하지 않는가? 또한 오래된 이야기에 빨려드는 만큼 새로운 이야기에도 열중하게 된다. 십대들은 뮤직비디오 속에서 이야기를 본다. 서스펜스와 로맨스, 유머, 대중의 영웅과 역할 모델로 요리조리 변하는 배우들—오늘날의 이야기꾼—이 이야기로 엮어 놓은 영화에 아이들과 청소년들, 어른들까지 빨려 들어간다.

이야기는 삶에 없어서는 안 될 부분이다. 여러 시대를 거치면서 이야기는 인류 문화와 교육, 가치관과는 뗄 수 없는 부분이 되었다. 언어, 종교, 민족, 성별, 나이 등에 상관없이, 이야기는 지금까지 그래 왔고 또 앞으로도 우리 삶의 결정적인 요소로 남을 것이다. 그것은 우리의 언어와 종교, 과학, 문화가 이야기 속에 존재하고 있기 때문이다. 이야기는 요람에서 무덤까지 우리가 존재하는 한 우리와 함께할 것이다. Salman Rushdie의 작품 『무어인의 마지막 탄식(*The Moor's Last Sigh*)』에 나오는 한 인물은 "우리가 죽을 때 남는 것은 이야기뿐이다."라고 말했다. 삶과 이야기가 서로 긴밀하게 연결되어 있는 것이라면, 상담과 치료에 이야기를 적용하는 것은 기존 것의 논리적이고 실용적인 응용이 될 뿐만 아니라 효과적인 의사소통의 매개체가 되기도 할 것이다.

이야기로 정보를 주는 법

자그만 이파리들과 고무나무 잎으로 햇살이 얼룩져 어떤 곳은 뭔가 신비롭게 보이기도 하면서 그 사이사이로 햇살이 반짝반짝 빛나고 있었다. 눈을 동그랗게 뜨고 신이 난 아이들은 관목덤불 무성한 곳으로 뛰어들고, 우거진 덤불들, 서걱대는 소리 그리고 나무 향기—새들의 노랫소리, 바위를 타고 살며시 떨어지는 자그마한 폭포, 머리 위에서 바삭대는 은회색의 고무나무 이파리, 그걸 바라보는 아이들—로 둘러싸인 눈부신 무지갯빛 광경, 시내 옆에 이끼 낀 사암무지 위로 사르락 날아다니는 보석 같은 지팡이를 쥔 아름다운 작은 나무 요정. 아이들은 이 아스라한 장면에 푹 빠져 버린다. 요정은 아이들을 보고 미소 지으며 덤불숲으로의 산책에 아이들을 초대한다. 그걸 어떻게 마다할 수 있을까?

요정은 아이들의 머리 위로 마법의 지팡이를 들어 요정의 마법 가루를 살살 뿌려서 그들의 모든 감각(시각, 청각, 후각, 미각, 촉각)에 주의초점을 맞추게 한다. 마법은 감각적으로 느낄 수 있는 것들을 더욱 고양시키고, 아이들이 더 보고 싶고 더 듣고 싶어 하도록 도전하고 용기를 갖게 하며, 눈에 보이는 것 너머의 것을 찾게 하여 경이로움을 불러일으킨다. 아이들은 곧바로 '숨은 그림 찾기'를 한다. 나무 위에 대롱대롱 매달려 있는 건 주머니쥐 꼬리지? 저건 무슨 새지? 저 이파리는 왜 얼룩덜룩하고 꼬여 있지? 거미는 거미줄에서 어디를 간 거야? 저 기다란 풀에서 바스락대는 건 뭐지? 버섯 근처에 요정의 마법 가루가 더 많이 뿌려져 있네? 가슴 벅차 술렁대면서 이거다 저거다 맞혀 보고 수도 없이 하는 질문들. 아이들은 뭐든지 다 알 것 같은 자신들의 감각 속으로 빠져들면서 '서로 함께' 소중한 시간을 보내기 시작한다.(Lalak, 2003, p. 72)

심리학자이자 조경 컨설턴트이며 환경교육자인 Nadia Lalak(2003; Eva &

Lalak, 2003)은 지난 6년 동안 환경 지향적인 요정 이야기로 학생들을 매료시켜 왔다. 그녀의 프로젝트의 목적은 환경에 대한 자각을 높이고, 생태학적 의식을 고무시키고, 조경에 대한 경험을 더 넓혀 나가게 하며, 세상이 어떤 곳인가에 대한 아이들의 감각을 발달시키는 데 있다. 관목덤불 같은 지역적 자원들은 아이들에게 아주 쉽게 직접적인 경험으로 자연에 다가갈 수 있게 한다. 작은 나무 요정 이야기를 통해서 아이들은 조경과 자연의 상호관계, 도시화의 영향 등에 대한 이해를 키워 나간다.

Lalak은 다음과 같은 유교의 가르침에서 환경적 인식을 끌어내어 그녀 이론의 근간으로 삼는다.

> 가르치면 잊어버릴 것이다.
> 보여 주면 기억할 것이다.
> 그러나 직접 겪게 하면 이해할 것이다.

그녀에게 이야기는 정보를 이해하도록 아이를 끌어들이는 과정에서 없어서는 안 될 부분이다. Lalak은 "교실과 칠판에서 떠나라. 아이들은 자연경관과 생태학적 문제의 창조적인 상호작용, 마법과 미스터리, 이야기하기, 역할극, 환경놀이와 재미 등에 빠져드는 그 순간에 아주 신이 나서 반응할 것이다."(Lalak, 2003, p. 73)라고 말한다.

이야기로 교육하는 법

학교에 간 첫 주에 선생님이 "1 더하기 1은 2예요."라고 말하면서 처음 보는 기호들을 칠판에 쓰고 있다고 상상해 보라. 이번에는 다른 선생님이 다음과 같이 말하는 것을 머릿속에 그려 보라. "질이라는 애가 학교에 갔다가 집으로 돌아왔어요. 질은 배도 고프고 피곤한 채로 문을 열고 들어서다가 엄마가 막 구워 낸 빵 냄새를 맡았어요. 엄마에게 달라고 하기도 전에 엄마가 '빵 먹을래?'라고 먼저 물었죠. 신이 나서 질은 아직 따뜻한 빵 한 조각을 오물오물 먹었어요. 다 먹고 나서도 배가 덜 차서 '엄마, 하나 더 먹어도 돼?'라고 물었죠. 엄마는 '그래?' 하고는 '빵 한 조각을 먹었는데, 하나를 더 먹으면 두 개를 먹게 되는 거네?'라고 말했어요. 한 조각에 한 조각을 더하면 두 조각이 되는 거죠. 그것이 질이 먹은 정확한 양이에요."

어느 수업이 여러분에게 더욱 의미가 있겠는가? 어떤 방법이 여러분 — 또 여러분의 감각과 경험 — 을 배우는 과정 속으로 더 끌어들이는가? 어떤 방법이 여러분에게 더 많은 걸 떠올리게 하고 여러분의 주의를 집중시키는가?

치료에서 기술을 배운다는 것은 학교에서 어떤 걸 배우는 과정과 비슷하다. 야뇨증에 걸린 아이를 맡았다고 가정해 본다면 치료할 방법을 선택해야 할 것이다. "잠자리에 들기 얼마 전부터 물 종류는 마시지 않도록 하고요, 자기 전에는 반드시 화장실을 다녀와야 해요. 낮에는 될 수 있는 대로 소변을 참아야 하는 것도 잊지 말아요."와 같은 말로 아이와 보호자에게 처방할 수 있다. 또 사용법이 적힌 야뇨 알람을 권할 수도 있을 것이다. 아주 분명하고 직접적으로 그렇게 처방할 수 있다.

이 방법을 그 아이에게 이야기를 하나 들려주는 방법과 비교해 보라. "오래 전에 앤디라는 아이를 알고 있었어. 앤디는 자기 문제 말하기를 아주 곤란해 했는데, 난 그 아이가 뭔가 남다른 걸 느끼고 있을 거라고 생각했지. 앤디는 자기 말고는 아무도 자면서 침대에 지도를 그리지 않을 거라고 생각하고 있었어. 어쩌면 아무도 말해 주지 않았기 때문에 그럴 수도 있겠고. 매일 아침을 차갑게 젖은 침대에서 일어난다는 건 참 기분 나쁜 일이지. 앤디는 자기 동생도 쓰지 않는 방수천을 쓰기가 싫었어. 어떤 때는 동생이 막 놀리기도 했으니까. 다른 아이들이 친구 집에 가서 잘 때도 앤디는 그럴 수가 없었어. 친구들도 그 사실을 알면 자기를 놀릴까 봐 겁이 난 거야. 부모님은 크면 괜찮다고 하시고 침대 머리맡에 지도를 그리지 않은 날은 별 스티커를 붙이는 달력까지 가져다주셨지만, 거기엔 단 하나의 별도 붙일 수가 없었단다. 오줌 싸지 않은 날엔 용돈까지 주시겠다고 하셨지만, 앤디는 한 번도 그걸 받을 수 없었지. 앤디는 점점 더 안 좋아졌고, 그것이 다 자기 탓이라 생각하게 되었어. 앤디는 부모님을 기쁘게 해 드리고 싶었지만 자기가 할 수 있는 건 아무것도 없었고, 뭘 어찌해야 할지도 몰랐어."

문제를 눈앞에 보여 주면서, 듣고 있는 아이가 그 문제 속으로 들어오게 할 수 있기 때문에, 앤디는 자기를 위해서 뭘 할 수 있을지(즉, 아직 받아들이기는 어렵더라도 좀 더 직접적인 단계의 방법)에 대해 이야기를 시작할 수 있다. 앤디라는 아이가 한 선택들을 말하고, 유머를 섞어서 뭔가를 제시해 주기도 하고("밤새도록 물구나무로 서 보는 건 어떨까?"), 이야기를 듣고 있는 아이에게 뭔가를 물어볼 수도 있을 것이다("앤디가 물구나무를 못 서면 어떡하지? 다른 방법은 없을까?"). 이 문제가 어떻게 되는가의 예는 스물여섯 번째 이야기 '새로운 재주 배우기'에 나올 것이다.

이야기로 가치를 가르치는 법

방글라데시 북쪽, 티베트 남쪽에 위치한 히말라야 고지대의 자그마한 왕국인 부탄으로 최근에 동료들과 함께 워크숍/스터디 여행을 간 적이 있다. 거기 머무는 동안, 지역 주민들 사이에 떠돌아다니는 그 민족의 이야기가 있다는 걸 알고는 관심을 가지게 되었다. '네 명의 믿음직한 친구들'이라는 이야기는 어렸을 때부터 계속해서 이야기되고 자라서도 계속 되풀이되는, 그 나라에서 가장 사랑받는 이야기다. 이 이야기는 그림으로 그려져 여러 집에 걸려 있었고, 사원이나 공관건물, 병원, 은행 등의 벽에도 그려져 있었다. 심지어 내가 투숙했던 일급 호텔의 침대 머리 위에도 그려져 있었다.

'네 명의 믿음직한 친구들'(서른네 번째 이야기)이라는 제목으로 내가 쓴 이야기는 부탄의 민담 책에서 보거나 그곳에서 들었던 이야기와 똑같지는 않을 것이다. 이야기하기의 구전 전통이 주는 매력으로, 이야기하는 사람과 듣는 사람, 문맥, 이야기를 하는 목적에 따라 세부 묘사들은 다양하게 바뀔 수 있다. 물론 이야기가 전하고자 하는 메시지의 본질과 원형은 그대로 담겨 있다. 이를 알고 그것을 사용하면 치유적 이야기를 하는 사람으로서 여러분의 기술은 날로 발전할 것이다.

'네 명의 믿음직한 친구들'은 전혀 닮은 게 없는 꿩, 토끼, 원숭이, 코끼리의 이야기로, 씨를 찾아서 자기들의 힘을 모아 씨를 심고 길러서 나중에는 그 열매를 따는 내용이다. 이 이야기는 협동과 자기 능력을 쓰는 법, 다른 이를 돕는 것, 서로 힘을 모아 노력해서 얻은 열매에 대한 가치를 가르쳐 준다.

문화와는 상관없이 이런 사회적 가치관을 전하는 비슷한 이야기들이 있다. 앞서 말한 호주 원주민의 와칼라의 도둑질, 분노, 이기심에 대한 이야기 또한 이런 가치관을 지닌 이야기 중 하나다. 여러분의 문화권에서도 그 이야기를 떠올리게 할 만한 비슷한 이야기들이 있을 것이다. 나에게도 부탄의 '네 명의 믿음직한 친구들'과 같은 메시지를 가진 이야기가 하나 있는데, '빨간 꼬마 헨'이 그것이다. 하지만 두 이야기가 취한 방법은 거의 정반대다. '빨간 꼬마 헨'은 서로 돕지 않으면 어떤 일이 생기는지를 말해 준다. 헨이 도움을 필요로 할 때 아무도 도와주지 않았기에, 헨의 못난 친구들은 나중에 김이 모락모락 나는 맛있는 빵을 얻지 못한다. 이와는 반대로 부탄의 네 친구들은 서로 돕는 행동으로 이득을 얻게 됨을 말해 준다. 다른 이들을 돕지 않는 부정적인 면 대신 서로서로 보살피는 관계를 통해 얻게 되는 가치관을 보여 주는 것이다.

제3장의 〈표 3-1〉에는 귀중한 고전 이야기와 그 작가 그리고 그 안에 담긴 가치에 대한 예가 몇 가지 제시되어 있다.

이야기로 훈육하는 법

이야기는 오랫동안 어떤 몸가짐이 바른지, 어떻게 처신해야 옳은지를 가르쳐 주었을 뿐 아니라 복종과 불복의 훈육 결과를 보여 주고 있다. 기독교의 전통적인 이야기에서는 착하게 살면 하늘에서 내리는 영생을 얻게 되고, 신앙의 가르침을 따라 살지 못하면 지옥에 떨어지는 형벌을 받게 될 거라고 한다. 크리스마스 이야기에서 우리는 아이에게 착하게 행동하면 산타클로스가 선물을 줄 거라고 하지만, 나쁘게 행동하면 선물도 없이 크리스마스를 지내게 될 것이라고 가르친다. 호주 원주민의 와칼라의 이야기에서는 도둑질하지 말고 이기적이 되지 말라, 그렇지 않으면 까마귀가 될지도 모른다고 말하고 있다. '빨간 꼬마 헨'의 이야기에서는 친구가 필요로 할 때 잘 도와주어라, 그렇지 않으면 돌아오는 것이 하나도 없을 것이라고 말한다. 수많은 이야기들이 사회적으로나 개인적으로 어떻게 해야 바른지에 대해서만 말해 주는 게 아니라 바로 하지 않았을 때의 결과가 어떻게 되는지에 대해서도 가르쳐 주고 있다.

훈육에 대한 효과적인 기술은 자녀가 품행 문제를 경험하지 않게 하는 부모의 주요한 자질 중 하나다(Brinkmeyer & Eyberg, 2003; Dadds, Maujean, & Fraser, 2003; Sells, 2003). 하지만 체벌이 금지되고, 꾸짖는 건 정서적 공격으로 간주되고, 잔소리는 아예 무시되고, 엄격한 규율을 적용하는 행동은 소송을 당하게 될 수도 있는 이런 시대에 부모가 할 수 있는 일은 무엇일까? 네팔의 어머니들은 이런 문제를 손으로 때리는 등의 체벌을 하지 않고도 해결한다(Sakya & Griffith, 1980). 잘못을 저지른 아이에게 고함치거나 큰소리치는 걸 보면 눈살을 찌푸리기도 한다. 그럼 도대체 그들은 아이들을 어떻게 훈육하는가?

어린 시절 행동을 조절하는 것은 이야기에서 비롯된다. 아이를 조용히 시키고 규율을 지키게 하기 위해, 그들은 아이들에게 사람이나 동물, 유령, 악마나 신 등 위압적인 등장인물을 내세워 겁나는 이야기를 들려준다. 우리의 문화적 견지에서는 이런 방법을 좋게 볼 수도 있고 그렇지 않을 수도 있다. 현대 서구에서 아이를 양육하는 환경에서는 그것이 잔인하게 들릴 수도 있고, 무서운 이야기로 아이를 정서적으로 괴롭히는 걸로 여겨질 수도 있다. 하지만 네팔의 부모들에게는 아이들에게 어떤 뚜렷한 도덕적 메시지나 훈육적 기능도 없는 폭력적인 텔레비전 만화를 보여 주는 게 도리어 잔인하게 보일 수도 있을 것이다.

훈육의 일차적인 방법으로 이야기를 이용하는 것이 옳은지 그른지에 대한 문제(우리 문화적 관점으로 볼 때)를 따지고자 하는 게 아니다. 다만 여기서는 이야기를 사용하는 두 가지 관점에 대해 말하고자 한다. 하나는 우리 문화가 아닌 다른 문화권에서 이야기들이 전통적으로 사용해 온 방식을 설명하기 위해서이고, 다른 하나는 치료적 사용에 관련된 요소로서 이야기가 행동을 규제하는 힘을 강조하기 위해서다.

이야기로 경험을 쌓아 가는 법

아이가 어른과 다른 점 중의 하나는 아이의 경험 수준이다. 아직 어린이들은 삶의 경험이 너무나 적으며, 나이를 먹어 가면서 더 많은 삶의 경험들을 하게 된다. 따라서 부모와 교사, 치료사들의 주된 역할 중 하나는 아이들이 앞으로 만나게 될 문제들에 대비할 수 있게 하는 경험들을 보여 주는 것이다. 이는 인류 학습의 기본 과정 중 하나다. 즉, 인간은 경험을 통해서 배우며, 경험은 가장 훌륭한 스승이다. 인간은 더 많이 경험할수록 더 많은 것을 배울 수 있다. 그리고 삶 속에서 일어나는 여러 문제들을 다룰 수 있는 능력도 커지고, 주어진 상황에 도전할 수도 있게 된다.

어린 시절 겪는 일 중에는 긍정적인 것도 있다. 엄마 젖을 빨 때 느낀 애정, 요람 안에 누운 채 자기를 바라보는 부모의 얼굴을 마주하며 미소 짓던 일, 신나게 노는 시간, 자기 발로 처음 서는 것과 같은 새로운 자기 능력의 발견 등이 그러한 것이다. 동시에 부정적이고 불쾌한 경험들도 있는데, 부모의 죽음이나 이별, 갈등을 일으키거나 적대감을 느껴야 하는 환경, 병 때문에 느껴야 하는 고통, 또래들에게 거부당하는 사건 등이다. 이런 삶의 경험들에 반응하면서 아이가 배운 방식은 그 경험들에 얼마나 폭넓게 대비할 수 있느냐를 결정지을 것이다. 또한 그것은 그 아이가 자라 자신의 성인 시기를 어떻게 다루느냐를 결정할 것이다. 삶의 질은 대개 경험을 다루는 방법에 의한 산물이라 할 수 있기 때문이다. 경험을 많이 하면 할수록 나중에 올 자기의 경험을 더욱 잘 처리할 준비를 하게 될 것이고, 어른들이 더 많이 도와줄수록 아이들 미래의 안녕은 확고해질 것이다.

경험은 다 지나고 나서야 얻게 되는 것이라고들 한다. 냉소적일지는 몰라도 어느 정도는 맞는 말이다. 은유는 아이들이 겪어 보지 못한 경험들을 보여 줌으로써 실제로 그런 문제가 발생했을 때 대처할 수 있는 기술을 얻게 하는 하나의 방법이다. 치료적 이야기는 아이들이 결국 맞서야 하는 도전과 문제들을 예지하고 문제해결 기술의 모델이나 삶의 도전에 대처할 수 있는 있는 방법들을 미리 보여 주어 아이들이 필요한 바로 그때에 그걸 준비할 수 있도록 해 준다.

이 책의 제2부에서는 일어난 상황을 다루는 것만이 아니라 앞으로 일어날지도 모를 일도 대비할 수 있도록 꾸며진 다양한 치유적 이야기들을 볼 수 있다. 장례의식을 설명하고 작별하는 방법 — 겪지 않을지도 모르지만 필요할지도 모를 — 을 보여 주고 슬퍼해도 된다는 걸 알게 해 주면서 슬픔에 적절히 대처하게 하는 이야기(쉰한 번째와 쉰두 번째 이야기를 보라.)를 통해, 아이는 할아버지나 할머니 혹은 사랑하던 애완동물의 죽음에 대비할 수 있게 된다. 이미 어떤 것을 겪은 아이들에게는 가치판단의 문제(예순한 번째와 예순두 번째 이야기 '어쩌면 좋지?'), 트라우마와 직면해야 할 일(일흔한 번째와 일흔두 번째 이야기 '역경을 넘어서'), 새로운 학교에의 등교(여든일곱 번째 이야기 '변화 앞에서'), 오토바이 사고로 일어난 일(여든여덟 번째 이야기 '네 힘으로 다시 서는 거야'), 중독과의 싸움(여든여섯 번째 이야기 '해결할 수 있어', 아흔 번째 이야기 '자기 돌보는 법 배우기'), 자살하고 싶다는 생각(여든아홉 번째 이야기 '더 이상 살고 싶지 않아') 등까지 다루어 준다. 이야기가 그런 경험들과 아이들에게 일어나는 감정들, 그리고 아이들이 그런 문제들을 효과적으로 다루는 형태들을 많이 보여 줄수록, 실제로 그런 일이 일어날 때 그들이 그 경험들을 더 잘 다룰 수 있게 해 줄 것이다. 더불어 더욱 효과적으로 아이들이 제대로 된 어른이 될 준비를 할 수 있게 도와줄 것이다.

이야기로 문제해결을 촉진하는 법

이 책을 기획하고 쓰면서 나는 여러 동료들의 조언을 얻었고, "상징적이면서 은유적으로 움직이는 아이들은 최고의 문제해결사다. 은유적으로 생각하는 걸 어려위하면서도 문제해결을 하려고 애쓴다."라고 말한 임상심리학자 Elaine Atkinson 과 가진 여러 번의 대화를 통해 보편적 주제에 도달했다. 은유적으로 생각하고 행동하는 아이의 능력을 키워 줌으로써 문제해결 기술(삶에 가장 필수적인 기술)의 개발을 용이하게 할 수 있다. 태어나면서 황금숟가락을 입에 물고 나온다 하더라도 문제없는 삶을 살 수는 없다. 사실 삶의 문제는 너무 복잡하게 얽혀 있어서 열 살 남짓한 나이로는 답을 찾을 수도 없다는 것을 알고 있을 것이다.

현장교육 워크숍에서 Jay Haley는 치료가 현재의 문제들을 극복할 수 있는 장을 마련해 줌으로써 다가올 문제에 대비하도록 해야 한다고 말했다. 이런 견해는 어른뿐 아니라 아이의 삶에서도 문제는 있을 수밖에 없다는 사실을 부정할 수 없게 한다. 괴롭힘이나 학대, 부모의 이혼, 문제의 봉착 등과 같은 현재의 상황을 극복해 내면 삶은 장밋빛 인생이 될 것이라는 터무니없는 약속을 하지도 않는다. 적절한 은유일지는 모르겠지만, 삶은 아름다움과 가시를 함께 갖고 있다. 삶에 제대로 대비할 수 있도록 해 주는 것은 아이가 가져야 할 가장 중요한 정보다. 치료에 대한 Haley의 견해는 비록 힘들다 해도 현재 처한 이러한 환경이 아이가 문제해결을 위한 기술을 키워 나갈 수 있도록 하는 중요한 학습 경험이 될 수 있다는 걸 분명하게 해 준다. 만약 치료를 통해 그렇게 할 수 있다면, 삶이 아름다움과 가시를 함께 가지고 있다는 사실을 알고자 하는 사람에게 치료는 귀중한 기능을 제공할 것이다. 문제는 그걸 어떻게 다루냐는 것이다. 그리고 어떠한 문제해결 기술을 구축하는가는 아이들과 청소년들에게 너무나 중요한 것이다.

다행스럽게도 우리는 천부적인 문제해결 능력을 지니고 있다. 우리는 타고난 문제해결사다. 유아기부터 우리는 배고픔과 젖은 기저귀, 불편함 등의 문제가 있을 때 울음으로 부모의 관심을 얻어 해결했다. 더 많은 문제들을 다양한 울음을 개발시켜서 풀어 버리는 더 훌륭한 문제해결사로 자라났고, 따라서 우리 요구에 더 구체적이고 신속한 관심을 보이게 만들었다. 두 발로 서서 걷는 법을 발견해서 혼자서는 움직일 수 없었던 문제를 해결하는 법을 배웠다. 그리고 청소년이 되면서 배고프면 우는 걸로 대처하는 게 아니라 새로운 문제해결 기술들(냉장고 문을 열고 서서 누가 손에 먹을 걸 쥐어 줄 때까지 집에 먹을 게 하나도 없다고 투덜거리는 방법과 같은)을 습득하게 되었다.

아이들이 배워 온 문제해결 기술들은 아주 유용하고 잘 들어맞는 것도 있고, 반면에 전혀 쓸모없는 것도 있다. 아이들은 적절하게 해결할 수 없는 문제들—사는 내내 있을 수 있지만, 특히 아동기와 청소년기에 더 잘 일어날 수 있는 일—과 만날 수도 있다. 이럴 때는 결말에 초점을 맞춘 이야기가 도움이 될 수 있다. 셜록 홈즈나 해리 포터, 과학자, 탐험가와 같은 역할 모델이나 효과적으로 문제를 해결하는 영웅에 대한 이야기는 듣는 이로 하여금 문제를 극복하기 위한 가능한 자원을 제공할 수 있다. 비슷한 상황에서 어린 내담자들은 뭘 할 수 있을까? 그들이 만나게 되는 어려움을 어떻게 처리할까? 미래에 처하게 될 비슷한 경험에 대해 자신을 어떻게 준비시킬까? 여러분이 아이들에게 뭘 해 줘야 도움이 될까?

이야기로 변화시키고 치유하는 법

『101가지 치료 이야기: 은유를 활용한 심리치료(*101 Healing Stories*)』(Burns, 2001)에서 나는 여섯 살 난 제시카의 이야기를 했는데, 그녀는 이야기가 가진 변화의 힘을 상기시킨다. 더 이상 나를 매료시킬 만한 다른 사람의 이야기를 만난 적이 없기에, 이야기의 힘을 말할 때는 늘 제시카의 이야기를 요약해서 보여 주게 될 것이다. 무엇보다 여러분은 그 이야기를 모를 것이고, 혹시 안다고 해도 제시카에 대해 지난번에는 그냥 넘어갔던 이야기가 있기 때문이다.

허약했던 어린 시절, 제시카는 보통 아이들과는 좀 달랐다. 말하자면, 비정상이었다. 제시카는 선택적 함묵증—자기가 원하는 사람과만 말을 하는 증상—으로 진단되었는데, 제시카의 가족들은 제시카가 낱말이나 문장 구조, 말의 유창함 어느 것도 또래들에게 뒤떨어지지 않는다고 했다. 하지만 제시카의 선생님들은 성적과 학생의 신분을 요구하는 교육체제에 맞춰야만 했다. 제시카는 학습 능력 향상의 측정 자원이나 지적 기능을 알기 위해 말로 하는 평가는 할 수가 없었다.

제시카는 최신 표준화 접근법으로 진단하고 치료하는 학교심리학자와 사설 임상심리학자에게 의뢰되었다. 그들은 인형극으로 제시카가 말을 하게 하려고 했으며, 학교과정에 맞춰 나갈 수 있도록 IQ를 검사하려고 했다. 하지만 제시카는 학교에서고 어디서고 전혀 말을 하려고 하지 않았고 전혀 좋아지지 않았다. 제시카는 여전히 선택적 함묵증을 유지했고, 어떻게 해도 모두 실패했다고 한다. 나는 어떤 방법이 제시카에게 효과가 있을지 아무것도 확신할 수 없었다.

제시카의 어머니와 이야기를 나누고 있는데, 제시카가 마루에서 그림을 그리고 있었다. 난 그걸로 제시카의 어머니와 이야기하는 척하면서 빙 둘러서 제시카에게 슬쩍 말을 걸어 볼 기회를 만들려고 했다. 치료의 목적을 사람을 골라서 말하는 걸 정상적으로 만들어 놓는 것과 변할 수 있다는 가능성을 채비해 놓는 것에 두고, 누구나 말하고 싶은 사람과 말하기 싫은 사람이 있다는 것에 대해서 제시카의 어머니와 이야기를 나누었다. 좋아하는 사람과는 마음을 터놓고 쉽게 이야기를 나눌 수 있지만, 전혀 말을 나누기 싫은 사람도 있는 것이다. 내 목표는 제시카의 선택 능력이 옳다는 걸 보여 주고, 선택은 당연하다고 제시카를 안심시켜 주는 것이었다.

나는 변화 가능성을 두기 위해서 나의 어린 시절 학교 친구였던 빌리에게 실제로 있었던 이야기를 했다. 학교에서 빌리가 말하는 걸 들은 사람은 아무도 없었는데, 들리는 바로는 그 아이가 집에서는 말을 한다는 것이었다. 빌리는 다른 아이들에게 놀림을 받았다. 아이들은 빌리가 말을 하지 않고 있으면 재미 삼아 쿡쿡 찌르곤 했다. 하지만 변하는 건 아무것도 없었다. 어느 날까지는……

이야기가 이쯤 되자 제시카는 그림 그리던 걸 멈추고 나를 쳐다보았다. 나는 제시카의 어머니에게 시선을 고정하고 이야기를 계속했다.

바로 그날, 교실 뒤에 있는 사물함의 문이 살짝 열렸는데, 그 틈새로 먼지떨이 깃털이 삐죽 튀어나와 있었다. 우리가 교실로 줄지어 들어오는데, 빌리의 눈이 삐죽 튀어나온 깃털에 멈추더니 불쑥 "선생님, 사물함 속에 암탉이 있어요."라고 큰 소리로 말했다. 그 말에 모두 웃음을 터뜨렸고, 그다음부터 빌리는 말을 했다.

제시카는 그림 그리던 걸 멈추고 이야기를 듣고 있었는데, 새 종이를 꺼내 들더니 잠시 후에 새 그림을 내게 건네 주었다.

"이게 뭐지?" 한번 물어보았다.

"트위티요." 이내 대답을 했다.

"트위티가 누구야?" 나는 종이를 매만졌다.

"내 카나리아예요." 제시카가 대답했다.

제시카의 어머니는 나만큼 놀라서 지켜보고 있었다. 나는 제시카가 6년 동안 가족이 아닌 사람에게 말을 건넨 최초의 사람이 되었다. 다음 회기에서 제시카는 깡충깡충 뛰면서 사무실로 들어와서는 얼마나 재잘대는지, 비서가 "이 과정을 좀 바꿀 수 없을까요?"라고 물을 정도였다.

제시카의 선택적 함묵증 문제가 여기서 끝난 건 아니었다. 어떻게 보면 이제 겨우 시작이었다. 제시카가 말을 건네는 사람이 두 사람 더 늘었다는 건(나와 내 비서) 사실이지만, 다른 상황 속에서도 그렇게 할 수 있도록 더 나아져야 했다. 내 비서와도 재잘재잘 떠들 수 있고 지난번 방문부터 나와 열심히 친해지려고 하는 사건은 대단한 것이었지만, 이런 현상을 교실이나 운동장에서는 여전히 보기 힘들었다. 그래서 나는 교장에게 부탁을 했고, 그는 아주 협조적으로 잘 도와주었다. 교장은 제시카의 담임교사도 치료에 참여할 수 있게 배려해 주었다. 이제 우린 세 사람이 되었고, 제시카는 담임교사와 이야기하는 걸 무척 좋아했다. 두 사람은 태양계에 대해서 공부를 했는데, 교사가 질문하려 하면 제시카가 벌써 행성들의 이름을 바로바로 말해 버려서 교사는 무척 놀랐다.

그다음 도전은 교실에서 그녀의 말하기를 어떻게 일반화시킬 것인가에 관한 것이었다. 나는 다음 이야기, 곰인형과의 역할 연기 그리고 치료적 연습을 통해 성공적인 접근을 시작했다. 나는 제시카에게 많은 걸 물었다. 제시카가 학교에서 말을 한다면 누구한테 제일 먼저 말을 건넬 것인가? 그 사람 다음엔 또 누구한테 말을 할 것인가? 소곤소곤 이야기를 할 것인가, 큰 소리로 할 것인가, 아님 그냥 보통으로 할 것인가? 한마디로 말할 것인가, 문장을 다 만들어서 말할 것인가? 우리는 조용하게 가까운 친구 한두 명에게 먼저 말을 해 보기로 했다. 제시카는 각 단계마다 점점 나아졌고, 더 많은 사람과 더 많은 상황에서 이야기를 할 수 있게 되면서 점점 더 많은 희망을 가지게 되었다.

이 사례를 처음 시작할 때부터 제시카의 할머니는 많은 도움을 주었다. 이제 할머니는 제시카가 이웃들과 이야기하는 것, 친구가 집에 와서 자고 가는 것(제시카가 친구랑 얼마나 이야기를 많이 하던지 그만 하고 자라고 말을 해야 할 정도였다.), 제시카가 새로운 소식을 전하려고 칠판 앞에 서기도 했다는 것 등의 이야기를 전해 주었다. 할머니는 "제시카가 이젠 한번 말하면 그칠 줄을 몰라요."라고 했다.

치료를 마치고 나서 3년이 지난 어느 날, 내 편지함 속에서 제시카가 직접 쓴 편지를 받고 내가 얼마나 놀랐던지……. 거기에는 다음과 같이 적혀 있었다.

> 사랑하는 선생님, 저 제시카예요. 기억하시죠? 제가 여섯 살 때 선생님을 뵈었죠. 잘 지내시죠? 선생님께서는 제가 학교에서 이제는 좀 시끄럽다고 할 만큼 말을 할 수 있도록 도와주셨습니다. 저는 이제 더 큰 소리로 말할 수 있게 되어서 친구도 더 많이 생겼어요. 마이크 들고 방송도 하거든요.
>
> 제가 이렇게 될 수 있도록 도와주신 것에 감사드립니다.
>
> 제시카 올림

일 년 뒤 나는 제시카의 어머니에게 전화를 해서 제시카의 편지를 출판할 것을 동의해 달라고 부탁했고, 제시카에게도 그렇게 말했다. 전화 통화를 하면서 제시카가 얼마나 밝고 쾌활하며 생기발랄한지 알 수 있었다. 제시카와 어머니의 말로는 제시카가 계속 발전하고 있다고 했다.

이 여섯 살 난 아이의 사례를 통해서 관계를 만드는 데 은유가 다른 언어로는 할 수 없는 독보적 힘을 가질 수 있다는 것을 다시 한 번 확실하게 마음에 새기게 되었다. 제시카가 자기가 고수해 온 행동양식을 변화시킬 수 있었던 것은 단순히 이야기에서만 비롯된 것이 아니며, 그렇게 누군가 간접적인 방법으로 말해 줌으로써 어떤 이와는 서로 통할 수 있었기 때문에 가능했던 것이라고 생각된다.

이야기로 치료하는 것이 적절하지 않은 경우

물론 모든 아이들에게 은유치료가 필요하다고 생각지는 않는다. 어떤 아이들은 신체 연령, 정신 연령, 인지 발달 정도에 따라 생각하는 게 추상적이지 않고 구체적일 수 있다. 아이에게 명확한 지시를 하고 아이가 그걸 따른다면 뭐 하러 이야기를 만들고 이야기를 하는 수고를 하겠는가(그냥 재미로만 하는 게 아니라면)? 마찬가지로 은유만이 치료의 유일한 방법이라는 인상을 주고 싶지는 않다. 이야기가 교육 자원으로 보편적 매력과 효능을 지니고 있다는 것이 오랫동안 증명되어 왔다 해도, 간접적인 치료접근이 적합하지 않거나 이롭지 않은 아이들도 있다는 것이다. 이야기가 도무지 무슨 말을 하는지 알 수 없고, 억지로 뭘 보여 주려고 하는 것 같고, 부적절한 것으로 보일 수 있다. 어떤 부모들은 이야기치료 과정을 이해하지 못하고, 심지어 자기들이 어렵게 번 돈을 지불하는데도 아이들한테 이야기하는 것 말고는 아무것도 하지 않는다며 화를 낼 수도 있다. 그런 신호를 알아차릴 수 있도록 주의 깊게 관찰하는 것이 중요하며, 어떤 훌륭한 치료기법을 사용하더라도 내담자의 요구와 반응에 맞추어 개입해야 한다. 종종 문제는 보편적인 호소력을 가지고 있는 이야기하기 과정에 있지 않고 특정 아동의 개별적 속성에 있다. 일반적으로 치료의 활시위를 더 팽팽하게 당길수록 그 적용을 더 용이하게 만들고 더욱 효과적으로 개입할 수 있다. 은유치료는 그런 활시위 중의 하나다. 물론 그것만이 아이의 치료 목표에 이르는 최선이거나 필수불가결한 방법이라고 말하는 것은 아니지만 말이다. 치료 효과를 높이는 데 수반될 수 있는 은유치료의 함정과 그 진행 양상에 대한 심도 있는 논의는 제14장에서 살펴볼 것이다.

1794년까지 거슬러 올라가 종양 제거 수술을 견딘 어린 소년의 이야기로 이야기의 마법에 대한 이 장을 마무리하고자 한다. 200년도 더 지난 옛날에 겨우 아홉 살 난 아이가 외과수술을 받는 과정에서 어떤 마음이었을지 상상할 수 있겠는가? 당연히 파스퇴르가 의학계에 멸균의 중요성을 계몽하기 전이었고, 항생제도 발견

되지 않았고, 고통을 줄여 주기 위한 마취제도 한 세기의 반이 더 지난 뒤에야 발견되었다.

아이에게 어떤 것도 해 줄 수 없는 가운데, 그 아이는 수술하는 동안 관심을 딴 데로 돌리기 위해 해 주는 이야기 하나를 들었다. 그 이야기가 얼마나 매혹적이었던지, 나중에 그 아이는 수술이 하나도 아프지 않았다고 털어놓았다.

이야기가 정말 그토록 놀라운 힘을 가질 수 있고, 그 힘은 사라지지 않는 걸까? 그 아이에게는 확실히 그랬다. 18년 뒤에 그 소년은 자기의 이야기를 출판하게 되었는데 그 이야기가 뭔지 아는가? 바로 '백설공주'였다. 그 소년이 바로 세상에서 가장 유명한 이야기꾼 중의 한 사람인 Jacob Grimm이다. 그의 이야기들은 두 세기가 지난 지금도 여러 나라의 말로 번역되어 전해지고 인쇄되고 있으며 연극으로 상연되고 영화 스크린을 누비고 있다.

이 장에서 나는 이야기가 지식을 전하고, 교육하고, 가치관을 가르치고, 훈육해 주고, 경험을 쌓게 하고, 문제를 해결할 수 있도록 도와주고, 변화시키고, 치유까지 가능하게 하는 몇 가지 방법들에 대해서 설명하려고 했다. 갖가지 전채요리 중 무작위로 선택된 한 접시의 음식과도 같이, 이들은 단지 일부 사례일 뿐 이야기의 가치에 관한 총체적인 목록을 의미하는 것이 아니다. 정서를 불러내고 감동을 주고 정신적·신체적 효과를 창조하는 이야기의 치유력에 관한 다른 예들은 나의 이전 저서 『101가지 치료 이야기: 은유를 활용한 심리치료』(2001)에 제시되어 있다. 다음 장에 수록된 질문은 어떻게 치유적 이야기를 가지고 효과적으로 의사소통을 하느냐 하는 것이다.

어렸을 때 들었던 이야기들을 잘 생각해 보고, 여러분의 삶에 중요한 영향을 끼친 특별한 이야기를 회상해 보라. 그 이야기가 어떻게

- 지식을 전해 주고
- 교육하고
- 가치관을 가르치고
- 훈육해 주고
- 경험을 쌓게 하고
- 문제를 해결할 수 있게 하고
- 변화할 수 있게 하고
- 치유적인 부분들을 주었는가?

어린 시절 이야기가 여러분에게 준 영향을 이해할 수 있을 때, 여러분은 여러분을 찾는 어린 내담자들에게 이야기가 미치는 영향을 이해하면서 이야기를 제대로 평가할 수 있을 것이다.

효과적으로 이야기하기 위한 지침

 교도소에 처음 들어온 사람이 감옥에서 첫날밤을 보내는 이야기는 참 재미있다. 저녁식사 시간, 한 죄수가 벌떡 일어나더니 "37번." 하면서 침울한 분위기를 깨고 소리쳤다. 식당에서는 숨넘어가는 듯한 웃음소리들이 터져 나왔다. 또 한 죄수가 벌떡 일어나 "140번." 하고 말하자 바로 또 와자지껄한 웃음이 터졌다.

"뭐하는 겁니까?" 새로 들어온 죄수가 같은 방을 쓰게 된 동료죄수에게 물었다.

"아, 예." 그가 대답했다. "여기 도서관에 유머집이 딱 한 권 있는데, 여기 있는 사람들이 그걸 모두 외워 버렸거든요. 그래서 그 책 페이지만 말해도 다 아는 거예요."

새로 들어온 죄수는 다른 죄수들의 환심을 사고 싶어서 그 책을 빌려다 외우기 시작했다. 두 주가 지나고 나자, 그는 이제 자기도 낄 수 있겠다고 생각했다. 다시 그 침울한 식사 시간이 되었고, 식사가 끝나갈 즈음에 그는 벌떡 일어나 "97번." 하고 소리쳤다.

분위기가 싸늘해졌다.

"뭐가 잘못되었나요?" 자기 방 동료에게 물었다.

"그것이요, 아주 재미있는 걸 고르긴 했는데 말하는 방법이 좀 그랬어요." 그가 대답했다.

이야기를 전한다는 것 — 효과적인 이야기하기 기법 — 은 운전을 배우는 것처럼 새로운 기술을 배우는 것과 비슷하다. 처음 운전을 시작하면 차가 밀리는 도로나 비에 젖은 도로, 겨울밤 등에 차를 몰고 나가기 전에 먼저 한적한 도로에서 올라갔다 내려갔다 해 볼 것이다. 우선 조심스럽게 천천히 브레이크에서 발을 떼고 다른 차와 속도를 맞추기 위해서 가속기를 조절할 것이다. 동시에 길에서 눈을 떼지 말아야 하고, 한 손으로는 변속기를 움직이면서 다른 손으로는 깜박이를 켰다 껐다 해야 한다. 게다가 손은 계속 운전대를 쥐고 있어야 한다. 처음에는 너무 복잡하게 얽혀 있어서 주춤대기도 하지만, 어느 정도 익숙해지고 나면 후천적 본능이 되어서 페달을 밟거나 깜박이를 켜는 정도는 별로 의식하지 않아도 차들이 혼잡한 거리를 유유히 운전해 나갈 수 있게 될 것이다. 여러분이 "야, 대단한 이야기꾼이로군요."라는 찬사를 들을 만큼 다른 사람들은 지니지 못한 천부적인 어떤 능력을 지녔을 수도 있지만, 나는 운전이나 다른 삶의 기술들을 배우는 것처럼 이야기하기도 배워서 익힐 수 있다고 생각하는 것이 훨씬 유익하다고 본다. 누군가가할 수 있다면 다른 사람에게도 가능한 일인 것이다.

효과적으로 이야기하는 데는 세 가지 주요 변인이 있다. 첫째는 이야기꾼이고, 둘째는 이야기를 듣는 사람이고, 셋째는 이야기를 하는 사람과 듣는 사람 간에 일어나는 의사소통 과정이다. 이 장에서는 첫 번째 변인(이야기꾼)에 대한 기술 개발 방법을 살펴보게 될 것이다. 내가 앞서 보였던 몇 가지 지침들이 이 분야에서 의사소통 기술을 개발하고 연마하는 데 도움이 될 것이다. 훌륭한 이야기꾼의 이야기를 들을 기회가 있으면 그 이야기꾼이 쓰는 기술을 관찰할 수 있을 것이다. 이야기꾼은 배우나 운동선수, 그 외 다른 역량 있는 인사들의 행동에서 전문적인 기능을 개발해 낸다. 이야기꾼은 역할 모델을 연구하고 딱 맞는 기술을 쌓기 위해 애쓰면서 연습에 연습을 더한다. 이야기꾼은 지금 당신과 같은 지점에서 시작했을 것이다. 어떤 예술 분야든 훌륭한 실천가를 관찰하는 것은 가치가 있다. 왜냐하면 그들이 효율적인 기술을 어떻게 개발하는지 볼 수 있기 때문이다.

친구들이나 동료들의 이야기도 귀 기울여 들으면서 관찰해 보라. 최근에 본 영화에 대해 두 사람이 이야기를 한다고 할 때, 이야기를 시작한 지 30초도 안 되어 하품이 나게 만드는 사람이 누군가, 그리고 당장 달려가서 다음 회 영화표를 구하고 싶게 만드는 사람은 누군가? 두 사람 간에는 어떤 차이가 있는가? 한마디 농담이나 매일 일어나는 일을 말하는데도 훌륭한 이야기꾼의 자질을 가진 사람은 어떤 사람인가? 그런 사람들은 어떻게 당신의 시선을 사로잡아 버리는가? 그들은 어떻게 자기 이야기로 사람들을 끌어들이는가? 목소리는 어떻게 사용하고 어디서 어떻게 끊어 읽는가? 관찰을 통해서 여러분이 모델로 삼아야 할 것은 어떤 것이고, 또 피해야 할 것은 어떤 것인가? 이런 걸 관찰하고 시험해 봄으로써 이야기하기 기법 속에서 여러분만의 기술을 증진시킬 수 있을 것이다.

효과적으로 이야기하기 위한 열 가지 지침

1. 우리는 모두 이야기꾼이다

우리는 늘 이야기를 한다. 끊임없이 이야기를 하고 또 이야기를 해 달라고 하면서 이야기꾼이 되려고 사람들을 불러 모으기도 한다. 사람들이 집으로 오면, "잘 지냈어?"라고 물어본다. 직장에서는 동료들에게 "주말엔 뭐했어요?"라고 묻기도 한다. 아이들이 학교에서 돌아오면, "오늘은 뭘 배웠니?"라고 묻는다. 이렇게 우리는 다른 사람들이 우리에게 자기 경험 속에서 뭔가 말해 주기를 바라면서 이야기를 찾는다. 이런 이야기를 통해서 서로 감정과 경험을 나눈다. 우리는 좌절과 성공, 기쁨과 슬픔, 고통과 즐거움을 이야기한다. 우리에게 의미 있고 우리를 도전하게 하고 우리의 여정을 더 풍요롭게 해 주는 사건들은 우리가 그렇게 하기를 원하고 다른 이들과 나누기를 원하는 것들이다. 그들이 우리 이야기를 듣는 것과 우리가 그들의 이야기를 듣는 것 모두가 우리 개개인의 일상을 끌어올리는 경험을 나누는 것이다.

　다른 사람의 이야기를 듣고 거기서 배우는 것만이 아니라 우리 자신의 이야기를 듣기도 하면서 우리가 이야기를 많이 하면 할수록 현실이 될 법한 것—바람직한 것과 그렇지 못한 것 모두—은 더 많아진다. 예를 들어, 아침에 치과에 다녀온 한 아이를 생각해 보자. 학교에 늦게 와서 보니까 한참 철자법 수업이 진행되고 있었다. 교실로 들어서자마자 교사가 그 아이에게 어떤 낱말을 물었는데, 그 낱말은 아이가 밤새도록 외운 것이었다. 원래 공부를 잘했던 아이였고 보통 때라면 아무 문제없이 답할 수 있는 낱말이었는데, 아이는 치료받은 것 때문에 집중할 수가 없었다. 게다가 수업에도 늦었는데 갑자기 질문을 받으니까 어떻게 할 줄 몰라 상당히 쉬운 낱말임에도 불구하고 머뭇거리게 되었다. "뭐야, 의사선생님이 네 지혜의 이를 쏙 뽑아 버린 거니?"라고 교사가 큰소리로 말하자 교실 전체가 웃음바다가 되었고, 그 아이는 당황해서 움츠러들었다. 나중에 아이는 지각과 교사의 말, 반 친구들의 웃음을 다시 떠올려 보았다. 똑같은 이야기를 자신에게 자꾸 하고 또 하게 되어, 점점 위축되고 교실에서 손을 들어 발표하는 게 점점 더 힘들어지게 되었다. 교사가 발표해 볼 사람을 찾을 때마다 자기가 작아지고 쓸모없는 존재가 되어 가는 걸 지켜보게 되었다. 많은 사람들 앞에서 실수한 것과 한마디도 못하고 당황했던 경험을 스스로에게 이야기하면서 마음속으로 자꾸만 되뇌게 된 것이다. 그 이야기는 있었던 일만 말하게 되는 게 아니라 앞으로 일어날 일까지 결정해 버린 것이다.

　대조적으로 운동에 특별한 재능을 가진 아이의 예를 들어 보자. 그 아이는 학교에서 하는 거의 모든 시합에서 우수한 성적을 거두고 부모, 교사, 친구들에게서 축하 세례를 받았다. 아이는 스스로에게 자기가 어떻게 이겼는지 되새길 것이고, 그것은 다음 학교 시합에서 어떻게 할지를 결정하게 될 것이다. 지난번의 승리에 대한 이야기는 자신감을 더 키우고, 다음 대회에서도 또 이길 수 있게 만들어 준다.

우리는 다른 사람들과 자신에게 끊임없이 이야기를 하고 다른 사람에게서 끊임없이 이야기를 들으면서, 과거가 어떠했는가 뿐 아니라 미래가 어떨 것인가를 규명한다. 누군가 이야기를 해 달라고 할지도 모른다는 생각은 황당무계한 게 아니다. 상대가 해 줄 수 있는 걸 요구하는 것이기 때문이다. 우리는 모두 이야기꾼이고 늘 그렇게 살아왔다. 이미 그 기술을 키우고 다듬을 수 있으며 치료에 이야기하기를 효과적으로 사용할 수 있는 위치에 있기 때문에 이야기하기 기법이 드러나는 그 순간이 꼭 시작점일 필요는 없다. 이것은 이야기를 얼마나 잘할 수 있느냐 하는 문제가 아니다. 여기에 실린 지침들은 그런 몇 가지 기술들을 잘 다듬을 수 있도록 고안된 것들이다.

 연습문제 2.1

- 배운 것, 재미있었던 일, 어떤 사람과 나누고 싶은 것 등 일상에서 일어난 일을 말하는 연습을 하라.
- 다른 사람들이 일상에서 일어난 일에 대해 말하는 걸 귀 기울여 들어라.
- 특히 아이들이 이야기를 어떻게 사용하는지 관찰하라. 아이를 키우고 있다면 아이들에게 그날 있었던 일을 말해 달라고 해 보고, 그들이 하는 이야기에 귀 기울여 중요한 걸 어떻게 전달하는지 들어라.

2. 기법보다 열정을 사용하라

이야기를 하려면 재미있게 하라. 아이들은 이야기를 무척 좋아하는 훌륭한 청중이다. 열의 있고 별로 비판적이지 않은 청중과 함께라면 이야기하는 사람이나 듣는 사람 모두에게 이야기를 나누는 것은 즐거운 시간이 될 것이다. 말하면서 즐거움을 얻을 수 있는 이야기로 시작하라. 이야기하기 기법이나 단계 같은 걸 고민하지 말고 가장 중요한 것, 바로 열정을 사용하라. "우와, 나한테 무슨 일이 있었는지 아니? 아마 절대로 못 믿을 걸?"과 같은 말로 시작하는 그런 이야기 말이다.

이야기의 분위기나 느낌을 더해 주는 게 이런 열의라는 것이다. 열의는 이야기에 자연스러움과 생명력을 부여한다. 그것이 듣는 이의 관심을 사로잡아 꽉 붙들어 매 준다.

이런 상황에선 어떻게 해야 하는가 하는 기법에 초점을 맞추려고 하지 말고 열 정과 즐거움, 박진감을 가지고 말하고 싶은 걸 이야기로 표현하라. 기법이라는 건 이야기하기 실력을 쌓아 가는 만큼 배우고 다듬을 수 있는 것이다. 당신 자신의 경험이든, 책에서 읽은 것이든, 혹은 다른 사람한테서 들은 이야기든, 바로 지금 당신이 즐기는 이야기를 선택하는 것이 좋다. 서로 다른 나이, 성별, 관심을 가진 아이들에게 이야기를 해 보라. 이야기가 어떻게 받아들여지는가? 듣는 이가 어떤 것에 반응을 보이는가? 당신의 기법에 반응하는가, 아니면 꾸밈없는 열정에 반응 하는가?

연습문제 2.2

- 여러분이 좋아하거나 즐길 수 있는 이야기를 찾아서 다른 사람에게 열심히 말해 주 는 것을 연습하라. 여러분의 감정, 이야기와의 연관성, 즐거움 등을 스스로에게 표 현해 보라.
- 아이에게도 그렇게 하라. 여러분이 열정적으로 할 수 있는 이야기를 하라.
- 자극적이지도 않고 재미도 없고 신나지도 않는 이야기를 해 보라. 그러면서 듣는 사람이 말로 하는 표현만이 아니라 말없이 보여 주는 반응까지 잘 살펴보라.

3. 지성과 성실함, 윤리를 사용하라

이야기가 꼭 사실에 입각할 필요는 없다. 하늘이 초록색일 수도 있고, 나무가 말을 할 수도 있으며, 코끼리가 날아다닐 수도 있고, 요정이 존재할 수도 있다. 하 지만 상상이라 해도 이야기는 진실과 가치, 존재양식을 전해 주는 실재성을 담고 있어야 한다. 이게 바로 이야기의 아름다움이며 이야기로 작업하는 기쁨이다. 이야기는 한편으로는 듣는 사람들에게 도저히 있을 수 없는 불합리를 보여 주며, 다른 한편으로는 정말 현실적인 메시지를 전해 주기도 한다.

예를 들어 '아기돼지 삼형제'라는 오래된 이야기를 보자. 이야기꾼이나 이야기를 듣는 아이들 모두 적어도 이야기를 끝마칠 때까지는 다른 때 같으면 거짓말이라고 할 것도 그대로 받아들인다. 즉, 돼지들이 자기끼리 말도 하고 늑대하고도 말을 한다거나, 돼지들이 집도 지을 줄 알고 게다가 솜씨까지 좋다거나, 돼지들이 두 발로 걷기도 하고 앞발로는 멋진 솜씨로 벽돌도 쌓고 불 위에 커다란 솥을 올려놓는다는 등의 이야기들이 그렇다. 하지만 이야기는 이런 가상의 이야기를 통해서 아주 현실적인 가치관을 전한다. 이를테면 뭔가를 하려면 제대로 하라, 열심히 일하면 반드시 보상이 있다, 아무렇게나 하는 것보다 튼튼하게 만드는 것이 좋다, 선함과 지혜는 교활함과 악을 이길 수 있다 등의 메시지를 전한다.

치료적 이야기하기는 내담자들(특히, 아주 어린아이들)에게 신뢰성과 책임감을 가져야 할 필요가 있다. 이야기는 책임지고 아이들이 원하고 필요로 하는 것을 얻을 수 있도록 해 주는 메시지를 보여 주어야 한다. 아이의 치료적 결말을 염두에 두어야 이야기가 지성과 성실함, 윤리 속에 있는 건전한 토대를 전달할 수 있다. 은유를 사용한 결말 목표 설정은 제16장에서 구체적으로 논의할 것이다.

연습문제 2.3

- 이야기하기에서 여러분의 책임과 용기를 모두 시험해 보라.
- 치료적이든 사적인 것이든 아이와 어떤 관계를 맺고 있으면 늘 하던 것과는 다른 방식의 이야기하기를 실제로 시험해 보라. 이야기를 하고 나서 여러분과 이야기를 듣는 사람 모두에게 그것이 어떤 차이를 만드는지 알아보라.

4. 맞춤식 이야기를 만들어라

이 장의 서두에 말했듯이 이야기하기에는 세 가지 기본 요소가 있다. 즉, 이야기꾼, 이야기를 듣는 사람 그리고 의사소통 과정이다. 이야기는 이 세 가지 변인이 맞아떨어지거나 제대로 어울릴 때 가장 효과적일 수 있다.

먼저 이야기 속의 인물과 내담자의 특성이 서로 어울리면 이야기로서의 동일시가 촉진된다. 내가 이 책을 기획하는 동안 많은 대화를 통해 도움을 받았던 동료이자 임상심리학자인 Elaine Atkinson은 그녀가 만나는 아이들의 연령에 따라 서로 다른 은유 소재를 가지고 치료한다. 유치원을 다니는 아이들은 장난감을 가지고 놀면서 은유적으로 의사소통을 하는 편이라고 한다. 초등학교 저학년의 경우는 동물 이야기가 반응이 더 좋은데, 그 나이가 지나면 아이들은 만화 속에 나오는 인물에서 해리 포터나 프로도 배긴스 같은 영화 속 인물까지 다양한 주인공들이 펼치는 영웅 이야기에 빠져든다. 이런 인물들과 여러분의 어린이 및 청소년 내담자의 삶에 그 인물들이 주는 의미에 대한 지식을 바탕으로 하여 이야기 속에서 신속하고 효과적으로 동일시가 일어날 수 있도록 영웅의 이야기를 만들어 낼 수 있다. 이에 관한 논의는 제15장의 '영웅에 기초한 은유' 부분에서 더 자세히 다룰 것이다.

서로 다른 발달 단계와 성별 및 관심을 가진 아이들에게 이야기를 맞춰 나가는 방법에 대한 몇 가지 아이디어를 주기 위해, 나는 제4장부터 제12장까지 시작 부분에 두 가지 이야기를 실었다. 첫 번째 것은 어린이들을 위한 것이고, 두 번째 것은 청소년을 위한 것이다. 두 번째 이야기와 세 번째 이야기는 아이들이 어떻게 차이를 만들어 낼 수 있는가에 대해 말해 준다. 첫 번째 것은 잘 알려진 '골디락과 세 마리 곰' 이야기와 비슷한 상상이고, 두 번째 것은 십대 소년의 실화다. 열한 번째와 열두 번째 이야기는 낯설고 두려운 상황에서 언제든 일어날 수 있는 문제를 다뤘다. 아이들을 위한 이야기에서는 아기낙지가 너무 깊은 바다로 들어가서 벌어진 일이 나오고, 청소년을 위한 이야기에서는 새로 산 서핑보드로 너무 멀리 가게 된 소년에게 생긴 일이 나온다. 이야기 속 치료적 인물들은 공통점이 많지만, 그 인물들과 문맥들은 이야기를 듣는 이에 따라 바뀐다.

또한 이야기를 내담자뿐 아니라 이야기를 하는 사람에게도 맞추는 것이 좋다.

치료사 자신이 즐길 수 있는 이야기를 하는 것만으로도 도전의식을 불러일으키거나 의욕을 끌어내어 듣는 이에게 효과적으로 이야기를 해 줄 수 있다. 제2부에서는 이야기 자체보다는 '이야기의 아이디어'를 제공하였다. 한 시점에서 시간을 정해 두고 한 아이와 썼던 게 바로 이야기가 된다. 그것들은 내가 하기 좋아하는 이야기이고, 내가 말하는 걸 편안하게 느끼고 즐길 수 있는 이야기다. 받아들일 가치가 있는 아이디어를 찾는다면 자신의 이야기로 마음껏 개발해 보라. 이야기꾼이 이야기 속에 빨려들면서 재미있어 하면, 이야기를 듣는 아이들도 훨씬 더 즐길 수 있고 이야기 속으로 빨려들 것이다.

연습문제 2.4

- 이야기를 듣는 아이들에게 맞도록 변형시키는 방법을 연습하라. 우선은 그냥 이야기책을 그대로 아이에게 읽어 주는 것도 한 방법이다. 듣는 이가 얼마나 그 이야기를 잘 맞춰 가는지에 대한 언어적 · 비언어적 단서들을 모두 관찰하라.
- 그 이야기를 아이에게 다시 해 주는데, 이번에는 듣는 이의 나이, 성별, 관심사에 맞춰 주요 등장인물을 바꿔 보라. 예를 들어, 자전거 타기를 좋아하는 한 아이에게 해 주는 '아기 돼지 삼형제' 이야기에서 돼지들은 형 집에서 동생 집으로 갈 때 달려가지 않고 자전거를 타고 가는 것이다. 이런 것이 이야기를 듣는 사람에게 어떤 차이를 만들어 내는지 관찰하라.

5. 이야기를 실감나게 만들어라

'찰리와 초콜릿 공장' '친절한 거인' '바보들' 등의 이야기로 사랑받는 인기 동화작가 Roald Dahl은 별로 알려지지는 않았지만 '행운의 브레이크'라는 짧은 이야기를 썼다. 이 이야기 속에 그가 어떻게 학창 시절에는 감히 꿈도 못 꿀 만큼 유명한 작가가 될 수 있었는지에 대한 이야기가 들어 있다. 14세 때 그의 영작문에 대한 평가는 '자기 생각을 정리해서 쓸 줄 모름.' 이었다. 1년 뒤에도 영어교사는 그가 전혀 나아진 게 없다고 보았다. '여전히 앞뒤가 맞지 않는 사고를 함. 어휘력이 빈약하고 문장 구성력이 없음. 그는 나에게 낙타2)를 연상시킴.' 그리고 16세가 되었을 때는, '이 학생은 게으르고 문학적 소양이 없음.' 이라는 평가를 받았다 (Dahl, 2001, p. 180).

작문은 물론 다른 과목들도 Dahl에게는 전혀 관심거리가 아니었기에, 그는 동아프리카에 있는 석유회사에서 근무하다가 제2차세계대전이 일어나면서 로열 항공사에 들어갔다. 그러다가 격추를 당하면서 머리 부상을 입었는데, 그 후유증으로 편두통이 생겨서 그의 비행 경력은 막을 내리고 워싱턴에 있는 대사 관부 공군무관의 보조로 옮겨가게 되었다. 거기서 '허풍쟁이 호레이쇼'를 비롯한 여러 선원의 이야기를 쓴 C. S. Forester를 만나리라고는 생각도 하지 못했다. Forester는 Dahl에게 비행 경험에 대한 기록을 적어 달라고 했다. 그때 Forester는 세터데이 이브닝 포스트지에 그걸 기사로 실을 생각이었다. "아주 상세히 써 주세요." Forester가 말했다. "우리 일에서 중요한 건 이런 거예요. 아주 사소하고 작은 일, 뭐 왼쪽 신발끈이 떨어졌다거나, 점심을 먹는데 물잔 끝에 파리가 한 마리 앉았다거나, 당신과 이야기를 하는 사람 앞니가 부러졌다는 것 같은 사소하고 작은 것들 말입니다." (Dahl, 2001, p. 190) Dahl은 Forester가 시키는 대로 했고, 그 기사는 Forester가 한마디도 고치지 않은 그대로 Dahl의 이름으로 나갔다. 그리하여 20세기의 가장 위대한 작가 중 한 사람이 태어난 것이다. Forester가 말한 대로 세부묘사는 이야기에 박진감을 준다.

이솝 우화 '토끼와 거북이'는 토끼와 거북이 경주를 하고 거북이 이긴다는 아주 단순한 줄거리로 되어 있다. 그대로 간결하게 이야기를 해 준다면 정말 지겹고 재미없고 아무 뜻도 없는 그저 그런 이야기가 될 것이다. 그렇지만 거기에 세부 묘사를 더해 주면 훨씬 더 매력적이고 의미심장한 이야기가 될 것이다. 다음

---

2) 역주: 영어에서 camel은 돌대가리, 미련 곰탱이 등과 같은 비속어로 쓰이거나 물통의 비유로 쓰인다. 여기서는 문맥을 전혀 이해하지 못하는 Dahl을 보고 머리가 나쁜 아이라는 표현을 하기 위해 쓴 것이다.

과 같이 말이다. 어느 날 잘난 체하기 좋아하는 커다란 귀를 가진 토끼가 늙은 거북을 보고 느리고 쓸모없는 다리를 가졌다고 비웃으며 놀리고 있었어요. 거북은 "니가 그렇게 생각한다면 경주를 해 보자. 내가 이긴다는 데 빳빳한 새 돈을 걸겠어."라고 대꾸했어요. 그러자 토끼는 복슬복슬한 머리를 뒤로 젖히며 까르륵 웃어댔어요. "좋아, 이 굼벵이야." 출발 신호가 울리자, 토끼는 막대기로 땅에 그은 출발선을 뒤로 하고 쏜살같이 튀어 나갔지요. 거북은 금방 저 뒤로 멀어지면서 눈에 보이지 않게 되었어요. '이건 식은 죽 먹기야.' 토끼는 속으로 생각했죠. '쉬어 가더라도 늙은 거북 따위는 얼마든지 이길 수 있어.' 토끼는 가지를 우산처럼 펼치고 있는 옹이투성이 나무 아래 시원하고 보드라운 잔디밭에 누웠어요. 그러는 동안 거북은 계속 터벅터벅 쉬지 않고 걸어서 자고 있는 토끼 옆을 살그머니 지나갔지요. 토끼는 잠에서 깨서 단숨에 결승점까지 휘리릭 뛰어갔지만 이미 늦었어요. 느리지만 끈기 있는 거북이 벌써 경기에서 이겨 버렸거든요.

세부 묘사를 하면 할수록 여러분이나 어린 내담자들에게 이야기는 더욱더 박진감 넘칠 것이다. 묘사적인 어휘들과 감각을 두드리는 형용사들, 박진감을 더하는 모든 대화체들은 이야기에 색을 입히고 분위기와 감정을 더해 준다. 이렇게 만들기 위해서는 시각의 인식을 선명하고 크게 해 주는 정교한 빛과 색깔, 명암, 형태 등을 이야기를 듣는 사람이 마음속에 그려 볼 수 있도록 전해 주는 여러분의 감각을 사용하는 것이 좋다. 소리와 귀로 들리는 여러 가지 모든 경험들을 묘사하라. 이야기 속의 냄새와 향기에도 주의를 기울여라. 촉감도 빠뜨리지 말라. 이야기의 인물들이 직접 손을 대는 것만이 아니라 산들바람의 살랑거림이나 태양의 열기 같은 것까지 어떻게 피부로 느끼는지를 묘사하라. 이야기의 적절한 부분에 미각도 넣어 보라. 이런 모든 감각이 이야기에 박진감을 더하고 이야기를 눈으로 보는 것처럼 만들어 주어, 결국에는 이야기를 듣는 사람을 꼼짝 못하게 할 이미지들을 표현할 수 있는 능력을 촉진시킨다.

이야기의 사실만을 전하는 게 아니라 세부 묘사를 더해 주면 이야기 속의 경험을 전달할 수 있다. 이야기를 눈으로 보는 것처럼 만듦으로써 듣는 이들이 그 경험과 거기에 들어 있는 메시지 속으로 더욱 심오하게 빠져들게 한다.

연습문제 2.5

- 아이에게 이야기를 해 보라.
- 그러고 나서 하늘의 색깔과 꽃의 향기, 동물들의 소리 같은 걸 더해 주는 오감을 삽입해서 두 번째로 이야기를 해 보라.
- 세 번째로 감정과 느낌도 넣어가면서 이야기를 다시 해 보라.
- 각각의 이야기가 여러분에게 어떻게 느껴지는지, 이야기를 듣는 이에게 어떤 영향을 미치는지 관찰하라.

6. 이야기의 개요를 잡아라

이야기를 축어적으로 쓸 필요도 없고, 셰익스피어의 대본을 손에 꼭 쥐고 달달 외는 배우처럼 읽을 필요도 없다. 아이와 같이 힘을 모아 전달하고자 하는 방법으로 이야기의 개요를 개발하고 고치는 과정을 함께하는 것이 더 쉽다. 개요를 세우고 이야기가 나가는 방향을 알도록 하기 위해서는 다음의 네 가지 기본적인 질문을 스스로에게 던져 보는 것도 괜찮다.

- 이야기의 결론은 무엇인가?
- 결론에 다다르기 위한 단계나 과정은 무엇인가?
- 이야기를 시작하게 하는 도전이나 문제는 무엇인가?
- 어떤 등장인물이 듣는 이에게 호감을 주고 그 결말에 이르게 하는가?

이야기는 끝까지 가지 않으면 이야기가 되지 않기 때문에 이야기의 대강을 만들면서 결과에서 시작하는 것이 좋다. 이 책을 기획하는 동안 많은 시간을 할애하고 조언해 주었던 학교심리학자 Tracey Weatherhilt에게 전화를 걸었을 때,

결말에서 시작하는 이야기의 예가 될 만한 사건이 하나 벌어졌다. 비서가 전화상으로 말했다. "교육학과입니다." Tracey를 바꿔 주기를 기다리는데 수화기로 통화대기 음악이 흘러나왔다. 그다음에 일어난 일 때문에 이 전화 통화는 계속 되풀이할 만한 가치 있는 이야기가 되었다. 교육학과의 전화기에서 핑크 플로이드의 노래 '벽'이 흘러나오고 있는 게 아닌가! "우린 교육이 필요하지 않아. 사고를 통제할 필요도 없어. 교실의 암울한 빈정거림도 이제 그만. 선생님들이여, 아이들을 그냥 내버려 두세요." Tracey가 연결되어 그 이야기를 해 주었더니 그녀는 재미있게 웃으면서 이렇게 말했다. "잠깐만요, 옆에 있는 사람한테 말해 주어야겠어요."

우린 둘 다 결말—교육학과에서 전화 대기 중에 들었던 반교육에 관한 노래—때문에 말할 이야기가 생겼다. 그것이 없었다면 해야 할 이야기도 없었고, 결말이 이야기를 만든다는 것을 부각시키기 위한 예를 얻지도 못했을 것이다. 이에 관한 좀 더 자세한 사항은 제16장에서 논의할 것이다.

 연습문제 2.6

- 아이와 함께 이야기하기 회기를 계획하라.
- 이야기 결말을 어떻게 만들고 싶은지를 적어 두어라.
- 등장인물이 목표에 이르는 과정에서 넘어야 할 장애와 역경을 상세히 기록하라.
- 등장인물이 거기에 이르려면 거쳐야 할 각 단계들을 적어 두어라.

7. 반복해서 연습하라

이야기의 개요를 잡고 나면 스스로에게 그걸 말해 보고 큰 소리로 이야기도 해 보고 누군가에게 시험해 보기 전에 자신에게 어떻게 들리는지를 들어 보라. 시험 삼아 이야기해 보고 실연해 보고 개발시켜 보기도 하라. 나이별, 성별, 문화 배경별, 관심별 등으로 개요를 적용시켜 보고 나서 그걸 다시 연습해 보라. 원칙은 간단하다. 여러분이 잘 알고 있는 소재일수록 치유적 은유로 더 쉽게 바꿀 수 있고, 더 자연스럽게 쓸 수 있고, 적용하기가 더욱 용이하다.

이야기는 아무리 해도 끝이 없고 이 아이 저 아이에게 이야기를 들려줄 때마다 계속 바뀌고 변화한다. 사실 이 책을 쓰면서 겪어야 했던 난제 중 하나는 2001년에 출판된 『101가지 치료 이야기: 은유를 활용한 심리치료』(Burns, 2001)를 쓸 때와 마찬가지로 제2부에 나오는 이야기들이 문자로 인쇄되면서 이야기를 하는 그 순간에 묶여 버린다는 사실이다. 이야기하기가 구비전승되면서 이야기는 하는 사람, 듣는 사람 그리고 그 사람들이 엮어 내는 주변 환경 등과 함께 바뀌고 변형된다(중심 주제에서는 그 기반을 그대로 둔다 해도). 소재에 익숙해지고 전하려는 중심 생각이 뭔지를 알게 되면 이야기를 변형시키거나 적용시키는 것에 자유롭게 된다.

연습문제 2.7

• 아이들에게 재미있을 만한 새로운 이야기를 찾아라. 이 책을 참고해도 좋다.
• 마음속으로 연습을 한 후, 소리 내어 반복해서 연습하고, 자신의 말로 바꾸어라.
• 쓰인 이야기에 매이지 말고 아이에게 이야기를 들려주어라.

8. 다른 사람들에게 이야기를 해 보라

일단 개요를 개발해서 그 소재가 익숙해지고 나면 스스로에게 반복해서 연습해 보고, 그다음에는 들을 만한 사람들에게 시도해 보라. 식사를 하면서 이야기해 보고, 아이가 잠잘 때 들려주는 이야기로 잘 맞는지도 시험해 보고, 차를 마시면서 친구들과 함께해 보기도 하라. 이제 막 이야기하기 기술 개발을 잠깐 맛본 여러분이기에 뭔가 대단하고 의미심장한 은유를 선보이려 하지 않아도 된다. 아이들을 위한 이야기라면 아이들은 귀를 쫑긋 세울 것이다. 자기 아이가 없으면 다른 집 아이에게 해도 되고, 자기 사무실에서 할 수 없다면 인근 학교나 유치원, 소아과 등에서 이야기를 읽어 주고 들려주는 자원봉사를 해도 된다.

이야기를 듣는 사람이 어떤 피드백을 주거나 이야기를 하면서 스스로 피드백을 얻을 수 있다 하더라도, 그건 단지 그 이야기가 바로 그 사람에게만 영향을 미친 것으로 들어야 할 뿐 다른 사람에게도 같은 영향을 미친다고 생각해서는 안 된다. 자기 스스로 평가해 보려면 자기의 이야기하기에 스스로 만족하는지, 뭔가 향상된 점이 있는지, 자기 목소리를 얼마나 더 잘 사용했는지, 이야기에 맞춰서 말의 속도를 잘 조정했는지, 연출을 잘하기 위해서 뭘 했는지 등을 자문해도 된다. 이런 피드백도 유익하지만, 이 시점에서 중요한 것은 그저 이야기를 듣고 있는 사람들과 함께하는 이야기하기다. 이 장의 서두에서 비유로 들었던 운전 연습처럼 자동차의 각종 장치에 익숙해지면서 도로를 오르락내리락하고 나면, 드디어 혼잡한 교차로가 있는 도로로 나갈 준비가 되는 것이다.

연습문제 2.8

- 이야기를 들려줄 수 있는 아이를 찾아라.
- 이야기를 하는 자신의 경험과 듣고 있는 사람의 경험을 관찰하라.

9. 듣는 사람을 관찰하라

은유치료의 대가 Milton Erickson은 치료에서 가장 중요한 변인 세 가지가 무언인가에 대한 질문을 받았을 때, 다음과 같이 대답했다. "첫째도 관찰, 둘째도 관찰, 셋째도 관찰." 어린이들과 청소년(개인이든 집단이든)에게 이야기를 들려주는 것에 자신감이 생기면 그들의 행동을 관찰하기 시작하라. 무엇이 그들의 관심을 끄는지, 언제 집중이 흐트러지기 시작하는지, 어떻게 해서 그들의 관심이 다시 돌아오는지를 주의 깊게 살펴보고 이야기의 영향도 관찰하라. 다른 사람들에게도 이야기를 해 보라. 사람 또는 집단마다 이야기에 보이는 반응에 어떤 차이가 있는지를 관찰하라. 다행히 아이들은 어른들보다 더 잘 드러내고 사회적으로 제한된 것이 덜하다. 이야기를 들려주는 동안 아이들은 귀를 바짝 기울일 수도 있고, 몸을 뒤틀 수도 있고, 단번에 주의가 산만해질 수도 있다. 더구나 질문으로 툭 끼어들기도 하고, 이야기가 재미있는지, 지겨운지, 신나는지에 대해 주목할 만한 다양한 반응들을 보여 준다. 이런 반응들을 관찰하면 이야기를 어떻게 받아들이는지에 대한 생생한 단서들을 얻을 수 있다.

나는 20년이 넘는 동안 정규 라디오 토크쇼에 출연해 왔는데, 그동안 내내 나를 힘들게 하던 게 하나 있었다. 헤드폰으로 사람들 목소리만 들어야 하기 때문에 사람들 얼굴에 나타난 표정이나 그 눈으로 보여 주는 것을 볼 수 없다는 것이다. 이는 마치 전자우편 속 낱말 뒤에 숨어 있는 감정을 찾아내려고 하는 것과 흡사하다. 그런 것이 말보다 더 많은 것을 전해 주기 때문이다. 말에서 멀어져 보면—한마디도 하지 않고 앉아 있는 사람을 만났을 때 일어나는 것처럼—내가 라디오에서 경험했던 것과 정반대의 경험을 얻게 될 것이다. 오로지 표정만 볼 수 있는 것이다. 여기에 이야기가 어떻게 받아들여지고 있는지에 대한 단서와 피드백이 들어 있다.

바로 그 피드백을 관찰하라. 여러분이 들려주는 이야기와 여러분과 함께 있는 아이가 어떻게 맺어져 있는가? 그 아이가 한 곳에 시선이 꽂혀서 꼼짝도 하지 않는가? 아이의 호흡이 이야기의 속도나 감정과 보조를 맞추고 있는가? 이야기를 듣기 전보다 아이 몸의 움직임이 슬슬 느려져서 좀 침착해지고 덜 움직이게 되었는가?

듣는 이의 주의가 흐트러지고 시선이 이야기하는 사람을 떠나서 이리저리 왔다갔다하고 몸을 가만히 두지 못하는 것은 이야기꾼이 자기 행동을 살펴봐야 한다는 신호다. 너무 오래 이야기했나? 충분히 전달하지 못했나? 이야기에 감각이나 감정을 더 실어야 하나, 덜 실어야 하나? 이야기를 듣는 사람에게 맞는 게 뭔가? 뭘 더 늘리고, 뭘 더 빼야 하는가? 등장인물이 잘 맞아떨어지는가, 아니면 바꿔야 하는가? 이야기가 너무 편안한가, 아니면 너무 무리하게 생략을 한 건가?

연습문제 2.9

- 아이들은 이야기가 어떻게 받아들여지고 있는지를 언어만이 아니라 비언어적 표현으로도 말해 준다.
- 아이들의 행동, 태도, 관심 정도, 시선 접촉, 몸부림, 근육 움직임, 호흡 속도 등을 살펴보라.
- 아이들이 얼마나 집중을 하는가? 이야기의 내용과 방식에 대해 어떤 피드백을 주는가?

10. 융통성 있게 하라

이야기는 창조성을 수용하고 키우면서 개작을 허용하기 때문에, 음악을 연주하는 데 옳고 그름이 없는 것처럼 이야기를 하는 데도 옳고 그른 방법은 없다. 악기에 대한 기본적인 기술을 배우고 나면 악보에 적힌 그대로 연주하든 즉흥적으로 연주하든 클래식, 재즈, 록, 랩, 대중음악 등으로 연주를 하면 된다. 곡을 연주할 때 어떤 건 더 효과적이고 어떤 건 그렇지 못한 방법의 차이가 있을 수 있다. 그래서 이 장의 제목에서 규칙이라고 하지 않고 '지침'이라고 했다. 아이들마다 들려주는 이야기도 다를 것이고, 이야기마다 이야기하는 방식도 다를 것이다. 어떤 아이도 같은 환경, 문제, 결론을 가질 수는 없으니까. 단순히 은유를 사용하는 과정뿐 아니라 치료의 어느 과정도 처음에는 이 점이 만만찮은 도전으로 보일 수 있다. 하지만 이야기를 여러분과 어린 내담자들을 위해서 계속 발전시켜 나가는 것으로 생각하면 유연성이 점점 커질 것이다.

제2부에서는 이야기 듣는 사람을 끌어들일 수 있는 질문들의 사용과 이야기의 방향을 잡아 주는 것에 대한 몇 가지 예를 통해 이야기 속에 유연성을 구축하는 것을 보여 주고자 했다. 일흔세 번째 이야기 '힘을 모아 문제해결하기'는 대런이라는 한 아이에게 자기와 비슷한 불면증의 문제를 가진 다른 아이의 이야기(실화)를 들려주는 사례에 기초한 것이다. 그 이야기를 통해 대런은 다른 아이가 해결책을

찾는 걸 도와주는 것에 참여하게 되었다. 그 아이에게 어떤 게 도움이 되고 되지 않을지에 대해 논의한 후, 대런은 집으로 가서 그 방법들을 자신에게 시험해 보았다. 그러고는 그 이야기에서 어떤 걸 버리고 어떤 게 쓸모 있을지 다시 논의했다. 뭔가 효과가 없거나 그 다른 아이가 아직은 그 단계를 받아들일 준비가 되지 않았다는 생각이 들면 분명히 그걸 밝혔다. 그 이야기는(그리고 그 결과도) 대런이 자기 방에서 좀 더 편안히 잠들 수 있는 기술을 배우며 함께 개작하고 바꿔 나가면서 발전되어 갔다. 이 연구는 내담자와 함께 개발한 은유가 최고의 효험이 있다는 걸 확실히 보여 준다(Martin, Cummings, & Hallberg, 1992). 이에 대해서는 제3장의 '아이가 만든 은유'와 '함께 만든 이야기'에서 좀 더 살펴볼 것이다.

이야기의 유연성은 초보나 경력 있는 은유치료사 모두에게 눈이 번쩍 뜨이는 소식이다. 완벽한 치유적 이야기가 꼭 필요한 때에 마음속에 완전한 상태로 적재적소에 있을 필요는 없다. 그것은 시간을 거듭하면서 발전하고, 치료 회기 사이에 생각해 볼 수도 있고, 내담자와 함께 발전시켜 나갈 수도 있다. 또 아이들은 일반적으로 쉬우면서도 효과적인 합동 이야기를 만들 수 있는 자유롭고 창조적인 상상력을 가지고 있다. 아이들에게 이야기하기에서 능동적인 역할을 할 수 있는 기회를 주면 그들 대부분은 그 기회 속으로 뛰어들 것이다.

잠시 뒤로 물러나서 이야기가 어떻게 발전하는지를 관찰해 보라. 이번 주에 청소년에게, 혹은 다음 주에 어린이에게 들려주는 이야기가 얼마나 다른지 스스로 놀라게 될 것이다. 이야기를 하는 그때, 여러분과 아이에게 가장 잘 작용한 것이 무엇인지를 볼 수 있는 기회를 스스로에게 주어 보라. 실험을 향한 문을 활짝 열어 놓고 발견해 보라.

운전을 배우는 비유에서 말했듯이 기초 단계에서 매일 통근할 때 필요한 복잡한 기술로 옮아간다. 이 장에서 제시된 지침들을 따라 우리는 이야기하기 능력에서 자신감을 개발하는 것부터 열의와 성실로 이야기를 하는 데까지 나아간다. 우리는 세부 묘사를 잘하고 박진감 넘치는 이야기를 하기 위한 개요 만드는 법을 시험해 보면서, 동시에 이야기를 듣는 사람의 반응을 관찰하거나 그 순간의 요구에 맞게 이야기를 개작하는 데 충분히 유연할 수 있다. 재미있고 의미심장한 이야기를 하는 동안, 여러분은 내담자를 관찰할 수도 있으므로 아이를 위해 진행하는 과정에 대해 자문해 보면서 아이의 요구에 가장 효과적으로 맞춘 이야기로 만들어 보라.

연습문제 2.1◎

- 이야기를 바꿔 보고 개작해 보는 연습을 하라.
- 같은 이야기를 다른 사람들에게 다른 방법으로 해 보라. 아이에게 그 이야기를 맞춰 가는 것과 이야기가 어떻게 아이를 빨려들게 할 수 있는지를 지켜보라.

이야기꾼의 목소리 사용을 위한 여섯 가지 지침

'골디락과 세 마리 곰' 이야기를 알고 있다면, 여러분은 이미 이야기꾼의 목소리 사용법에 대한 뭔가를 알고 있는 것이다. 골디락이 세 마리 곰의 집을 이리저리 돌아다니면서 "아이, 배고파."라고 말할 때는 높고 부드러운 아이 같은 목소리로 말할 것이다. 세 마리 곰이 집으로 돌아와서 아빠 곰이 "내 죽을 누가 먹었지?"라고 말할 때는 좀 더 깊고 큰 소리로 남자처럼 으르렁거리는 소리를 낼 것이다. 엄마 곰이 "내 의자에 누가 앉았지?"라고 말할 때는 중간쯤 크기에 여성적이고 엄마 같은 목소리를 낼 것이다. 그리고 아기 곰이 "내 침대에서 누가 잠을 잤지?" 하고는 바로 "아직도 여기 있네!"라고 소리칠 때는 목소리를 높게 잡아 땍땍대는 아기 같은 목소리를 내면서 마지막에 발견한 것으로 흥분까지 할 것이다.

이야기꾼에게 목소리는 최대의 전문적 도구이며 첫 번째 전달 자원이다. 책, 꼭두각시 인형, 장난감 같은 다른 보조 도구(이에 대해서는 제3장에서 더 자세히 살펴볼 것이다.)를 사용한다 해도 목소리는 여전히 치료적 메시지를 전해서 치료적 변화를 일으키는 최대 도구다.

다음에 나오는 지침의 사용법은 이런 효과를 더욱 증가시키겠지만, 앞의 '효과적으로 이야기하기 위한 열 가지 지침'에서 말했듯이 이를 기법으로 찾을 수 있는 것은 아니다. 이야기 속에 빠지면 '골디락과 세 마리 곰' 이야기를 할 때처럼 여러 방법으로 이런 지침들을 자연스럽게 사용할 수 있을 것이다. 그런 과정을 향상시킬 수 있는 암시들로만 그것들을 내놓을 것이다.

1. 자기만의 이야기 방식을 선택하라

이야기에 목소리를 맞추는 방법에 대한 몇 가지 보기를 들고자 한다. 첫째, 이야기가 문제를 끝까지 생각해야 하는 내용처럼 인지적 활동이라면, 신중하면서도 무게가 실린 이야기 성격을 모델로 삼아 목소리는 느려지고 생각에 잠긴 듯하면서 침착해야 할 것이다. 달리기 경주와 같이 육체적 활동에 대한 이야기를 하려면, 목소리는 힘을 담고 있으면서 그 경주에 참가한 것처럼 숨가쁨과 활력을 표현해야 한다.

둘째, 이야기를 하는 방식은 이야기가 전하고자 하는 감정에 영향을 받을 수 있다. 이것은 자연스럽게 그렇게 된다. 목소리는 화가 나거나, 슬프거나, 염려스럽거나, 흥분되어 있거나, 편안한 때에 따라 다르게 나온다. 피곤하거나 기분이 별로 좋지 않거나 슬픔에 잠겨 있을 때 전화를 받으면서 그냥 "여보세요." 한마디만 해도, 전화를 건 사람이 너무나 쉽게 그걸 알아채고는 "너, 괜찮니?"라는 근심 어린 질문으로 답하는 경험을 한 적이 있을 것이다. 단 한마디의 말로 감정 상태를 알아차리고 그 감정을 나타내는 표현으로 들은 것이다.

무서운 장면으로 시작하는 이야기를 아이에게 들려줄 때는 말이 빨라지고 호흡도 급해지며 어조는 더 높아질 것이다. 하지만 편안함을 주는 자료를 모델로 할 때는 말이 다소 느려지고 호흡이 좀 더 안정되고 어조도 좀 더 낮아질 것이다. 바라던 결말에 다다르게 되면서 이야기하는 방식은 성취의 기쁨과 함께 더 밝아지고 행복해지는 어조로 표현될 것이다.

셋째, 직장 상사에게 이야기를 할 때와 연인에게 이야기를 할 때, 성별에 따라서, 그리고 아이에게 이야기를 할 때와 어른에게 이야기를 할 때 어떻게 다른지 알 수 있는가? '골디락과 세 마리 곰'에서 등장인물마다 서로 다른 목소리를 어떻게 사용하는가? 이야기 속의 등장인물에 따라 이야기를 하는 방식만이 아니라 그 이야기를 듣는 사람에 따라서도 어떻게 바뀌는지를 살펴봐야 한다. 이야기 방식은 듣는 사람이 두 살이냐 열두 살이냐, 여자냐 남자냐, 이야기를 하는 사람과는 다른 문화적·종교적 가치관을 지닌 사람이냐 등에 따라 달라질 것이다. 결국 내가 하려는 말은 내용의 전후관계, 감정, 등장인물, 결말, 이야기를 듣는 사람에게 맞춰 목소리를 적절하게 만들어야 한다는 것이다.

연습문제 2.11

- 여러분만의 고유한 전달방식을 관찰하라. 어른이냐 아이냐, 남자냐 여자냐, 청소년이냐 어린이냐에 따라 다르게 말하고 있는가?
- 아이와 전달하고자 하는 이야기 내용에 어울리게 이야기 방식에 차별을 두고 있는지 살펴보라.

2. 말의 속도를 선택하라

뭔가 신나는 걸 이야기하는 아이들은 말의 속도가 얼마나 빠른가? 머뭇거리면서 소중한 크리스털 그릇을 깨뜨렸다고 더듬거리며 말할 때의 속도는 어떤가? 전하려는 내용과 그에 수반되는 감정은 자연스럽게 말의 속도에 영향을 미친다. 차가 왔다갔다하는 길에 발을 내디디려는 아이에게 말을 할 때와 잠자리에 들면서 졸고 있는 아이에게 말을 할 때의 속도는 전혀 다를 것이다. 다른 사람은 물론 자신에게서도 그런 차이를 관찰하고 이해하는 것은 하려는 이야기 내용에 말의 속도를 어떻게 적용할지에 관한 유용한 정보가 된다. 기분전환을 해 주거나 임상에서 최면으로 이끌려고 하거나 상상 표현을 유도하려고 한다면, 말의 속도는 아이의 각성 수준에 맞추어 시작하는 것이 가장 효과적이다. 그다음에는 점점 더 느리고 차분한 경험 속으로 인도하는 것이 가장 효과적일 것이다. 박진감 있고 매혹적인 이야기를 한다면, 말의 속도는 열정적인 자극 상태를 더 반영해 줄 것이다. 이는 이야기의 내용과 감정을 말하는 속도에 맞춘다는 단순한 원리다. '아기 돼지 삼형제'에서 커다란 악당 늑대에게 쫓기는 아기 돼지 이야기를 할 때, 말의 속도는 이 집에서 저 집으로 후다닥 달아나고 있는 아기 돼지들의 다급함을 그대로 보여 줄 것이다. 그리고 안전하게 안으로 들어와서 문에 빗장을 걸고 그 문에 등을 기대고 있을 때의 말의 속도는 편안해지면서 느려질 것이다.

 연습문제 2.12

- 이야기할 때 말의 속도를 빠르게도 하고 느리게도 하는 식으로 다양하게 하라.
- 그 차이를 여러분이 어떻게 느끼는지 주의해서 보라.
- 그 차이에 이야기를 듣는 아이가 어떻게 반응하는지 주의해서 보라.

3. 억양을 조절하라

한 영어교수가 칠판에 문장 하나를 쓰고 학생들에게 구두점을 바로 찍어보라고 했다. 칠판에 쓴 문장은 "Woman without her man is nothing." 이었다. 수업이 끝나 과제를 보았더니, 남학생들은 모두 "Woman, without her man, is nothing(남자가 없는 여자는 아무것도 아니다.)." 이라고 써놓았다. 반면에 여학생들은 "Woman! Without her, man is nothing(여자여! 그대가 없으면 남자는 아무것도 아닐지니)." 이라고 써 놓았다.

이 책이 글로 된 형식이라 구두점으로 설명하기가 쉽고, 또 소리의 억양처럼 구두점이 강조를 더하거나 덜하기도 하며 때로 의미를 바꿔 전혀 다른 메시지를 전하기도 하기 때문에 구두점 찍는 걸 예로 들었다.

억양은 낱말이나 글자 위에서 목소리의 강세와 색깔과 관계를 맺는다. 억양으로 평서문과 의문문을 구별하기도 한다. 하나의 말에 강약이나 무게를 두는 것으로 쓰인다. 앞의 예처럼 같은 낱말들이 전혀 다른 두 가지 의미를 가지게 할 수도 있다. 어조의 이런 조절이나 다양함은 영어보다 다른 언어에 더 일반적일지도 모르겠다. 영어는 중국어나 베트남어 같은 억양의 미묘함을 지니진 못하지만, 말소리의 진폭, 빈도, 음조 등을 바꾸면서 언어를 조절해 나가면 표현에 대한 강조나 의미를 더 크게 둘 수 있다. 따라서 심도 있게 억양을 사용하면 의사소통의 효과를 높일 수 있다.

 연습문제 2.13

- 내담자든 아니든 아이에게 이야기해 주는 것을 녹음하라.
- 자기 목소리를 들어 보라.
- 목소리에서 다음의 사항을 기억해 두어라.
  - 말의 속도
  - 억양의 조절
  - 목소리의 크기
- 이런 변화를 어느 부분에서 자연스럽게 사용하고 있는가?
- 이야기를 더 잘 전달하기 위해서 그 요소들을 얼마나 건설적으로 사용하고 있는가?

4. 목소리 크기를 조절하라

목소리는 텔레비전이나 홈 스테레오 시스템, 카 오디오처럼 크기를 조절할 수 있다. 주변 환경이나 전하고 싶은 메시지에 따라서 소리를 높이기도 하고 낮추기도 한다. 아이들이 자기 목소리를 얼마나 자연스럽게 사용하는지를 관찰해 보고, 그다음 이야기를 효과적으로 표현하고자 할 때 목소리의 크기를 얼마나 적절하게 맞출 수 있는지를 살펴보라. 아이들은 비밀을 함께할 때는 속삭이고, 스포츠 팀을 응원할 때는 고함을 지르고, 자기가 잘못한 걸 말할 때는 낑낑대는 소리로 말하고, 화가 나면 목소리를 높이고, 슬플 때는 소리를 쫙 내려 깔기도 한다. 문화적 차이야 있겠지만, 어른들이 부드러운 음성으로 연인에게 말을 하는 것은 친해지고 싶다는 메시지, 즉 두 사람의 영혼을 하나로 묶고 싶다는 메시지를 은근히 전하려는 것이고, 크게 소리치는 것은 일반적으로 화가 났다는 표현이라고 볼 수 있다. 목소리를 높이는 것은 일반적으로 뭔가 불편한 게 있거나 피하고 싶은 게 있다는 것이며, 소리가 너무 낮아서 듣는 사람이 알아듣기 어려울 정도만 아니라면 조용히 의사소통을 하려는 것은 듣는 사람의 예민함을 불러일으키는 경향이 있다.

아이들이 소리를 조절하는 것을 관찰하는 것만이 아니라, 자기 자신이 일상에서 다른 사람들에게 목소리를 어떻게 조절하고 크기를 어떻게 낮추는지 귀 기울여 보라. 또 여러분의 목소리 크기가 이야기 메시지를 전달하는 방법도 주의를 기울여 들어 보라. 이야기를 듣는 아이들에게 그것이 어떤 영향을 미치고 있는가? 아이들이 이야기를 들으려고 목을 길게 빼고 있는가, 아니면 뒤로 물러나 버리는가? 목소리가 아이들의 적절한 경청을 촉진시키는가?

5. 감정을 넣어라

기회가 있다면 유아들이 웃는 얼굴과 찡그린 얼굴에 어떻게 반응하는지 관찰해 보라. 까꿍놀이 같은 걸로도 괜찮다. 발달적으로 아이들은 말의 소리와 의미를 식별하기 훨씬 전에 감정에 관여하고 표현한다. 이야기에 적절한 감정을 삽입하는 것은 아이들에게 자연스러운 어린 시절의 경험을 촉진하고, 이야기에 박진감을 주고, 아이들을 이야기에 빠져들게 하며, 이야기가 주는 메시지를 효과적으로 전달하게 한다. 이야기가 여름을 배경으로 하면 이야기를 하는 여러분 스스로가 그 열기를 느끼며 음성으로 그것을 표현하라. "휴우, 너무 더워." 여러분이 정말로 사랑을 하거나 뭔가에 열정을 느낀다는 행동을 묘사하고 있다면 그 열정을 목소리에 담아라. 이야기가 강조와 자극으로 시작한다면 그 자극이 이야기를 하는 여러분의 목소리에 그대로 묻어난다는 걸 스스로 경험해 보라. 이야기의 내용을 평온한 상태로 끌고 가면서 여러분이 그걸 경험하고 표현하고 있다면, 그 이야기를 듣는 사람들에게 더 잘 경험하고 더 잘 들리게 할 것이다.

여러분의 이야기는 그냥 말을 듣는 것이 아니라 사건을 실감나게 느낄 수 있도록 아이들에게 더 큰 박진감을 줄 것이다. 내용을 듣는 것은 인지적 경험이지만, 감정을 느끼는 것은 정서적 경험이다. 이러한 정서적 학습은 종종 보다 강력한 힘을 지닌다. 울타리 너머에서 묶여 있는 커다란 개가 짖어대는 걸 직접 보는 것은 길들여지지 않은 개한테 가까이 가지 말라는 부모의 경고보다 훨씬 더 아이들을 겁에 질려 도망가게 만든다. 시합에서 자기 학교가 이길 때 갖는 성취감은 부모가 잘하라고 잔소리를 하는 것보다 훨씬 힘찬 격려가 된다. 인지적인 것과 정서적인 것을 잘 섞을 수 있다면, 이야기의 메시지를 효과적으로 전달하기 위한 잠재적 가능성을 극대화시킬 수 있을 것이다.

6. 이야기의 정서에 감정을 맞추어라

감정을 맞추라는 것은 이야기꾼의 목소리를 그 이야기 내용의 정서와 맞출 필요가 있다는 것으로, 표현된 정서가 이야기의 정서와 들어맞아야 한다는 것을 의미한다. 아이들은 정서적으로 반응하기 때문에 잘못 연결된 정서는 바로 읽어내 버린다. 꼬마 조니의 예를 들어 보자. 조니는 실수로 어머니의 가장 값진 물건을 부숴 버렸다. 어머니가 쨍그랑 소리를 듣고 방으로 달려와 보니, 너무나 아끼는 물건이 산산조각 나 있었다. 순식간에 어머니는 얼굴이 벌겋게 달아오르고 이를 꽉 깨물면서 주먹을 불끈 쥐고는 조니를 한 대 칠 듯한 자세가 되었다. 그러고는 이를 으드득 갈면서, "겁내지 말고 엄마한테 와."라고 말한다. 꼬마 조니가 뭘 믿고 어디에 반응할 거라고 생각하는가? 몸으로 말해 주는 정서적 표현일까, 아니면 어머니의 말이 뜻하는 것일까? 자기 보호감이 있는 아이라면 아마도 문 밖으로 휭하니 도망치고 말 것이다.

사람들은 말을 알아듣기 훨씬 전에 신체언어와 감정을 먼저 읽는다. 유아기에는 언어의 발달이나 부모가 하는 말에 대한 이해보다 외적 정서 표현을 먼저 읽어 내는 걸로 아이들이 생존하게 된다. 가까이 할 때와 멀리 떨어져야 할 때가 있다. 자기가 필요한 것을 드러내야 할 때와 조용히 입 다물고 있어야 할 때도 있다. 그런 것들을 식별하는 걸 배운다는 것은 어린 시절만이 아니라 그 후에도 잘 사는 데 아주 중요하다. 이것이 이야기꾼에게 시사하는 것은 이야기가 정서적으로 관련될 뿐만 아니라 그 연관성이 적절해야 하고, 감정의 정도도 이야기의 내용과 발맞추어 나가야 함을 확실히 해 두어야 한다는 것이다.

연습문제 2.14

- 정서를 불러일으키고 이야기 내용과 일치시켜라. 오감을 사용하도록 하라.
- 정서를 담아라. 더운 날인가, 추운 날인가? 분위기가 긴장되어 있는가, 슬픈가, 혹은 편안한가?
- 자기가 이야기하는 것을 녹음해서 들어 보고, 이야기의 정서 속으로 얼마나 빨려 들어가 있는지, 또 자기의 정서가 이야기 내용과 얼마나 잘 맞는지 자문해 보라.

03

도구와 기법

앞 장에서는 이야기하기가 구전이라는 점을 강조하면서 이야기꾼의 목소리 사용 방법 등 효과적으로 이야기하기 위한 지침들을 시험해 봤다. 대부분의 이야기들이 오랫동안 입으로 전해지고 말로 전달되어 오는 동안, 아이들에게 단지 스토리만 말해 주는 것은 아니었다. 우리의 선조들은 자신들의 이야기를 동굴 벽과 바위에 조각해 넣으면서(현대의 책과 영화 속에 담긴 상징들의 전조) 생생하게 삶이 되게 했다. 선조들은 가면을 쓰고 몸을 장식하고 노래와 춤으로 자신들의 이야기를 했다(현대 극장의 시초). 이야기를 듣는 사람들에게 둘러싸여 앉아 그들은 모래밭(칠판의 전신)에 자신들의 이야기를 그렸을지도 모르고, 이야기 등장인물이나 동물들, 비품들의 모형(오늘날 장난감의 효시)을 제대로 갖춰지지도 않은 찰흙으로 만들기도 했을 것이다.

이 장에서는 귀, 눈, 몸 등의 자극을 고조시키는 이야기를 제시하여 상호작용적 학습과정에 아이가 좀 더 잘 참여할 수 있게 하는 다양한 방법들에 대한 개요를 잡아 보고자 한다. 나는 아동의 은유치료에서 사용되는 책, 드라마, 비디오, 장난감,

놀이, 유머, 경험, 협력적 방식을 탐색하면서 부모, 교사, 치료사들이 제시한 이야기들, 다른 사람에 의해 말해지거나 쓰인 이야기들(고전에서 온 것들), 아이들이 만들어 낸 이야기들 등 모든 이야기를 포함시켰다. 그런 모든 도구들과 기법들은 이야기를 듣는 사람이 그 문제와 동일시하는 것을 용이하게 해서 결국 문제해결을 향해 나아가게 도와줄 것이다.

치유적 이야기의 원천이 되는 책: 독서치료

계속해서 출판되고 있는 새 책들 중 쓸 만한 아동도서들은 아주 풍성하다. 그중에서 어떤 것은 훌륭한 은유 이야기를 내놓기도 한다. 사용되는 방법과 책의 유형을 설명하기 위해 다음의 두 가지 범주(고전적 가치가 있는 이야기들과 특정 자조적 주제의 도서들)로 나누어 설명하였다.

고전적 가치가 있는 이야기들

'오즈의 마법사'라는 이야기(혹은 영화)를 기억하는가? 그 무언가를 무지개 너머 어딘가에서 찾는 도로시, 용기를 찾으려는 사자, 심장을 갖고 싶어 하는 양철 인간, 두뇌를 갖고 싶어 하는 허수아비, 전혀 마법사 같지 않은 마법사. "어디에도 집만큼 좋은 곳은 없어."라는 도로시의 깨달음. 셀 수도 없을 만큼 많은 책으로, 다큐멘터리로, 나아가 대학 강좌에까지 다뤄진 이 아동 고전은 지금까지 가장 많이 본 영화 중의 하나가 되었다. '오즈의 마법사'는 선과 악 사이의 싸움이 중심에 놓여 있는 어린 시절의 불안을 보여 주는 것, 자기만의 자원을 발견하도록 해 주는 것, 그리고 긍정적인 결과 — 유머를 포함한 모든 것 — 를 낳게 하는 핵심적 가치관 등에서 그 성공 이유를 찾을 수 있다. 〈표 3-1〉은 그 외에 고전적 가치가 있는 이야기들의 예를 들어 놓았는데, 작가의 이름과 이야기가 전하고자 하는 몇 가지 가치관도 함께 제시하였다.

이야기를 통해 가치관을 가르치고자 하는 치료사, 교사, 부모들은 이런 고전 이

〈표 3-1〉 고전적 가치가 있는 이야기들

제 목	작 가	가치관
정글북	R. Kipling	존경, 우정
갈매기의 꿈	R. Bach	인내, 연민
헬렌 켈러	M. Lundell	인내
사자, 마녀 그리고 옷장	C. S. Lewis	동기부여, 신중함, 진실
어린 왕자	A. de Saint Exupery	친절, 인간애, 사랑
빨간 머리 앤	L. M. Montgomery	정직, 친절
버드나무 위의 바람	K. Graham	우정
흑인미녀	A. Sewell	용서, 인내
루이스 브레일	M. Davidson	신뢰, 인내
피노키오의 모험	C. Collodi	결의, 사랑, 헌신
신데렐라	C. Perrault	신뢰, 화합
마이크 멀리건과 증기삽	V. L. Burton	신뢰, 인내
돌아온 래시	E. Knight	결의
비밀의 정원	F. H. Burnett	낙천론
해리 포터(시리즈)	J. K. Rowling	우정, 선

야기들을 아이들에게 읽어 주거나 아이들이 숙제로 집에서 읽어 보도록 지도할 수 있다. 그 이야기를 읽고 나서 혹은 다음 치료 회기 때 (적절하다면) 토론할 수도 있다. 그런 토론은 다음 질문이 유용할 것이다. 어떤 인물이 제일 좋아? 주인공이 문제를 해결하는 데 도움을 준 게 뭐지? 결정을 할 때 누가 가장 좋은, 가장 도움이 되는, 가장 쓸 만한 생각을 했어? 주인공은 뭘 했지? 모든 게 잘 풀렸을 때 주인공은 어떤 마음이었을 거라고 생각하니?

특정 자조적 주제의 도서들

많은 자조적 도서들이 아이들이 지닌 특정 문제들과 문제해결 기술들의 발달을 다루고 있다. 외로움, 염려, 싸움, 분노 등과 같은 문제들을 신고 있고, 불량배들, 이별 및 이혼과 같은 문제들도 다루고, 암이나 다른 건강 문제들에 대처할 수 있도록 해 주기도 한다(예: Amos, 1994a, 1994b, 1994c, 1997; Amos & Spenceley,

1997a, 1997b; Braithwaite, 1997; Brown & Brown, 1998; Moses, 1997; Thomas, 1999). 어떤 책들은 어떻게 하면 용감해지고 행복해지며 자신감을 가질 수 있는지와 같은 결과를 더 많이 살펴보기도 한다.

대부분의 자조 메시지는 "조니는 문제가 하나 있었어. 그 문제와 관련해 조니는 이렇게 행동했어. 그리고 그가 그렇게 했을 때 이런 일이 벌어졌지."와 같은 은유적 이야기로 전개된다. 이는 서점이나 도서관에서 아이들을 자기 상황과 연관 있는 이야기로 지도할 수 있게 한다. 이런 기관에서 아이들과 함께하는 전문적인 일을 하고 있다면, 내담자들의 필요에 가장 잘 맞는 이야기들을 유의해서 보려고 할 지도 모르겠다. 다음과 같은 방법으로 메시지를 보여 줄 수 있을 것이다.

• 치료나 교육 장면에서 어린이에게 이야기를 읽어 준다.
• 회기 사이에 읽을 수 있도록 이야기의 복사본을 어린이에게 빌려 준다.
• 어린이와 함께 읽을 수 있는 이야기의 복사본을 부모에게 빌려 주어서 부모가 치료과정에 동참할 수 있게 하고, 나아가 부모와 자녀의 관계를 증진시킬 수 있게 한다.

 연습문제 3.1

• 현재의 내담자와 관련된 아동 문학을 계속 보라.
• 아이들이 지니고 있는 가치관과 자조의 결과를 담은 책들의 목록을 만들어라.
• 치료에서 아이에게 그 이야기들을 읽어 주거나 아이가 읽을 수 있도록 과제를 내주어라.

치유적 이야기의 원천이 되는 드라마

어떤 아이가 부모나 손님들 앞에서 옷을 쫙 빼입고 공연놀이를 하는 걸 싫어하겠는가? 자기들이 읽었거나 들었던 이야기, 등장인물과 동일시할 수 있는 특정 주제로 만든 이야기 등을 아이들이 실연해 보면 해결방법을 발견할 수도 있고 결말을 얻을 수도 있다. 집단이나 교실에서 이야기를 통해 뭔가를 전달하고 있는 중이라면 다양한 인물들을 개발할 수도 있고, 부모들과 집단 또는 친구들 앞에서 공연 놀이를 할 좋은 기회가 될 수도 있을 것이다. 또한 일대일로 상담을 하는 중이라면 결말이 있는 이야기(outcome story)를 2인극으로 만든 시나리오를 실연해 볼 수도 있다. 예를 들어, 괴롭힘을 당하는 아이와 함께하는 치료사는 이렇게 질문할 수 있다. "너를 가장 괴롭히는 사람이 누구야? 그런 못된 행동을 하는 사람을 꼼짝 못하게 만들어 버릴 수 있는 사람이 네가 아는 사람 중에 누가 있을까?" 여기서 아이가 동일시하고 성공적인 대처 방안을 그대로 배울 수 있을 만한 역할 모델을 찾는 것이다. "그 사람은 어떻게 할 거 같아? 그걸로 우리 작은 연극 하나 해 보자. 내가 괴롭히는 사람 역할을 할 테니까, 너는 그 나쁜 사람을 꼼짝 못하게 하는 사람 역할을 해 봐. 자, 어디서 이야기를 시작할까?"

이렇게 함으로써 아이는 문제에서 결과를 향해 갈 수 있는 방법에 대한 어떤 자극과 안내를 제공받을 수 있을 것이다. 그 방법에 대해서는 제16장에서 더 자세히 설명할 것이다. 아이가 문제해결자의 역할이나 원하는 결과에 이를 수 있는 인물이 되는 것은 중요하다. 가끔은 아이가 괴롭히는 역할이나 나쁜 짓을 하는 사람의 역할을 해서(앞의 예처럼) 그 사람들의 입장에 대해 조금 더 이해할 수 있게 하는 것이 도움이 되기도 한다. 하지만 그냥 다른 입장을 이해하는 것보다는 원하는 결과를 향해 가서 그것을 얻는 걸로 이야기를 완성하는 것이 더 좋다.

드라마의 두 번째 활용은 부모가 〈오즈의 마법사〉나 〈라이온 킹〉처럼 치료적 성과와 연관된 연극을 영화화한 작품을 아이에게 보여 주는 것을 권하는 것이다. 이는 치료사가 자기가 사는 지역사회에서 일어나는 것에 대해 알고 있어야 하고, 도움이 되거나 치료적일 수 있는 것을 권할 수 있어야 한다는 걸 뜻한다. 그런 이야기들은 이야기책이 논의되었던 것과 마찬가지로 다음 치료 회기에서 논의될 수 있다.

- 이야기를 실연할 계획을 세운다. 치료사와 아이가 함께하는 것도 좋다.
- 이야기가 마무리되는 지점과 결말을 찾아낸다.
- 등장인물이 결과에 이르기 위해서 거쳐야 하는 여정과 단계를 탐색한다.
- 이야기가 시작되는 데서 위기나 도전을 찾는다.
- 이야기가 전하는 메시지를 가장 쉽게 전달하는 인물을 찾는다.

치유적 이야기의 원천이 되는 비디오나 DVD: 비디오치료

아동용 비디오를 빌려라

부모나 치료사가 가족에게 치료적 충고를 해 주는 것처럼 여러분이 가족에게 '피자와 비디오/DVD의 밤'을 제안하려고 할 때, 그걸 딱 잘라 거절할 수 있는 아이들은 얼마나 될까? Hesley와 Hesley(2001)는 성인 치료에서 비디오 영화를 가지고 내담자가 자기와 비슷한 문제와 동일시할 수 있고 그 상황을 자기 방식으로 해결할 수 있는 방안을 세우게 하는 아주 실용적인 책을 썼다. 내담자들은 관련 비디오를 빌려 가고 다음 치료 회기에서 그 주제에 대해 이야기한다.

> 비디오 요법과 치료적으로 구성한 은유의 임상적 활용 사이에는 밀접한 관계가 있다. 둘 다 놀랍게도 습관적인 반응을 무너뜨리고, 풍부한 이미지를 사용하여 내담자가 관련된 의미를 구성하기 위한 개인적 내용을 제공한다. 또한 둘 다 변화를 위한 암시적 지시를 담고 있다.(p. 9)

저자들은 오락으로 비디오를 보는 것과 치료적으로 살펴보는 것은 다르다고 말한다. 치료적인 것을 보증하기 위해서 치료사는 내담자가 비디오를 볼 수 있도록 준비해 줘야 한다. 그다음에는 내담자가 동일시하는 인물에 대해서 치료 중에 구체적인 질문도 하고, 내담자가 자기 문제를 해결할 수 있도록 해 준 방법이 무엇인지도 물어보아야 한다. 이는 치료사가 내담자를 잘 알고 내담자에게 권해 준 비디오를 잘 알고 있다는 것을 의미한다. 물론 모든 것이 분명하고 결정적인 메시지를 담고 있는 건 아니다. 컴퓨터를 할 수 있는 능력과 사회적 기술, 친구 소중하게 여기기, 즐거움 만끽하기, 독립심 등에 대한 메시지를 전하려는 의도로 청소년들에게 〈페리스의 해방〉을 보라고 권하는 것은 좋다. 하지만 페리스라는 인물은 속임수, 다른 사람의 재산을 부정하게 사용하는 행동, 자만심, 교묘한 행동과 같이 내담자가 원치 않을 수 있는 면을 가지고 있다. 비디오가 원하는 메시지를 전달하기 쉽고 내담자가 뭐가 이롭고 뭐가 해로운지를 바로 구분해 낼 수 있는 기술을 가지고 있다는 것에 주의를 기울일 필요가 있다.

아이든 성인이든 비디오치료에서는 치료사가 나이에 맞는 어떤 비디오를 고를 것인가와 그것이 어떻게 내담자와 의사소통을 할 수 있는지에 대해 주의를 기울여야 한다. 다음 회기까지 일주일을 마냥 기다리는 것은 별로 실용적이지 않으므로, 치료 회기 동안 짧은 비디오를 활용하거나 다음 회기 전에 아이에게 비디오를 보여 주라고 부모에게 부탁하면 바로 토론으로 들어갈 수 있다. 다음과 같은 질문들을 더 할 수도 있다. 어떤 인물이 제일 좋지(누가 너랑 제일 비슷하니)? 그 인물이랑 너랑 어떤 점이 닮았지? 그 인물이랑 더 닮고 싶은 건 뭐야? 그 인물이 지금 여기 네 처지에 있다면 뭘 할 수 있을까? 그 인물은 일을 어떤 식으로 처리하지? 그 인물이 어떻게 하면 좋겠니?

〈표 3-2〉에 치료적 인물에 대한 간단한 설명과 그 인물들이 보여 주는 문제 유형의 보기들, 그 인물들이 개발하는 능력들과 자원들, 그들이 내놓게 되는 결말까지 목록으로 작성해 놓았다. 이는 특정 영화의 은유적 가치에 대한 하나의 예를 제시하는 소목록에 불과하다. 어린이들과 청소년들이 요즘 보는 것과 영화나 비디오/DVD 가게에서 접할 수 있는 것들을 살펴보라. 그 속에 숨어 있는 여러분들이 치료하는 아이들을 위한 치료적 메시지를 나이별, 유형별로 조사하고 나서 그 치료적 이점을 시험해 보라.

〈표 3-2〉 은유가 되는 몇 가지 영화

영화 제목	치료적 특성		
	제기된 문제	개발된 방안	나타난 결과
벅스 라이프	협박, 자기 의심	힘 기르기, 도전에 대처하기	용기, 지도력
토이 스토리 2	유혹, 우유부단함	선택 평가, 결단	기쁨, 수용
니모를 찾아서	반항, 외로움, 두려움	도움 수용, 친구 만들기, 용기	자기 확신, 가족의 가치, 문제 해결
라이온 킹	죽음, 상실, 사고	자기 신뢰, 행복, 용기	확신, 자기 효능감
끝없는 이야기	괴롭힘, 불행	개인적 자원, 용기	내면적 영웅, 행복
베이브	자기 의심, 확신 없음	지지 수용, 인내, 자기 신뢰	성취, 강적에 맞선 승리
워터십 다운	두려움, 고난	두려움 직면, 장애 극복	목표 달성, 성공
황제의 새로운 버릇	오만, 배려 부족	친절, 예의	더 나은 자기
오즈의 마법사	원치 않는 곳에 있게 됨, 위험	자기 신뢰, 문제해결, 친구 만들기	수용, 신념
해리 포터(시리즈)	개인적 도전, 예상할 수 없는 위기	우정, 문제해결	선의 승리
스파이더맨	무능력, 차별의식	자기 힘 사용하기, 받아들여짐	신념, 타인 돕기
헐크	통제할 수 없는 분노	분노 조절, 사랑의 발견	생산적인 에너지 사용, 자기 가치
옥토버 스카이	소외감, 왕따	중심 지키기, 실패 대처	성취, 수용

비디오를 만들어 보라

내 손자가 간단한 망토와 가면을 쓰고 푸른 하늘을 배경으로 바위 위에 서 있고, 바위가 나오지 않게끔 신경을 쓰면서 측면에서 비디오카메라로 촬영을 했는데, 우리가 만들고 싶어 하던 대로 뭔가 곤경에 빠진 인물을 구하려고 배트맨이 날아오는 장면이 되었다. 까만 색 모자를 쓰고 위협적인 웃음소리를 내면서 나쁜 마법사는 조지 할아버지를 속여 종이 상자에 가두고는 눈을 반쯤 뜨고 상자 속을 들여다보고 있다(이때 약간의 비명을 곁들여도 좋다.). 그런 다음에 좋은 마법사가 나타나 조지 할아버지를 구하고 문제를 해결한다. 이야기를 실연해 보는 것은 아이들에게 등장인물 및 이야기가 전하는 메시지와 동일시하게 해 준다. 이런 비디오테이프로 만드는 연극은 아이들에게 주인공으로 나오는 자기를 보는 즐거움을 줄 뿐더러, 그들이 그걸 다시 볼 때마다 그 이야기가 전하는 메시지를 다시 살아나게 만들 수 있다. 내 손자는 다른 식구들에게 그 테이프를 보여 주면 문자 그대로 팔딱팔딱 뛰면서 난리가 난다.

연습문제 3.3

- 현재 유행하는 아동 영화에 대한 정보를 놓치지 말라.
- 치료에 쓸 만한 비디오와 치료적 특성들을 목록으로 만들어라.
- 치료적 목표나 어린 내담자의 목표와 잘 맞는 작품들을 권하라.

은유가 되는 꼭두각시 인형, 인형, 장난감

캐스는 팀이라는 열 살짜리 아들의 감각 있는 어머니인데, 얼마 전에 자기가 장난감을 은유적으로 사용한 멋진 실례를 말해 주었다. 팀은 아주 열성적이고 능력 있는 어린이 축구선수였다. 팀은 자기 팀이 전국대회 결승에서 지고 나서부터—어떤 팀도 한 골도 넣지 못했는데도—밤에 자다 말고 벌떡 일어나 큰 소리로 비명을 지르고 부모님이 자는 방으로 뛰어 들어가서 그들을 깨우곤 했다. 어느 날 밤 캐스는 팀을 자기 방으로 데려가면서 퍼즐을 들고 갔다. 팀의 침대 곁에 앉아서 퍼즐 조각들을 쟁반에 좍 흩어 놓고 말했다. "가끔 문제가 있을 때는 말이야, 이 그림 조각 같아. 뭐가 뭔지 알아볼 수 없는 조각들인 것처럼 보이지만, 그걸 제자리에 딱 놓으면 그것이 뭐였는지 볼 수도 있고 문제를 해결할 수도 있는 거란다." 어머니와 아들은 침대에 앉아서 퍼즐을 함께 맞춰 나갔다.

다음날 아침 식사를 마치고 나서 팀은 자기 팀이 전국대회 결승에서 엉망으로 경기에 임했고, 그것이 골키퍼인 자신에게 엄청난 부담이 되었다고 어머니한테 말해 주었다. 그러고는 그 경기에서 자기는 자기 옆을 비껴가는 단 하나의 공도 놓치지 않았으니까 지금까지 그 어떤 경기보다 잘했다고 했다. 승리의 트로피는 상대 팀에게 돌아갔지만, 감독은 트로피가 전국 챔피언으로 손색이 없는 그날 최고의 선수인 팀의 것이라고 말했다. 팀은 악몽을 꾸기 시작했고, 끊임없이 '그런데 언제라도 내가 한 골이라도 잃으면 어쩌지?' 하고 염려했다. 바로 이것이 밤에 깨서 비명을 지른 이유였다.

한밤중에 퍼즐을 맞추고 자기에게 일어났던 일을 말하고 나서, 팀은 어머니에게 "오로지 나 자신만이 나를 도울 수 있는 거예요."라고 말했다. 이에 어머니는 "그럼 넌 너 자신을 돕기 위해 뭘 해야 할까?"라고 물었다. 결국 팀은 감독에게 포지션을 바꿔 달라고 말했고, 다시 즐겁게 축구를 하고 잠도 잘 자게 되었다.

캐스는 보조물, 장난감, 게임 등을 한두 개 병합시켜 어떻게 사용하는지를 멋지게 설명했고, 행동의 원인을 묻는 것이 아닌 그 결과를 가정하는 가정적 질문이 문제를 해결하는 데 얼마나 멋지게 은유적으로 사용될 수 있는지를 보여 주었다.

이와 같이 교사들이나 치료사들도 꼭두각시 인형이나 인형들 또는 장난감 등을 결말 지향적 이야기로 뭔가를 전달하는 데 사용할 수 있다. 이는 어린 시절 놀이의 정신역동적 상징성의 해석을 진단적으로 사용하는 것과는 다른 과정이다. 은유치료에서는 꼭두각시 인형, 인형, 장난감으로 이야기를 실연함으로써 (1) 문제를 확인하고, (2) 문제를 해결하기 위한 자원을 전달하고, (3) 해결에 필요한 자원들과 기술 유형들을 모델로 삼고, (4) 얻을 수 있는 잠재적 결과를 제공한다. 제14, 15장에서는 언어적으로 의사를 전달하는 것뿐만 아니라 책과 비디오, 드라

 연습문제 3.4

- 다양한 연령대 아이들과 작업할 때 쓸 수 있는 자원들(인형, 블록, 장난감, 퍼즐 등)을 모아 둔다.
- 연출한 이야기의 성과를 구상한다.
- 아이와 상관 있고 아이가 관심을 갖는 대상들을 이용한다.

마, 꼭두각시 인형, 장난감 혹은 다른 보조물을 사용하여 결과 지향적 은유를 만드는 방법에 대해서 탐색할 것이다.

은유가 되는 놀이

저명한 선생이 한다하는 동료들을 대상으로 중요한 강의를 하고 엄청난 갈채를 받고는 그 기분에 한껏 젖어 집으로 돌아오던 길이었다. 해변 산책로를 따라 늘 다니던 길로 가고 있는데, 그의 시야에 뭔가가 들어왔다. 한 어린 소년이 해변에 앉아 지금까지 한 번도 본 적 없는 크고 정교한 모래성을 쌓고 있었다. 아이는 두 손으로 조심스럽게 모래를 퍼내고 자리를 잘 맞춰 모래를 붓고는 탁탁 쳐서 단단하고 매끄럽게 만들었다. 정성들여 큰 성과 작은 성들을 쌓고 호도 파고 깃발도 올리면서 거기에 푹 빠져 있었다.

그 기막힌 예술 작품을 완성하고 나서 모래밭에 누워 쉬는 소년의 모습은 마치 자기 작품에 경의를 표하는 듯했다. 그러다가 그는 갑자기 벌떡 일어나 성 위로 뛰어들어 그걸 확 무너뜨리더니 다 흩뜨려 버렸다. 그때 쉼 없는 파도가 밀려와 그 흔적을 완전히 씻어가 버렸다. 그 성이 아예 존재한 적도 없었던 것처럼.

선생은 멍해졌다. '이게 뭐야? 왜 그런 걸 없애 버려야 하는 거지? 왜 자기 작품을 부숴 버리는 거야?' 선생은 해변을 가로질러 걸어가 그 아이에게 물었다. "부숴 버릴 거면서 왜 시간을 들이고 애를 써서 그렇게 아름답고 큰 성을 만든 거니?"

"엄마랑 아빠도 똑같은 걸 물어보셨어요." 아이가 솔직히 말했다. "엄마는 거기서 뭔가 상징적인 것을 본다고 하셨는데, 그건 엄마 생각이죠. 모래 한 알 한 알은 인간성의 면면 같다고 하셨어요. 함께일 때는 감동적인 어떤 것을 만들어 내지만, 다른 사람과의 관계를 잊어버리고 딱딱한 모래 알갱이처럼 살려고 하면 그 무언가는 내가 부숴 버린 성처럼, 아니면 거대한 대양이 수백만 조각으로 무너뜨리고 해변에 확 흩어 버리는 것처럼 완전히 엉망이 되어 버린다는 거예요."

"그리고 아빠는요, 사는 걸 배우는 거래요. 영원한 건 아무것도 없다고요. 모래

성처럼 모든 게 만들어지고 무너지고, 존재하고 사라지고……. 그렇게 덧없는 거래요. 우리가 쓸 수 있을 그때를 즐길 수 있어야 그 진가를 아는 거래요. 모래성을 쌓는 건 아이들이 그런 삶 속의 중요한 교훈을 바로 배우고 이해할 수 있게 하는 거라고도 말씀하셨어요."

그 아이가 계속 말했다. "그렇지만 나는요, 나한테는 그냥 놀이예요. 내가 하고 있는 게 재미있으니까 그걸 즐기고 싶을 뿐이라고요."

선생은 신발끈을 풀고 신발을 벗어 한쪽에 두고 양말도 벗고 바지를 접어 올렸다. 그리고 넥타이까지 풀고는 아이 옆에 앉아서 물었다. "나도 같이 놀아도 되겠니?"

『미국 임상최면 학회지(*American Journal of Clinical Hypnosis*)』에 게재되어 입상한 논문 「재미있는 은유(Playful Metaphors)」에서, Julie Linden 박사는 "아이들은 놀이를 통해서 발달한다. 그리고 발달이 멈추었을 때는 치료적 놀이가 치유할 수 있다."(2003a, p. 245)라고 주장한다. 따라서 놀이는 성숙과정과 치유과정, 몇 가지의 기능까지 제시하는 데 필수적 요소로 나타나게 된다. 생물학적 면에서는 운동을 하게 하고 신체기술을 개발시키고 에너지가 자유롭게 나올 수 있도록 해 준다. 개인 내적으로는 개인적인 지배력과 몸과 마음의 상호작용, 갈등 해결 등을 개발하게 해 준다. 개인 상호 간에서는 정체성 발달과 사회적 기술을 쉽게 얻을 수 있게 하고, 사회문화적으로는 문화적으로 적절한 행위와 역할을 모델로 삼을 수 있게 한다(Schaefer & O'Connor, 1983).

놀이나 재미있는 행동으로 치유적 이야기를 전달하려고 할 때는 거의 본질적이라 할 수 있는 몇 가지 치료적 이점이 나타난다.

- 놀이는 치료 중에 좋은 분위기와 감정을 쉽게 만들어 낼 수 있기 때문에 과거에 지시적인 부모의 명령으로 막혀 버려 치료적 문제가 된 불쾌하고 부정적인 생각들을 달리할 수 있게 한다.
- 아이가 치료실로 끌려 들어오고 우리가 그 아이에게 주의를 집중하기까지

'주요 놀이자'와 '문제' 사이의 관계는 부정적일 때가 많다. 놀이는 그런 상황을 줄이고 치료자와 아이뿐만 아니라 부모와 아이 사이에서도 긍정적인 관계를 자아내게 하는 빠르고 효과적인 한 가지 방법이다.

• 놀이는 학습을 위한 바람직한 상황을 만들어 준다. 아이들이 재미있는 경험을 즐긴다면—또한 참여하는 게 좋다는 걸 느낀다면—그런 경험 속에서 일어날 만한 학습에 별로 저항하지도 않을 것이고 그런 재미있는 상호작용의 경험 속으로 더 쉽게 빨려 들어갈 것이다.

• 놀이는 아이들의 자원과 능력에 대한 자각을 높일 뿐만 아니라 이전에는 가지지 못했던 새로운 기술을 개발할 수 있게 하여, 자기 인생 행보에 더 나은 것을 갖출 수 있도록 해 준다.

놀이와 그 치료적 이점은 오랫동안 수많은 양서들의 주제가 되어 왔다(Boik & Goodwin, 2000; Norton & Norton, 1997; O'Connor & Braverman, 1997; O'Connor & Schaefer, 1994; Schaefer, 2003; Schaefer & Cangelosi, 2002; Schaefer & O'Connor, 1983). 놀이를 은유로 사용하는 것(Linden, 2003a)은 아이만이 아니라 성인의 치료에서도 여러 가지 바라는 목표를 쉽게 이룰 수 있게 해 주는 특별한 이점이 있다. 기쁨과 즐거움, 재미있음 등이 바로 그것이다. 이는 진행과정(process of doing)으로 아이를 참여시킬 수 있는 행위다. 놀이에는 탐구, 실험, 문제해결 기술이 다 포함되어 있다. 놀이는 강력한 학습과정이고 건강한 성장을 위한 필수 과정이다. 그러나 이 책의 목적은 한 가지 주제 아래 여러분이 전달할 수 있는 여러 방법들을 막 섞어서 보여 주려는 것이 아니며, 어린이와 청소년을 위한 치유적 이야기들과 그들의 의사소통을 고양시키는 것이다.

은유가 되는 유머

여러분이 알고 있는 아이들은 어떤 농담을 하는가? 아이들이 읽는 유머집은 어

떤 것인가? 텔레비전 코미디쇼는 뭘 보여 주는가? 아이들이 재미 삼아 보는 광고
는 어떤 것인가? 유머와 농담, 웃기는 이야기를 사용하는 것은 아이들과 청소년들
을 쉽게 빠져들게 해서 외형상 아무 걱정 없이 보이는 방법으로 아주 효과적인 치
료적 메시지를 전달하기도 한다. 이는 Yapko가 말하는 것처럼 '농담의 자원인
유머는 문제를 재구성시킨다. 한 구절의 말이 이야기 속 사건을 전혀 다른 시각으
로 보게 하기'(2003, p. 736) 때문이다.

발달적 관점에서 웃음은 인간의 초기 행위로 생후 4개월경에 처음 나타난다.
유머에 대한 반응이 유머 감각을 발달시키기 훨씬 전에 있다는 것이 흥미롭지 않
은가? 발달 초기부터 웃기 위해서 유머를 이해할 필요는 없다. 그건 자연스럽고
마음속에 깊이 새겨진 기분 좋은 감정이다. 치료에서 유머와 웃음을 쓰는 것은 이
런 본성을 찾게 하면서 아주 실용적인 기능까지 얻게 만든다.

상실과 트라우마 같은 상황에서 슬픔이나 분노와 같은 감정을 경험하는 것은
누구나 그런 것이고 당연한 것이라는 생각을 오랫동안 해 왔다. 보통은 사랑하던
사람의 죽음을 겪고 나서 웃는 것은 죽은 이에 대한 조의 같은 게 없다는 생각을
하게 하거나 약간 정신이 이상한 것처럼 보일 수도 있다. 하지만 캘리포니아 대학
교 심리학과 부교수 Dacher Keltner는 슬픔의 기간에도 소리 내어 웃거나 미소
를 지을 수 있는 사람들은 그렇지 않은 사람들보다 더욱 건강한 장기간의 적응을
보인다는 사실을 유가족들과의 면담을 통해서 알게 되었다. 소리 내서 웃는 사람
들은 그렇지 못한 사람들보다 사랑하는 사람을 잃고 나서 2~4년 동안 불안과 우
울을 덜 경험했다. 웃음은 삶이 어려운 때 병에 걸리게 하는 것이 아니라 어려움
을 잘 이겨내게 하는 유용하고 실용적인 기제가 되는 듯하다(Wellner & Adox,
2002). 이는 아이들에게도 권할 만한 유익한 것으로 보인다.

Burns와 Street는 다음과 같이 말한다.

우리는 삶 속에서 만나게 되는 여러 상황을 이겨 내고 감정을 변화시키며 다른 사람들
과 관계를 만들 수 있도록 하는 데 유머를 사용한다. 이는 집단의 가치와 응집력을 키우

고, 다른 사람들과의 상호작용 질을 높이고, 좋은 관계의 근간을 만들어 준다. 또한 유머는 갈등을 해결하고, 기분을 전환시켜 주고, 삶에 대한 인식을 향상시켜 주기도 한다.(2003, p. 215)

유머가 이런 이점과 고유함을 갖고 있다면, 어린이와 청소년들이 웃을 수 있고 유머 감각을 가지며 사는 데서 재미있는 면도 있다는 걸 볼 수 있는 능력을 자기 속에 키워 낼 수 있도록 하는 것이 유익한 치료적 목표가 아닐까? 제2부에서는 투덜이 아저씨, 괴짜 멍청이 마법사, 심술쟁이 도깨비 같은 유머가 넘치는 인물들을 보게 될 텐데, 이는 그런 인물들과 농담, 재미있는 이야기들, 유머가 담긴 은유들을 사용하는 것이 두 마리 토끼를 잡을 수 있는 성과를 제공하기 때문이다. 뿐만 아니라 유머는 듣기 싫어하는 것을 듣고 싶은 방법으로 사람들에게 말해 줄 수 있는 효과적인 방법이기도 하다. 좋은 감정과 효과적인 유머의 두 가지를 모두 사용해서 뭔가를 전달하려면, 마흔일곱 번째 이야기 '자제력을 잃다'로 강력한 치료적 메시지를 전해 줄 수 있을 것이다. 이전에 나온 『101가지 치료 이야기: 은유를 활용한 심리치료』(Burns, 2001)에서는 어른들을 위한 농담과 유머가 담긴 이야기를 사용하는 걸로 한 장을 모두 할애했는데(2001, pp. 200-213), 이 책에서는 제2부의 사이사이에 나오는 아이들을 위한 유머를 기본으로 하는 치유적 이야기의 예들에 대해 제15장에서 논의할 것이다.

 연습문제 3.5

- 아이들이 하는 농담을 들어라.
- 아이들이 유머가 있다고 여기는 TV 프로그램을 보라.
- 치료적 메시지를 전달하기 위해 재미있는 이야기와 농담을 사용하라.

실험적 은유

"은유가 행위와 짝을 맞춰 변화를 이끌어 내는 것은 아이들을 치료하는 데 결정적이다."(Linden, 2003b, p. 150) 은유는 반드시 이야기 속에만 있는 게 아니라 행위 속에도 있다. 경험이 최고의 스승이라는 말은 누구나 들어 봤을 것이다. 운전을 배운다는 것은 핸들 앞에 앉아서 페달을 누르고 깜박이를 켰다 껐다 하는 등의 모든 눈과 손의 기술들을 함께해야 차가 안전하게 잘 움직인다는 것을 경험하는 것이다. 아이들은 야뇨증이나 공격적 행동, 약물 사용이 옳지 않다는 걸 알고 있을 것이다. 그렇지만 그것이 친구 집에서 잘 때 침대를 적시게 되거나, 더 세고 거친 상대를 만나거나, 아무것도 모르고 약물을 남용해서 병원으로 실려가는 걸 직접 경험해 보기 전까지는 변화에 대한 필요성을 인정하지 않을 것이다. 이렇게 뽀송뽀송한 이불에서 일어나거나, 힘든 상황에서 침착함을 지키거나, 약물 앞에서 "싫어요."라고 말할 수 있는 강인함과 신념을 경험해 보기 전까지는 변화가 가능한 것임을 아이들이 알기는 힘들 것이다. 그러므로 치료의 핵심적 요소는 가능한 변화에 대한 경험을 창조하는 것이다. 실험적 은유는 그러한 유용한 실험적 학습을 창출하게 한다. 이를 위해 바람직한 성과를 얻기 위한 적절한 잠재능력의 수준을 발달시키는 것을 돕는 은유적 의도가 있는 과제를 부여한다.

아이가 살아가면서 어떤 일의 진행 중에 잠시 쉬고자 한다면, 쉴 수 있는 시간과 장소, 방법 등을 찾을 수 있도록 지원해 주는 게 좋지 않을까? 아이가 문제해결 기술을 개발하려고 하거나 그럴 필요가 있다면, 자전거를 타고 집 주변을 빙빙 돌거나 조각 그림 또는 퍼즐 같은 걸 갖고 놀 수 있게 하는 게 옳지 않을까? 치료 목표가 새로운 기술을 배우게 하는 거라면, 그것이 오줌 누는 걸 조절하는 것이든, 공격성을 다스릴 수 있는 것이든, 약물을 거절할 수 있는 것이든, 우선 아이가 저글링을 배우거나 외발 자전거를 타거나 윈드서핑을 하는 것 같은 은유적 과제를 통해 잠재능력을 키워야 하지 않을까? 아이들이 손톱 물어뜯기를 멈추고 싶어 하고 우정을 키우고 싶어 한다면, 어린 나무 하나를 사서 그걸 건강하게 잘 키우려면 어떻게 해야 하는가 하는 실험적 은유를 제시해 주는 것이 도움이 되지 않을까? (어떻게 하면 벌레가 먹지 않을까? 잘 키우려면 뭐가 필요할까?)

학습에서 가장 중요한 것 중의 하나는 실험이다. 아이들에게 걷는 방법을 가르쳐 주는 사람은 없다. 부모들은 단지 손을 잡아 줄 뿐, 아이들이 자신만의 경험을 통해서 기술을 획득한다. 아이들은 흔들거리면서 넘어지고 상처도 입으면서 한 발 한 발 떼는 게 처음에는 참 어려운 것이라는 경험을 하게 된다. 넘어질 때마다 조금 더 강해지고 조금 더 자신감을 가지게 되고 조금 더 잘할 수 있게 되어서, 마침내는 달리고 뛰어오르고 풀쩍풀쩍 뛰고 춤도 출 수 있게 된다. 경험이 가장 좋은 스승이라는 말이 맞다면, 더 많은 경험을 할수록 삶 속에서 배우는 것도 더 많아진다는 결론이 나온다. 어린 내담자들이 기술과 능력, 신념을 향상시킬 수 있도록 도울 수 있는 한 가지 중요한 방법은 그들이 새로운 경험을 할 수 있는 기회를 더 많이 갖게 해 주는 것이다. 이를 위한 좋은 방법 중에 하나가 실험적 은유를 이용하는 것이다.

이 주제는 『자연치료(Nature-Guided Therapy)』(Burns, 1998)에 더 자세히 다뤄져 있다. 이 책은 하나의 장을 어른 내담자를 위한 실험적 은유와 그 적용의 주제에 할애하고 있다. 이런 치료적 과제를 부여하는 원칙들은 아이들에게도 똑같이 적용되는 것이 많으며, 서로 다른 연령의 집단에 대해서도 마찬가지다. 아이들에게 실험적 은유를 과제로 부과할 때는 윤리와 안전을 특별히 고려할 필요가 있다. 치료와 상관 있는 것만이 아니라 연령과 능력에 대한 고려도 필요하며, 부모나 치료사의 감독하에 실행해야 할 필요도 있다. 청소년에게도 부모의 허락과 참여는 중요한 문제다.

- 아이가 개발시킬 필요가 있는 자원과 치료적 성과를 은유적으로 나타낼 수 있도록
  하는 것을 찾는다.
- 실험적 은유를 통해 아이가 가서 행할 수 있는 과제를 부과한다.
- 아이들이 경험을 통해 무엇을 배웠는지, 그들이 배운 것을 현재와 미래에 어떻게
  유용하게 활용할 것인지를 질문을 통해 추적하라.

아이가 만든 은유

아이의 개인적 경험 및 관심과 맞아떨어질 수 있다면, 이야기는 아이와 가장 직접적인 연관을 맺을 수 있을 것이다. 치료에서 이야기하기를 사용한 결론(혹은 어떤 치료적 전략)은 내담자를 더 잘 알게 하고 치료자가 중재를 더 잘할 수 있게 하는 것이다. 언어와 사고방식, 아이의 관심 등으로 의사소통을 하는 것은 여러분의 이야기가 내담자 개인에게 더욱 잘 맞고 내담자가 더욱 쉽게 동일시할 수 있도록 해 준다. 이는 아이에게 자기 경험 밖의 의미를 찾으라고 하는 것보다 더 쉽게 그 관련성과 의미 속으로 들어오게 해 준다.

『은유치료(Metaphor Therapy)』라는 작은 책에서 Richard Kopp(1995)는 듣고 참여하고 내담자가 직접 만드는 은유를 활용하는 여섯 단계의 계획을 보여 주고 있다. 이런 접근은 치료사를 훨씬 수월하게 만든다. 치료사가 직접 풍부하고 기발한 이야기를 만들어 내야 할 부담이 없는 것이다. 내담자의 경험에 동참함으로써 치료사는 재구성된 이야기를 만들어 내는 걸 지지해 주는 것만으로도 더 효과적이 될 수 있다. 이를 위해서 Kopp가 내놓은 여섯 단계를 약간 수정하고 아이와 관련된 예들을 덧붙여서 제시하고자 한다.

1단계: 경청하기

아이들이 치료 중에 보여 주는 은유에 귀 기울여라. 있는 그대로 들어야 한다.

그렇지 않고 해석하거나 분석하려고 들면 자칫 놓쳐 버릴 수도 있다. 놀이 중에 아이들이 인형 주위를 블록으로 에워싸는 등의 행동들을 주의 깊게 관찰하라. 십 대들이 "엄마, 아빠한테 가려고 벽돌 벽에 머리를 박고 있어요."라고 말할 때를 잘 살펴라. 내담자에게서 은유의 중요성을 나타내는 말이나 표현, 감정 등에 귀 기울여라.

2단계: 내담자의 이미지 탐색하기

"벽 속에서 인형이 뭘 하고 있지?" "너의 머리를 벽돌 벽에 박는다고 말할 때 네 마음속에 어떤 이미지가 그려지니?" 등과 같은 질문으로 내담자의 은유적 이 미지를 살펴보라. Kopp는 치료자가 이해하고 해석하는 것보다 내담자가 표현하 는 이미지가 더 중요하기 때문에 이 단계를 아주 중요하게 여긴다.

3단계: 감각 탐색하기

은유적 이미지에 수반되는 감각적 연상이 어디에 쓰이는지 살펴본다. "그것에 대해 한번 생각해 보자. 그 밖에 넌 뭘 볼 수 있니(무슨 소리가 들리니, 어떤 냄새가 나니, 어떤 맛이 나니, 느낌은 어때)?"라고 아이에게 질문을 던져 보라.

4단계: 느낌 탐색하기

은유와 연관된 느낌과 경험을 살펴보라. "인형이 사방이 벽으로 둘러싸인 방 속 에 갇혀 있으면 기분이 어떨까?" "머리를 벽돌 벽에 박는다는 걸 상상하면 어떤 느낌이 들어?" 아직은 말을 할 줄 모르는 어린아이들은 놀이를 하면서 보여 주는 감정들을(침착함, 불안, 분노, 슬픔 등)이 어떤지 주의 깊게 살펴봐야 한다.

5단계: 바꾸기

아이가 더 쉽게 받아들일 수 있는 이미지로 은유를 바꿀 수 있게 도와준다. "인 형이 더 행복해지게 벽을 다시 한 번 만들어 볼까? 한쪽 벽을 열거나 창문 또는 문

같은 걸 달아 주는 건 어때?" "벽을 부수거나 넘어가거나 돌아가기 위해 넌 뭘 할 수 있을까?"

6단계: 강화하기

마지막 단계는 내담자가 일으킨 치료적 변화들을 모두 인정하고 강화하는 것이다. "인형이 그렇게 변하려면 너랑 나랑 어떻게 도와줘야 할까?" "그런 변화를 실천에 옮기려면 넌 뭐부터 해야 할까?"

요컨대, 함께 걷는 동안 자신도 모르게 친구의 모습과 발걸음에 보조를 맞추게 되는 것처럼, 그것은 아이들의 언어를 듣고, 아이들의 수준에서 일어나는 경험에 주의를 기울이고, 아이들의 사고방식에 유의하고, 아이들의 여정에 함께하는 과정이다. 아이가 직접 만드는 은유에 치료사 자신을 맞춰 가는 이런 단계별 과정을 체득하고 나면, 아이의 경험을 유용하게 만들어 줄 수 있고 치료적 관계를 구축할 수 있으며 아이가 변화를 위한 실효성 있는 전략을 개발할 수 있도록 근간을 제공할 수 있다. 이는 간단하지만 효과적인 자원을 가지게 되는 것이다.

연습문제 3.7

- 아이 개인의 이야기를 경청하라.
- 아이가 어떤 언어를 쓰는가?
- 아이의 언어와 은유를 함께하고 원하는 결말을 향해 나아가는 이야기를 만들어 보라. Kopp(1995)가 제시한 단계를 사용해 보는 것도 좋다.

함께 만든 이야기

아이와 함께 이야기를 만들어 보는 것은 치료사가 제시하는 이야기를 그냥 듣기만 하는 것보다 치료적 영향이 더 크다. 그 이유는 이야기를 만드는 과정과 문제의 해결, 결말을 얻는 데까지 아이가 능동적으로 참여할 수 있기 때문이다. 몇 안 되는 간단한 방법으로 협동적 이야기가 만들어질 수 있다.

이야기를 하는 데 아이를 참여시켜라

아이가 직면한 것과 비슷한 문제로 이야기를 시작하고 나면, "다음엔 어떻게 될까?"라고 물어볼 수 있다. "이 문제를 해결하려면 저 등장인물이 어떻게 해야 할까?" "저 인물이 어떻게 생각하고 느끼고 행동하고 싶을까?" "그 인물이 이 문제를 해결하고 다시 행복해지려면 어떻게 해야 할까?" 등의 만족할 만한 결말을 미리 보여 주는 질문으로 가능한 아이가 해결책을 찾게 하라.

숙제를 내줘라

아이가 최근에 나온 〈해리 포터〉라는 영화를 보았고 또 현재 학교에서 쫓겨날 위기에 처해 있다면, 해리 포터가 어떻게 학교로 다시 돌아가게 되는지에 대해 토의하는 걸 숙제로 내줄 수 있다. 도대체 해리는 누구기에 자기가 다른 사람과 다르다는 걸 느끼는가? 어떤 학생들이 해리를 괴롭히는가(구체적으로)? 해리를 제대로 알고 좋아하는 사람들이 있는가(그 문제의 예외를 찾아본다.)?

"주인공이 이런 문제를 해결하는 데 도움을 준 사람이 누굴까?" "그걸 이겨내려면 뭘 해야 할까?" "결말이 어떻게 될 거 같니? 그렇게 되고 나면 그 주인공들은 어떤 마음이 될까?" 이러한 질문들을 제시하면서 집에 가서 다음 회기까지 완성해 오라고 한다. 아이가 어느 정도 문학적 기술까지 갖추고 있다면, 그 이야기에 대해 써보라고 할 수도 있다. 아이가 묻는 것에 답할 줄 알고 다음 회기에 와서 그 이야기를 말로 할 수 있을 만하다면, 주인공들이나 이야기가 되어 가는 과정을 그림으로 그리게 하는 것도 괜찮다. 아이가 매개물을 일일이 다 쓸 필요는 없고, 자기만의 표현방식을 선택하게 해 준다.

- 아이에게 이야기의 능동적 창조자로서 같이 이야기를 만들어 보자고 한다.
- 치료사 개인의 마음속에 있는 이야기로 정해진 지시를 하지 말고 아이에게 질문을 한다.
- 아이의 해결책들을 찾는다.
- 아이의 생각들을 한데 모아 이야기 속에서 시험해 본다.
- 융통성 있고 유연한 접근을 한다.

토론을 해야 하나 말아야 하나

　이야기를 해 주고 나서 그 이야기에 대해 아이와 대화를 나눠야 하나 말아야 하나? 이것이 문제다. 문학적인 면에서 사후 토론의 필요성에 대한 견해와는 좀 달리, '있는 그대로의 이야기로 말하라.'라는 게 대다수의 의견일 것이다. Berg와 Steiner(2003, p. 82)의 경우, "이야기를 읽어 주고 나서 그에 대해서는 어떤 토론도 해서는 안 된다. 그냥 이야기를 읽어 주기만 하고 회기를 끝내라. 이야기가 아이에게 어떤 의미를 주는가에 대한 토론을 해서는 안 된다. 뜻을 이해하고 삶과 이야기를 일치시키는 좋은 방법을 찾을 수 있는 아이들의 직관적인 방식을 믿어라."라고 단호하게 말하고 있다. 이는 내가 실제 초기 은유훈련에서 받았던 지도 방법이기도 하다.

　은유치료사들은 토론이 이야기를 듣는 사람이 자기만의 의미를 찾아내는 데 도움을 주기보다는 해결의 단계에서 이야기꾼의 생각을 강요할 수 있다고 본다. 그리고 실제로도 그렇다는 걸 알아야 한다. 분명한 것은 아이가 이야기의 의미를 충분히 생각하고 그에 대해 토론하는 것을 별로 좋아하지 않는 듯하다면 아이의 반응을 존중해 줘야 한다는 것이다. 때로는 이야기를 듣는 사람이 치료과정 중에 뭔가 유익하게 쓸 수 있는 시간을 빼앗기는 것보다 자기만의 의미를 찾도록 두는 게 더 나을 수도 있다.

한편으로는 이야기를 토론하는 것이 실용적이고 아이에게 적절하다는 견해를 가진 치료사들도 있다. 이런 논쟁에 대한 정답은 없을 것이다. Berg와 Steiner가 제시한 규칙처럼 반드시 따라야 할 규칙도 없고 아이의 요구에 따라 좀 더 나은 게 있을 뿐이다. 아이가 이야기에 대해 말하고 싶어 한다면 아이의 요구를 무시해서는 안 된다. "어린 암사자가 다른 수사자들처럼 자기도 포효할 수 있다는 걸 알았을 때는 정말 재미있었어요." "길 잃은 외톨이 아기 곰이 숲을 벗어나 자기 길을 찾았을 때가 난 참 좋아요." 이와 같은 말을 할 때, 아이는 이야기 속에서 자신만의 경험을 말하려고 길을 여는 건지도 모른다. 이것은 "그 암사자나 아기 곰이 문제를 해결하는 데 가장 도움이 되는 게 뭘까?" "나중에 비슷한 일이 생기면 그땐 어떻게 하는 게 제일 좋을 거라고 생각하니?" 같은 질문을 통해 어느 정도 결말을 지시하는 길로 이끄는 치료적 기회가 되기도 한다. 이는 이야기를 해석하는 것이 아니라 이야기를 듣는 사람이 이야기에서 배운 것을 자기만의 것으로 적용하는 자원을 찾을 수 있도록 도와주는 것이다.

이 두 가지 논점이 뚜렷하게 구분되는 게 아니라 서로 연관되어 혼합되는 경우도 많다는 사실이 혼동을 가져올 수도 있을 것이다. 그러나 가장 중요한 것은 아이가 이야기에 부여하는 의미다. 어떤 필연적인 결론이나 결말이 없다는 것과 이야기를 할 때 치료사가 가졌던 의도와 아이가 이야기에서 끌어내는 메시지가 같지 않을 수도 있다는 것을 명심해야 한다. 치유적 이야기는 이야기를 듣는 사람이 자신만의 — 조용히 이야기를 듣는 사람이 스스로 발견할 수 있도록 해 주는 — 의미를 추구해서 찾도록 도와줄 때 가장 큰 효과를 볼 수 있다.

다음으로 고려해야 할 점은 아이가 배운 것을 유익하고 실용적인 방법으로 어떻게 통합해 가야 하는가의 문제다. 여기서는 몇 가지 토론과 길잡이로 아이가 귀중한 배움이나 통찰을 얻을 수 있도록 해 주고, 그걸 아이의 문제해결에 제대로 적용할 수 있도록 도움을 주고자 한다.

어린이와 청소년을 위한 　　　마음을 치유하는 101가지 이야기

치유적 이야기, 교훈적 이야기

04

학습 향상시키기

 Milton Erickson은 모든 아이들이 배우고 발견하고 싶어 하는 엄청난 욕구를 가지고 있고, 모든 자극은 아이에게 새로운 것에 반응할 수 있는 기회를 만들어 주는 것이라고 주장한다. 이런 점에서 소아정신치료의 목표는 결국 쉽게 배울 수 있게 하고, 그런 배움의 기회를 풍부하게 해 주는 것에 적절히 맞춰져 있다는 결론을 내릴 수 있다. 학습의 방법을 배우는 것은 삶의 필수 기술 중의 하나이고, 지식으로 아이를 무장하는 것이며, 경험을 함께하는 것이고, 대처 전략이며, 삶의 의미이자 즐거움이며 잘 사는 법이다. 따라서 학습에 대한 나의 정의는 교육체계의 근간이 되는 3R[3)]을 넘어서서 아이의 타고난 호기심에 의거해 활용할 수 있으면서, 가치관, 친사회적 행동, 문제해결 전략, 그 외 아동기 동안 받아들일 수 있는—혹은 받아들여서는 안 되는—필수 태도들을 획득하는 기반으로서 배우려는 욕망까지를 포함하는 것이다.

---

3) 역주: 3R은 읽기(reading), 쓰기(writing), 셈하기(arithmetic)의 세 가지 기본 학습능력을 말한다.

이 장에서는 아이들이 차이를 만들어 내고 삶의 환경을 향한 긍정적인 태도를 개발하고 자기 신뢰를 할 수 있게 하는 배움에 관한 이야기들을 보여 주고자 한다. 아이가 쓸 수 있을 뿐만 아니라 행복해지기 위한 현실적 접근방법의 기술, 자원, 능력 등을 사용하는 것을 배우게 하는 이야기들이 준비되어 있다(Burns & Street, 2003; Seligman, 2003).

두 번째 이야기 아이들은 변화할 수 있다: 어린이를 위한 이야기

| 치료적 특성들 |

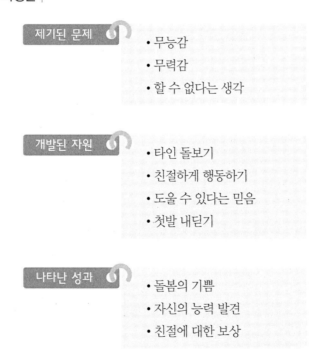

제기된 문제
- 무능감
- 무력감
- 할 수 없다는 생각

개발된 자원
- 타인 돌보기
- 친절하게 행동하기
- 도울 수 있다는 믿음
- 첫발 내딛기

나타난 성과
- 돌봄의 기쁨
- 자신의 능력 발견
- 친절에 대한 보상

'골디락과 세 마리 곰'이라는 이야기를 들어 본 적이 있을 것이다. 그럼 혹시 '할아버지와 네 마리 곰'이라는 이야기는 들어 본 적이 있는가? 아주 옛날 골디락이 왔을 때는 세 마리 곰밖에 없었지만 이젠 네 마리다. 아기 곰, 커다란 오빠 곰, 엄마 곰 그리고 아빠 곰. 골디락이 왔다 가고 나서는 할아버지 곰도 곰 가족이랑 같이 살게 되었다. 할아버지 곰은 회색 털로 털갈이를 한 코트를 입고 있는 기운 없는 늙은 곰으로, 뭘 먹으려고 하면 앞발이 덜덜 떨렸고 어깨는 앞으로 구부려져서 서 있기도 힘든 것처럼 보였다.

아기 곰은 할아버지 곰을 사랑했다. 할아버지 곰은 다른 식구들이 꿀 같은 먹을 걸 구하러 바쁘게 다닐 동안 늘 아기 곰이 하는 이야기를 잘 들어주었다. 아기 곰이 할아버지 무릎에 얌전히 앉아 이야기를 해 달라고 할 때면, 할아버지 곰은 안 된다는 말을 한 번도 한 적이 없었다. 할아버지 곰은 정말 재미있는 이야기를 많이 알고 있었다.

아기 곰은 할아버지 곰이 앞발이 너무 많이 떨려 숟가락을 떨어뜨려서 털에다 죽을 퍽 쏟게 되는 걸 보면 안타까운 마음이 들기도 했다. 어떤 때는 마룻바닥에 죽 그릇을 떨어뜨려 깨뜨리기도 해서 엉망을 만들기도 했다.

엄마 곰과 아빠 곰은 할아버지 곰 때문에 짜증을 내곤 했다. 할아버지 곰이 그릇을 몽땅 깨버린 건 골디락이 유명해진 이야기와는 사뭇 달랐다. 엄마 곰과 아빠 곰이 그걸 깨끗이 치워야 했으니까 말이다. 엄마 곰과 아빠 곰은 "아이고, 할 일이 얼마나 많은데."라며 투덜거렸다.

오빠 곰은 "할아버지는 '치매'야. 얼굴이 벌개질 만큼 부끄러운 일을 기억하지도 못한단 말이야."라면서 크게 웃어 재꼈다. 아기 곰은 오빠 곰이 할아버지를 놀렸다는 걸 알고 상처를 받았고, 오빠 곰이 미웠다. 아기 곰은 할아버지 곰을 도와주고 싶었지만 작은 아기 곰이 뭘 할 수 있을까?

어느 날 할아버지 곰이 또 그릇을 떨어뜨렸는데, 아기 곰이 마룻바닥으로 내려가 깨진 조각을 하나하나 주워 모았다. 그러고 나서 아빠 곰에게 풀을 달라고 말하는 것이었다.

"풀은 뭐 하게?" 아빠 곰이 물었다.

"할아버지 그릇을 다시 붙여서 잘 두었다가 내가 크면 아빠랑 엄마한테 주려고요." 아기 곰이 대답했다.

아빠 곰은 말없이 의자로 가서 앉아 엄마 곰을 물끄러미 바라보았다. 한동안 둘은 서로 바라보기만 했다. 그 일이 있고 나서 아기 곰은 엄마 곰과 아빠 곰이 할아버지 곰에게 친절해졌다는 걸 알 수 있었다. 잘 미끄러지지 않고 떨어뜨려도 깨지지 않는 플라스틱 그릇을 할아버지 곰에게 사주었다. 죽을 쏟아서 식탁보를 망쳐 놔도 그렇게 신경을 쓰는 것 같지도 않았다. 할아버지 곰이랑 이야기도 더 많이 하고 지난번에 들었던 이야기라도 할아버지 곰의 이야기를 잘 들어주었다.

이렇게 이야기는 행복하게 끝난다. 아기 곰 덕분에 엄마 곰과 아빠 곰은 더 행복하게 되었다. 오빠 곰은······. 글쎄, 늘 그랬듯이 그렇겠지 뭐. 할아버지 곰은 분명 더 행복해졌을 테고, 아기 곰도 더 행복해졌다.

세 번째 이야기 아이들은 변화할 수 있다: 청소년을 위한 이야기

| 치료적 특성들 |

제기된 문제

• 무능감
• 무력감
• 할 수 없다는 생각
• 무리한 목표 설정

개발된 자원

• 자기가 가진 것에 감사하기
• 타인 돌보기
• 해결책 찾기
• 가진 것 나누기
• 자기 능력 신뢰하기
• 단계적으로 자원들을 구축하기

나타난 성과

- 돌봄의 기쁨
- 자신의 능력 발견
- 공동체의 가치
- 친절에 대한 보상

알다시피 어렸을 때는 가끔 무능감이나 무력감을 심하게 가질 수도 있다. 사실 다른 일을 중단하고 그에 대해 생각해 보면 할 수 없는 게 너무나 많다. 누나나 형들처럼 늦게까지 자지 않고 버틸 수도 없다. 축구선수나 야구선수처럼 운동을 잘할 수도 없다. 다른 아이들이 스케이트장에서 보여 주는 묘기를 부릴 수도 없다. 부모가 바라는 대로 학교에서 좋은 성적을 받아올 수도 없다. 공을 잡으려고 할 때마다 머뭇머뭇하는데 어떻게 정식 축구선수가 될 수 있단 말인가? 원하는 것은 결코 닿을 수 없는 먼 미래의 일 같기만 하다.

그런데 나는 트레버라는 이름을 가진 아이에 대한 아주 감동적인 이야기—내가 알고 있는 한 실화다—를 들은 적이 있다. 그 이야기는 아이들이 할 수 있는 작은 것들이 정말 큰 변화를 만들어 낼 수 있다는 걸 보여 준다. 어느 날 밤 트레버는 보통의 열세 살 아이들이 그렇듯 TV를 보고 있었다. 뉴스에서 집 없는 사람들이 자기가 살고 있는 필라델피아 중심가의 차가운 길거리에서 떨며 자고 있는 걸 보았다. 트레버는 같은 도시에서 자기는 이렇게 잘 살고 있다는 게 얼마나 다행인가라는 생각을 계속 했다. 집 없는 사람들의 이야기가 트레버의 마음을 흔들었고, 자기가 그 사람들을 위해서 할 수 있는 일이 없을까라는 생각을 하기 시작했다.

트레버는 그 일을 그냥 잊어버릴 수도 있었다. TV에서 수많은 슬픈 이야기를 보지만 그냥 지나쳐 버리기 일쑤니까.

트레버도 '내가 뭐 할 수 있는 게 있겠어? 난 그저 어린애일 뿐인데…….' 하고 생각할 수 있었을 텐데 그렇게 하지 않았다. 대신 어떻게 도와줄 수 있을지를 걱정하기 시작했고, 마침내 창고에 쓰지 않고 그냥 둔 담요 몇 장이 있다는 걸 생각해 냈다. 트레버는 아버지에게 가서 길거리에서 자는 사람들에게 그 담요들을 가져다줘도 되는지 물었다.

트레버의 아버지는 좀 이상하다고 생각할 수도 있었을 것이다. 보통 자기가 가진 물건들은 꼭 틀어쥐고 싶고 자기가 열심히 일해서 얻게 된 것은 다른 사람에게 줄 필요를 못 느끼는 것이 보통 어른들의 생각이니까. 아마 아이들도 대부분 그렇게 생각할 것이다. 새 자전거를 사려고 내 주머니 속에 꼬깃꼬깃 넣어 둔 용돈을 친구가 급히 집에 가야 한다고 할 때 왜 빌려 줘야 하지?

하지만 트레버의 아버지는 따뜻한 마음을 가진 분이었다. 그는 트레버를 태우고 길거리에 있는 사람들에게 그 담요들을 가져다주었다. 몸을 웅크리고 자야 하는 밤이 되었을 때, 그들은 새로 생긴 담요로 따뜻해져서 아주 행복했을 것이다.

트레버도 행복했다. 담요를 나눠 주고 기분이 좋아졌다. 저 깊은 곳에서 따뜻한 뭔가를 느꼈고 마음의 담요가 온몸을 감싸는 것 같았다. 그런데 문제가 생겼다. 그것이 너무 기분 좋은 일이라 또 하고 싶어진 것이다.

다음날 트레버는 근처 게시판이 있는 식료품가게와 공공 장소로 갔다. 거기에 필요 없는 담요나 음식 기부할 사람을 구한다는 글을 붙여 놓았다. 결과는 놀라웠다. 친절은 삽시간에 번져 나갔다. 너무나 많은 사람들이 기꺼이 도와주어 일주일도 채 되기 전에 아버지 창고가 음식과 담요로 꽉 차버렸다. 트레버 한 사람한테서 시작된 친절은 점점 커져서 그 지역 전체로 퍼져 나갔다. 아버지 창고가 사람들이 베풀어 준 온정으로 차고 넘쳐 오래지 않아 기부한 물건을 넣어 둘 더 큰 창고를 구해야 했다. 이젠 필라델피아 전역에 집 없는 사람들을 위해 음식과 담요를 쌓아 둔 수많은 창고들이 있다는 사실을 믿을 수 있겠는가? 그 집은 모두 '트레버의 집'이라 불리고 있다.

네 번째 이야기 **기르고 싶은 걸 길러라**

│ 치료적 특성들 │

제기된 문제

- 내적 갈등
- 타인과의 반목
- 친절과 탐욕
- 사랑과 증오

개발된 자원

- 갈등에 대한 자각
- 다툼에서 벗어나기
- 기르고 싶은 것 기르기
- 책임감 기르기

나타난 성과

- 자기 양육
- 긍정적 가치 육성
- 내적 갈등의 해결책 찾기

햇살을 받아 반짝이며 졸졸 흐르는 시냇가 바위 위에 할아버지가 손자와 함께 앉아 있다. "이야기 하나 해 주세요." 손자가 말한다.

"두 마리 늑대 이야기가 있는데," 할아버지가 말한다. "살다 보면 말이다, 우리 마음속에서 두 마리의 늑대가 서로 자기 마음대로 하겠다고 으르렁대며 싸우는 것처럼 느낄 때가 있단다. 자, 부드러운 회색 털을 갖고 친절한 눈을 가진 늑대를 그려 보렴. 입가에는 멋진 미소까지 머금고 있을지도 모르지. 그 늑대를 '평화와 사랑, 친절의 늑대' 라고 부르자꾸나. 모든 동물들과 사람들이 서로 더 많이 행복하고 평화롭게 살 수 있다고 생각하니까 말이다."

"그 늑대는 사랑이 무엇보다 중요한 문제라고 생각한단다. 너도 알겠지만, 사랑이 없다면 동물이나 사람 세상은 아마 더 이상 존재할 수 없을 거야. 엄마가 아기를 사랑하니까 돌봐 주고, 젖도 먹이고, 옷도 입혀 주고, 편안히 뉘어 주고, 위험하지 않게 보호해 주는 거잖니? 우리는 사랑으로 세상에 태어나고 부모들이 우리에게 보여 주는 사랑으로 자라는 거지. 우리의 삶은 우리가 사랑하고 또 사랑받을 때 더욱 윤택해지는 거란다."

"그 늑대도 친절이 사랑의 일부라고 생각하는 것 같구나. 우리가 다른 사람한테 친절하면 그 사람들도—늘 그런 건 아니지만—우리에게 친절로 갚아 주지. 누군가에게 웃어 보렴. 그럼 그 사람들도 아마 미소로 답해 줄 거야. 네 방식만 고집하지 말고 다른 사람에게도 도움이 되도록 해 보렴. 그러면 네가 도와준 그 사람이 네가 필요할 때 아마 널 도와줄 수 있을 거야. 늑대들은 사람들처럼 무리를 지어서 산단다. 한데 모여서 따뜻한 마음으로 잘 어울려 살아갈 때 더 행복하다고 느끼지."

계속해서 할아버지는 이야기를 이어나갔다. "그런데 이번엔 한 무리 속에서 전혀 다르게 생각하는 또 한 마리의 늑대가 있다고 생각해 보자. 그 늑대는 정말 비열하고 심술궂게 생겼단다. 입술을 꼭 다물고 다른 동물들을 위협하려고 이빨을 드러내기도 하지. 그러면 다른 늑대들은 사랑이나 존경보다는 두려움을 느끼게 된단다. 그러니까 그 늑대는 '두려움과 탐욕, 증오의 늑대'야. 어쩌면 그 늑대는 겁에 질려 있는지도 몰라. 그래서 늘 경계를 늦추지 못하는 게 아닐까? 불행히도 배우질 못해서 화만 내고 다른 이들을 괴롭히기만 하고 또 사랑하는 것보다 미워하는 걸 더 많이 생각하게 되어서, 그 늑대는 자신에게도 다른 늑대들에게도 나쁜 감정만 많이 쌓아 두었지 뭐냐. 그 늑대는 무리 속에 속하지도 못했지. 그러나 평화와 사랑, 친절의 늑대는 다른 늑대들의 행복과 잘사는 법만이 아니라 자기 자신에게서도 그걸 찾을 수 있었단다."

"그래, 네가 생각하는 대로란다. 그 두 늑대가 한데 있으면서 자기 마음대로 하려고 싸우는 중이야. 평화와 사랑, 친절의 늑대는 모든 이들과 자기가 가진 가치관을 나누려고 하지만, 두려움과 탐욕, 증오의 늑대는 자기밖에 모른단다. 그러니까 자기도 괴롭고 자기 주변에 있는 다른 이들도 괴롭게 하지."

"자, 계속 그려 보자꾸나, 그 두 마리의 늑대가 네 속에서 싸우고 있는 중이라고 말이야."

어린 소년은 눈을 동그랗게 뜨고 할아버지를 쳐다본다. "할아버지, 어느 늑대가 이겨요?" 아이가 조마조마해서 묻는다.

할아버지는 애정 어린 눈길로 아이를 지그시 내려다보면서 부드러운 목소리로 답한다. "네가 기르는 것이 이긴단다."

다섯 번째 이야기 자신을 돌봐라

| 치료적 특성들 |

제기된 문제

- 비현실적인 갈망
- 자기 욕구 충족을 위해 타인에게 의존함
- 자기 주도성의 결여

개발된 자원

- 성공적인 타인들의 행위 관찰하기
- 자신만의 기술 연마하기
- 독립심 학습하기
- 자기 욕구에 책임지기

다섯 마리 병아리에 대한 이야기를 들어 본 적 있니? 옛날 옛날 다섯 마리 병아리가 아빠 닭이랑 엄마 닭이랑 함께 살고 있었단다. 어느 날 아침, 그 다섯 마리 병아리들이 배가 고파서 잠에서 깼어. 우리가 아침에 일어나 맨 먼저 그러듯이, 아니면 오후에 학교에서 돌아와 그러듯이 말이야.

첫째가 말했지. "아, 배고파. 통통하게 살찐 벌레 한 마리 누가 안 주나?" 첫째는 통통하게 살찐 벌레를 꿈꾸기 시작했지. 부리로 콕 쪼아서 뱃속으로 쏘옥 미끄러져 들어가는 걸 느끼면서. 아마 네가 배고픈 병아리였어도 그랬을 거야. 나는 별로 좋아하는 메뉴는 아니지만! 넌 어때?

첫째는 통통하게 살찐 벌레를 누가 가져다주기를 무척 바랐지만, 아무도 가져다주지 않아서 배는 점점 더 고파졌지.

둘째도 허기를 느꼈고, 자기 형이 통통하게 살찐 벌레 이야기하는 걸 들으면서 이렇게 말했어. "으, 굶어 죽을 것 같아. 내 앞으로 지금 당장 통통하게 살찐 달팽이 한 마리가 조르륵 미끄러져 오면 좋겠다." 둘째는 그렇게 바라면서 땅바닥을 바라보았지. 하지만 보고 또 보아도 배만 더 고파졌어.

셋째도 역시 배가 고팠단다. "삐악삐악." 셋째는 소리 내어 울었어. 누가 들어주기를 바라면서 말이야. '농부 아저씨가 맛있는 새 모이 한 그릇 주면 얼마나 좋을까?' 머릿속으로 그런 생각을 하면서 문틈으로 모이 그릇이 나타나기를 목이 빠져라 기다리며 집 안으로 들어가는 문을 쳐다보았지만 배만 더 고파졌지 뭐니.

넷째도 형제들 대화에 끼어들었어. "아니면 아줌마가 저녁에 먹다 남은 음식 찌꺼기 담은 양푼이라도 가져다주면 좋겠다. 왜 가끔 그러잖아." 그러면서 언니와 오빠들처럼 닭장 문을 물끄러미 바라보고 서서 음식 찌꺼기 담긴 양푼이 오기만 기다렸지만, 결국 배만 점점 더 고파졌지.

이 이야기를 모두 듣고 있던 막내가 너무 배가 고파서 곧 쓰러질 것 같다는 생각에 "바삭바삭한 곡식 알갱이 먹고 싶어. 밀이랑 귀리랑 보리랑. 잉잉." 하며 한마디 거들었단다. 막내의 눈은 농부가 곡식 알갱이를 뿌려 주던 철 쟁반에 꽂혀 움직이지 않았어. 아무리 쟁반을 보고 보고 또 봐도 시간이 갈수록 배만 고파졌어.

다섯 마리 병아리가 하는 말을 멀리서 듣고 있던 아빠 닭이 불렀어. "이리 오렴." 주위에 병아리들을 모아 놓고 아빠 닭이 말했어. "엄마랑 아빠가 어떻게 하는지 아니? 아침을 먹고 싶으면 텃밭으로 따라오려무나. 거기 가면 엄마, 아빠처럼 자기 힘으로 음식을 끌어 모아 쪼아먹는 방법을 배울 수 있을 거야."

여섯 번째 이야기 웃게 만들기

| 치료적 특성들 |

제기된 문제
- 예기치 못한 일에 봉착함
- 어쩔 줄 몰라 당황함
- 길이 막혀 있음

개발된 자원
- 소리 내어 웃기
- 웃고 즐기기
- 재미있는 면 발견하기

나타난 성과
- 웃음
- 적극성

우리 집에서 얼마 전에 재미있는 일이 있었다. 내가 사는 곳은 언덕에 있는 주택지라 나무들이 주변을 둘러싸고 있는 것도 정말 좋은데, 그 나무들에 이런저런 새들이 둥지를 틀고 있다는 것이 더 좋다. 그중에 웃음소리를 내는 쿠카부라[4]라는 새가 있다. 그것이 큰 물총새인 건 사실이지만, 물고기로만 연명을 한다는 건 아니다. 실은 그 새가 물고기만 먹는지는 잘 모르겠다. 확실한 건 단단하고 강한 부리로 뱀이나 도마뱀 잡기를 좋아한다는 것이다.

　쿠카부라의 머리와 가슴은 흰 색이고 날개와 등은 날개 가장자리를 따라 연한 파란색을 띠는 붉은색 또는 갈색이다. 먹이 쟁반 위에 고기 부스러기를 놓아두면 쿠카부라가 날아와서 먹는데, 가끔은 내 손에 있는 걸 먹으려고 팔에 내려앉기도 한다. 쿠카부라가 제일 사랑스러울 때는 해질녘에 웃음소리를 낼 때다. 조류 도감에는 "재미있는 듯 큰 소리로 웃는다."라고 쓰여 있다. 서로 소리가 어울려 합창하는 것처럼 웃어대면 그 와자지껄한 소리가 물결처럼 어슴푸레한 나무들 사이로 퍼져 나가는데, 그것은 마치 운동경기 중에 사람들이 하는 '파도타기 응원'과 같다. 아마 밤에 자기네들 영역을 표시하는 게 아닐까 한다. 매일 밤 잠들기 위해서 큰 소리로 웃는다는 건 얼마나 멋진 일인가?

　우리 집에서 얼마 전에 일어난 재미있는 일을 얘기하려고 쿠카부라 이야기를 꺼냈다. 내가 집 안에 있는데 창문 밖에서 쿵 하는 큰 소리가 났다. 무슨 일인지 보려고 거실 문을 열고 베란다로 나갔다. 쿠카부라 한 마리가 베란다 바닥에 앉아 있었는데, 창문으로 날아들다가 뭔가 충격을 받은 것 같았다. 창문에 비친 나무를 보고 확 날아들었다가 유리에 부딪혀 갑자기 떨어진 모양이다. 공중으로 자유롭게 날아다니다가 아무것도 보이지 않는데 갑자기 뭔가에 턱 막혀 버린다면 얼마나 소름끼치는 충격이겠는가? 약간 떨어져서 어떻게 할까 싶어 보고 있는데, 너무 놀란 쿠카부라는 자기 머리를 흔들더니 부리를 공중으로 치켜들고 입을 벌려 크게 마음껏 웃음을 터뜨렸다. 그런 기막힌 충격 뒤에 머리를 번쩍 들고 웃어재낄

---※---

4) 역주: 호주에 서식하는 세계에서 가장 큰 물총새.

수 있는 걸 배운다면 얼마나 멋질까?

일곱 번째 이야기 행동양식에 달려 있다

| 치료적 특성들 |

제기된 문제
- 행동 바꾸기
- 고함 지르기와 소란
- 호전성과 분노
- 저항

개발된 자원
- 예의와 친절

나타난 성과
- 친절로 얻은 변화

　며칠 전에 오랜 친구와 이야기를 나누다가 그 친구에 대해 예전엔 몰랐던 걸 알게 되어서 놀란 적이 있다. 어렸을 때 그녀의 엄마가 곁에 앉혀 두고 이야기를 해 주었는데, 친구는 지금도 그걸 기억하고 있었다. 그리고 그 대부분을 지금은 자기 아이들에게 해 주고 있다. 친구는 엄마가 그 이야기를 어디서 들었는지는 잘 모르겠지만 아마 외할머니에게서 들은 게 아닐까 짐작한다고 말했다. 물론 할머니는 또 그녀의 엄마한테서 들었겠지.

　이야기를 나누면서 자기 엄마한테 들었던 이야기를 몇 개 해 주었다. 그 이야기들은 아주 어릴 적부터 친구의 기억 속에 자리 잡고 있었다. 하나는 바람, 비, 해에 대한 것이었다. 어느 날 바람과 비, 해는 '어떻게 하면 사람이 행동을 바꿀 수 있을까?' 하는 걸로 이야기를 나누고 있었다. 사실 원하지도 않는데 뭔가를 해야 한다거나 자신에게도 다른 사람에게도 별로 이득될 게 없는 일을 한다는 건 큰 문제가 되기도 한다. 하여튼 이건 뭐 바람, 비, 해가 나누고 있는 이야기니까.

"내기 하나 해 볼까?" 해가 말을 꺼냈다. "저 아래 외투를 입고 가는 아이 보이지? 누가 저 외투를 벗길 수 있을지 내기해 보자."

"내가 먼저 해 보지." 바람이 자신 있게 말했다. 바람은 아이의 귀를 스치면서 "외투를 벗으렴, 외투를 벗으렴."이라고 속삭이며 산들바람을 후우 불기 시작했다. 아이가 외투를 벗지 않자, 조금 더 세게 바람을 뿜어내면서 아이의 귀에 대고 약간 더 큰 소리로 말했다. 하지만 바람이 더 세어질수록 아이는 추워서 외투를 더 바싹 당겨 몸을 감싸려고 했다. 바람은 아이의 귀에 대고 윙윙거리며 더 큰 소리를 내기 시작했다. 더 이상은 부탁하는 게 아니라 으르렁대며 명령하는 것이었다. "외투를 벗어, 외투를 벗으란 말이야!" 그럴수록 아이는 그 소리를 무시했고, 바람은 더욱 큰 소리를 냈다. 헐떡대면서 바람을 뿜어내고 소리쳤지만 아이는 외투를 점점 더 여미며 몸을 단단하게 감쌌다.

"야, 비켜 봐, 내가 해 볼게." 이번엔 비가 나섰다. "네가 하는 방법은 분명 소용이 없어. 네가 그럴수록 저 아이는 옷을 더 여미잖아. 그러니까 소리를 질러대는 건 아무 효과가 없다니까." 비는 자기가 가장 잘할 수 있는 걸로 시작했다. 부드럽게 이슬비를 뿌리면서 아이의 귓전에 빗방울을 똑똑 떨어뜨리며 "외투를 벗으렴, 외투를 벗으렴." 하는 소리를 냈다. 그러나 아이는 옷에 달린 모자를 머리에 푹 쓰더니 지퍼를 올리고는 비를 피하려고 했다. 당황했지만 비는 포기하지 않았다. 자기가 바람에게 한 충고는 싹 잊어버린 듯했다. "내 말을 듣지 않는다면 널 때려서라도 외투를 벗기고 말 거야." 비는 화가 나서 이렇게 말하고는 엄청난 폭우를 쏟아붓기 시작했다. 빗방울은 아이를 마구 두드렸다. "외투를 벗어! 외투를 벗으라니까!" 하지만 여전히 아이는 들은 척도 하지 않았다. 비는 우박으로 변해서 아이를 후려갈기고 외투를 벗으라고 고래고래 고함을 질렀다. 그래도 아이는 외투로 온몸을 덮어쓴 채 주위를 두리번거리면서 비 피할 곳만 찾았다.

"이젠 내 차례가 된 것 같은데." 해가 조용히 말했다. 한마디 말도 없이 해는 그저 햇볕만 비추어 아이의 외투와 몸을 말려 주었다. 해는 따뜻하게 아이를 어루만지기 시작했고, 너무 뜨겁지 않게 하면서 그저 조금씩 온도를 높여 나갔다. 아이는 모자부터 벗었다. 해가 천천히 계속 따뜻하게 해 주니까 이번엔 외투의 지퍼를 열었다. 해는 상냥하게 온도를 1도씩 올려갔다. 따뜻함으로 아이를 어루만지기만 했는데도 얼마 지나지 않아 아이는 외투를 쓱 벗고는 햇볕의 평온한 따스함을 마음껏 즐겼다.

여덟 번째 이야기 자기에게 주어진 것을 최대한 이용하라

치료적 특성들

제기된 문제
- 두려움과 공황
- 난관에 부딪힘
- 무능감과 절망감

개발된 자원
- 이용 가능한 것을 활용하기
- 대안 찾기
- 주어진 환경 속에서 할 수 있는 일 하기
- 작은 성장을 진보로 받아들이기

나타난 성과
- 수평적 사고(lateral thinking)[5]
- 참을성
- 인내
- 성공

5) 역주: 상식이나 기성관념에 근거를 두지 않고 여러 각도에서 문제를 고찰하는 사고방식.

옛날 옛날 어느 시골 마을에서 그리 멀지 않은 곳에 자그마한 농장을 가진 한 농부가 살고 있었다. 가진 건 얼마 없었지만 그 작은 농장으로 가족은 먹고 살 만했다. 얼마 되지 않은 재산 중에 늙은 노새 한 마리가 있었다. 수년 동안 그 늙은 노새는 밭을 갈고, 수확물을 마을까지 실어다 주고, 짐수레를 끌고, 일요일마다 가족들을 교회까지 데려다 주곤 했다.

농장 가까이의 마을은 해마다 축제를 즐겼는데, 다가오는 새해도 불꽃놀이를 하기로 되어 있었다. 그 일로 근처 농장 풀밭에 있는 늙은 노새한테 어떤 일이 생길지 아무도 모른 채.

새해 전날 밤, 노새는 머리를 툭 떨어뜨리고 눈은 감은 채 평화롭게 깜박깜박 졸면서 풀밭에 서 있었다. 그때 갑자기 하늘에서 괴이한 불꽃이 펑 터지더니 전쟁이 터진다는 걸 알리는 대포 소리 같은 게 울렸다. 이 불쌍한 노새는 세상이 끝나는 거라고 생각하고 너무나 놀라서 풀밭을 가로질러 마구 달아나기 시작했다. 그런데 그 풀밭에는 우물이 하나 있었다. 평소라면 조심조심 그걸 피해 갔을 테지만, 칠흑같이 어두운 한밤중에 겁에 질린 터라 노새는 그만 발을 헛디뎌 그 좁은 우물에 빠져 버렸다. 다행히도 바닥으로 바로 떨어져 다친 데는 없었다.

다음날 농부는 자기 노새가 없어진 걸 알고는 놀라 주변을 찾아다녔다. 얼마 지나지 않아 우물 속에서 어렴풋이 울리는 노새의 울음소리를 들었고, 노새가 우물 바닥에 있는 걸 발견하고는 소스라치게 놀랐다. 그 오래된 우물 속에서 노새를 안전하게 끌어올릴 방법이 없었다. 마을에는 우물 바닥까지 닿을 만큼 긴 사다리도 없을 뿐더러 용케 내려가더라도 어떻게 노새를 밖으로 끌어올릴 수 있단 말인가? 농부는 친구들을 불러 도와달라고 했다. 친구들은 밧줄을 농부에게 묶어서 노새에게 내려 보내고 다시 감아올리자고 했지만, 우물 벽이 너무 오래되어서 곧 허물어질 것 같아 매우 위험했다. 누군가 내려간다 해도 어떻게 노새를 들어올릴 장치를 걸 수 있을까? 공간도 너무 좁지 않은가?

농부는 우물 주변을 서성거리며 머리만 벅벅 긁어댔다. "희망이 없어." 누군가 말했다. "불가능해." 다른 이가 말했다. "그냥 천천히 저기서 비참한 죽음을 맞을 수박에 없을 거야." 또 다른 이가 말했다. "고통이나 없게 만들어 주는 게 최선이야." 그래서 농부들은 삽을 몇 개 들고 와서는 노새를 묻으려고 우물 아래로 흙을 퍼넣었다.

우물 바닥에서 노새는 이상한 마른 비 같은 게 자기 등에 떨어지는 걸 느꼈다. 노새가 그걸 툭툭 털어내자 발굽 주변으로 흙이 떨어졌다. 노새는 조금씩 주변으로 떨어지는 흙을 꽉꽉 밟아 다졌고, 흙은 노새의 발굽 아래서 단단하게 굳어졌다. 등으로 흙이 더 떨어졌다. 또 털어내고 더 많이 밟았다. 이럴 수가! 그러고 나니까 우물 바닥이 1, 2인치 정도 높아졌다. 노새는 높아진 우물 바닥을 물끄러미 바라보았다. 농부들이 흙을 더 퍼넣을수록 노새는 더 많이 발굽으로 밟았고 더 다지려고 쿵쿵 뛰기도 했다. 이제 바닥은 점점 더 높아지며 조금씩 조금씩 입구를 향해 올랐다. 그렇다. 여러분이 추측한 대로 노새는 결국 위로 올라가는 자기만의 방법을 찾은 것이다. 그리고 구출되었다.

아홉 번째 이야기 **할 수 있는 일을 하는 거야**

| 치료적 특성들 |

제기된 문제

- 역경 속의 자신 발견
- 새로운 상황에 처함
- 두려움과 공황
- 난관에 갇힘
- 무능감과 절망감

- 대담해지기
- 새로운 경험 탐색하기
- 재미 느끼기
- 앞날 생각하기
- 단호해지기
- 모든 가능성 탐색하기

나타난 성과

- 수평적 사고
- 참을성
- 인내
- 성공

가끔 자신이 전혀 모르던 어려움 속에 처해 있다는 걸 문득 알 때가 있다. 때로는 새로운 상황을 만나는데, 단지 전에는 그런 일을 경험한 적이 없다는 것 때문에 어찌할 바를 모르는 경우도 있다. 개구리 테레사에게 바로 그런 일이 일어났다. 어렸을 때는 모두 '아기 올챙이 테시'라고 부르곤 했는데, 이젠 다 자라서 '개구리 테레사 아가씨'라고 부르게 되었다.

개구리 테레사 아가씨는 농장에 있는 연못에 살고 있었다. 테레사는 뭐든 알고 싶어 하는 모험심 강하고 젊은 개구리였다. 어떤 이는 꼬치꼬치 캐묻기 좋아한다고 '참견쟁이'라고 부르기도 했다. 엄마는 테레사가 나설 자리가 아닌데도 자꾸 참견하기를 좋아한다고 말했다. 엄마는 이렇게 말하곤 했다. "내 말을 잘 들어라. 너 말이다, 그러다 한 번은 큰코다칠 거야." 그러나 테레사는 알고 싶은 걸 참을 수가 없었다. 그냥 모르는 걸 알고 싶을 뿐이었다.

아무튼 테레사는 연못 밖으로 나가 농장 마당을 폴짝폴짝 뛰어다니는 게 재미있었다. 우스꽝스러운 닭들이 부지런히 닭장 주위를 긁어대고 쪼아대는 걸 보는 건 항상 재미있는 일이다. 자기는 닭들처럼 갇혀 살고 싶진 않다고 혼자 생각하기도 했다.

그 옆 돼지우리에 가면 통통하게 살이 오른 파리 한두 마리를 한입에 잡을 수도 있었다. 그 주변에 파리가 얼마나 많은지, 긴 혀를 날름거리면 거의 매번 파리가 입 속으로 쏙 들어오곤 했다.

어느 날 개구리 테레사 아가씨가 폴짝거리며 우유 만드는 곳을 지나가고 있는데 신선한 크림향이 났다. 냄새가 나는 곳을 따라가 봤더니 마루에 있는 통에서 참기 어려운 맛있는 냄새가 나고 있었다. 그 크림 맛을 보고 싶어서 통 가장자리로 뛰어오르려고 했지만 너무 높아 닿지 않았다. 그래서 온 힘을 다해 다시 시도해 보았다. 이번에는 너무 많이 뛰어올라 가장자리에 닿은 게 아니라 그만 크림이 가득한 통 속으로 쏘옥 빠져 버렸다.

크림은 뻑뻑하고 따뜻했다. 테레사가 사는 차가운 연못에서 수영하는 것보다 훨씬 더 좋았다. 게다가 그 맛도 기가 막혔다. 테레사는 긴 혀를 날름날름거리면서 몇 번이나 한입 가득히 꼴깍꼴깍 크림을 먹었다. 그런데 얼마 동안 수영을 하면서 배부르도록 먹고 나니까, 테레사는 연못에 있는 집으로 돌아가야 할 시간이라는 생각이 들었다. 그때 문제가 생긴 것이다.

테레사는 전혀 앞일을 생각하지 않은 것이다. 통 안으로 들어올 생각만 했지 나중에 어떻게 나갈지에 대한 생각은 전혀 하지 않았다. 통의 벽은 가파르고 테레사의 발은 크림 범벅이 되어서 벽을 짚지도 못할 만큼 미끄러워 통 너머로 뛸 수가 없었다. 갇혀 버린 것이다. 어떻게 할 수도 없었고 또 어떻게 할지도 몰랐다.

테레사는 그냥 계속 헤엄을 칠 수밖에 없다고 혼잣말을 했다. 하지만 그걸로 문제를 해결할 수는 없었다. 누군가 구해 주기를 기다렸지만, 한참 지나서 농부가 자기를 발견한다 해도 돼지우리에서 놀던 개구리가 농부의 크림 속에서 헤엄을 치고 있는 걸 보면 절대로 기분 좋을 일은 아니었다. 그렇다고 포기해 버리고 헤엄도 치지 않는다면 아마 빠져 죽어 버릴 것이다. 어쩌면 좋지? 이 모든 게 불쌍한 어린 테레사에게는 너무 힘들게만 느껴졌다.

어떻게 해야 할지 전혀 모른 채, 테레사는 할 수 있는 유일한 일을 할 수밖에 없었다. 계속해서 헤엄을 치는 것이다. 테레사는 크림 속에서 빙빙 돌면서 헤엄만

쳤다. 개구리들이 늘 그러듯 발을 쭉 뻗으면서 차고 또 차고, 차고 또 차고, 계속 차고 또 찼다. 테레사는 포기해서 빠져 죽을 수는 없다고 결심했다. 계속 헤엄을 치면서 발을 차고 또 차고 또 찼다. 그러다가 크림 속에서 헤엄을 칠수록 크림이 점점 더 단단해진다는 걸 알게 되었다. 처음엔 그저 헤엄치는 데 지쳐서 그런 거라고 생각했는데, 그게 아니라 정말로 크림이 더 뻑뻑해지고 있는 거라는 걸 알아챘다. 테레사가 헤엄을 치며 발로 차서 크림을 버터로 만들고 있는 것이었다!

그렇게 테레사는 희망을 되찾고 더 세게, 더 열심히 헤엄을 쳐 계속 통 속에서 뱅글뱅글 돌아서 밟고 올라설 만큼 크림을 단단하게 만들었다. 그러고는 마침내 통 밖으로 폴짝 뛰어나갔다. 테레사는 지쳤지만 기쁜 마음으로 팔딱거리면서 연못으로 돌아왔다. 연못에서 몸에 묻은 버터를 씻어 내면서 개구리 테레사 아가씨는 혼자 생각했다. "난 언제나 크림이 좋아, 하지만 버터를 훨씬 더 좋아해."

열 번째 이야기 **행복을 찾아서**

| **치료적 특성들** |

| 제기된 문제 |

- 불행감
- 흥미 상실
- 권태
- 외로움

| 개발된 자원 |

- 웃는 법, 노는 법, 즐기는 법 배우기
- 우정의 가치 발견하기
- 행복의 본질 탐색하기

- 원하는 걸 늘 얻을 수는 없다는 사실 알기
- 행복이 소유하는 것 이상의 것임을 배우기

모든 걸 다 가진 공주가 살았다. 아마도 정말 거의 모든 것을 가지고 있었을 것이다. 공주는 어마어마한 궁궐에 살고 있었다. 공주는 왕과 왕비 다음으로 그 나라 전체에서 가장 중요한 사람이었다. 공주니까 당연히 마음먹는 건 뭐든 다 가질 수 있었다. 상상이라도 할 수 있겠는가? 원하는 게 있어서 말만 하면 모든 걸 가질 수 있다니. 요즘 시대의 공주이기 때문에 최신 유행의 신식 장난감도 모두 가지고 있었다. 바비 인형과 켄 인형, 장신구 등을 모아 두도록 특별히 지은 장난감 궁궐도 따로 있었다. 커다란 플라스마 화면으로 볼 수 있는 최신 컴퓨터 게임도 싹 다 가지고 있어서 놀이방 한 벽면이 그것들로 완전히 채워져 있었다. 게다가 놀이방 하나가 왕국의 일반 백성들이 살고 있는 집 하나만큼 컸다. 그러나 이런 모든 것을 가지고 있어도 공주는 자꾸만 흥미를 잃어버리거나 지겨워졌고 외롭다는 생각이 들었다.

공주는 가끔 놀이방 창문을 열고 거리를 내려다보곤 했다. 거리에서는 아이들이 비석치기나 술래잡기를 하며 웃고 떠들고 노래도 부르며 놀고 있었다.

"저 아이들은 왜 모두 저런 소리를 내지?" 공주가 어느 날 왕실 유모에게 물었다.

"행복하니까 그렇다고 생각하옵니다." 유모가 대답했다.

다시 아이들을 내려다보면서 공주가 말했다. "나도 행복해지고 싶어. 무엇이 나를 행복하게 해 줄까?"

유모에게 이렇게 곤란한 적은 없었다. 공주가 거리로 나가 저 아이들과 같이 놀 수만 있다면 신나게 웃으며 노는 걸 단번에 배울 수 있을 것이다. 공주에게 함께 이야기하고 서로 마음을 나눌 수 있는 친구들만 있다면 그 친구들과 몇 가지만 함께해도 얼마든지 기분이 좋아질 수 있을 텐데……

유모는 왕립 유모로서는 절대 해서는 안 될 방법들을 생각하기 시작했다. 공주가 거리에서 다른 아이들이랑 같이 눈싸움을 할 수 있을까? 예쁜 드레스 한 벌을 다 버리도록 강둑 진흙밭에서 맨발로 철벅대며 까르륵 웃을 수 있을까? 공주가 자기 외모를 신경 쓰지 않는다면, 다른 사람들이 그녀를 어떻게 여기는지 따위는 걱정도 하지 않는다면 어떻게 될까? 그러나 이런 것들은 당연히 왕립 유모가 공주에게 말할 수 있는 것이 아니었다. 입 밖으로 내면 아마 쫓겨나고 말 것이다. 유모가 아무리 생각해 봐도 공주에게는 결코 허락되지 않을 일들이었다.

그렇다면 유모가 할 수 있는 말이 무엇인가? 유모는 공주가 묻는 것에 뭔가 대답을 해야만 했다. 생각에 잠긴 채 고개를 숙이고 있다가 유모는 자기 신발을 보게 되었다. 거기에 답이 있을지도 모른다. 드디어 유모는 대답했다. "왕국에서 가장 행복한 아이를 찾아 그 아이의 신발을 신고 그 아이의 걸음걸이를 따라 하면 행복해진다는 게 뭔지 알 수 있을 겁니다."

공주는 당장 왕에게 호위대를 모두 보내 왕국에서 가장 행복한 아이를 찾아달라고 했다. "그 아이를 찾으면 그 아이 신발을 곧바로 나한테 가지고 와야 해." 공주가 말했다.

황실 호위대는 찾고 또 찾았다. 몇 시간이 지나고, 며칠이 지나고, 몇 주가 지나자, 공주는 더 이상 참을 수가 없었다. 하루에도 몇 번씩 공주는 "이젠 가장 행복한 아이를 찾았느냐? 부탁한 신발은 어찌 됐느냐?"라고 물었다.

기다리다 보니 궁금해졌다. 가장 행복한 아이의 신발은 어떻게 생겼을까? 정장 구두일까, 최신 유행의 부츠 모양일까, 아니면 유명 메이커 운동화일까? 어떤 색일까? 분홍, 빨강, 파랑, 아니면 노랑? 행복한 신발은 틀림없이 그림처럼 아름다울 거야. 꽃무늬일까, 무지개 무늬일까, 아니면 종 무늬가 그려져 있을까? 텔레비전 광고에서 본 것처럼 불빛이 나는 걸까? 공주는 도저히 기다릴 수가 없었다.

어쨌든 날짜는 하루하루 지나갔고 공주는 매일같이 유모에게 물어댔다. "신발은 대체 언제 가지고 오는 거야?" 드디어 그날이 왔다. 유모는 그 소식을 갖고 공주의 방으로 달려왔다. "공주님, 좋은 소식과 나쁜 소식이 있사옵니다."

"좋은 소식부터 들을래." 공주는 들떠서 외쳤다.

"저, 왕국에서 가장 행복한 아이를 찾았답니다." 유모는 입을 뗐다.

"그럼 내 신발은?" 더 이상 참을 수가 없어서 공주가 물었다.

"그것이 바로 나쁜 소식입니다." 유모는 대답했다. "왕국에서 가장 행복한 아이는 신발을 신고 있지 않았답니다."

 연습문제 4.1

제2부의 전반적인 연습문제들은 치료자가 만든 주제별 이야기의 아이디어를 기록하는 것에 중점을 둘 것이다. 이야기를 읽거나 들을 때, 우리 자신의 경험을 상기시키고 예전에 들었던 비슷한 이야기에 대한 기억을 떠올리게 하거나 특정 내담자에게 맞출 수 있는 은유적 이야기에 대한 창조적인 생각들을 찾게 할 것이다.

따라서 그런 아이디어들을 적어 두는 작은 공책을 가지고 있는 게 좋을 것이다. 이 장에 있는 이야기들을 읽는 동안 어떤 생각이 아이들에게서 많은 걸 배우게 해 주었는지 기억해 두었는가? 여러분이 읽은 이야기들 중에서 어떤 것이 여러분의 작업에 유용하게 쓰였는가? 전체 이야기를 다 적을 필요는 없다. 간단히 주제나 치료적 특성들 정도만 기록해 두면 된다.

05

자신 돌보기

이유 없는 무기력감과 무능감, 통제 결여 등은 아이와 어른 모두에게 있을 수 있는 심리장애의 주요 특징으로 규정되어 왔다. 이는 우울과 불안, 관계 곤란(relationship difficulties), 자살 충동, 약물 남용, 행동화(acting-out behaviours), 삶에 대한 대체적인 불만 등의 근간이 되기도 한다. 열네 번째 이야기 '조, 네가 그렇지 뭐'에서 말하고자 하는 것처럼, 아이들은 쉽게 자기 의심이나 자기 부인의 경향을 (무심결에) 갖게 될 수 있다. 아이의 눈으로 볼 때 부모나 나이 많은 형제, 교사 등의 역할 모델들은 자기들은 할 수 없을 거라고 생각하는 걸 훨씬 더 잘할 수 있는 것처럼 보인다.

자기를 돌보는 법뿐만 아니라 타인을 돌보는 법도 마찬가지로 치료적인 기능만이 아닌 예방의 기능까지 제시한다. 자신을 성장시키고 돌보는 법을 더 많이 체득한 아이들은 더 적게 배운 아이들보다 더 높은 자긍심과 자신감을 가지기 때문에 그에 따른 문제도 적다. 자기 양육을 지향하는 균형 잡힌 태도는 우울과 불안, 불행한 상호관계의 가능성을 줄여 준다. 긍정적인 자존감은 힘과 자신감을 향상시켜 아이가 현재와 미래의 상황에 맞설 수 있도록 무장시켜 준다.

이 장에 실린 이야기들은 아이의 자기 평가와 자기 수용을 증대시켜 주는 데 도움이 된다. 도전적인 상황에서 벗어나는 것만이 아니라 자기만의 능력, 힘, 독자성까지 다룬 이야기들이다. 또한 칭찬을 받아들이는 법과 완벽하지 않아도 괜찮다는 걸 아는 것에 대한 보기들도 제시하고 있다.

열한 번째 이야기 더 높이 날아오르기: 어린이를 위한 이야기

치료적 특성들

제기된 문제
- 두려움
- 불안
- 우울
- 우유부단
- 의타심
- 깊은 절망감
- 낯선 곳에 갇힘

개발된 자원
- 부담감 벗어던지기
- 수용하는 법
- 새로운 자원과 능력 발견하기
- 현재에 존재하기
- 힘 창출하기
- 기대 이상의 성과 도달하기

나타난 성과

- 과거에서 벗어남
- 두려움에서의 해방
- 독립
- 새로운 성취 목표 설정
- 미래 지향성
- 권한

옛날 옛날 해변의 모래사장 근처 따뜻하고 얕은 물에 아기 문어 한 마리가 살고 있었어. 문어 다리가 몇 개인지 알고 있니? 그래, 여덟 개지. 그 다리를 뭐라고 부르는지도 아니? 맞아, 촉수야. 그런데 이 아기 문어는 자기 촉수로 뭘 감싸 쥐고는 매달리는 걸 아주 좋아했단다. 물고기를 꽉 잡고 올라타는 건 정말 재미있지. 딱딱한 바위에 매달리면 뭔가 강해지고 안전한 기분이 들었어.

어느 날 아기 문어는 탐험을 하러 나갔다가 배 아래로 늘어뜨려진 단단하고 튼튼한 닻을 보게 되었단다. 그걸 보자마자 아기 문어는 촉수를 닻에 딱 붙여 쥐고는 매달렸지.

바로 그때 무시무시한 일이 일어났어. 닻이 밑으로 떨어지면서 점점 어둡고 차가운 물속으로 가라앉기 시작하는 거야. 아기 문어는 한 번도 가보지 못한 곳이었지. 아기 문어는 그러고 싶지 않았지만 어찌해야 할 줄을 몰랐어. 네가 그 문어라면 어떻게 했을 거 같아? 그대로 매달려 있을 거니, 아니면 닻을 탁 놓을 거니?

아기 문어는 쿵 하는 소리를 내며 닻이 바다 밑바닥에 떨어질 때까지 꼭 붙들고만 있었단다. 낯선 곳이 섬뜩하리 만치 무서웠지만 여전히 어찌할 줄을 모르고 있었어.

바로 그때 친절해 보이는 물고기 한 마리가 가만가만 천천히 아기 문어 쪽으로 헤엄을 치며 오고 있었단다. "도와주세요. 날 좀 도와주세요." 아기 문어는 소리쳤어.

"물론 난 널 도와줄 수 있어." 그 물고기가 말했어. 그 눈은 친절하고 상냥해 보였지. "하지만 먼저 넌 너 자신을 도와야만 해. 내가 너한테 길을 가르쳐 주기 전에 먼저 네 손을 그 닻에서 떼어야 해."

하지만 아기 문어는 어찌해야 할지 몰랐어. 닻은 튼튼해 보였거든. 그걸 놓으면 물속에 완전히 혼자 있게 될 거 같았지. 아기 문어는 그 물고기를 바라보았단다. 물고기는 고개를 끄덕이며 격려해 주었고, 아기 문어는 천천히 촉수 하나를 탁 떼어 냈어. 그렇게 많은 팔다리를 가지고 있는 건(촉수는 팔다리랑 닮았지) 사랑하는 이를 껴안는 데는 아주 좋은데, 뭔가를 놔야 할 때는 참 힘겹게 하기도 하는 거야. 마지막이 제일 힘들었지. 완전히 놓는 데는 용기가 좀 더 필요했단다.

그 친절한 물고기는 격려해 주고 잘한다고 칭찬해 주면서 기다렸어. 아기 문어가 닻에서 완전히 떨어져 나오자 물고기는 친절하게 "따라오렴."이라고 말했지. 이리저리 헤엄을 치며 천천히 밝고 따뜻한 물을 향해 길을 터주면서 나중에라도 또 그렇게 되면 다시 길을 찾을 수 있도록 잘 안내해 주었단다.

아기 문어는 그렇게 헤엄치면서 자기가 더 강해지고 행복해지고 있다는 걸 느꼈어. 그 물고기를 따라가다가 둘이 나란히 헤엄을 치기도 했지. 더 이상 뒤따라가지 않아도 되었단다. 아기 문어가 한 번씩 앞서 나가며 자기 길을 찾아나가면서 이끌기도 했어. 더 이상 모르는 곳에 있다는 생각도 들지 않았어. 사실 이건 진짜 모험이었지. 잠시 후 물고기가 말했어. "이젠 내가 더 이상 필요 없겠구나. 넌 이제 혼자서 힘차게 헤엄칠 수 있어. 그렇게 해 봐."

아기 문어는 물고기에게 감사하다는 인사를 하고 위로 헤엄쳐 갔어. 물은 점점 더 환해지고 따뜻해졌지. 수면에 잔잔한 물결이 일고, 햇살은 오색찬란한 산호 사이를 들락날락하며 쏜살같이 움직이는 노랑, 빨강, 파랑의 작은 물고기들을 비춰 주고 있었어. 아기 문어를 둘러싸고 있는 많은 것들은 예전 그대로였지만, 아기 문어는 이제 뭔가 달라졌고 더 강해지고 더 자신 있어졌다는 걸 느꼈지.

그때 아기 문어는 평소라면 하지 않았을 행동을 했단다. 해변으로 기어올라가 모래 위에 몸을 쭉 뻗고 누워 따뜻한 햇볕을 쬐었지. 잠시 동안 몸을 편안히 하고 아무것도 하지 않는다는 게 참 기분 좋게 느껴졌어.

아기 문어는 해변 뒤에 있는 석회암 절벽을 물끄러미 바라보았어. 아기 문어는 이제 모험하는 걸 좋아하는 법을 배운 모양이야. 전에 만큼 두렵다는 걸 느끼지 않고서도 새로운 걸 할 수 있게 되었나 봐. 절벽이 자기를 보고 이리 오라 손짓하는 듯했어. 아기 문어는 그 꼭대기까지 올라가면 어떨까 하는 생각이 들었지.

조심스럽게 절벽 꼭대기를 향해 올라가기 시작했단다. 올라가는 게 쉽지만은 않았지만 아기 문어는 도전을 한다는 사실로 상기되어 있었어. 때로는 힘들기도 했지만 꾹 참아가며 올라갔어. 와! 꼭대기에 올라섰을 때 그 기분이란!

시원한 산들바람이 저 넓은 바다에서 불어왔어. 자기는 처음부터 그렇게 살아왔다는 듯 자연스럽게 아기 문어는 날개처럼 촉수를 펼치고 산들바람을 올라탔지. 독수리처럼 공중으로 날아올라 그 부드러운 바람을 타면서 나는 기쁨을 맛보았단다.

아래를 내려다보니 저 밑에 바다가 보였어. 자기가 온 곳이었지.

위를 보니 맑고 푸른 하늘이 보였어. 거긴 아기 문어가 가야 할 곳이었지. 평범한 아기 문어가 그렇게 높은 데까지 날아오를 수 있다고 누가 생각이나 했을까?

열두 번째 이야기 **더 높이 날아오르기: 청소년을 위한 이야기**

| 치료적 특성들 |

제기된 문제

- 두려움
- 불안
- 망설임
- 자기 능력을 벗어남
- 의타심
- 낯선 곳에 갇힘

- 벗어나기
- 충고 수용
- 지시 따르기
- 독립심
- 새로운 자원과 능력 발견
- 현재에 존재함
- 힘을 창조하기

나타난 성과

- 과거 흘려 보내기
- 두려움에서의 해방
- 자립하기
- 새로운 성취 목표 설정
- 미래 지향성

아주 어린 꼬마였을 때부터 데이브는 늘 바다를 사랑했다. 겨우 기억이 날까 말까 할 만큼 오래전에 가족들이 바다에 휴가를 한 번 갔다 온 적이 있었는데, 크리스마스트리 옆에 선물 포장지에 싸여 있던 서핑보드를 보고 얼마나 기뻐했는지 모른다. 그걸로 파도를 타고 싶어서 견딜 수가 없었다.

그러나 막상 파도를 타러 갔을 때 무서운 일이 일어나고 말았다. 데이브는 자기가 물을 잘 알고 있다고 생각했지만, 서핑보드 위에 올라타니까 수영을 할 때와는 완전 딴판이었다. 보드가 움직이기 시작했다. 보드는 데이브를 싣고 해변을 따라 밀려 들어가더니 소용돌이 속으로 빨려 들어가 버렸고, 파도에 밀려 곶을 지나 깊고 어둡고 차가운 물속으로 빠져 버렸다. 데이브는 그러고 싶지 않았지만 어쩔 줄을 몰랐다. 거센 물살 앞에서는 아무것도 할 수 없을 것 같았다. 보드를 타고 물을 저어 나와야 하나, 아니면 물살을 타야 하나? 보드를 붙들고 있어야 하나, 아니면 보드를 버리고 헤엄을 쳐야 하나?

데이브는 자신을 '물결에 맡겨 둔' 채로 두고 물살이 잔잔해질 때까지 보드에 매달려 있었다. 해변에서 너무 멀리 떨어진 데다가 뒤로는 무시무시한 집채만한 파도가 밀려오고 있었다. 데이브는 보드를 더 꼭 껴안았다. 낯설고 무서운 곳이었다. 어떡해야 할지 몰랐다. 손을 들어 인명구조원에게 도움을 청해야 하나?

바로 그때 서핑을 하던 한 사람이 데이브 곁으로 유유히 보드를 타고 다가왔다. "도와줄까?" 그 사람이 말했다. 데이브는 그 사람을 본 적이 있었다. 서핑 선수 마이크였다. 위험을 무릅쓰고 물에 빠진 아이를 구한 것 때문에 지난 시즌 신문에 그의 사진이 실린 적이 있다. 그는 그곳에서 영웅이었다.

"내가 해변까지 가는 걸 도울 수는 있어, 네가 원한다면." 그가 말을 이어나갔다. "하지만 너도 너 스스로를 도와야 해. 잘 봐. 너는 보드를 꼭 붙들고 있는데, 우선 두려운 마음을 풀고 마음을 좀 가다듬어 봐. 괜찮을 거야. 어떻게 하는지 보여 줄게."

데이브는 어떻게 해야 마음을 놓을 수 있을지 몰랐다. 단단한 보드를 붙들고 있어야 안전할 것만 같았다. 그걸 놓으면 물속에 빠져 홀로 남겨지게 되는 게 아닐까? 파도가 거대하고 무서워 보였다. 마이크를 바라보았다. 서핑 선수 마이크는 고개를 끄덕이며 용기를 주고 있었다. 데이브는 꼭 쥐고 있던 손을 조금씩 풀기 시작했다.

"좋아." 마이크가 말했다. "처음부터 서려고 하지 말고, 파도가 너를 들어올려 주게 만들어. 그런 다음 보드 위에서 무게를 싣고 움직여 봐. 속도가 붙기 시작하면 뒤쪽으로 무게를 실어, 완전히 균형이 잡힐 때까지. 그리고 나서 그대로 몸을 젖히고 마음껏 타는 거야."

얕은 물까지 나오자 데이브는 신이 나서 심장이 터질 지경이었다. 우와! 신난다!

마이크는 데이브를 데리고 물살을 타면서 다시 그 소용돌이 속으로 들어갔다. 데이브는 마이크를 보면서 자기를 겁에 질리게 했던 그 물살 덕분에 소용돌이를 벗어날 수 있었다는 사실을 발견하고는 놀라서 입이 떡 벌어졌다.

마이크 옆에서 같이 몇 번을 더 타다가 데이브는 혼자 할 수 있게 되었다. 어떻게 해야 하는지를 알게 되었고, 얼마 안 가서는 마이크가 옆에 없어도 괜찮을 거라는 걸 느꼈다. 소용돌이나 큰 파도에서는 조심하는 걸 잊지 않으면서도 할 수 없다거나 무섭다는 생각은 하지 않았다. 정말 이건 대단한 모험이었다.

"이제 더 이상 내가 필요 없겠네. 이젠 자연스럽게 잘하니까. 재미있게 놀아." 마이크가 말했다.

데이브는 혼자서 백아웃[6]으로 저어 나갔다. 마지막으로 파도를 한 번 더 타고 해변까지 자신 있게 밀고 나왔다. 해변으로 미끄러져 나와서 마이크에게 고맙다는 인사로 매점에서 햄버거와 음료수를 사 주었다.

그러고 나서 데이브는 해변에 누워 파도를 정복하는 데 몽땅 쏟아부었던 힘을 일광욕으로 재충전하면서 가만히 자기 몸으로 내리쬐는 햇볕과 부서지는 파도소리, 파도가 모래를 쓸어내리는 소리를 음미했다. 뭔가를 하고 나서 잠시 쉬는 이 시간이 참 좋았다. 휘몰아치는 소용돌이의 물을 바라보면서, 뒤를 때려치는 큰 파도를 보면서, 데이브는 아무것도 변한 건 없다는 걸 느꼈다. 모두 자기가 물살에 갇히기 전이랑 똑같았다. 달라진 건 데이브였다. 더 강해지고 더 자신 있어진 것이다. 무서운 곳에 있게 되었다는 자기 회의는 이제 기쁨과 활기로 바뀌었다.

데이브는 거기 그렇게 누워 쉬면서 자기가 했던 일을 돌이켜 보았다. 그러면서 바로 얼마 전에 파도에 휩쓸려 가서 겁먹고 두려움에 떨던 아이는 먼 꿈속의 희미한 기억처럼 느껴졌다. 강하고 자신감에 찬 새로운 기분을 느꼈다. 다른 해변에서 더 큰 파도를 만난다 해도 다시 할 수 있을 거라고 생각했다.

해변 뒤로 행글라이더가 언덕에서 뛰어내리면서 산들바람을 타고 부웅 올라 공중을 가르며 독수리처럼 나는 걸 보았다. 그것도 너무 하고 싶었다. 다음 휴가 때는 아빠한테 행글라이더를 사달라고 부탁해야겠다고 생각했다.

---※---

6) 역주: 뒤로 저치면서 밖으로 커브를 그리는 동작.

열세 번째 이야기 **자기 능력 발견하기**

| 치료적 특성들 |

제기된 문제
- 쓸모없다는 느낌
- 군중 속의 고독
- 분노로 반응함
- 관심 끌기(부정적인 방법으로라도)

개발된 자원
- 변화하는 방법 고민하기
- 더 나아지기를 원하기
- 자기 능력 사용법 배우기
- 자기가 잘할 수 있는 것 잘하기
- 모든 걸 실패했더라도 새로운 일을 시도하기
- 도움이 될지 안 될지 변별하기

나타난 성과
- 긍정적인 자기 평가
- 능력 인식
- 판단력
- 타인의 안녕에 기여하기

옛날 옛날 한 농장에 개미 한 마리가 살고 있었단다. 우리 그 개미한테 이름 하나 지어 줄까? 뭐라고 부르면 좋을까? 알리? '개미 알리' 어때? 좋아, 그렇게 부르자.

• 자신 돌보기 •

개미 알리는 문제가 하나 있었단다. 알리는 자기가 아주 중요한 개미라는 걸 모른다는 거야. 형제들이 너무 많을 때는—뭐 개미들은 다 그렇겠지만—엄마 개미가 요 작은 개미한테 따로 신경을 쓸 시간이 없었단다. 게다가 수백 만 수천 만의 개미가 있지, 아마 사람보다 더 많을 거야. 알리는 자기는 그냥 수많은 개미 중의 하나일 뿐이라는 생각이 들었고, 뭐 특별히 중요하지도 않다고 느꼈지. 알리는 너무 작아서—사실 너무 작아 세상은 알리가 있는지도 모르지—그가 깨물어 주지 않으면 다른 존재들은 알리가 있다는 것조차 알아차리지 못했지. 어떤 때는 확실히 알아채기도 했는데……. 일단 알리를 보기만 하면 고함 지르고 손바닥으로 쳐서 잡으려 하고 알리에게 막 화를 냈지. 그런 건 알리가 원하는 게 아니었단다. 알리는 다른 이들에게 멋져 보이고 싶었던 거야. 뭔가 특별한 걸 하고 싶었지만 이렇게 작고 하찮은 개미가 뭘 할 수 있을까? 알리는 자기가 뭘 할 수 있을지 고민했단다.

어느 날 알리가 수많은 개미 속에서 그냥 일을 하고 있는데, 채소밭에서 뭔가 시끄러운 소리가 들렸어. 농장에서 살고 있는 여자랑 남자였지. 알리가 자기 집이라고 부르는 그 농장에서 그 사람들은 신선하고 품질 좋은 채소 먹는 걸 좋아했기 때문에 채소를 기르고 있었지. 그 채소밭은 그들의 자랑이었단다. 동물들이 못 들어오게 하려고 울타리도 쳐놨는데, 바로 그날 커다란 숫염소가(우리 애도 이름 붙여 주자. 빌리 어때? 좋지?) 울타리를 부수고 그 소중한 채소를 다 먹어치우려고 달려든 거야.

그 여자랑 남자는 염소를 내쫓으려고 별별 방법을 다 썼지. 밀고 당기고, 고래고래 고함도 치고, 살살 구슬려도 보았어. 빌리 앞에 당근을 흔들어 보이기도 했지만 황소고집을 부리며 나가지를 않는 거야.

여자랑 남자는 붉은 볏을 가진 얼룩무늬 수탉에게 도와달라고 했어. 수탉은 크고 거만했단다. 수탉은 닭장 안에서는 대장일지 몰라도 염소한테는 안 통했지. 꼬끼오 소리치면서, "채소밭에서 나가지 못해!"라고 해 봐도 아무 소용이 없었어. 수탉이 염소한테 달려들어 할 수 있는 대로 꽥꽥거리고 콕콕 쪼고 날개를 퍼덕대

봐도 빌리는 수탉을 울타리 너머로 휙 받아 버리고는 계속 채소를 먹어대는 거야.

이번에는 풀밭을 누비며 양 무리를 잘 몰고 다니는 믿음직한 갈색 양치기 개한 테 부탁했단다. "좀 도와줘." 분명히 이까짓 고집불통 염소 한 마리쯤이야 아무것 도 아닐 거야. 개는 왕왕 짖어대면서 엄청 무서운 소리를 내며 으르렁댔단다. 길 고 흰 이빨을 드러내고 빌리의 뒤꿈치로 달려들었지. "채소밭에서 나가!" 개가 으 르렁대며 말했어. 하지만 빌리는 고개를 돌려 개를 한 번 보더니 그대로 뿔로 받 아 울타리 너머로 날려 버리곤 계속 먹는 거야.

남자는 자기 채소가 염소 입으로 사라지는 걸 보면서 몸서리를 쳤지. 누군가 아 주 크고 강한 이가 와서 도와줘야 할 거 같았어. 그 남자는 풀밭으로 달려가 자기 농장에서 제일 크고 가장 힘센 황소를 데리고 왔단다. 황소는 정말 어마어마하게 컸어. 틀림없이 염소를 겁에 질리게 만들어 버릴 거야. 황소는 콧바람을 뿜어대면 서 앞발로 땅바닥을 쿵쿵 구르며 빌리에게 큰 소리로 말했어. "채소밭에서 나가!" 하지만 염소는 날카로운 뿔로 황소를 들이받으려고 하는 거야. 그걸 본 황소는 꽁 무니를 빼면서 겁쟁이처럼 달아나 버리는 게 아니겠니?

여자랑 남자는 더 이상 어쩔 도리 없이 멍하니 서 있었는데, 개미 알리가 발 앞 으로 가서 말했단다. "도와드릴까요?" 처음엔 목소리가 너무 작아서 어디서 나는 지도 알아채지 못했지. 밑을 보니 조그마한 개미 한 마리가 있는 게 아니겠니? 둘 은 웃음을 터뜨리고 말았단다.

"저 무서운 수탉도, 영리한 양치기 개도, 힘센 황소도 못한 일을 네가 할 수 있 다고?"

"제가 그들처럼 하지는 못하지만요, 그들이 할 수 없었던 걸 할 수 있을지도 모 르잖아요. 당신 같은 사람들은 별로 크지도 않고 힘이 세지도 않지만 당신들이 할 수 있는 건 잘하잖아요." 알리가 대답했지.

달리 어쩔 도리가 없었어. 그들이 쓸 수 있는 방법은 이미 바닥이 나서 그저 염 소 입으로 계속 채소들이 사라져 가는 걸 지켜보고만 있을 뿐이었는데 뭐. "우린 모든 걸 다 해 봤지만 아무 소용이 없었어. 네가 하고 싶은 대로 해 봐."

"가끔은요, 할 수 있는 걸 다 해 봤다고 생각되는 그때, 새로운 걸 시도해 볼 필요도 있거든요." 개미가 말했어.

그리고 나서 개미 알리는 염소를 향해 채소밭으로 걸어갔단다. 알리가 너무 작아서 빌리는 오는 것도 몰랐어. 알리는 털이 숭숭 난 염소의 뒷다리로 조심조심 눈치 채지 못하게 올라갔지. 알리는 가만가만 아주 조심스럽게 염소의 등을 따라 올라가 머리까지 올라갔어. 더 조심조심 빌리의 오른쪽 귀까지 기어가서는 보드랍고 야들야들한 살집을 찾았지. 그리고는 꽉 깨물어 버렸어. 염소는 너무 아프고 놀라 펄쩍 뛰어올랐고, 채소밭에서 후다닥 달아나 버리더니 다시는 채소밭에 들어오지 않았단다.

알리는 농장 사람들이 다른 어떤 동물들도 할 수 없는 일을 해 준 자기에게 고맙다고 감사하는 것을 보고 자신이 매우 중요한 존재라는 것을 느낄 수 있었어. 다른 개미들도 모두 알리에게 고마워했단다. 그 여자랑 남자가 개미들은 언제든지 채소밭에서 마음껏 먹고 마실 수 있게 허락해 줬거든. 그 후로 농장 사람들은 농장을 걸어다니면서 개미를 밟지 않도록 아주 조심해 주었단다.

열네 번째 이야기 **조, 네가 그렇지 뭐**

| 치료적 특성들 |

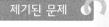

- 기가 꺾임
- 존중감이 없음
- 자기 의구심
- 겁먹기
- 회피 행동

개발된 자원

- 처음부터 배우기
- 연습이 기술을 향상시킨다는 것 배우기
- 자기가 하는 것을 즐기는 법 배우기
- 타인이 자기에 대해 말하는 것에 대해 숙고하기

나타난 성과

- 사려 깊음
- 연습의 유익함
- 배움의 즐거움
- 긍정적인 자기 평가

조가 어렸을 때 식구들에게 늘 듣던 말이 있었다. 실은 다 클 때까지 그 말을 계속 들어야 했다. 한번 들어 보면 뭔가 다른 뜻이 있다는 걸 알 수 있지만, 조는 그 말의 뜻을 알기까지 상당히 오래 걸렸다.

엄마랑 아빠가 그 말을 맨 처음 썼고, 누나가 쓰더니, 다음엔 삼촌, 이모, 사촌들까지 그 말을 썼다. 그 말을 하고 나서는 자기네들끼리 웃어댔고, 그럴수록 조는 기분이 더 나빠졌다. 조는 점점 더 그 말이 무서워졌지만 또 바로 그 말을 듣게 되곤 했다.

그 말은 바로 "조, 네가 그렇지 뭐."였다. 조가 수도꼭지를 틀면 물이 콸콸 쏟아져 나와 조한테 다 튀기고 마루가 흥건해지고 엄마가 있는 부엌까지 엉망이 돼버렸다. 그걸 보고 엄마가 내뱉은 첫마디가 "아이고, 조, 네가 그렇지 뭐." 였다. 설거지라도 할라치면 꼭 한 개는 떨어뜨려서 깨뜨리는데, 그럴 때마다 하필 엄마가 제일 아끼는 그릇이 깨진다. "조, 네가 그렇지 뭐." 엄마가 말한다. 또 유리잔을 잡으려고 하면 너무 급히 움직이건, 너무 서투르건 어쨌든 막 잡으려는 순간에 마룻바닥에 떨어뜨려 유리잔은 박살이 나고 그 안의 음료수는 쏟아져 버려 다시 그 말을 듣게 된다. "조, 네가 그렇지 뭐."

당연히 다른 말을 듣기도 한다. 여름휴가를 갈 때마다 매번 조의 가족들은 해변에서 소프트볼 게임을 하곤 했다. 조가 수비를 하는 중에 공이 방망이에 제대로 맞아서 저 높이 포물선을 그리며 가만히 있어도 잡을 수 있을 만큼 정확하게 바로 조 앞으로 공이 떨어진다. 그럼 누군가 소리친다. "잘 봐, 조는 못 잡을 거야." 확실하다. 그 말대로 조는 못 잡는다. 조가 공을 칠 때면 도저히 맞히지 않을 수 없는 공을 받게 되는데, 그럴 때마다 누군가 "조, 네가 그렇지 뭐."라고 말을 한다. 그러면 조의 방망이는 웬일인지 엉뚱하게 휙 돌아가 파울을 만들고, 누군가 신이 나서 "거 봐, 조가 그렇지 뭐."라고 소리치는 걸 들어야 한다.

조가 자신에 대한 의심을 가지기 시작한 건 하나도 이상한 일이 아닐 것이다. 사실 어떤 일을 하는 것도 별로 내키지 않았다. 조는 자기가 뭘 하려고 하면 그르치게 되어 그 겁나는 말을 다시 들을까 봐 무서웠다. 자기는 공놀이도 잘 못한다고 생각하게 되었고, 학교에서 하는 단체경기도 하지 않으려고 자꾸 이런저런 핑계거리를 찾으려고만 했다. 어쩔 수 없이 경기를 해야 할 때면 수영이나 달리기 같은 개인별 종목을 골랐다. 그거라면 그렇게 기죽을 이유는 없으니까. 적어도 팀원 전체한테 욕을 먹지는 않을 테니까.

조는 고등학교에 들어가서야 사물이 그 전과 달라질 수 있다는 걸 발견하게 되었다. 친구들 몇 명이서 라크로스[7] 팀을 만들기로 했는데 조에게도 함께하자고 했다. "싫어, 난 공으로 하는 건 잘 못해." 이런 대답이 툭 튀어나왔다. 친구들이 말했다. "우리도 잘 못해. 아무도 해 본 적 없어. 다 똑같다니까." 조가 자꾸 미적거리니까 친구들이 밀어붙였다. "너 달리기 잘하잖아. 우리 팀엔 잘 뛰는 사람이 필요해."

조는 친구들 등살에 마지못해 하게 되었다. 그런데 친구들이랑 처음부터 배우

---

7) 역주: 하키와 비슷한 구기종목.

면서 자신이 같은 시간 안에 공을 따라 달리면서 게임을 할 수 있다는 걸 알고는 스스로도 놀랐다. 처음엔 다들 서툴렀고, 자기 라켓으로 공을 잡고 쳐내느라 애를 먹고 있었다. 조는 자기도 다른 친구들보다 그리 뒤처지지는 않는다는 걸 깨달았다. 일주일에 두 번씩 모여 연습했는데, 조는 다른 친구들에겐 아무 말도 않고 거의 매일 운동장에서 혼자 연습을 했다. 드디어 첫 경기를 하게 되었고, 조가 첫 득점을 올렸다. 조 자신도 무척 놀랐다. 감독은 신이 났다. 조는 그들의 영웅이 되었고, 자신이 구기경기를 할 줄 아는 정도가 아니라 그것을 즐기고 있다는 걸 깨달았다.

조는 사람들이 "조, 네가 그렇지 뭐."라고 말할 때는 알지 못한 게 있었던 것이다. 조는 어렸고 자라고 있었다. 그래서 물이 확 쏟아져 나오지 않도록 수도꼭지 트는 법을 배워야 했다. 처음 하면서—나중에 몇 번 더 하더라도—완벽하기를 기대할 수는 없다. 설거지를 할 때 손가락 사이로 접시가 미끄러지지 않게 하는 법도 배워야 한다. 물잔을 잡을 때 어느 정도로 해야 적당하게 속도나 거리가 맞는지도 배워야 한다. 주변 사람들이 모두 조보다 컸기 때문에 벌써 다 알고 있었다는 걸 그는 모르고 있었을 뿐이다. 조는 다른 사람들이 잘하는 만큼 자기도 잘해야 한다고 생각했다.

여름휴가 때 소프트볼 게임을 할 때 아버지나 삼촌, 사촌들이 자기보다 나이도 더 많고 신체적으로도 훨씬 더 성숙해 있었다는 사실을 알지 못했다. 조는 제일 어렸으니까 눈과 손이 동시에 움직여야 하는 일에서 그만큼 잘할 수 없는 게 당연한 게 아닌가? 하지만 커가면서 조도 그들이 하는 만큼 할 수 있게 되었다. 모든 것을 다 똑같이 잘하지는 못한다 하더라도 분명히 어느 정도는 그랬다. 또 그들이 할 수 없는 것들을 조가 할 수 있는 것도 있었다.

조는 더 이상 "조, 네가 그렇지 뭐."라는 말을 듣지 않아도 되었다. 가끔은 듣기도 했지만, 그럴 때면 스스로에게 웃어 주면서, "그래, 다 커가는 거야."라고 말할 수 있게 되었다.

열다섯 번째 이야기 **자신의 특별함 발견하기**

| 치료적 특성들 |

제기된 문제

- 특별하지 않다고 느낌
- 형제간의 경쟁의식
- 부적합하다는 느낌
- 다른 사람과(바람직하지 못하게) 비교함

개발된 자원

- 다른 사람을 돕는 것이 자기를 돕는 것임을 배우기
- 친절 베풀기
- 자신의 능력 수용하기
- 다른 사람이 자기에게 하는 평가 경청하기

나타난 성과

- 자기 수용
- 나다워지기
- 자신만의 특별함 발견하기

질이 원하는 게 하나 있다면 그건 특별해지는 거였다. 질은 자기가 한 번도 특별한 적이 없다고 생각했다. 물론 자기가 아주 특별하다고 느꼈을 때가 살면서 몇 번은 있었을지도 모르지만 잘 기억나지 않았다. 질이 태어나서 부모님이 아주 기뻐하고 자랑스러워했을 때, 아주 어린 아기였을 때, 뭐 그 정도? 엄마, 아빠, 할아버지, 할머니 그리고 그 밖의 다른 사람들이 자기 침대에 기대어 얼마나 많이 얼러 주었는지는 기억이 나지 않았다. 질이 처음 기고 걷고 말할 때 그들에게 얼마나 큰 기쁨을 주었는지도 떠올리지 못하는 듯하다. 언제부터 변하기 시작했는지 알 도리가 없다. 부모님이 변했는지, 질이 변했는지, 아니면 둘 다 조금씩 변한 건지. 어쩌면 여동생이 태어나면서 모든 관심이 새로 태어난 아기에게 가버린 것이라고 생각하게 된 건지도 모른다. 모두 다 질보다 동생이 더 특별하다고 생각하는 것처럼 보였다.

학교에 가도 별다른 게 없었다. 늘 질보다 나은 누군가가 있었고, 사람들은 그 누군가를 질보다 먼저 알아봐 주었다. 질은 자신을 특별하게 만들고 싶었다.

질은 엠마처럼 학급에서 일등을 하지 못했다. 물론 학급에서 꼴찌는 아니지만, 질은 엠마보다 더 잘하고 싶었다. 엠마는 늘 모든 과목에서 일등이었다. 질은 성적표가 나오면 교문 앞에서 엠마의 엄마가 기다리고 있다가 딸의 성적표를 받아간다는 걸 알게 되었다. 엠마의 성적표를 훑어보고 나면, 그 엄마는 확 끌어안아 주면서 뭔가 특별한 선물이나 영화를 보러 가는 걸로 상을 주겠다고 약속하곤 했다. 질의 부모님은 성적표를 들고 오면 늘 같은 말을 한다. "모든 과목을 다 통과했네, 잘했어. 아마 다음 학기엔 더 잘할 수 있을 거야."

질은 운동에서도 별로 특별하다는 걸 느끼지 못한다. 수영이나 달리기는 잘하는데, 페니처럼 학교 대표선수로 뽑힐 정도는 아니다. 질은 페니보다 더 잘하고 싶었다. 페니는 전교에서 제일 빨랐고 제일 수영을 잘했다. 누구라도 운동에서는 페니만큼 잘할 수는 없을 것이다. 질은 페니가 그렇게 많은 걸 잘할 수 있다는 게 불공평하다는 생각이 들기도 했다. 페니랑 비교해 보면 자기는 '멍텅구리 발'이란 생각이 들었고, 나중엔 단체경기에 참여하는 걸 포기해 버렸다.

질은 친구를 많이 사귀는 데도 별로 재주가 없었다. 캐시는 교실에서 누구보다 친구가 많은 것처럼 보인다. 질은 캐시보다 친구가 많았으면 했다. 캐시는 익살꾼이어서 사람들을 굉장히 웃기기도 하고, 늘 큰 소리로 웃고 농담도 많이 하고 이야기도 잘했다. 모두 캐시랑 친구가 되고 싶어 했다. 반에서 집에 가서 자자는 초대를 가장 많이 받은 아이가 캐시일 것이다. 질한테도 친구가 없는 건 아니다. 가까운 친구 몇 명이 있었다. 단지 캐시만큼 매번 자기네 집에 가서 자자는 초대를 받지 못했을 뿐이다. 모든 생일 파티에 초대를 못 받은 것도 아니다. 그저 누가 가자고 그래도 그만둔다. 자기는 꼭 필요한 사람이 아닐 테니까.

어느 날 오후, 막 수업을 끝내고 엠마 곁을 지나가고 있는데 사건이 터졌다. 엠마가 가방을 열어 놓고 어쩔 줄 몰라 하며 가방 안에 들어 있는 걸 모두 벤치에 꺼내 놓고는 뭔가를 찾고 또 찾고 있었다. "무슨 일 있니?" 질이 물었다. "수학 숙제 한 걸 잃어버렸어." 엠마가 말했다. "내일까지 내야 하는데, 어떡하지?" 질이 말했다. "내 건 집에 있는데, 아직 덜 했거든. 너무 어렵더라. 우리 집에 가서 같이 할래?" 엠마는 질의 집으로 가서 함께 수학 숙제를 했다. 엠마는 질이 잘 모르는 수학 문제를 설명해 주었다. 숙제를 끝내고 엠마가 집으로 가면서 질에게 말했다. "고마워. 네가 아니었으면 숙제를 못할 뻔했어." 엠마 같은 대단한 아이를 도와주었다는 게 아주 조금은 질에게 자기를 특별하다고 느끼게 만들었다.

엠마는 집으로 가다 말고 돌아서서 말했다. "너 아니? 늘 일등을 해야 하는 게 얼마나 힘든지. 너네 부모님이나 선생님은 널 참 많이 믿어 주시는 거 같아. 난 너처럼 되고 싶어, 이런 부담감을 전부 벗어 버리고 싶어."

한참 지나 학교 운동회 날이 되었다. 질은 대회에 참가하는 건 모두 포기해 버리고 선수들이 제시간에 경기를 시작할 수 있도록 도와주는 보조 역할을 맡았다. 바쁘게 일을 하고 있는데 학교에서 제일 빠른 달리기 선수인 페니가 "이런!" 하고 소리를 쳤다. 질이 물었다. "무슨 일이니?" "내 경기용 신발을 교실에 두고 왔어. 바꿔 신어야 하는데 시간이 없어. 곧 경기가 시작될 텐데." 페니는 어쩔 줄 몰라 하며 말했다. "잠깐만, 내가 갖고 올게."라고 말하고 질은 자기가 낼 수 있는 가장 빠른 속도로 교실을 향해 뛰어갔다. 페니 신발을 찾아서는 갈 때보다 두 배나 더 빨리 대기실로 뛰어와 페니에게 갖다 주었다. 페니는 급히 신발을 움켜쥐고는 경기를 하러 뛰어나갔다. 승리의 리본을 매고 돌아와서 페니는 "고마워, 질. 네가 아니었으면 난 경기를 하지도 못했을 거야. 넌 진짜 챔피언처럼 내 신발을 가지고 달려왔어."라고 말했다.

가방에 옷을 챙겨 넣으면서 페니는 질을 돌아보며 말했다. "너, 아니? 모두가 난 늘 경기에서 일등을 할 거라고 생각해. 난 너처럼 되고 싶을 때가 참 많아."

며칠 지나고 나서 질은 여자 화장실에서 혼자 울고 있는 캐시를 우연히 보게 되었다. "무슨 일 있니?" 질이 물었다. "모두들 난 늘 재미있을 거라고만 생각해." 캐시가 울면서 말했다. "내가 늘 행복하고 명랑하기를 기대하지만, 나도 다른 사람들처럼 슬플 때도 있고 별로 웃고 싶지 않을 때도 있단 말이야. 다른 아이들은 그걸 몰라 줘. 자기들이 원하는 대로 내가 하지 못하면 아마 더 이상 친구가 되어 주지 않을 거야." 질은 가만히 앉아서 캐시가 다른 사람들의 기대에 맞춰 살아야 하는 부담과 자기 마음에 대해 말하는 걸 듣고만 있었다.

눈물이 멈추자, 캐시가 말했다. "너 아니? 질, 난 너처럼 되고 싶은 때가 많아."

질은 엠마, 페니, 캐시가 모두 자기처럼 되고 싶어 한다는 사실에 놀랐다. 캐시가 "고마워." 하면서 자기를 끌어안을 때는 더 놀라웠다. 무엇보다 질은 자기가 그 후로 모든 걸 달리 보기 시작했다는 것을 알아차리고 다시 한 번 놀랐다. 어떤 데서 최고일 필요는 없을지도 모른다. 어떤 분야에서 특별할 필요도 없을지 모른다. 지금 그대로의 모습으로 이미 충분하다는 걸 질은 이제 알 거 같았다.

열여섯 번째 이야기 **칭찬을 받아들이는 것은 중요해**

| 치료적 특성들 |

제기된 문제

- 낮은 자기 평가
- 칭찬 거부
- 잘못된 겸손에 의한 문제

- 자기 가치 평가하는 법 배우기
- 칭찬 수용하기

- 자기 가치감

어느 날 귀여운 어린 뱀 한 마리가 호숫가에서 목욕을 하고 있었다. 다 씻고 나서 따뜻한 바위 위에 몸을 쭉 펴고 몸치장을 하고 있었다. 그때 왱왱거리며 날아다니던 파리 한 마리가 아래를 내려다보다가 어린 뱀을 보고는 한마디 해 주었다. "야, 햇빛에 비늘이 아주 매력적으로 반짝이네요. 매끈하고 깔끔해 보여요. 당신은 참 아름답군요."

뱀은 부끄럽고 당황스러워서 쥐구멍이라도 찾으려고 주르륵 미끄러져 내려왔다. 바로 옆에 있는 초가집을 보고는 초가지붕 속으로 사라져 버렸다. 그 집이 마법사의 집이라는 건 전혀 모른 채 말이다. 갑자기 뱀이 나타나자 놀란 마법사는 이 악마 같은 침입자를 놀라게 하려고 북을 크게 두드리기 시작했다.

근처를 느릿느릿 지나가고 있던 거북 한 마리가 신나는 북소리를 듣고는 춤을 추기 시작했다. 평소에 매우 조용하던 거북이 춤을 추는 꼴사나운 행동을 보다가 코끼리 한 마리가 거북의 등 위에 올라서 버렸다. 거북은 불을 토해 버렸는데, 그 불이 바짝 마른 마법사의 초가집에 붙어 타올랐다. 검은 연기가 하늘로 굽이쳐 오르고 세상은 어두워졌다. 하늘에서 장대비가 쏟아졌지만 금세 그쳤고, 해가 따뜻하게 비쳐 세상을 말려 주었다. 엄마 개미는 비가 그치자 젖은 알을 말리려고 햇살 아래 펼쳐 놓았다. 개미핥기는 이때다 싶어 개미 알들을 다 먹어치워 버렸다.

개미는 재판을 받게 하려고 개미핥기를 끌고 왔다. 그 나라의 법에 따라 공정한 처리를 바라면서 정글의 심판자요 야수의 왕인 사자 앞으로 나와 자기 문제를 말했다. 사자는 재판을 소집하고 그 문제와 관련된 자를 모두 불러 모았다.

사자는 맨 먼저 개미핥기에게 물었다. "개미핥기야, 넌 왜 개미 알을 먹었느냐?"

"뭐 저야 개미핥기니까요. 당연히 개미핥기가 하는 일을 한 것뿐인데요. 개미알이 제 눈앞에 '날 잡아 잡수쇼.' 하며 쫙 늘어서 있는데 그걸 어찌 참을 수 있었겠습니까?" 개미핥기가 대답했다.

이번에는 개미에게 물었다. "개미야, 넌 왜 개미 알을 펴 놓아서 개미핥기를 유혹하였느냐?"

"저는 개미핥기를 유혹할 마음은 추호도 없었습니다. 저는 누구보다 좋은 어미입니다. 제 아기들을 돌보려고 한 건데 뭐가 문젠가요? 갑자기 쏟아진 비로 다 젖어 해가 따뜻하게 비칠 때 알을 말리려고 한 것뿐입니다." 개미가 대답했다.

해를 올려다보면서 사자는 심문을 계속했다. "해야, 넌 왜 햇살을 비추었느냐?"

"그거 말고 제가 뭘 하죠?" 해가 말했다. "그것이 제 일이에요. 모두 알다시피 비가 쏟아지고 나면 해가 떠오르잖아요."

"비야, 넌 왜 쏟아졌느냐?" 사자는 진실을 파헤치려고 계속 물었다.

"절보고 어쩌라고요? 마법사의 초가집에 불이 나서 마을 전체가 위험에 처했어요. 전 그저 도우려고 했을 뿐이란 말입니다." 비가 대답했다.

"초가집아, 넌 왜 불이 붙었느냐?"

"거북이 저한테 불을 토했는데 어쩔 도리가 있나요?" 새까맣게 타버리고 재만 남은 마법사의 오두막이 대답했다. "전 풀로 만들어졌어요. 수년 동안이나 여기 꼼짝 않고 서 있었으니 얼마나 잘 말라 있겠어요? 어쩔 도리가 없었던 거죠."

"거북아, 넌 왜 불을 토했느냐?" 야수의 왕이 물었다.

"전 그럴 수밖에 없었어요. 코끼리가 제 위에 올라섰단 말이에요. 그 무게 때문에 죽을 뻔했다고요. 뭔가 도망갈 방법을 찾아야 했단 말입니다."

사자는 코끼리를 쳐다보았다. "말해 보거라, 코끼리야. 넌 왜 거북을 밟고 올라섰느냐?"

"저보고 어쩌라고요? 거북이 너무 이상하게 춤을 추잖아요. 그것이 거북한테는 너무 어울리지도 않고 이상했단 말이에요. 저는 거북이 미치거나 그런 줄 알았어요. 해칠 생각은 없었어요. 다만 흥분을 가라앉혀 주려고 했을 뿐이에요."

사자는 거북에게 다시 물었다. "넌 왜 그렇게 이상하게 춤을 추었느냐?"

"마법사가 너무 신나게 북을 치는 바람에 북소리에 넋이 나갔어요. 어쩔 수가 없었어요. 춤을 춰야만 했다니까요." 거북이 답했다.

"마법사야, 넌 왜 북을 두드렸느냐?"

마법사가 대답했다. "뱀이 제 초가집에 들어왔는데 저보고 어쩌란 말입니까? 얼마나 놀랐는지 몰라요. 뱀은 위험해요. 뱀이란 놈들은 악마 세력의 상징이고 나쁜 징조를 보여 주는 거란 말입니다. 그 악마 같은 놈을 제 집 밖으로 내쫓아야만 했어요."

"뱀아, 넌 왜 마법사의 오두막으로 들어갔느냐?" 야수의 왕은 참을성 있게 증인들을 하나하나 훑어 나갔다.

"제가 어찌할 수 있었겠습니까? 파리가 저를 보고 칭찬하는 말을 해서 저를 당황하게 만들었습니다. 어떻게든, 어디로든 제 얼굴을 숨겨야만 했어요. 마법사의 초가집이 제일 가까운 곳이었단 말이에요."

마지막으로 정글의 심판자인 사자왕은 파리에게 물었다. "파리야, 넌 왜 뱀에게 칭찬을 했느냐?"

파리는 야수의 왕에게는 아무 말도 하지 않고 뱀을 보고 말했다.

"뭐야, 뱀. 넌 칭찬을 받아들일 줄도 모른단 말이야?"

열일곱 번째 이야기 **주는 것이 받는 것이다**

| 치료적 특성들 |

제기된 문제

- 충동성 대 사려 깊음(혹은 심사숙고)
- 비열한 행동
- 부모의 규범에 반대함
- 잘못된 행동을 감춤

| 개발된 자원 | • 행동하기 전에 생각하기
• 자기 행동에 책임지기
• 자기 행위의 결과 직시하기 |

| 나타난 성과 | • 주는 것이 받는 것임을 깨닫기
• 인과응보의 법칙 배우기
• 다른 사람을 배려하기 |

브레트와 카메론은 형제다. 형 브레트는 대담했다. 그는 일단 뛰어들고 보는 경향이 있어서 나중에 무슨 일이 벌어질지 잠시 생각하는 법도 없었다. 반면에 동생 카메론은 조심성이 많아 앞으로 일어날 모든 가능성에 대해 미리 생각하곤 했다.

어느 날 부모님은 어디 나가시고 브레트와 카메론만 집에 있게 되었다. 그들은 자신이 혼자 뭘 할 수 있을 만큼 자랐다고 생각했다. 학교에서 브레트의 친구들은 자기들이 이제 술을 마셔도 된다고 말한 적이 있었다. 엄마는 술을 전혀 하시지 않지만 브레트와 카메론의 아버지는 일을 마치고 돌아와 밤에 맥주 드시는 걸 좋아하신다. 브레트가 아버지에게 맥주 맛을 좀 보자고 하면, 어머니는 펄쩍 뛰면서 "더 크면 마셔."라고 혼내곤 했다.

브레트는 부모님이 안 계신 지금이 술 맛을 볼 수 있는 좋은 기회라는 생각이 들었다. 맥주는 안 돼. 냉장고 안에 몇 병이 있는지 아버지가 아시기 때문에 한 병이라도 없어지는 날엔 단번에 아실 테니까. 브레트는 어머니가 브랜디 한 병을 찬장에 넣어 둔 걸 알고 있었다. 그건 만날 거기 그대로 있는 것 같았다. 브레트는 자기 잔과 동생의 잔에 그걸 따랐다.

"엄마가 아시면 어쩌지?" 카메론이 물었다.

"걱정 마." 하면서 브레트는 동생한테 마시라고 했다. 취기가 살짝 돌더니, 조금 더, 조금 더……. 그러다 갑자기 확 달아오르면서 불이 붙는 것 같았다. 브레트는 그게 좋은지 어떤지도 몰랐다. 하지만 동생 앞이니까 남자다운 척을 해야 하지 않겠는가?

다시 카메론은 걱정스러워하며 물었다. "엄마가 병에서 술이 줄어든 걸 알면 어쩌지?"

브레트는 앞으로 일어날 일은 생각도 하지 않았지만 그 순간에 반짝 한 가지 생각이 떠올랐다. "병 속에 오줌을 누자. 브랜디랑 오줌 색깔이 똑같은 데다가 엄마는 어차피 마시지도 않잖아."

카메론은 어머니 모르게 브랜디를 마셨다는 사실에 죄책감을 느꼈고 병 속에 오줌을 눈 건 더 죄스러웠다. 그 후로 카메론은 찬장 속의 브랜디 병을 살펴보곤 했다. 근데 이럴 수가! 술이 자꾸 줄어드는 게 아닌가? 누군가 마시는 게 틀림없어! 어머니가 부엌에서 마시는 건가?

카메론은 브레트에게 그 사실을 알렸다. 형이 "걱정 마."라고 말했지만 카메론은 걱정이 되었다. 어머니가 브랜디를 마실 거라고 생각하니 더 이상 참을 수가 없어서 결국 용기를 내기로 했다. "엄마, 찬장 속에 브랜디를 보니까 자꾸 줄어들던데요. 혹 엄마가 마시는 건 아니죠?" 카메론은 시치미를 뚝 떼고 말을 건네 보았다.

어머니가 대답했다. "아니, 음식 만들 때 쓰는 건데?"

열여덟 번째 이야기 **완벽하지 않아도 괜찮아**

| 치료적 특성들 |

제기된 문제 🔗
- 완벽해지기를 원함
- 너무 높은 기준을 세움
- 두려움과 맞서야 함
- 실수함

개발된 자원
- 원하는 기술 연습하기
- 불안 극복하기
- 실수 만회하기

나타난 성과
- 완벽하지 않아도 된다는 것 알기
- 자기가 한 것에 만족하기
- 성취 즐기기

톰은 학교 연극 오디션을 잘 통과해 배역을 하나 따낸 일로 신이 나 있었다. 중요한 역할은 아니었지만 기쁜 일이었다. 사실 중요한 역할은 상급생 연극부 학생들의 차지였다. 톰은 이제 1학년이었다. 너다섯 줄밖에 안 되는 대사지만 연극에 참여하게 된 것만으로도 기뻤다.

톰은 몇 줄 안 되는 대사라도 완벽하게 하려고 열심히 연습했다. 읽고 또 읽고 끝도 없이 반복했다. 연극부 선생님이 가르쳐 주신 대로 강세나 억양까지 연습했다. 대사야 너다섯 줄밖에 안 되지만 무대에 서 있는 시간은 그보다 더 길었기 때문에 연습하고 보여 주어야 할 연기가 많았다.

"거울 앞에서 해 보렴." 연극부 선생님이 충고해 주셨다. "네가 어떻게 보이는지 잘 봐. 네가 할 수 있는 만큼 많이 연습해라." 톰은 선생님이 하라는 대로 했다. 톰에게 연극은 그냥 재미 삼아 하는 게 아니었다. 그는 배우를 직업으로 삼아 영화계의 스타가 되고 싶었다.

톰은 연습하고 또 연습했다. 연습을 하는 게 재미있고 신났다. 선배들과 함께하는 시간도 즐거웠다. 드디어 무대에 서는 날이 왔다.

불현듯 뭔가 다르다는 걸 느꼈다. 극장은 사람들로 꽉 찼다. 무대 복장을 입는데 관중석에서 사람들이 떠드는 소리가 들렸다. 연습하는 동안에는 그런 소리를 들은 적이 없었다. 다른 경험 많은 배우들을 둘러봤다. 그들은 연습할 때 보여 줬던 자신감이 어느새 사라진 듯했다. 모두 초조하고 불안해하며 당황하고 있었다. 분장은 제대로 되었는지, 의상은 똑바로 찾아 입었는지, 대사를 잊어 먹은 건 아닌지, 등장 신호를 기억하고 있는지…….

불안하다고 말할수록 모두 더 초조해지기만 했다. 초조함이 이 사람에서 저 사람으로 전해지면서 — 마치 이어달리기에서 배턴을 건네 주듯 — 대기실은 긴장과 초조의 웅성거림으로 꽉 차올랐다.

톰은 극 초반부에 무대로 나가서 또래 몇 명과 배경으로 말없이 서 있는 역할을 먼저 했다. 다른 아이들은 자연스럽게 자기 역할로 스며들어 몇 번이나 연습했던 대로 했다. 그때 갑자기 톰은 자기 차례라는 신호를 들었고, 조명이 그의 눈으로 쏟아졌다. 톰은 관중을 볼 수 없었지만 수백 명의 사람들이 자기를 지켜보고 있다는 걸 알고 있었다. 자기 방 거울 앞에서는 그렇게 쉽게 줄줄 나오던 말이 나오지 않았다. 겨우 말이 나왔을 때는 너무 빨리 말을 하고 있다는 걸 느낄 수 있었다. 생각을 가라앉히고 말을 천천히 하려고 했다. 하지만 그렇게 생각하는 순간 그만 한 문장을 놓치고 말았다는 걸 알았다. 어떡하지? 처음으로 돌아가 다시 해야 하나? 지금 하고 있는 데서 그 문장을 붙여서 말해야 하나, 아니면 그냥 무시하고 넘어가야 하나?

톰은 그냥 넘어가기로 했다. 다 끝내고 무대를 내려오는데 손은 땀범벅이 되어 있고 심장은 방망이질을 하고 있었다. 자기가 뭘 했는지 생각할 수도 없었다. 자신이 중요한 작품에서 첫 단독 출연을 한 것이었는데도 말이다. 톰은 한 문장을 놓친 걸로 자책만 하고 있었다.

물론 관중은 톰이 대사 한 문장을 빼먹은 걸 알 턱이 없었다. 톰의 실수에 대해 화를 내지도 않았고 비난하는 소리도, 비웃는 소리도 내지 않았다. 같이 연극을 했던 이들은 아무 일 없다는 듯 연극을 계속했고, 연극이 끝나고 나서는 톰이 실수한 것에 대해서는 한마디도 않고 자기들 연기에 대해서 말하기 바빴다. 연극부 선생님만 빼고.

"잘했어." 선생님이 말하셨다. "연극은 자전거를 배우는 것과 같단다. 처음부터 완벽하게 해낼 순 없지만 몇 번 떨어지고 나면 다시 자전거를 탈 때마다 조금씩 나아지지. 네 연기가 완벽하진 않았어도 처음치곤 정말 잘한 거야."

톰은 안심이 되었다. 선생님은 배우면 되는 거라고 말하시는 듯했다.

'완벽할 필요는 없는 거야, 이제 겨우 시작이잖아.'

톰은 거울에 비친 자기 모습을 보았다. 수도 없이 연습하고 또 연습했던 바로 그 얼굴이었다. 만족한 마음으로 자기에게 한 번 씨익 웃어 보였다. 만족할 만한 게 많으니까. 우선 연극에 뽑혔다는 거. 둘째, 스스로 준비하려고 연습하고 또 연습했다는 거. 셋째, 생애 가장 많은 관중 앞에서 연기를 했다는 거. 마지막으로 완벽하지 않아도 괜찮다는 걸 배울 수 있었다는 거.

톰은 자신을 보고 미소를 짓는 거울 속의 얼굴을 보면서 엄지를 치켜든 양손을 번쩍 들어 보였다.

• 자신 돌보기 •

열아홉 번째 이야기 **나다워진다는 것**

| 치료적 특성들 |

제기된 문제

• 자존감 결여
• 자기 폄하
• 타인과의 비교

개발된 자원

• 유익한 충고에 귀 기울이기
• 자신만의 기술 사용하기
• 다른 사람 돕기
• 친구 사귀기

- 나다워지기
- 자기가 가진 것에 가치 부여하기
- 자기 수용

자기 자신이 기린이라는 게 싫은 젬마라는 기린이 있었다. 젬마는 다른 동물들을 보면서 어떻게 하면 그렇게 될 수 있을까 하는 생각만 했다. 얼룩말이 멋지게 달리는 걸 보면 자기의 꼴사나운 걸음걸이로 걷기보다 얼룩말처럼 우아하고 유연하게 달리고 싶어졌다. 코끼리를 보면 자기도 물을 쫙 빨아들일 수 있는 코를 갖고 신나게 자기 등이랑 친구들 등에 물을 확 뿌려 보고 싶었다. 가젤[8]을 보면 그처럼 윤기 나고 우아한 몸을 갖고 싶었다.

젬마는 연못에 비친 자기 모습을 보고 자기 다리가 길고 가는 것이 원망스러웠다. 두 손으로 잡고 쭉 늘어뜨리면 지익 늘어나는 씹던 껌 같은 자기 목을 보았다. 물론 젬마는 껌 같은 건 모르지만 자기만큼 길고 못생긴 목을 가진 동물은 없다고 생각했던 것이다. 거기다가 머리 위에는 웃기게 생긴 작은 뿔이 두 개나 나 있다. 영양의 뿔처럼 크거나 강하지도 못했다. 자기를 방어해야 할 때 그것이 무슨 쓸모가 있겠는가? 피부는 어떻고. 벌건 색 비닐 장판 같은 걸로 덮여서 유원지 유령의 집에 있는 마법의 거울에 비친 것처럼 비틀려 보였다.

"애야, 넌 기린이란다." 어머니가 젬마를 위로하려고 했다. "이게 기린 모습이야. 그냥 너대로 살려무나."

어느 날 멋진 모래사장을 지나가면서 젬마는 그 위에서 뒹굴고 싶다는 생각이 들었다. 나다워지라는 어머니의 말을 생각하면서 바로 그것이 자기가 할 일이라고 생각했다. 젬마는 거기 누워서 이리 쿵 저리 쿵 몸을 뒤척이기 시작했는데, 자기의 볼품없는 다리가 허공에 버둥거렸다. 누가 보면 인형극을 하던 사람이 실수로 실을 꼬이게 했다가 그걸 다시 풀려고 해도 인형이 말을 잘 안 듣는 모양 같았

---

8) 역주: 작은 영양처럼 생긴 동물.

을 것이다. 당연히 젬마는 실로 조종하는 인형 따위 알 턱이 없지만, 나무 사이로 기어 나온 한 무리의 하이에나들이 젬마가 하는 괴상한 짓거리를 보면서 풀밭에 앉아서 웃고 있는 소리를 들었던 것이다.

겨우 일어서서 코가 땅에 질질 끌리도록 고개를 푹 숙이고 걸으면서 젬마는 자기 자신에 대해 생각했다. '나다워진다는 건 포기해야 할 거 같아.' 그때 마치 마술처럼 젬마 앞에 대모 요정이 나타났다. 기린의 대모 요정이 어떻게 생겼는지는 잘 모르겠지만, 이건 이야기니까 원하는 대로 상상해도 될 것이다.

"엄마 말이 맞단다." 대모 요정은 마치 젬마의 생각을 모두 읽고 있는 것처럼 말했다. "너다워진다는 건 중요한 거지만 어떻게 너다워지느냐도 중요한 문제야. 넌 얼룩말처럼 달릴 수도 없고, 가젤 같은 외모도 아니고, 코끼리처럼 물놀이도 할 수 없어. 그렇지만 중요한 건 네가 뭘 잘할 수 있느냐는 거지. 중요한 건 말이다, 네가 할 수 있는 거야." 이런 말을 남기고 대모 요정은 사라졌다.

젬마는 계속 걸어갔다. 땅에서 코가 약간 올라왔다. 온갖 생각에 빠져서 걷고 있는데 갑자기 암사자 한 마리가 젬마를 향해 달려오는 것이었다. 처음엔 겁이 났다. 하지만 사자가 "겁내지마! 제발 좀 도와줘. 내 아기가 나무에 올라갔는데 그 애를 내려오게 할 수가 없어." 하며 울부짖었다. 젬마는 길고 가는 자기 다리를 발끝으로 세워서 쭉 뻗은 다음 목을 있는 대로 늘여 가지 사이로 얼굴을 넣었다. 그러고는 입으로 조심조심 아기 사자 목덜미를 물어 마치 어미 고양이가 아기 고양이를 옮길 때처럼 땅으로 조심히 내려놓았다.

"고마워, 고마워, 정말 고마워." 암사자는 울면서 말했다. 암사자는 자기 품으로 새끼가 안전하게 다시 돌아온 것에 너무나 기뻐했다.

얼마 더 가지 않아 벼랑 끝에서 팔딱팔딱 뛰면서 괴로워하는 엄마 원숭이를 보았다. 원숭이는 울면서 도와달라고 했다. "젬마, 내 아기가 벼랑에서 떨어졌는데 바위 턱 나무뿌리에 매달려 있어. 난 거기까지 닿지 않아. 누군가 곧 손을 쓰지 않으면 떨어져 죽고 말 거야."

젬마는 벼랑 끝에서 무릎을 꿇고 앉아 그 너머로 긴 목을 늘어뜨렸다. "내 뿔을 잡아.” 젬마는 아기 원숭이한테 말했다. 아기 원숭이는 단번에 자기 손에 꼭 맞는 젬마의 뿔을 잡았고, 젬마는 아기 원숭이를 안전하게 바위 위로 들어올렸다.

"고마워, 고마워, 정말 고마워.” 엄마 원숭이는 새끼 원숭이가 자기 품으로 안전하게 돌아온 것에 너무나 기뻐하며 말했다.

집으로 돌아가면서 젬마는 이제 고개를 번쩍 들고 걷고 있었다. 그때 대모 요정이 젬마 앞에 다시 나타났다. "이젠 더 이상 너한테 말해 줄 것이 없구나. 네가 한 일로 네가 알게 된 것이 바로 너만이 할 수 있는 거란다. 치타가 땅에서 가장 빠른 동물이 될 수 있었던 건 거북이처럼 되고 싶어 하지 않고 빨리 달릴 수 있는 자기 기술을 더 발달시켰기 때문이란다. 네가 잘할 수 있는 걸 하고 너의 장점을 잘 키워 보렴. 그럼 넌 정말로 너다워질 수 있을 테니까." 대모 요정이 말했다.

"하지만 아직은 배워야 할 게 더 많을 거야." 대모 요정은 말을 이어갔다. "너만의 기술을 이용해서 그런 능력을 가지지 못한 이들을 도울 수 있다면 넌 특별한 친구들을 사귈 수 있을 거야. 적도 친구로 만들 수 있단다, 아까 그 사자처럼 말이야."

그렇게 말하고 대모 요정은 펑 사라졌다.

젬마는 집으로 걸어갔다. 목을 한껏 높이 뻗자 머리 위의 작은 뿔이 구름까지 닿을 것 같았다. 젬마는 자기다운 게 자랑스럽게 느껴졌다.

스무 번째 이야기 자기 인식 증진시키기

| 치료적 특성들 |

제기된 문제

- 자기 회의
- 부정적인 독백
- 절망감과 무능감
- 자기 폄하

개발된 자원

- 사고의 대안적 방법 찾기
- 다른 사람의 의견 구하기
- 현실 점검
- 자기 자신의 수용 범위를 넘어서 보기
- 배운 것 구체화하기
- 타인을 칭찬하는 법 배우기

나타난 성과

- 현실 속에서 점검한 기술
- 강화된 자기 인식
- 긍정적인 독백
- 향상된 자존감
- 타인에게 돌려주기

　심리학자인 친구가 하나 있다. 가끔 그는 자기가 만나는 아이들을 도와주기 위해 미묘한 방법을 써서 아이들이 자기가 생각하는 것과는 다르게 바라볼 수 있도록 한다. 그는 뭔가 잘못된 게 있어도 그걸 바라보는 방식은 많이 있다고 한다. 어떤 방법은 도움이 되고, 어떤 방법은 도움이 되지 못한다. 예를 들어 보자. 누군가 수학시험에서 어떤 문제를 잘못 답하고 나면 이렇게 생각할지도 모른다. '난 수학에는 희망이 없어, 이게 바로 그 증거야.' 아니면 이렇게 생각할 수도 있다. '한 문제를 잘못 썼다는 건 분명하지만 다른 건 꽤 잘했잖아.' 전자는 별로 도움이 되지 못한다. 생각하는 방식에서 수학에 자신감을 주지 못하니까. 반면에 후자는 상당히 도움이 된다.

　마찬가지로 집에서 뭘 못해 문제가 생겼을 때도 '난 늘 문제만 일으켜, 뭘 해도 잘 못한다니까.' 하고 생각할 수 있다. 그러나 '가끔 잊어 버리고 뭘 못하는 게 문제가 될 수 있기도 하겠지만 부모님은 뭐 괜찮다라고 하실 거고, 여전히 날 사랑하시잖아' 라고 생각할 수도 있다. 문제는 바로 생각을 무익한 데서 좀 더 유익한 데로 어떻게 옮겨가느냐 하는 것이라고 생각한다.

록시는 자기가 하는 일마다 최악의 경우로 생각하는 경향이 있다. 때때로 그녀는 스스로에게 이런 말을 하곤 했다. '어떻게 해도 잘못되기만 하는 걸 뭐.' '절대로 좋은 성적을 얻을 수 없을 거야.' '다른 애들은 만날 나만 괴롭혀.' '난 아무짝에도 쓸모없는 인간이야.' 누군가 전화를 해서 "누구세요?" 하면, 록시는 "그냥 나예요."라고 하는데, '나'라는 말은 전혀 중요하지 않은 것처럼 들렸다.

록시 부모님은 록시가 늘 찡그리고 있는 게 염려되어서 내 친구인 그 심리학자에게 데리고 갔다. 그 친구는 록시가 자신을 좀 더 긍정적으로 여기는 것을 배워야 하며 그동안 스스로에게 해 왔던 독백들이 록시를 행복하게 느끼도록 하는 좋은 방법이 아니었다는 걸 알 수 있었다. 그래서 그는 내가 생각하기에는 뭔가 사기성이 농후한 방법을 썼다.

내 친구는 록시에게 물었다. "집에 녹음기 있니?" 록시가 그렇다고 하자, 그는 부모님한테 실험을 위해 그걸 록시가 쓸 수 있게 해 달라고 했다. 록시가 학교에서 과학을 배우기 때문에 어떤 답이 맞는지 실험으로 찾아낼 수 있음을 알고 있을 거라고 감지했다.

"다음 주까지 네가 텔레비전 뉴스 기자인 것처럼 부모님과 오빠, 언니, 뭐 다른 친구들까지도 좋으니까 인터뷰를 해서 녹음해 오렴. 이렇게 말하면서 인터뷰를 해 보렴. '록시에 대한 다큐멘터리를 제작하는 중입니다. 당신은 록시의 어떤 면이 가장 좋은가요?'"

"못해요. 다들 내가 잘난 척한다고 생각할 거예요." 록시는 고집을 부렸다.

"그냥 숙제하는 거라고 말하면 돼. 넌 지금 뭘 조사하는 기자니까 그 사람들의 솔직한 생각을 알아야 하는 것뿐이야. 한 가지만 말하고 가게 하면 안 돼. 그들이 록시를 좋아하는 모든 점들과 왜 그렇게 생각하는지를 다 찾아내야 해."

"뭘 조사하는 기자나 과학자처럼 너는 정보를 모아야 하는 거야. 그리고 나서 네 방에 들어가 조용히 네가 녹음한 걸 다시 들어 보렴. 너한테 인터뷰를 해 준 사람들이 말한 걸 들어 보는 시간을 가져보는 거지. 그들이 너의 어떤 점을 좋아하는지, 그들이 말한 것 중에 너도 그럴 거라고 생각한 게 있었는지, 그중에 네가 제일 듣기 좋았던 말은 뭔지."

"그런 다음 그들이 말한 너의 좋은 점 중에서 가장 중요한 걸 적어 두는 거야. 가장 중요한 순서대로 열 가지 정도 목록을 만드는 것도 좋아. 그리고 그 목록을 네가 옷 입을 때 보는 거울이나 옷장에 붙여 놓는 거야. 그럼 매일 아침 일어나고 잠들기 전에 그걸 보면서 네가 가진 가장 좋은 점을 한 번 더 생각해 볼 수 있지 않겠니?"

그 친구가 여러분에게 그런 일을 해 보라고 한다면 여러분 삶 속에서 중요한 위치를 차지하는 사람들이 여러분에 대해 어떤 말을 할 거라고 생각하는가? 록시처럼 목록을 만들어 본다면 거기엔 어떤 말들이 들어갈까?

내 친구는 어떤 때는 좀 강하게 사람들에게 뭔가를 요구할 때도 있다. 그가 록시에게 말했다. "한 가지 더 조건이 있단다. 사람들이 네 실험을 도와준다면 너도 뭔가를 돌려줘야 하는 게 맞겠지? 인터뷰를 할 때마다 인터뷰를 해 준 사람에게 너도 한마디 칭찬의 말을 하려무나. 반드시 네가 생각하기에 그 사람의 진짜 좋은 점을 말해 주는 거야."

연습문제 5.1

자기를 돌보는 어떤 이야기를 아이들에게서 발견하였는가? 여러분의 자녀든, 내담자든, 이웃의 아이든 상관없다. 여러분이 관찰한 것이 치료 목표와 맞아 들어갔는가? 공책에 그 생각들을 다 옮겨 적고, 이야기의 결과와 여러분의 관찰방법이 아이가 치료 성과에 도달하는 데 도움이 될 수 있다는 사실을 기억하라.

06

행동양식 바꾸기

부모들이 자녀들을 치료하려고 데리고 오는 주된 이유는 곤란한 행동이나 야뇨증, 도둑질, 거짓말, 섭식장애, 약물 남용, 공격성, 금단 증상 등을 고치기 위한 것이다. 그런 문제행동은 부모와 형제, 또래들이나 교사들과의 관계에 영향을 미치고, 아이 자신만이 아니라 그 주변 사람들까지 불행하게 만든다. 아이와 그 가족을 도와 행동양식을 바꾸는 것이 가장 중요하고 제대로 된 심리치료적 개입의 목표다. 그 결과로 아이가 원하는 변화를 이루도록 도와줄 수 있게 개발된 여러 인지적, 행동적, 전략적 접근들이 나온 것이다(Kazdin & Weisz, 2003). 이렇게 입증된 접근들은 변화를 위해 바로 적용할 수 있도록 은유의 단계와 전략과 개입 등을 제공한다. 이야기하기로 행동양식을 교정하는 것이 성가신 과제를 주는 것보다 아이들에게 더 큰 효과를 낼 수도 있다.

다음에 나오는 이야기들은 두려움에 맞서서 극복하는 방법을 그려 내면서 이런 점을 보여 주고자 한다. 이 이야기들은 문제에 도전하고 잘 대처해 나가는 법을 배우면서 자기 방식을 생각하는 것에 대해 말하고 있다. 또 간단한 몸짓 하나가 큰 변화를 만들어 낼 수도 있고 수많은 사람들을 도울 수도 있다는 것을 보여 준다. 더불어 해묵은 행동을 바꾸고 새로운 양식을 형성하는 기법을 보여 준다.

스물한 번째 이야기 **두려움과 맞서라: 어린이를 위한 이야기**

| 치료적 특성들 |

제기된 문제

• 미지의 것에 대한 두려움
• 잘못된 신념
• 현실 점검[9]의 결여
• 다른 사람에 대한 부정적인 생각

개발된 자원

• 사고를 통제하는 법 배우기
• 긍정적인 사고방식 개발하기
• 해묵은 신념 바꾸기
• 점근법으로 조금씩 바꿔 나가기
• 새로운 경험 받아들이기

나타난 성과

• 오래된 두려움을 다룰 수 있는 새로운 기술
• 긍정적인 사고방식
• 현실 점검 방법
• 기꺼이 실험에 도전해 보기

---

9) 역주: 자아와 비자아, 외부 세계와 자기 내부를 구분하는 객관적 평가.

캐롤라인의 학교 아이들이라면 누구나 다 아는 이야기가 하나 있었단다. 아이들이 그걸 그대로 믿는지는 모르겠지만 몇 명은 확실히 믿는 것 같아.

캐롤라인이 집에서 학교로 가는 길에는 오래된 작은 오두막집이 하나 있는데 널따랗게 동떨어진 땅 뒤쪽에 가려 있어. 주변의 다른 땅은 좁은 구획으로 나뉘어 밝은 색 현대식 집들이 정돈된 작은 정원을 가지고 다닥다닥 붙어 있었어. 그래서 널따란 땅덩어리가 그 집을 더 낯설고 으스스해 보이게 했어. 마치 아무도 돌보지 않는 것 같은 옹이투성이 나무들과 풀만 무성하게 자란 정원 뒤에 일부러 자기를 숨기려고 하는 듯한 모습밖에 볼 수가 없었단다. 거기에 기다랗게 자라 얽히고설킨 가시투성이 장미 덩굴이 있고 잡초는 아이 머리까지 닿을 만큼 무성했어.

그리 자주는 아니지만 어떤 때는 키가 자그마한 한 할머니가 나뭇잎으로 덮여 버린 길 사이로 문에서 편지함까지 가는 걸 아이들이 보기도 했어. 그 할머니의 손가락은 우스꽝스럽게 뒤틀려 있었고, 울퉁불퉁하게 생겼으며, 허리는 구부러진 데다 곱사등이인 거야. 할머니는 발을 질질 끌며 느릿느릿 걸었는데, 아마 널 보려고 머리를 든다면 얼굴이 온통 주름살 투성일 걸. 숱도 얼마 안 되는 허연 머리카락이 턱까지 길어 있었단다. 푹 꺼진 두 눈을 쳐다보다가는 캐롤라인의 친구들이 하는 이야기처럼 정신이 아찔해질 지경이 되어 버린단다.

아이들은 할머니를 '97번가에 사는 마녀'라고 불렀단다. "절대로 눈을 쳐다보면 안 돼."라는 소리를 너도 들을 수 있을 거야. "널 잡아가서 마법의 주문을 걸고 집 안에 가두고는 절대로 풀어 주지 않을 걸." 잡혀간 아이들에 대한 이러저러한 등골 오싹한 이야기들이 무성했지만, 아무도 잡혀간 아이가 누군지 그 이름을 말해 주지 않았어. 그거야 당연하지. 아무도 잡혀간 적이 없었으니까.

결국 캐롤라인의 친구들은 누구도 혼자서 그 집 앞을 지나가지 않게 되었지. 97번가의 마녀가 쳐다보면 어쩌지? 아이들이 그 눈길을 피할 수 있을까?

아이들은 아침에 학교를 갈 때면 좀 떨어진 곳에 모여서 후다닥 지나가곤 했지. 그리고 수업을 마치고 나면 운동장에 다시 모여 옹기종기 함께 집으로 돌아갔단다. 같이 다니면 좀 덜 무섭고 안전할 거 같았거든.

한편 캐롤라인은 리코더를 잘 불어서 학교 기악부에 들었는데, 그렇게 되면 일주일에 한 번은 연습 때문에 오후에 학교에 남아 있어야 했어. 기악부 중에는 아무도 같은 동네에 사는 아이가 없었거든. 그래서 처음 연습하던 날은 혼자서 97번가를 지나와야 했단다. 그 늦은 오후에 말이야. 말간 빛으로 용기를 주던 낮의 환한 햇살은 사라져 버리고 구름까지 껴 있었어. 캐롤라인은 여느 때처럼 지나가려고 했지만 그 낡아빠진 작은 오두막집에 가까워질수록 다른 때보다 더 무섭게 보이는 거야.

키 큰 나무들이 무성하고 산들바람이 살랑살랑 불어왔어. 캐롤라인이 걷는 길에 그림자도 따라 움직이고 있었지. 잠시 머뭇머뭇했지만 어쩔 줄을 몰랐어. 그 무서운 마녀를 만나게 되면 어쩌지? 97번가의 마녀가 나타나 나를 쳐다보면 무슨 일이 일어날까? 캐롤라인은 학교로 돌아갈까 하는 생각도 해 보았지. 서둘러 돌아가면 선생님들이 모두 돌아가시기 전에 도착할 수 있을 텐데. 엄마한테 전화해서 데리러 오라고 할 수도 있는데. 하지만 선배들이 아직 학교에 있으면? 아마 혼자서 집에도 못 가는 겁쟁이라는 게 알려져 학교에서 웃음거리가 되고 말 거야. 그렇게 되고 싶진 않았지. 자꾸 어두워지면서 캐롤라인은 집으로 가는 다른 길을 찾으려고 했단다. '아냐.' 그녀는 생각했어. 용감해져야 한다고 말이야. 97번가 마녀의 집을 그대로 지나쳐 가는 거야.

가까워질수록 엉망진창이 된 정원에 반쯤 가려진 그 낡은 작은 집이 점점 커지면서 무서워 보였어. 캐롤라인은 뛰어갈까 했지만 경험상 걸어가는 게 나을 듯 싶었지. 그녀는 심호흡을 하고 다른 걸 생각하려고 했단다. 집, 엄마랑 아빠가 자기를 기다리고 있을 거라는 거, 맛있는 저녁, 오늘 밤에 폭 파고들 침대……. 그런 걸 생각하는 동안 그 낡고 작은 집의 무시무시한 모습은 희미해져 가는 것 같았어. 무서움이 조금 덜했어.

다시 그 집을 쳐다보면서 마녀에 대해 생각하는 순간, 작은 집은 캐롤라인의 생각 속에서 무시무시하고 커다랗게 다가왔어. 정말 그 집을 보면 볼수록 기분이 더 나빠지는 것이었어. '안 돼.' 혼잣말을 했지. '집에 가면 얼마나 좋을지만 생각하는 거야. 딴 생각하면 안 돼.' 그리고 나니까 좀 편안해지는 거야. 캐롤라인은 자기한테 씨익 한 번 웃어 줬어. 연극을 하는 듯한 마음속의 이 작은 속임수를 즐기고 있었던 거지.

하지만 97번가 그 집 대문 앞에 다다르자, 캐롤라인의 심장은 멎을 듯했단다. 포근한 집에 대한 생각은 어느새 사라져 버렸어. 그 할머니가 정원에 나와 있는 거야. 캐롤라인을 쳐다보면서 말이야! 캐롤라인은 자기를 보고 따스하게 웃는 땅딸보 할머니의 눈을 피하지 않으려고 애를 썼어. 그런데 아이들이 말하던 그 무시무시한 이야기보다 할머니는 더 작고 별로 안 무서웠어. 어쨌든 캐롤라인은 계속 걸으면서 자기 집에 대해서 생각하고 식구들이랑 함께할 따뜻한 저녁을 먹는 좋은 느낌만 생각하면서 두려움을 진정시켜 갔지.

이만하면 이야기가 끝날 만하다고 생각할지도 모르겠지만 아직 끝이 아니란다. 이제 캐롤라인은 매주 혼자서 97번가의 땅딸보 할머니 집을 지나왔는데, 그 할머니가 늘 웃어 주는 거야. 캐롤라인은 다른 애들이 말하는 것처럼 할머니가 무섭지는 않다고 생각하면서 자기도 웃음으로 답하기도 했단다. 그 할머니가 처음 인사를 건넸을 때는 기절초풍할 뻔했지만, 얼마 지나지 않아 캐롤라인도 집으로 돌아가는 길에 잠깐 할머니랑 이야기하는 걸 기다리게 되었지. 그 땅딸보 할머니는 너무나 재미있는 이야기를 많이 해 주었단다. 할머니는 자기가 월콧 부인이라는 이름을 가지고 있다고 캐롤라인에게 말해 주었어.

학기가 끝나기 전에 캐롤라인은 역사수업 숙제로 이웃을 인터뷰해야 해서 그 할머니한테 해 주실 수 있냐는 부탁을 했단다. 캐롤라인은 새로 사귄 점잖은 친구와 그 낡고 작은 집에 함께 앉아서 레모네이드에 쿠키를 곁들여 먹으면서 다른 친구들보다 더 많은 걸 조사해 갈 수 있었지. 숙제 점수는 A⁺였단다.

처음엔 97번가의 마녀와 캐롤라인이 친구가 되었다는 사실과 그 낡고 작은 집에 갔다가 돌아왔다는 사실을 친구들이 믿으려 하질 않았어. 들어갔다면 절대로 빠져 나올 수 없었을 거라고 말하곤 했지. 그 할머니를 정말로 아이를 잡아가는 마녀라고 자기들 마음대로 생각하는 거야. 캐롤라인은 친구들을 한 명씩 데리고 그 집 앞을 지나가면서 월콧 부인에게 소개시켜 줬단다. 그러고 나서 얼마 지나지 않아 친구들도 자기들의 두려움에서 벗어날 수 있게 되었지. 97번가의 마녀와 사라진 아이들에 대한 이야기는 먼 기억의 저편으로 희미해졌단다.

스물두 번째 이야기 **두려움과 맞서라: 청소년을 위한 이야기**

| 치료적 특성들 |

제기된 문제

- 미지의 것에 대한 두려움
- 잘못된 신념
- 현실 점검의 결여
- 다른 사람에 대한 부정적인 생각

개발된 자원

- 사고를 통제하는 법 배우기
- 긍정적인 사고방식 개발하기
- 해묵은 신념 바꾸기
- 점근법으로 조금씩 바꿔 나가기
- 새로운 경험 받아들이기

나타난 성과

- 오래된 두려움을 다룰 수 있는 새로운 기술
- 긍정적인 사고방식
- 현실 점검 방법
- 기꺼이 실험에 도전해 보기

찰리는 믿어야 할지 말아야 할지 모를 이야기를 하나 들었다. 배에 탄 다른 훈련생 선원들은 다 믿는 듯했다. 그건 배에 유령이 있다는 거였다. 유령 이야기는 아이들한테나 먹히는 이야기지 열 살이 훨씬 넘은 다 큰 우리한테는 아니라고 찰리는 생각했다.

찰리는 태어날 때부터 바다를 좋아했다. 드넓은 바다로 배들이 순풍에 밀려가는 걸 부러운 듯 바라보곤 했다. 찰리는 잡지를 보고 항해에 관한 책도 읽고, 열심히 수업을 해야 할 때도 교과서 뒤에다 배를 그리곤 했다. 나이가 차자마자 해양소년단[10]에도 들었고, 부모님한테서 크리스마스 선물로 가로돛이 달린 배를 받아 일주일에 한 번씩 훈련도 했다.

찰리가 들었던 이야기에 따르면, 수년 전에 한 선원이 망대 꼭대기에서 망을 보는 동안 미쳐 버렸다는 것이다. 다른 선원들이 그를 구하려고 거기 갔지만 모두 공격을 당했다. 그 선원은 오랫동안 계속된 격투 중에 망대 꼭대기에서 그만 떨어져 죽어 버렸다. 사람들 말에 따르면, 그 선원의 유령이 아직 돛대 위에 살고 있어서 혼자서 망대에 올라가는 사람을 공격한다는 것이다. 돛대 위에서 선원들이 미끄러져 떨어진 일이 몇 번 있었다는데, 거기로 올라가는 중에 갑자기 바람이 분다거나 돛대에서 등골 서늘한 이상한 소리—누군가 떨어져 죽는 소리 같은—가 들리면 그 이야기를 하곤 했다. 결국 아무도 망대에는 혼자 올라가는 일이 없게 되었고 늘 삼삼오오 짝을 지어 함께 올라가곤 했다. 이건 불문율이었다.

어느 늦은 오후, 항구를 향해 가고 있는데 구름이 하늘을 덮고 곧 해가 질 것처럼 어두워지기 시작했다. 돛대에서 바람이 윙윙댔다. 거칠어진 파도는 배를 삼킬 듯이 몰아쳤고, 선장은 모든 선원에게 갑판 위로 올라오라고 지시했다. 모두 조심해야 했고, 찰리가 망대로 보내졌다. 나머지 선원들은 항구에 들어갈 준비를 하느라 정신없이 바빴기 때문에 달리 선택의 여지도 없이 혼자서 망대를 올라가야 했다. 찰리는 돛대에 안전벨트를 걸고 오르기 시작했다. 바람에 옷이 찢겨 버렸고,

---　✳

10) 역주: 배와 항해에 관심이 있는 보이스카우트 같은 것.

망대는 올라갈수록 이리저리 흔들렸다. 그 옛날 선원 이야기가 머릿속을 꽉 채웠다. 두려움으로 심장이 멎는 듯했다. 유령 같은 건 없다고 생각하지만, 가끔 진짜 있었던 일이 이야기가 되는 경우도 있지 않은가. 어쩌면 이 배가 저주의 배일지도 모른다. 안전벨트가 제대로 붙어 있다는 사실도 그 생각을 누그러뜨리진 못했다. 옛날 그 선원처럼 떨어져 죽을지도 모른다는 두려움이 도저히 사라지지 않았다.

어떡해야 하지? 내려가 버린다면 명령을 어긴 것이 되니까 배에선 심각한 문제다. 게다가 항구에 들어서고 나면 다른 훈련생 선원들에게 웃음거리가 되고 말 거다. 다른 선택이 있을 수 없어. 아무도 같이 가 줄 수도 없고, 이 무서운 상황에선 선택의 여지가 없어. 찰리는 자신에게 말했다. 아니야, 이건 내가 해야 할 일이야. 혼자서 말이야. 그는 천천히 한 발 한 발 로프를 쥐고 조심조심 발을 디디며 올라갔다. 자기 뒤에서 유령이 올라오고 있다는 생각을 하면서. 돛대에서 미끄러지면 어쩌지? 떨어져 죽는다면? 유령이 있다면 어쩌지? 이 배의 저주가 나를 기다리는 건 아닐까?

하지만 찰리는 안전벨트가 제대로 채워져 있는지 다시 한 번 점검하고 망대를 올려다보면서 자기가 거기까지 갔을 때 얼마나 더 안전할지를 생각하기 시작했다. 항구에 닿았을 때의 고요함과 평화를 그려 보기 시작했다. 항해를 하는 동안 날씨 좋은 날 다른 사람들과 함께 망대에 올라갔을 때 느꼈던 성취감과 생동감을 기억해 냈다. 그런 생각을 하면서 적어도 얼마 동안은 유령 생각을 잊을 수 있었다.

근데 그 옛날 선원의 유령과 그 이야기가 진짜일까 하는 생각이 불쑥 떠올랐을 때, 두려움으로 심장이 다시 고동치기 시작했다. 하지만 찰리는 배운 게 있었다. 망대에 있을 때의 안전함과 생동감에 대한 생각과, 거기 갔을 때 그려 본 것 그리고 부모님과 친구들이 기다리고 있는 부두에 닿았을 때 자기가 배에서 가장 높은 데 있을 거라는 것을 떠올리면 두려움이 다시 잦아들기 시작한다는 것을 말이다.

돛대는 찰리 밑에서 심하게 흔들렸다. 찰리가 유령 생각을 했다면 그건 아마 유령이 자기를 흔들어 떨어뜨리려고 하는 거라는 생각이 들었을 것이다. 찰리는 그것이 윙윙대는 바람이 로프를 흔드는 소리인지, 자신의 두려움을 흔드는 소리인지 알 수 없었다. 아니야, 유령이 아니야 하고 생각했다. 그러고 다시 망대에 닿았을 때의 안전함을 생각하기 시작했다. 올라갈수록 망대는 더 가까워졌다. 아래를 내려다보거나 떨어질지도 모른다는 생각 따위는 버리고, 얼마나 올라왔으며 다 올라갔을 때 얼마나 좋을지만 생각하기로 했다. 돛대에서 망대 속으로 마지막 발을 들여 놓았을 때 이제 됐다는 생각과 동시에 쾌감이 밀려왔다.

이쯤에서 이야기를 끝내도 좋다고 여기겠지만 진짜 이야기는 아직 끝나지 않았다. 보라. 찰리는 아무도 보지 못한 것, 갑판 위에서는 도저히 볼 수 없는 것을 보았다. 그건 유령이 아니었다. 찰리는 안경을 들고 자기 눈을 비비고 다시 보았다. 거기에는 못쓰게 된 커다란 금속 컨테이너가 반쯤 바다에 잠긴 채 떠 있었던 것이다. 화물선에서 떨어진 게 분명했다. 찰리는 즉시 경보를 울렸다. 선장은 키잡이에게 방향을 돌리라고 지시했고, 배는(모든 선원들도) 구조되었다.

찰리는 영웅이 되었다. 배만 구한 게 아니라 혼자서는 아무도 망대에 오르지 못하게 했던 그 옛날 선원 유령의 전설까지 이겨냈던 것이다. 자기만이 아니라 다른 사람들까지 모두를 위해서. 그 후로 찰리는 정식 선원이 되었고, 신입 훈련생들에게 옛날 선원들에게 전해졌던 유령에 대한 두려움을 떨쳐 버리고 망대에 혼자 오르는 법을 가르쳐 주었다. "안전만 점검하고 한 발 한 발 조심해서 오르면 아무 문제 없어. 문제는 여러분이 생각을 어떻게 하느냐 하는 것이지. 앞을 내다보면서 여러분이 원하는 곳에 있다는 걸 상상해 보는 거야. 그러면서 거기에 도착했을 때의 느낌이 어떨지를 생각해 봐. 그럼 유령 따위가 여러분을 괴롭히지 못할 거야."

이제 그 이야기가 바다 위에서 얼마나 달라졌는지 아는가? 찰리의 항해가 끝나고 어느 항구에 도착하자 유령은 배에서 뛰어내렸고 그 이야기를 다시는 들을 수 없게 되었다고 한다.

스물세 번째 이야기 **직접 확인하라**

치료적 특성들

제기된 문제

- 두려움
- 최악의 상황을 상상함
- 정확하지 않게 평가함
- 현실 검사의 실패
- 생각한 대로 믿음
- 아무 판단 없이 타인의 말을 들음

개발된 자원

- 판단하는 법 배우기
- 현실 점검하는 법 배우기
- 두려움을 사용할 시기 배우기
- 두려움을 버려야 할 시기 배우기

나타난 성과

- 변별 기술
- 현실 점검
- 학습을 통한 개인적 성장
- 두려움 조절

털이 복슬복슬한 겁쟁이 흰 토끼 한 마리가 반짝이는 푸른 호숫가에 살고 있었단다. 이름이나 하나 지어 줘 볼까? 아님 그냥 털북숭이 꼬마 흰 토끼라고 부를까? 털북숭이 꼬마 흰 토끼는 원래부터 겁도 많고 무서워하는 것도 많았단다. 게다가 두려워하는 마음이나 겁 많은 것이 가끔은 아주 좋을 수도 있다는 건 생각도 못했지. 그렇잖아, 네가 털북숭이 꼬마 흰 토끼라고 해 보자. 갑자기 큰 소리가 들리면 겁을 먹고 후다닥 달려가 자기 굴로 안전하게 뛰어들 수도 있지. 또 시커먼 그림자가 불쑥 나타나 으스스한 낌새만 느껴져도 후다닥 달려서 자기 굴로 쏙 들어갈 거야.

어느 날 호숫가에서 가만히 물을 마시고 있는데 "첨벙!" 하는 소리와 함께 물이 확 튀는 거야. 털북숭이 꼬마 흰 토끼는 겁에 질려 쏜살같이 달렸지. 그런데 너무 겁을 먹어서 자기 굴이 어딘지도 잊어버리고 그냥 냅다 뛰기만 하는 거야. "도와주세요. 도망가요! 우리 뒤에서 첨벙 하는 큰 소리를 들었다고요." 토끼는 소리치며 다른 이들에게도 알려 줬지.

원숭이는 토끼가 나무 아래로 뛰어가면서 두려움에 소리지르는 걸 보았어. 뭔가 위험한 일이 일어났다는 생각에 겁이 난 원숭이는 나무에서 뛰어내려 토끼를 따라 같이 소리를 쳤지. "도와줘요, 도와줘! 우리 뒤에서 첨벙 하는 소리가 났어요."

사슴이 겁에 질려 지나가는 그들을 보았어. 사슴도 같이 뛰면서 소리쳤지. "도망가요. 도망가야 살 수 있어요. 첨벙 소리가 우리를 따라오고 있어요."

셋은 강가 진흙에서 뒹구는 하마 곁을 지나서 달려가고, 나무 꼭대기에서 보드라운 잎을 먹는 기린도 지나가고, 땅 속을 뒤지며 먹을 걸 찾는 코뿔소도 지나가고, 코에 물을 담고 샤워를 하는 코끼리도 지나갔단다. 결국 모두 같이 놀라서 우르르 몰려가게 되었지. 모두 한소리로 비명을 지르면서 말이야. "살려 줘요. 살려 줘! 첨벙 소리가 우릴 쫓아오고 있어요."

우르르 몰려다니며 소리를 지르는 통에 따뜻한 바위 위에서 햇볕을 쬐는 사자를 깨워 버렸어. "잠깐!" 야수의 왕이 소리를 쳤어. 모든 동물들이 그대로 딱 멈춰 버렸지. 첨벙 소리보다 사자가 더 무서웠거든. "왜 이 소란들이냐?" 사자는 정글에 질서와 평온을 되찾고 싶어서 물었어.

"그러니까, 무시무시한 첨벙 소리가 우리를 쫓아온답니다. 코뿔소가 그랬어요. 모두 도망가야 한다고요." 코끼리가 말했어.

"맞아요. 저 목이 긴 기린이 나한테 다른 동물이랑 같이 달려야 한다고 그랬어요." 코뿔소가 맞장구를 쳤지.

"난 하마한테 들었는데요. 하마가 진흙탕에서 튀어나와 달려가는 건 뭔가 심각한 거거든요." 기린이 말했어.

"난 사슴이 달려가는 걸 보고 뭔가 나쁜 일이 일어났다는 걸 알았어요. 사슴들은 원래 무슨 일이 생기면 막 달려가잖아요. 그래서 나도 따라 달렸죠." 하마가 말했어.

"난 원숭이가 하는 말을 들었어요. 첨벙 소리가 우리 뒤에 있다고 달려야 한다고 서두르라고 그러잖아요." 사슴이 어깨 너머로 원숭이를 보면서 말했지.

"맞아요. 저 털북숭이 꼬마 흰 토끼를 따라 한 거예요. 토끼가요, 뭔 일이 일어났다고 겁에 질려서 막 소리를 지르면서 달려가잖아요." 원숭이가 말했어.

"뭐라고?" 사자가 생각에 잠겨 털북숭이 꼬마 흰 토끼를 가만히 보면서 물었어. "그것이 어디 있느냐? 첨벙 소리가 어디 있느냔 말이다. 난 아무것도 못 봤는데. 네 뒤에 쫓아오는 것이 아무것도 없지 않느냐?"

"저기요, 소리를 들었거든요." 털북숭이 꼬마 흰 토끼가 아무것도 없는 텅 빈 자기 뒤를 가리키며 말했다. 토끼는 마음을 가라앉히면서 말하려고 애썼다. 하지만 아무래도 진정되는 것 같지 않았다. "그것이 날 놀라게 했다고요. 정말로 그랬어요."

"어디서 그걸 들었느냐?" 사자가 상냥하게 물었어.

"호수 뒤에서요." 토끼가 대답했지. 사자가 동물들을 데리고 왔던 길을 다시 돌아가 봤어. 동물들은 자기들이 달려온 길을 낱낱이 다시 살펴보았지만 어디에도 첨벙 소리가 났다는 표시는 없었단다. 사실 아무것도 이상할 게 없었어.

토끼가 첨벙 소리를 듣고 놀라 도망을 가기 전까지 가만히 물을 마시던 반짝이는 푸른 호수에도 가봤지만 모든 게 그대로 고요했단다. 원숭이, 사슴, 하마, 코뿔소, 코끼리 그리고 사자는 첨벙 소리 같은 건 아무 흔적도 없는 그곳에 죽 둘러서 있었단다. 그들이 막 자리를 떠나려고 하는데, 호수의 저쪽 편 벼랑에서 돌이 굴러 떨어지는 게 아니겠니? 돌이 공중으로 튀어 오르더니 호수 속으로 첨벙 소리를 내며 떨어졌어.

"저거야!" 털북숭이 꼬마 흰 토끼가 소리쳤어. 뒷다리를 잔뜩 웅크려 당장이라도 뛸 준비를 하고서 말이야.

"잠깐만." 사자가 웃음을 터뜨리며 토끼를 불렀지. 털북숭이 꼬마 흰 토끼는 첨벙 소리가 어떻게 난지를 알고 나서는 어쩔 줄을 몰랐어. 다른 동물들도 꼬마 흰 토끼가 말하는 것만 듣고 확인도 해 보지 않고 믿어 버린 것이 부끄럽게 느껴졌지.

그때 사자가 물가에 있는 바위 위에 앉아서 부끄러워할 필요가 없다고 상냥하게 말했어. "두려움은 모든 동물이나 사람에게 아주 이로운 걸 경험하게 하는 거야. 자, 저 털북숭이 꼬마 흰 토끼를 보자. 몸집도 크고 위험한 동물이 자기를 해치거나 잡아먹으려고 하면 스스로를 보호할 수 있는 방법이 그리 많지 않지. 작은 토끼는 날카로운 이도 없고 긴 발톱도 없고 몸집도 작으니까. 당연히 첨벙 소리가 위험한 걸로 들려 놀란 거고, 영리한 토끼는 도망을 가면서 다른 동물들에게도 경고를 해 준 거야. 하지만 때로 우리는 우리가 상상한 걸로 놀라기도 해. 그건 두려워할 필요가 없는 것일 수도 있고, 아예 있지도 않은 것일 수도 있지. 정말로 두려워해야 할 것과 그렇지 않은 것을 구별할 필요가 있어. 토끼처럼 첨벙 소리를 듣게 되어도 잠깐 동안만이라도 '이게 과연 조심해야 하는 건가?' 하고 생각해 볼 필요가 있어. 만일 조심해야 하는 거라면 우리를 보호해야 하고, 아니라면 두려워할 필요가 없는 거지."

털북숭이 꼬마 흰 토끼는 이제 반짝이는 푸른 호수에서 가끔 첨벙 소리를 들어도 차분히 물을 마실 수 있게 되었어. 사실 첨벙 소리가 나면 지난번 경험을 통해 배운 것이 생각나서 입가에 미소를 띠기도 했단다.

스스로 생각하는 법 배우기

| 치료적 특성들 |

제기된 문제

- 의존적임
- 스스로 생각할 수 없음
- 판에 박힌 사고와 행동
- 위축됨

개발된 자원

- 창조성 개발하기
- 자기만의 해결책 찾기
- 독립적으로 생각하기
- 문제해결 기술 구축하기
- 위축감 다루기

나타난 성과

- 독립적으로 사고하기
- 독립심
- 해결 중심적으로 사고하기

한 남자 아이가(아니, 뭐 여자 아이일 수도 있고) 살고 있었다. 여자 아이든 남자 아이든, 이 이야기에서 강조하고자 하는 내용을 담아 내기에 적합한 쪽이면 어떻게 정해도 상관없다.

엄마랑 같이 살고 있는 한 남자 아이가 있었다. 왜 그랬는지는 잘 모르겠지만 그 아이는 엄마랑 살았는데, 가난했고 아빠도 없었다. 아이는 지금까지 살아오면서 엄마가 하라는 대로만 했기 때문에 한 번도 자기 스스로 생각하는 걸 배운 적이 없었다. 많은 부모들이 말 잘 듣는 아이가 최고라고 생각하겠지만, 이 이야기를 보면 그것이 꼭 좋은 것만은 아니라는 걸 알게 될 것이다.

왜 그 아이가 스스로 생각을 못하는지는 잘 모르겠다. 추측해 보면, 엄마가 그 아이 대신 생각해 주거나, 아이가 자기 스스로 생각하기를 두려워하거나, 자기가 어떤 선택을 해서 뭘 하다가 잘못될까 봐 겁을 내는 것일 수 있다. 그것도 아니면 시키는 걸 그냥 따라 하는 게 더 편하거나 혹은 자기 힘으로 생각하기가 귀찮을 수도 있다. 이유야 여러 가지겠지만 그것이 뭐든지 그 아이가 스스로 생각하지 못하기 때문에 지금 이 이야기를 하려고 한다.

아이와 엄마는 돈이 별로 없었기 때문에 아이가 음식을 살 돈과 집세를 벌어 와야 했다. 매일 방과 후와 주말에도 아이는 자기가 사는 동네에서 일거리를 찾으러 다니곤 했다. 어느 월요일, 아이는 동네 철물점에서 시멘트 자루를 쌓아올리는 일을 하게 되었다. 힘든 일이었지만 아이는 나이에 비해 상당히 힘이 셌기 때문에 일을 다 하고 나니까 주인이 수고비로 10달러나 주었다. 그걸 가지고 집으로 돌아오는데 손에 꼭 쥐고 있던 돈을 그만 놓쳐 버렸다. 잡을 새도 없이 그 지폐는 바람에 날아가 버렸다. 집으로 돌아와 엄마한테 말했더니, 엄마는 "야, 이 바보 같은 놈아. 호주머니에 넣었어야지."라며 꾸짖었다.

"다음번엔 시키신 대로 할게요, 엄마." 아이가 대답했다.

화요일에는 동네 식료품 가게에서 일을 하게 되었다. 시멘트 자루 쌓는 일보다는 훨씬 쉬웠지만 그만큼 보수가 적었다. 그날 일이 끝나고 나서 주인은 수고비로 좋은 초콜릿 한 상자를 주었다. 엄마랑 한 약속이 생각나서 아이는 초콜릿을 호주머니에 꼭꼭 쑤셔 넣고는 집으로 걸어갔다. 엄마한테 그걸 보여 주려고 꺼냈을 때, 초콜릿은 몽땅 다 녹아 있었다. 엄마는 다시 화를 내며 말했다. "아이고, 이 바보 놈아. 그건 봉지에 담아 왔어야지."

"죄송해요, 엄마. 다음번엔 절대로 잊어버리지 않을게요."

수요일에는 애완동물 가게에서 일을 하게 되었다. 아이는 동물들을 데리고 아주 즐겁게 일을 했고, 그걸 본 주인이 일을 잘해 줘서 고맙다고 고양이 한 마리를 수고비로 주었다. 엄마가 했던 말을 기억하고 고양이를 봉지에 넣고 집으로 가져가고 있는데, 고양이가 발톱으로 봉지를 확 할퀴어 뜯고는 도망을 가버렸다. 엄마한테 있었던 일을 그대로 전했더니 엄마는 다시 꾸중을 했다. "이 바보 같은 놈아. 그건 목에다 줄을 묶어서 끌고 왔어야 할 거 아냐."

아이는 다시 잘못했다고 빌면서 말했다. "다음번엔 절대로 잊지 않을게요."

이제 목요일이다. 아이는 이번엔 정육점에서 일을 하게 되었다. 일을 마치자 정육점 주인이 쇠고기 한 덩어리를 주었다. 아이는 엄마가 오늘 받은 것을 보면 기뻐할 거라고 생각하면서 엄마가 말한 대로 하루 일한 대가로 받은 고기를 줄로 묶어 질질 끌고 집에까지 갔다. 오는 동안 동네 개들이 아이를 따라오면서 그 좋은 고기를 다 뜯어 먹어 버렸다. 집에 도착했을 때는 뼈밖에 남은 게 없었다. 엄마는 더 이상 참지 못하고 아이에게 화를 냈다. "야, 이 바보야. 그건 어깨에 메고 왔어야지."

아이는 다시 엄마한테 잘못했다고 하고는 다음번에는 꼭 엄마 말대로 하겠다고 약속을 했다.

금요일에는 동네 가게에서 일을 구할 수가 없어 교외까지 이리저리 돌아다니다가 농장에서 농부가 하는 일을 돕게 되었다. 그날 일을 마치고 나자 농부는 수고한 대가로 늙은 나귀 한 마리를 주었다. 엄마가 말한 걸 명심해서 어깨 위에 나귀를 올리려고 했지만, 그러기에 나귀는 너무 크고 무거웠다. 할 수 없이 엄마가 하신 다른 말들을 떠올려 보았다. "호주머니에 넣어라."라는 첫날 들은 말을 떠올려봤지만 나귀가 너무 커서 안 되었다. "봉지에 넣어라."라는 다음날 말을 생각해봐도 나귀를 넣을 만한 봉지가 없었다. 그것이 아니라도 고양이가 봉지를 뜯고 달아난 게 기억이 났다. 엄마를 또 실망시킬 수는 없는 노릇이다.

줄에 묶어서 집으로 끌고 가는 건 어떨까? 그래, 그거야. 개들이 살아 있는 나귀를 고깃덩어리처럼 먹지는 않을 거야. 하지만 나귀는 땅에 발굽을 콱 박고 서서는 고집불통처럼 움직이려 하지 않았다. 아이는 어찌할 바를 몰랐다. 엄마가 말해 준 대로 다 해 봤는데, 이런 상황에선 어떻게 해야 하는지 엄마가 말해 주지 않았던 것이다. 이젠 스스로 방법을 찾아야 한다.

아이가 어떻게 했을까? 문제를 어떻게 해결했을까? 여러분이 그 처지라면 어떤 방법으로 나귀를 집으로 데리고 갔을까? 아이가 이 일을 통해 뭘 배웠을까? 이번에 배운 것이 다음번에는 어떻게 도움이 될까?

이 이야기는 결론을 내리지 않은 채로 두고 아이 스스로 자기가 만족할 만한 결론에 이를 수 있는 방법을 찾게 한다. 따라서 정해진 결론은 없다. 아이가 해결책을 찾아낼 수 있도록 해 주고, 자기 창조성을 개발할 수 있도록 해 주고, 현실 점검을 가능하게 해 준다. 또한 아이들의 반응을 함께 넣을 수도 있고, 문제해결 기술을 만들게 할 수도 있고, 적절한 결론에 이르기 위해서 필요한 자원을 구축하게 할 수도 있다. 함께하는 즐거운 과정으로 말이다.

스물다섯 번째 이야기 ## 잘하는 것에서 출발하라

| 치료적 특성들 |

제기된 문제
- 괴롭힘을 당함
- 성취감 결여
- 자원 결여
- 자기 회의와 불확실성

개발된 자원
- 좋은 충고에 귀 기울이기
- 자기가 잘하는 것 발견하기
- 자기 강점과 자원 구축하기
- 자기 자원을 성공적으로 사용하기

- 향상된 기술
- 개인적 힘 강화하기
- 자기가 잘하는 것으로 성공하기

잭의 부모는 학교 상담선생님에게 잭을 보냈다. 잭은 자기가 왜 상담선생님에게 가야 하는지 잘 몰랐다. 하지만 아마 자기가 학교에서 다른 아이들에게 괴롭힘을 당하기 때문이거나, 학교 공부를 잘 못하기 때문이거나, 혹은 부모님이 부르면 능장을 부리기 때문일 거라고 생각했다.

학교 상담선생님은 몇 가지 검사를 하고 여러 가지 질문을 하시더니, "잭, 네가 잘하는 걸 찾아보고 그걸로 뭔가 해 봐야 할 거 같구나."라고 말씀하셨다.

그런데 잭은 뭘 잘하지? 필은 반에서 달리기를 제일 잘하고, 제미마는 공부를 제일 잘하고, 매트는 축구를 잘한다. 잭은? 자기는 잘하는 게 하나도 없다고 생각했다.

잭은 집으로 돌아오자마자 신발을 벗어 던져 버렸다. "세상에, 발 냄새 하나는 기가 막히는구나." 아버지가 코를 막고 짜증을 내면서 말했다.

엄마도 한마디 했다. "네가 뭐라도 잘하는 게 있다면, 너는 세상을 정복할 수 있을 거야."

잭은 자기는 발 냄새가 안 난다고 하고 싶었지만 그만둬 버리고 부루퉁해서는 자기 방으로 들어가 방구석에 털썩 주저앉았다. 고양이 뮤가 잭한테로 오다가 그의 발에 코를 대고 킁킁거리더니 폭 꼬꾸라져 기절해 버렸다.

잭이 자리에서 일어나 움직이자 고양이 뮤도 일어났다. "어, 이것 봐라." 잭이 고양이한테로 가서 다시 자기 발을 고양이 코에 대보았더니 고양이가 또 정신을 잃었다. 그날 밤 잭은 상담선생님의 말을 생각하면서 잠이 들었다.

아침이 되어 잠이 깬 잭은 실험을 하나 해 볼 생각이었다. 그리고 나서 며칠 뒤 양말을 갈아 신지 않고 나갔다. 엄마가 빨래 바구니에 신었던 양말을 왜 넣지 않왔냐고 물었는데, 말려 놓은 데서 깨끗한 양말을 꺼내서는 빨래 바구니에 던져 넣어 엄마를 더 놀라게 했다. 잭은 막 뛰어다녔고, 그날은 다른 날보다 더 더워 발이 땀으로 푹 젖었다. 샤워도 안 하고 물을 좀 뿌려 머리카락만 적셔서 엄마가 씻었다고 여기도록 해서 자기 노력이 수포로 돌아가지 않게 하려고 애썼다. 잘 때도 운동화를 그대로 신고 잤다. 실험을 할 때가 되었다고 생각할 때까지.

잭은 자기 방에서 침대에 누워 양말을 벗고는 시계를 보았다. 그런 다음 자기 코에 양말을 갖다 댔다. 다시 시계를 보았을 때는 정확히 53분 27초가 지나 있었다. 성공이다! 고양이 뮤가 그랬던 것처럼 양말이 사람을 기절시켰던 것이다. 그러나 확실한 실험이 되려면 더 강력해야 했다. 그때 최고로 멋진 생각이 떠올랐다.

잭은 몰래 냉장고로 가서 고르곤촐라 치즈를 꺼내 양말에 뿌렸다. 그러고는 계속 달리기를 하고 침대에서 양말을 신고 자며 그날이 오기만을 기다렸다. 드디어 그날이 왔다. 두 명의 학교 불량배가 잭을 화장실 구석에 몰아넣고는 놀리고 찌르고 툭툭 쳐댔다. 전혀 당황하지 않고 잭은 몸을 구부린 다음 신발을 벗어 던져 버리고 발을 그놈들 쪽으로 뻗었다. "헉." 불량배들은 동시에 비명을 지르더니 미처 달아나지도 못하고 모두 그 자리에 쓰러져 버렸다. 고양이 뮤처럼 말이다.

'멋지군.' 잭은 생각했다. 이제 더 이상 괴롭힘을 당하는 것을 염려할 필요가 없었다. 하지만 잭은 자기의 이 비밀 무기를 잘 지켜야 한다는 걸 알고 있었다.

학교에서 집으로 돌아온 어느 날, 대문은 열려 있고 길에 낯선 차 한 대가 서 있는 걸 보았다. 그럴 리가 없었다. 엄마, 아빠는 직장에 계시고 자기가 집에 맨 처음 돌아오는 건데. 가만히 살금살금 집안으로 들어가서 구석구석 살펴보았더니 강도가 부모님 방에서 서랍장을 뒤지고 있는 게 아닌가? 잭은 침착하게 자기 신발을 벗고 양말 두 쪽을 모두 벗어 들었다. 그러고는 강도 뒤로 살살 기어가서는 양말을 강도 얼굴에 들이대었다. 그 가여운 놈은 잠시도 더 서 있지 못하고 그대로 픽 쓰러져 버렸다. 잭은 경찰한테 신고를 하고 아빠한테도 전화를 했다.

그날 밤 잭은 텔레비전에 나왔고, 다음날 아침 신문에는 '도둑 잡는 잭의 양말'이라는 머리기사가 실렸다. 잭은 영웅이 된 것이다!

잭은 학교 상담선생님께 간 것이 참 잘한 일이라고 생각했다. 이제 잭은 선생님이 "네가 잘할 수 있는 걸 찾아서 그걸로 뭔가 해 봐."라고 말하신 뜻을 알게 되었다.

스물여섯 번째 이야기 새로운 재주 배우기

치료적 특성들

제기된 문제
- 문제행동
- 이겨 내기 버거운 문제
- 자기 회의

개발된 자원
- 새로운 기술 습득하기
- 능력 개발하기
- 자신감 구축하기
- 다른 시각으로 문제해결하기
- 연습이 실전을 향상시킨다는 사실 배우기
- 문제가 아닌 능력에 집중하기

나타난 성과
- 연습을 통한 성공
- 능력에 대한 확신
- 변화를 위한 실용적 전략

앤디는 자기 문제를 이야기하기 어려워하는 아이다. 앞으로 보게 되겠지만, 자기 말고도 밤에 오줌 싸는 사람이 있다는 걸 몰랐거나 아무도 그런 이야기를 해 주지 않았던 모양이다. 어쨌든 아침마다 축축하게 젖어 차가운 침대에서 일어난다는 건 정말 기분 나쁜 일이었다. 그렇다고 동생도 쓰지 않는 방수포를 쓸 수도 없는 노릇이었다. 안 그래도 여동생이 자꾸 자기를 놀리기도 하는데…… 다른 아이들처럼 친구 집에 가서 잘 수도 없었다. 실례를 하게 되는 것도 걱정이지만, 다른 아이 엄마가 소곤소곤 자기 엄마한테 그 일을 일러바치는 것도 견딜 수 없으니까. 또 다른 사람들이 그 사실을 알고 자기 여동생처럼 놀릴까 봐 겁도 났다.

부모님은 "다 큰 녀석이……"라고 말하셨다. 그렇지만 앤디 자신도 그러고 싶지 않단 말이다. 부모님이 침대 달력에다 오줌을 싸지 않는 날은 별 스티커를 붙여 주겠다고 말씀하셨지만 한 번도 받아보질 못했다. 오줌을 싸지 않는 날은 특별 용돈을 주겠다고도 하셨는데, 아무리 애를 써봐도 용돈을 받을 수 없었다. 다 자기 탓인 것 같아 기분이 좋지 않았다. 부모님을 기쁘게 해 드리고 싶었지만 뾰족한 수가 없는 듯했다.

어느 날 앤디가 뒤로 나자빠질 일이 일어나고야 말았다. 제일 친한 친구인 벤이 자기 집에서 잠을 자면서 생일 파티를 한다고 초대한 것이었다. 정말 가고 싶었지만 친구들이 다 있는 데서 침대를 적셔 버린다면 무슨 일이 일어날지 생각하지 않을 수 없었다. 그건 정말 끔찍한 일이다. 거절할 수도 없고, 그렇다고 벤을 실망시킬 수도 없는 노릇이다. 파티에 가지 않겠다고 하면 벤이 자기를 싫어해서 그런 거라고 생각할까 봐 걱정도 되었다.

다행히 벤이 그다지 실망하지 않는 듯해서, 앤디는 놀랍기도 하고 기쁘기도 했다. 벤은 이렇게 말할 따름이었다. "괜찮아, 대신 이번 토요일에 우리 집에 와서 우리끼리 오후 내내 놀면 어떨까?" 앤디는 기꺼이 그러겠다고 했다. 앤디는 벤의 집에 가는 게 좋았다. 전에도 가본 적이 있는데 언제나 재미있었다. 벤의 아버지는 서커스단을 운영했기 때문에 그 집에는 늘 재미있는 걸로 가득 차 있었다. 여러 가지 의상이 있어서 그걸 차려 입고는 사자 조련사도 되어 보고, 그네 타는 사람도 되어 보고, 서커스 단장 노릇도 해 보고, 마술사처럼 되어 보기도 했다. 토끼를 꺼내는 (방법을 알기만 하다면) 모자도 있고, 신으면 도저히 비틀거리지 않을 수 없어서 신기만 해도 웃음이 터져 나오는 광대의 커다란 신발도 있고, 3초도 못 타고 떨어져 버리고 마는 바퀴가 하나뿐인 외발 자전거도 있다. 그리고 공중으로 던져 올리면 꼭 머리 위로 떨어지고 마는 저글링 봉도 있고, 앤디는 (벤도 마찬가지지만) 절대로 낼 수 없을 만큼 크게 철썩 소리를 내는 벤 아버지의 채찍도 있다.

앤디가 갈 때마다 벤의 아버지는 일을 하러 나가고 없었는데 (벤은 항상 '여행 중'이라고 했다.), 이번에는 집에 계셨다. "안녕, 앤디." 앤디가 들어서자, 벤의 아버지는 쾌활하게 인사를 건넸다. "반갑구나. 벤에게 저글링을 가르치고 있었는데 같이 해 볼래?"

그러고는 앤디에게 콩이 가득 들은 손바닥만한 공 두 개를 던져 주셨다. 처음엔 자꾸 떨어뜨렸지만 벤의 아버지가 가르쳐 주시는 대로 하니까 점점 나아졌다. 오후가 저물어 갈 때쯤 벤의 아버지가 말하셨다. "야, 너 참 빨리 배우는구나, 앤디. 공 두 개로 하는 걸 반나절 만에 바로 배워 버렸네. 더 하고 싶으면 집으로 갖고 가서 연습해 보렴. 그리고 다음에 올 때 얼마나 잘하는지 보여 주렴."

그래서 앤디는 일주일 내내 연습에 연습을 거듭했다. 저글링을 배운다는 건 침대에 실례를 하는 것조차 잊어버릴 만큼 재미있는 일이었다. 더 이상 어떻게 하면 밤에 오줌을 싸지 않을까 하는 걱정을 하지 않았는데도 오줌싸는 경우가 점점 줄어드는 것 같았다. 또 싸면 어쩌지 하는 걱정을 하며 잠들던 전과는 달리 요즘은 벤의 아버지처럼 서커스에서 묘기를 부리는 꿈을 꾸곤 한다는 걸 알았다.

그다음 토요일에 앤디는 벤의 집에 다시 가서 벤의 아버지에게 자기가 연습한 걸 보여 드렸다. 벤 아버지의 칭찬은 대단했다. "이야, 정말 대단한데!" 벤의 아버지는 큰 소리로 말하셨는데 그 목소리가 얼마나 크고 쾌활하면서도 기분 좋게 들렸던지, 그가 서커스 무대에 서서 관중 앞에서 말하는 것 같았다. "애야, 넌 내가 저글링을 가르친 사람 중에서 제일 빨리 배운 사람이야. 일주일만 하면 넌 공 세 개로도 얼마든지 잘 할 수 있을 것 같구나."

그러면서 앤디에게 공 하나를 더 주시고는 처음에 공 두 개가 어떻게 공중에 떠 있을 수 있는지를 보여 주셨다. 오후가 다 저물 때쯤 벤의 아버지가 말하셨다. "이야, 정말 대단한데. 하지만 서커스 단원이라면 모두 알고 있다만, 최고가 되려면 연습하고 또 연습하고 계속 연습하는 길뿐이란다. 이 공들을 너에게 줄 테니 집으로 가지고 가렴."

앤디는 수백만 원의 돈을 받은 것보다 더 기뻤다. 저글링 공을 받아 집에 돌아와서는 연습하고 또 연습하고 계속 연습했다. 떨어뜨릴 때도 있었다. 어떤 때는 공끼리 공중에서 부딪칠 때도 있었다. "괜찮아." 머릿속에서 자기에게 용기를 주는 벤 아버지의 목소리가 들렸다. "네가 할 수 있는 데서 배우는 거야. 실수를 해 보고 나면 다음번에는 더 잘할 수 있는 거야. 네가 계속하기만 한다면 말이다."

앤디는 그걸 듣고서 다시 연습하고 또 연습하면서 날마다 조금씩 더 잘할 수 있게 되었다. 몇 주 지나지 않아 벤의 아버지는 초보자용 공 말고 진짜 서커스에서 쓰는 봉으로 저글링을 하라고 했다. 그러는 중에도 앤디는 불안감을 떨쳐 버릴 수가 없었다. 벤과 그의 아버지를 좋아하는데 벤의 집에 자러 가지는 않았던 게 영 마음에 걸렸다. 그렇다고 그럴싸한 변명을 한 것도 아니었다. 앤디는 좀 힘들더라도 벤에게 설명해 주어야겠다고 생각했다.

"저기, 미안한데 나 말이야, 네 생일 파티에 갈 수가 없었어." 앤디는 벤이랑 단 둘이 있을 때 말을 꺼냈다.

"괜찮아." 벤이 대답했다. "왜 못 왔는지 알아."

갑자기 앤디는 땅이 갈라져서 커다란 구멍 속으로 쏙 숨어 버리고 싶었다. 엄마가 벤의 엄마한테 말한 게 틀림없어. 그걸 또 벤 엄마는 벤한테 말했겠지. 벤은 또 누구에게 말을 했을까? 비밀이 다 들통나고 말 거야.

"걱정 마. 누구한테도 말 안 했어. 나도 그랬던 적이 있는 걸 뭐." 벤이 앤디를 안심시키며 말했다. 놀라운 일이었다. 친구들 중에 자기랑 똑같은 문제를 가지고 있는 사람이 있을 거라곤 한 번도 생각해 본 적이 없었다. "그게 말야, 저글링을 배우는 거랑 비슷한 거 같아." 벤은 계속해서 말했다. "처음엔 제대로 못했지만 연습할수록 조금씩 잘할 수 있게 되었잖아. 그리고 아빠가 그러시던데, 아빠도 어렸을 땐 그런 적이 있었대."

앤디는 자기 비밀이 들통난 것 때문에도 놀랐지만 벤도 그랬다는 것에 더 놀랐고, 벤 아버지의 말을 듣고는 놀라 자빠질 뻔했다.

벤은 말을 이어 나갔다. "아빠가 그랬어. 어떤 훌륭한 교수님이 강단에서 말하시는 걸 들었는데, 때를 맞춰 오줌을 누는 건 너무 힘든 일인데도 많은 아이들이 오줌을 싸지 않는다는 것은 놀라운 일이래. 아빠 말대로라면 네가 할 일은 네 눈과 손으로 저글링을 연습하는 것처럼 오줌 누는 것도 연습하는 거야. 잠자리 들기 두 시간 전부터는 아무것도 마시지 않는 연습도 하고, 자기 전에 화장실 가서 오줌 누는 연습도 하는 거야. 또 혹시 밤이나 새벽에 자다가 깨면 오줌 누고 싶다는 생각을 하면서 뒹굴기만 하다가 다시 잠들어 버리지 말고 바로 화장실로 가는 것도 연습해 봐."

"아빤 어렸을 때 하던 놀이도 나한테 가르쳐 주셨어. 그 놀이가 뭐냐면 낮에 오줌 누는 걸 할 수 있는 만큼 참아 보는 거래. 습관적으로 그냥 화장실을 가지 않고 참고 참다가 더 이상 참을 수 없을 때까지 가보는 거야. 아빠 말이 그 방법이 방광에서 오줌이 나오지 않도록 훈련하는 거였대. 네가 저글링을 배울 수 있었으니까, 다른 것도 그렇게 배울 수 있을 거야."

앤디는 저글링을 배우는 것만큼 오줌 누는 훈련에도 전념했다. 연습하고 또 연습하고 다시 연습을 했다. 항상 잘 되는 건 아니었다. 적어도 처음엔 말이다. 벤이 말한 대로 바로 그렇게 되는 건 아니었다. 저글링을 배우는 것처럼 봉을 떨어뜨리기도 하고 가끔 실수도 하는 것이다. 그래도 괜찮다. 실수를 통해 배움으로써 앤디는 점점 더 나아지게 되었다.

어느 토요일, 앤디는 벤의 집에 갔다. 벤의 아버지가 물었다. "한 주 잘 지냈니, 앤디?"

"그럼요." 앤디가 대답했다. "한 번도 실수를 하지 않았거든요."

"그랬구나." 벤의 아버지는 알았다는 듯이 말하셨다. "저글링은 연습을 많이 하면 할수록 더 잘하게 되는 거야."

앤디는 소리 내어 말하지는 않았지만 그것이 꼭 저글링에 대한 말만은 아니란 걸 알고 있었다.

벤의 아버지가 말했다. "이렇게만 한다면 말이야, 넌 충분히 서커스단에서도 일할 수 있겠는 걸."

스물일곱 번째 이야기 ## 온 동네를 바꾼 한 가지 행동

| 치료적 특성들 |

제기된 문제

- 고정된 행동양식
- 감정 변화의 필요성
- 감동 결여
- 무력감

개발된 자원

- 기쁨
- 행복
- 온정 전달하기

나타난 성과

- 작은 행동이 큰 감동을 줄 수 있다는 사실 인식하기
- 행복은 전염성이 강하다는 사실 인식하기
- 한 사람이 큰 변화를 만들 수 있다는 사실 깨닫기

• 행동양식 바꾸기 •

아침에 부모님이 학교까지 태워다 주는가? 아이들이 건너가는 길에 빨간 멈춤 표지판을 들고 있는 교통안전 요원이 있는가? 내가 살고 있는 동네의 모든 아이들은 그 교통안전 요원을 '막대사탕 아저씨'라고 부른다. 교통안전 요원을 그렇게 부르는 게 좀 이상하지 않은가? 그 사람이 들고 있는 기다란 막대에 달려 있는 둥근 멈춤 표시판 모양이 커다란 막대사탕 같아서 붙여진 이름인 듯하다. 내 아들의 학교 앞에도 막대사탕 아저씨가 있는데, 그 사람이 한 작은 일 하나가 동네 전체를 완전히 바꿔 버린 일이 있다. 내가 그 사람을 처음 본 건 아들을 학교에 데려다 주면서 그가 나한테 손을 흔들어 주었을 때다. 난 그가 새로 온 교통안전 요원일 거라고 생각했다.

그런데 그 사람이 나한테 수수께끼를 던져 주었다. 그는 이해할 수 없는 태도를 취했는데, 정말 절친한 친구를 보는 것처럼 나한테 늘 손을 흔들어 주는 것이었다. 손을 흔들면서 입을 크게 벌려 환하게 웃기까지 했다. 이틀이 지나고 나서 나는 혹시 아는 사람일까 싶은 마음에 몰래 그의 얼굴을 자세히 훔쳐 보았다. 근데 아니었다. 아마 그가 날 다른 사람으로 착각한 모양이다. 내 차를 그 사람 친구 거라고 착각한 모양이다. 서로 모르는 사이라는 걸 알 때까지 우리는 서로 오래된 친구마냥 아침마다 손을 흔들고 따뜻하게 웃어 주곤 했다.

그러던 어느 날 드디어 수수께끼가 풀렸다. 학교로 차를 몰고 가고 있는데 그 사람이 길 한가운데서 멈춤 표지판을 들고 오렌지색 안전요원 조끼를 입고 서 있었다. 다른 차 넉 대가 내 앞에 줄지어 있었다. 그는 아이들이 반대편 인도에 완전히 들어서고 나자 표지판을 내리고 차가 지나가라는 신호를 보냈다. 첫 번째 차에게 그 사람은 지난 며칠 동안 나한테 하던 것과 똑같이 손을 흔들면서 웃어 주었다. 차에 타고 있던 아이들은 그 온기 어린 아침 인사에 익숙해져 있었다. 아이들은 벌써 창문을 내리고 행복하게 손을 흔들며 답을 하고 있었다. 두 번째 차도 교통안전 요원한테서 똑같은 인사를 받았고, 어두운 색 정장을 차려 입고 무뚝뚝한 사업가처럼 보이는 운전수도 당황해서 짧게 손을 흔들어 주었다. 아이를 태우고 학교로 가는 차가 지나갈 때마다 그는 더 다정스럽게 인사를 하는 것이었다.

이제 나는 매일 아침 그 막대사탕 아저씨를 주의 깊게 지켜본다. 그에게 답례를 하지 않은 사람을 한 번도 본 적이 없다. 그 사업가처럼 좀 무뚝뚝해 보이는 사람이나 우리 동네에 처음 온 낯선 사람까지도. 나는 그들이 어떤 기분일지 생각해 보았다. 낯선 사람의 다정한 친절이 그들의 아침을 어떻게 바꾸어 놓은 것일까? 한 사람이 그저 따스하게 손을 흔들면서 웃어 주는 것으로 수많은 사람들의 일상이 그렇게 달라질 수 있다는 게 신기했다. 한 번도 본 적 없는 그 친구한테서 받은 유쾌함을 이제는 기다리기까지 한다. 그의 쾌활함이 내 하루의 시작을 포근하게 만들어 주었다. 나는 그가 상냥하게 흔들어 주는 손과 웃는 얼굴로 아침에 출근하는 동네 사람들 모두의 행동을 바꿔 주었다는 것을 안다.

스물여덟 번째 이야기 **영향 미치기**

| 치료적 특성들 |

제기된 문제

• 어려운 환경
• 가망 없음
• 무엇부터 시작해야 할지 모름
• 무력감

개발된 자원

• 친절함과 측은지심
• 출발점 찾기
• 할 수 있는 것 찾기

- 할 수 없는 것보다 할 수 있는 것 찾기
- 한 계단씩 올라가서 목표를 이룰 수 있다는 사실 배우기
- 출발점 찾기
- 한 번에 한 단계씩 올라가기
- 아주 작은 단계라도 중요하다는 사실 배우기

바닷가에서 두 남자 아이가 누가 던진 돌이 더 멀리까지 나가는지를 보면서 놀고 있었다. 방학 중이었는데, 성난 바다가 파도를 때려 치던 거대한 폭풍이 지나고 난 아침에 이런 잔잔한 바다를 보니까 참 좋았다. 사나운 파도와 높게 일던 물살은 바다에 살던 가여운 것들을 해변으로 다 몰아내 버렸다. 아이들은 죽어 가는 해파리, 해삼, 불가사리, 게 같은 것들이 담요처럼 해변을 덮고 있는 사이를 걷고 있었다.

바닷가 저편 끝에서 그 아이들은 한 여자 아이가 가까스로 물속으로 들어갔다 나왔다 하는 걸 보았다. 뭘 하는 건지 알고 싶은 마음에 여자 아이가 있는 쪽으로 가 보았다. 가까이 가 보니까 여자 아이는 허리를 구부리고 뭘 줍고 있었다. 그녀는 주운 걸 두 손으로 조심히 감싸 쥐고 물속으로 들어가 놓아 주고 있었다. 그러고 다시 바닷가로 나오더니 같은 행동을 반복하였다.

남자 아이 둘은 웃어 버렸다. 자기들이 보기에 그 여자 아이가 하는 일은 바보 같은 짓이었다. "야, 너 뭐 하는 거야? 그래 봐야 아무 소용없다는 거 몰라? 죽어 버린 거나 죽어 가는 것들이 수천 마리가 넘어. 완전히 해변을 다 덮어 버렸단 말이야." 하면서 두 아이는 크게 웃어댔다.

여자 아이는 처음엔 그들이 뭐라고 하건 무시하는 듯했다. 남자 아이들은 아예 보이지도 않는 것처럼, 이미 죽어 버린 것처럼 보이는 어린 문어를 주워 조심스럽게 손으로 보듬고는 바다로 걸어 들어갔다. 문어를 물속에 내려 주고는 가만가만

문어한테 묻어 있던 모래와 촉수에 얽혀 있던 해초를 살살 털어내 주었다. 천천히 손을 내려놓자, 그 작은 생명은 바다에 안겨 다시 살아나는 듯했다. 촉수를 펴더니 집으로 돌아온 듯한 기분을 느끼는 것처럼 보였다. 그걸로 더 힘을 얻어 여자 아이는 문어가 앞으로 나갈 힘을 얻을 때까지 손을 오므려 돌봐 주었다. 그녀는 가만히 서서 지켜보았다. 또 하나의 생명이 안전하게 자기 집으로 돌아가는 걸 보는 기쁨에 얼굴에 희미한 미소가 번졌다.

그러고는 또 돌아서서 바닷가로 올라가는 거였다. 마침내 그 아이는 자기를 놀리는 두 남자 아이를 알아차린 것 같았다. 여자 아이는 그들의 눈을 똑바로 쳐다보면서 말했다. "이렇게 하는 것이 그들에게는 큰 영향을 미치게 되는 거야!"

행동양식 바꾸기

| 치료적 특성들 |

제기된 문제

• 두려움
• 새로운 행동 구축의 결핍
• 신뢰 구축의 결핍

개발된 자원

• 자발적인 학습
• 참을성
• 한 걸음씩 나아가기
• 다른 입장 되어 보기
• 이성과 지식 사용하기
• 해결책 찾기
• 감정 조절하기

- 참을성이 성공으로 이끈다는 사실 알기
- 성공의 기쁨
- 또 다른 변화가 일어나도록 돕기

채드는 어렸을 때부터 자기 집 발코니 문턱에 까치들이 와서 앉곤 했던 걸 기억한다. 엄마랑 아빠가 까치들 먹으라고 남은 음식 찌꺼기를 거기 놓아 두곤 했던 모양이다.

채드는 아주 어렸을 때 까치 때문에 크게 놀란 적이 있어서 까치를 늘 무서워했다. 까치가 근처에 오기만 해도 자기를 쫄까 봐 겁을 먹고는 후다닥 달아나 버렸다. 채드가 급하게 움직이면 까치도 푸드득거렸다. 둘 다 놀라서 서로에게서 달아나려고 했던 것이다. 채드가 불현듯 까치를 겁내지 않게 되었다거나 까치가 채드를 두려워하지 않게 될 만한 일은 없었던 것 같다. 그저 서로에게 조금씩 익숙해져 간 게 아닌가 싶다. 그럴수록 엄마는 까치가 갑자기 쪼지 않게 해 주면서 채드의 손에 음식 찌꺼기 같은 걸 놓아 주고는 했다. 채드는 새가 얼마나 부드럽게 먹이를 먹는지를 보고 놀랐다. 아마 계속 겁에 질려 있었다면 알 수 없었을 것이다. 그걸 알고 나서는 조금 더 대담하게 혼자서 고기 살점을 줘 보기도 했다. 그러면 까치도 좀 더 용기를 내서 그걸 점잖게 먹고 가는 것 같았다. 그 크고 뾰족한 부리는 채드가 겁내는 것처럼 그를 해치려는 게 아니었다. 엄마 말대로 그 부리는 손가락이랑 입이 한데 합쳐진 것 같았다. 깨지기 쉬운 걸 들어올리는 우리의 손가락처럼, 까치들은 손가락 사이에 놓아 둔 먹이를 가만히 물어가는 데 부리를 사용했다. 까치가 사람들이 자기를 해치지 않을 거라고 누가 이야기해 주어서 믿게 된 건지는 잘 모르겠다. 살면서 겪는 많은 일들이 그렇듯, 그것도 스스로 발견한 일일 것이다.

까치에게 먹이를 주려고 가면서 채드는 까치들에 대해서, 그리고 자신에 대해서도 알게 된 것이 있다. 처음엔 까치는 그냥 까치라고만 생각하고 까치들 사이에도 뭔가 차이가 있다는 건 알 생각도 못했다. 두려움 때문에 제대로 볼 수 없었는지도 모르겠다. 그러나 알고 보니 분명 차이가 있었다. 수컷을 보면 검은색과 흰색이 뚜렷이 보인다는 걸 알았다. 수컷들은 암컷보다 몸집도 크고, 등은 검고 흰 모양으로 얼룩이 져 있었다. 회색을 띠는 어린 것들은 먹이를 목구멍으로 넣어 주기 전까지 쉴 새 없이 시끄럽게 깍깍거리는데, 먹이를 충분히 먹어야지만 그 시끄러운 깍깍 소리를 멈추는 듯했다. 채드는 까치 엄마가 되고 싶진 않다고 혼자 생각했다.

제일 먼저 먹이를 먹으러 오는 건 늘 가장 몸집이 크고 늙은 놈이었다. 채드는 그놈 다리가 구부러져 있는 데다 혹덩어리까지 달고 있어서 알아볼 수 있었다. 엄마는 아마 다리가 부러졌던 적이 있었을 거라고 했다. 그래서 채드는 그놈을 '가짜 다리'라고 불렀다.

어느 날 채드가 엄마한테 말했다. "내가 가짜 다리 그놈을 내 손에 올려놓고 먹이를 줄 거야."

"아마 못할 걸." 엄마가 웃었다. "그때까지 못 기다릴 걸."

채드는 결심을 단단히 한 데다 엄마가 자기가 못 기다릴 거라고 해서 더 마음을 다잡았다. 매일 가짜 다리한테 먹이를 주고 나서 오른손에 고기를 두고 왼손을 고기와 새 사이에 두고는 손바닥을 펴놓았다. 처음엔 가짜 다리가 왼손을 넘어가거나 발코니 문턱의 다른 편으로 날아가면서 채드의 손을 피해 다녔다. 생각만큼 쉬운 일이 아니었다. 하지만 포기하지 않았다.

이번엔 먹이를 손에 놓고는 멀리 딴 데를 보기 시작했다. 까치를 보고 있다는 걸 모르게 하려고. 어린 까치들은 먹이를 먹으러 오는 동안 자기들을 보는 걸 좋아하지 않는 것 같았다. 그걸 시험해 본 것이다. 두 눈으로 까치들을 가만히 보고 있으면 멀리 가고, 눈을 딴 데로 돌리면 손으로 와서 먹이를 채가는 것이었다. 참을성 있게 기다리는 시간 동안 알게 된 것들이 재미있었다. 채드는 그동안 엄마가 생각하던 것보다 훨씬 더 많이 참을 수 있게 되었다.

학교에서 자전거를 타고 오면서 채드는 오늘 밤엔 가짜 다리를 어떻게든 꼬드겨서 손 위에서 먹이를 먹게 해야 할 텐데 하고 생각했다. 문득 자기가 까치 입장이라면 얼굴은 위험 지대일 거란 생각이 들었다. 새들끼리 공격을 한다면 얼굴부터 할 것이다. 가짜 다리는 채드의 얼굴에서 멀어질수록 안전하다고 느낄 거야. 발 같은 데로 말이야.

채드는 의자에 앉아 베란다 문턱에 발을 두고는 자기 다리를 될 수 있는 대로 멀리 뻗었다. 팔을 있는 대로 멀리 뻗어서 고기를 쥐고는 먼 데로 고개를 돌렸다. 보고 싶었지만 스스로 안 그러리라 이를 꽉 깨물었다. 몇 번이나 포기해 버리고 싶었지만 참아야 했다. 며칠이나 계속 그렇게 했다. 드디어 가짜 다리가 발목으로 뛰어올랐다. 부리를 한껏 뻗어서는 채드의 손가락에서 고기를 한 점 채갔다. 채드 는 팔다리를 그대로 둔 채 한동안 얼어붙은 듯 꼼짝 않고 있었다. 숨소리만 낸 채. 하루하루 채드는 자기 손을 몸으로 조금씩 당겨 왔고, 그럴 때마다 가짜 다리도 조금씩 가까워졌다.

가짜 다리는 머리가 나쁜 놈이 아니고 단지 겁이 났을 뿐이라는 생각이 들었다. 믿을 수 있게 해 주면 되는 거야. 천천히 해야 해. 믿을 수 있도록 말이야.

채드는 오른손 안에서 가짜 다리가 먹이를 먹는 동안 왼손을 허벅지 위에 얹어 놓았다. 가짜 다리는 왼손이 거기 있다는 게 익숙해져서는 며칠 지나지 않아 채드 의 손등에 올라서게 되었다. 다음 단계가 어려웠다. 그래도 채드는 천천히 참을성 있게 해 나갔다. 자기 손 위에 가짜 다리를 얹고는 들어올려 보았다. 아주 조심스 럽게 높이. 하지만 그러자마자 가짜 다리는 뛰어내려 버렸다. 채드는 그 정도에서 가짜 다리가 날아가 버렸지만, 자기 손 위에서 몇 인치는 위로 올려봤으니까 그걸 로 됐다고 생각했다.

여러 주가 지났지만 채드는 잘 견뎠다. 뒷마당으로 나간 어느 날, 채드는 왼손 을 공중으로 들어올리고는 오른손에 고기 몇 점을 쥐었다. 그런데 가짜 다리가 나 무에서 날아내려 오더니 채드가 뻗친 손 위에 앉는 게 아닌가? 채드가 어떤 기분 이었을지 상상이나 할 수 있을까? 달까지 뛰어오르고 싶은데 동상처럼 꼼짝 않고 서 있어야 한다는 건 진짜 어려운 일이었다. 채드는 소리쳐 엄마를 부르지 않고 엄마한테로 가서 보여 주었다. 채드는 가짜 다리가 서로 완전히 믿을 수 있을 때 까진 놀라게 하고 싶지 않았다. 신이 나 미칠 지경인데 동시에 그대로 있어야 한다는 것과 그 순간을 즐길 수 있다는 것을 알았다.

물론 채드의 엄마와 아빠 모두 그걸 보았다. 처음엔 자기 눈으로 보면서도 믿지 못하겠다는 표정이었다. 가끔 누가 더 많은 걸 배웠을지를 생각해 본다. 채드의 부모님일까, 가짜 다리일까, 아니면 채드일까?

서른 번째 이야기 더 이상 두렵지 않아

치료적 특성들

제기된 문제

- 모르는 것에 대한 두려움
- 최악의 경우를 예상함
- 새로운 경험하기를 망설임

개발된 자원

- 두려움이 가진 보호적 가치에 대해 학습하기
- 새롭고 긍정적인 경험 발견하기
- 생각하는 것만큼 나쁘지 않을 수도 있다는 사실 학습하기
- 두려움을 자극으로 전환하기

나타난 성과

- 기꺼이 새로운 것 시도해 보기
- 겁이 좀 나도 된다는 사실 받아들이기
- 두려움은 이길 수 있다는 사실 깨닫기

"더 이상 두렵지 않아." 차를 타고 텐트로 돌아가면서 톰이 말했다. 바다 저 끝에 있는 작은 야영지 오른편에 텐트가 쳐져 있었다. 우리는 산호초도 보고 커다란 상어랑 같이 수영도 하려고 왔다.

2주 전에 나의 손자 톰은 내 손을 꼭 잡고 놔주지를 않았다. 우리는 스노클을 끼고 바다 밑으로 내려가 암초를 또 하나 넘어 잠수를 했는데, 톰은 이번이 겨우 두 번째 아니면 세 번째 해 보는 거였다. 새로운 것은 두려운 것이 되기도 한다. 게다가 톰은 무슨 일이 일어날지 전혀 몰랐다. 두려움이라는 감정은 해를 입는 것으로부터 자기를 보호하는 자연스러운 방법이 되기도 한다. 톰은 단지 조심성이 많을 뿐 작은 일에 발발 떠는 뱅충이는 분명 아니다. 우리가 스노클 잠수를 다 마치기 전에 톰은 근처에 상어가 있을지도 모른다는 생각이 든다며 무섭다고 했다. 겁을 내는 것이 먹히는 것보다 낫다는 사실을 자연은 말해 주고 있다.

톰이 더 이상 무섭지 않다고 나한테 말하기 바로 전날, 우리는 다시 스노클을 끼고 바다 속으로 들어가 산호초를 넘어가고 있었다. 그런데 우리 밑으로 팔뚝만한 거북이가 지나가고 있었다. 톰은 머리를 들더니 스노클을 빼곤 물었다. "저거 만져 봐도 돼요?" 내 허락을 바라면서 물었지만 난 고개를 저었다. 여긴 국립공원이다. "그냥 눈으로만 보거라."

그러나 그날의 내 이야기는 완전히 다른 게 되어 버렸다. 톰과 난 커다란 상어랑 같이 헤엄을 치고 있었다. 고래상어란 놈이었는데, 다 자라고 나면 길이가 18미터나 된다. 뭐 우리랑 같이 헤엄을 치고 있는 이 어린 놈은 겨우 5.5미터밖에 되지 않지만. 사람으로 치자면 겨우 초등학생 정도다. 우리 배의 선장은 고래상어가 8미터가 되어야 짝을 찾기 시작한다고 했다.

포유류이기 때문에 수면 위로 올라가 숨을 쉬어야 하는 고래들과는 달리, 고래상어는 물속에서 헤엄을 계속 칠 수 있다. 상어처럼 생겼고 커다란 꼬리지느러미를 가지고 있는데, 위아래로 움직이는 고래와는 달리 양옆으로 흔들어댔다. 보통 열 살짜리 정도 아이는 한입에 삼켜 버릴 만큼 커다란 입을 가지고 있었지만, 다행히도 보통 상어들과는 달리 쪼그만 플랑크톤이나 크릴새우만을 먹는다. 입을

쩍 벌리고 거대한 진공청소기처럼 헤엄을 치면서 지나가는데, 지나가는 대로 아주 작은 먹이들을 훅 빨아들인다.

'점잖은 거물'이라 불리는 상어 곁을 따라 수영을 할 때는 톰이 내 손도 안 잡았다! 톰은 물속에서 입과 머리에 스노클을 낀 사람이 되었다는 사실만으로도 신이 나 있었다. 그는 세상에서 제일 큰 상어와 지금 같이 헤엄을 치고 있는 것이다. 두려움이란 놈은 신나고 들뜬 기분에게 밀려나고 있었다. 톰이 "이젠 안 무서워."라고 말했을 땐 궁금했다.

"어떤 차이가 생겼는데?"라고 내가 물었다. "2주 전에는 무서워서 이 할아버지 손을 꼭 잡고 있었잖니, 그런데 지금은 어떠냐? 어떻게 그렇게 자신 있어 하면서 신나게 너 혼자서 스노클을 할 수 있게 된 거니?"

"잘 모르겠는데요." 톰이 가만히 생각하더니 말했다. "그냥 내가 그렇게 한 거 같아요. 할아버지가 전에 두려움은 모두 머릿속에만 있는 거라고 하셨잖아요. 처음 고래상어를 봤을 때는 조금 무서웠지만 그놈은 우리한테 별 신경도 쓰지 않더라고요. 이젠 재미있어요."

연습문제 6.1

변화에 대한 여러분 자신의 이야기와 행동양식을 바꾸는 것에 대한 전문적인 지식으로부터 아이디어를 끌어내서 기록하라. 그렇게 하면 다음과 같은 것에 도움이 될 것이다.

- 여러분의 첫 과제로 바라는 변화에 대한 치료적 성과를 생각해 보고 적어 둔다.
- 그 과제를 끝내고 나면 아이가 그런 변화를 얻어낼 수 있는 데 필요한 자원이나 능력의 유형을 평가해 본다.
- 아이가 그런 능력을 가지고 있다면 어떻게 해야 아이가 바라는 변화에 이를 수 있는가를 자문해 본다.
- 그렇지 않다면 적절한 자원이나 재능을 개발해 내서 사용하는 데 은유가 어떻게 도움이 될 수 있는지를 자문해 본다.

07

관계 관리하기

사회적이고 상호 관계적인 존재인 인간에게서 온정과 관심, 공감적 관계를 창출해 내고 유지해 나갈 수 있는 능력은 다가올 미래에 정신적, 사회적 성숙과 행복을 위한 필수불가결한 자원이다(Burns & Street, 2003; Thompson & Gullone, 2003). 몇몇 저자들은 현대 서구문화에서 높은 가치를 부여하는 개인주의가 친사회적 행위의 발달에는 별로 도움이 되지 못한다고 주장한다(Burns & Street, 2003; George, 1999; Gullone, 2000). 아이들은 다른 사람에 대한 공감과 관심, 연민 등을 발달시키면 폭력이나 공격성, 다른 행동장애를 덜 일으킬 수 있다고 한다. 긍정적인 관계 기술을 배우는 것은 정서적으로나 신체적으로 모두 건강한 것이어서, 면역체계의 기능을 향상시키고 암 발생률과 콜레스테롤, 조기 사망률 등도 낮춰 준다(Seligman, 2002; Valliant, 2002).

여기에 실은 이야기는 다음과 같은 질문에 답을 줄 것이다. 부모가 자녀 양육권을 서로 가지겠다고 다투는 사이에서 이러지도 저러지도 못하는 스스로를 발견한다면 어떻게 할 것인가? 어떻게 해야 우정을 제대로 가꾸고 지켜 나갈 수 있는가?

어떻게 해야 다른 사람들과 힘을 모아 일하는 걸 배울 수 있는가? 곤경에 처했을 때 어떻게 그 고난을 극복하고 해결할 것인가? 어떻게 해야 부드럽게 표현하는 법을 알 수 있고, 어떻게 해야 다른 사람의 입장을 알 수 있을까?

서른한 번째 이야기 중간에 끼었을 때: 어린이를 위한 이야기

| 치료적 특성들 |

제기된 문제
- 부모의 이혼
- 양육권 분쟁
- 중간에 끼었다는 느낌

개발된 자원
- 해결책 찾기
- 절충안 찾기
- 변할 수 없는 것 수용하기
- 긍정적인 점 찾기
- 자신을 사랑스러운 존재로 바라보기

나타난 성과
- 수용
- 자존감
- '난 괜찮다.'라는 느낌

폴리아나 프리실라 폰센베리 3세라는 이름을 가진 아주 아름다운 인형이 있었단다. 폴리아나 프리실라 폰센베리 3세는 아름다운 인형 모으기를 좋아하는 어떤 친절한 사람이 특별히 만든 인형인데, 지금의 주인은 그렇지 않은 것 같았어. 그래서 가여운 폴리아나 프리실라 폰셀베리 3세는 자기가 별로 대단하지 않다고 생각했지. 그냥 평범한 낡은 인형 폴리라고 생각하고 있었단다.

어느 날 인형 폴리는 경매로 팔리게 되었어. 경매가 뭔지 아니? 텔레비전에서 경매 장면을 봤다면 알겠지만, 같은 물건을 원하는 사람들이 조금씩 액수를 높여 가며 값을 부르다가 제일 높은 값을 부른 사람이 물건을 사게 되는 거야.

폴리는 어떻게 자기가 이런 지경까지 오게 되었는지 아무리 생각해 봐도 그 이유를 알 수 없었고 도저히 이해할 수 없었어. 어찌 되었든 경매는 그리 기분 좋은 일이 아니었지만 폴리가 막을 수 있는 일은 아니었지. 또 막을 수 없다는 사실도 기분이 별로 좋지 않았단다.

경매장 한쪽에 폴리를 사려고 값을 부르는 한 남자가 있었어. 차림도 괜찮고 폴리를 정말로 아껴 줄 것처럼 친절해 보이는 사람이었지. 폴리는 그 사람 집으로 가고 싶었어. 다른 쪽에 폴리를 데리고 가려고 마음먹은 듯한 역시 사람 좋아 보이는 여자도 있었어. "나랑 같이 가서 살자. 내가 잘 돌봐 줄게. 내가 널 지켜 줄 거야. 널 우리 집에 데리고 가고 싶어."라고 말하듯 둘은 서로 값을 부르고 있었지. 인형도 슬픈 표정을 지을 수 있다면 그때 이 가여운 작은 폴리는 분명히 슬퍼 보였을 거야. 슬펐으니까. 이렇게 중간에 끼어 어쩔 줄 모르는 상태에 있는 것은 정말 싫은 일이야. 어느 집에 가서 살아야 할지도 모르겠고, 자기가 선택할 수 있을 것 같지도 않았지. 설령 할 수 있다 해도 그런 선택은 하고 싶지 않았으니까.

한쪽에서는 남자가, 다른 한쪽에서는 여자가 값을 부르는 중에 인형 폴리는 다른 생각을 하고 있었어. 저 두 사람이 같은 집에서 함께 살면 좋지 않을까? 그럴 수 없다면 한 번은 이 사람한테 갔다가 한 번은 저 사람한테 갔다가 할 수도 있는데. 그럼 두 사람 다 행복할 수 있는 거잖아.

남자가 더 큰 소리로 값을 불렀어. 여자도 자기 값을 똑 부러지게 부르는 거야. 인형 폴리는 자기가 서 있는 선반에서 떨어져 버리는 게 나을 거라는 생각을 했어. 깨져 버리거나 부서져 버리면 자기를 두고 하는 싸움이 끝날 거라는 생각이 들었던 거지. 하지만 곧 이런 생각이 뒤따랐어. 그런 일이 일어난다면 어느 누구도 행복하지 않을 거야. 나 자신도 말이야.

남자가 큰 소리로 말하는 만큼 여자는 더 악을 쓰고 있었어. 폴리는 이상한 생각이 들었지. 정말 저 사람들이 나를 너무 사랑해서 나를 혼자 차지하기만 하면 자기들이 행복해질 수 있다고 생각하는 걸까? 그들이 자기를 사랑하고 원하고 있다고 생각하니까 기분은 좀 나아졌어. 누가 이기든, 자기가 누구와 함께 살게 되든 변하지 않는 게 있었지. 남자와 여자 둘 다 폴리를 원하기 때문에 이렇게 값을 부르고 있는 거니까, 폴리는 대단하고 하나뿐인 존재며 사랑받고 소중한 존재인 거야.

경매장에서 그날과 그 전의 며칠 동안 그리고 그다음 며칠 동안 어떻게 되었건 간에 인형 폴리는 알고 있었단다. 언제나 변하지 않는 사실을 말이야. 자기는 특별하다는 사실을. 가끔은 그 사실을 잊기도 하지만, 그럴 때마다 이렇게 생각해 보는 게 도움이 되었어. 그 사람들이 뭐라 하든 날 사랑하는 거야. 그래, 폴리는 사랑받고 있었고 소중하지. 그리고 뭐라 해도 그렇게 생각하는 게 도움이 되잖아. 폴리는 자기가 폴리나 프리실라 폰센베리 3세라는 사실에 자부심을 느끼면서 자기가 인형 폴리라는 사실에서도 편안함을 느꼈단다. 하지만 무엇보다 중요한 건 나는 나라는 것만으로도 충분하다는 생각이었어.

서른두 번째 이야기 중간에 끼었을 때: 청소년을 위한 이야기

| 치료적 특성들 |

제기된 문제 🎧
• 부모의 이혼
• 양육권 분쟁
• 중간에 끼었다는 느낌

개발된 자원

- 해결책 찾기
- 절충안 찾기
- 변할 수 없는 것 수용하기
- 긍정적인 점 찾기
- 자신을 사랑스러운 존재로 바라보기

나타난 성과

- 수용
- 자존감
- '난 괜찮다.' 라는 느낌

너랑 아주 비슷한 상황에 처했던 카렌이란 아이가 생각나서 그 이야기를 하려고 해. 너를 보면 카렌에 대한 기억이 아주 많이 나. 카렌은 만날 때마다 기분이 좋아지는 아이였어. 그 애는 자기에 대해 회의감을 가지기도 했지만 또래 아이들이 친구로 삼고 싶은 그런 아이였어. 카렌에겐 뭔가 멋지고 훌륭한 면이 있었단다. 성실함과 배려할 줄 아는 마음을 다 갖추고 있었지. 다른 사람들이 친구로 아주 귀하게 여기는 성격들 말이야.

그런데 안타깝게도 카렌은 너처럼 별로 원하지 않는 자리에 놓이게 되었단다. 자기가 왜 그런 상황에 처했는지 도대체 이해할 수가 없었어. 누구나 그렇듯이 카렌도 자기가 뭘 어쨌기에 그런 일이 일어났는지를 생각해 봤지. 부모님이 누가 카렌을 키울 것이냐는 문제로 싸우고 계셨던 거야. 카렌은 그런 자리가 정말 싫었어. 줄다리기에서 줄이 되어 버린 듯한 느낌이었지만 막을 힘이 없었단다. 부모님은 법정까지 가게 되었는데 그것이 전부 카렌 때문이었지.

아빠는 참 좋은 사람이었고 자기가 얼마나 카렌을 많이 사랑하고 있는지, 또 카렌과 같이 살고 싶어 하는지를 늘 말씀하시곤 했지. 엄마도 똑같이 그랬어. 두 분다 카렌에게 부담을 주었단다. "나랑 같이 가서 살자. 내가 널 돌봐 줄 거야." "내가 널 지켜 줄게." "나랑 같이 살자." 두 분 다 똑같은 말만 반복했지.

카렌은 별별 생각이 다 들었어. 슬프기도 했고, 상처 받은 느낌도 들었고, 실망도 했고, 도저히 이해가 되지도 않았단다. 법적으로는 자기가 원하는 대로 결정할 수 있을 만한 나이가 되었지만 그러고 싶지 않았지. 중간에 끼어서 누구랑 살아야 할지 모르는 이런 느낌은 정말 싫었어. 카렌이 어떤 선택을 하든, 둘 중 한 사람은 괜찮겠지만 다른 한 사람은 비참한 기분이 되어 버릴 테니까.

두 분 다 선택권은 카렌에게 있다고 말씀하시지만 꼭 그런 것 같지도 않았어. 또 카렌도 그렇게 하고 싶지 않았단다. 그녀는 뭔가 다른 방법을 생각해 내서 부모님한테 제안해 봐야겠다는 생각을 하기 시작했어. 혼자 생각을 해 봤지. 두 분이 사이좋게 지내면 안 될까? 쓸데없는 싸움 같은 건 훌훌 털어 버리면 안 될까? 예전에 그랬던 것처럼 행복한 가족으로 모두 함께 살면 안 되는 걸까? 안타깝게도 그런 일은 생기지 않을 거라는 걸 알고 있기 때문에 한 분이랑 좀 살다가 그다음엔 다른 한 분이랑 좀 살다가 하면 어떠냐고 제안을 해 보았어. 카렌은 정말 두 분 모두 행복해지기를 바랐고, 또 자기도 그러고 싶었지.

그런데 그렇게 되지 않았단다. 두 분 모두 완전히 같이 있거나 아니거나 하기를 원하시는 거야. 부모님은 타협하기를 거절했어. 아빠는 더 소리를 지르고 화를 내면서 싸웠지. 카렌은 아빠가 그러는 걸 보고 싶지 않았어. 엄마는 좀 달랐단다. 엄마는 슬퍼 보였고 자포자기하는 듯했어. 그것이 카렌의 마음이 엄마 쪽으로 좀 기울게 만들기도 했지만, 어느 한편이 되고 싶진 않았단다.

카렌은 차라리 사라져 버리고 싶은 마음도 들었고, 아침에 일어나면 이런 과정들이 사실이 아닌 그냥 나쁜 꿈이기를 바라기도 했지. 죽어 버렸으면 좋겠다는 생각까지 했단다. 그렇게 된다면 겁은 좀 나지만 두 분이 자기를 두고 싸우는 건 그만둘 거 같았거든. 그래도 한편으로는 그렇게 해서는 안 된다는 것을 알고 있었지. 그렇게 한다고 해서 엄마나 아빠를 행복하게 할 수도 없는 거고, 사실 자기도 죽고 싶진 않았으니까.

카렌은 아빠가 왜 그렇게 심하게 으르렁대는지, 또 엄마는 왜 저렇게 자포자기해 버리는지 생각해 보았어. 두 분이 모두 자기를 사랑해서 떨어지고 싶지 않으니까 그렇다는 생각이 드는 거야. 두 분의 사랑 표현 방식이 좀 그렇긴 해도, 중간에 끼게 된 이유가 자기를 사랑하기 때문이라는 생각이 드니까 기분이 좀 나아졌단다.

엄마나 아빠가 어떻게 하시든, 자기가 결국 어디서 살게 되든 변하지 않는 게 하나 있다는 생각이 들었지. 자기는 두 분 삶 속에서 하나뿐인 특별한 부분이라는 거. 자기가 중요하지 않고 두 분이 자기를 귀하게 여기지 않는다면 자기를 두고 그렇게 싸우지는 않을 테니까 말이야. 그래, 맞아. 누가 이기든, 어떤 판결이 나오든 두 분 모두에게 카렌은 특별한 존재인 거야. 카렌이 엄마 딸이고 아빠 딸이라는 건 변할 수 없는 사실이지. 카렌은 특별한 사람이고 자기가 어디에서 살게 되든 사랑받을 수 있고 또 사랑할 수 있는 거야. 가끔은 그걸 잊게 되기도 하지만, 그럴 때마다 스스로 이런 생각을 떠올리면 도움이 되었단다. 뭐라 해도 두 분은 모두 날 사랑해서. 그럼, 카렌은 사랑받고 있고 소중한 거야. 그렇게 생각하는 게 그녀 자신을 위해서도 좋지 않겠니?

서른세 번째 이야기 **우정 만들고 지켜 나가기**

│ 치료적 특성들 │

제기된 문제
- 다른 사람과 다른 점을 발견함
- 관계에 영향을 미치는 실수를 함

개발된 자원
- 다른 사람의 실수 용서하기
- 타인 동정하기
- 필요할 때 친구 도와주기
- 차이점보다 나은 점 발견하기

- 용서
- 친절한 행동
- 다른 점도 받아들이는 우정

야수의 왕 사자가 자기 왕국이 훤히 내려다보이는 언덕 위 나무 그늘 아래서 졸고 있었다. 그때 작은 쥐 한 마리가 먹을 걸 찾으려고 이리저리 바삐 움직이다가 사자 앞발에 걸려 넘어질 뻔했다. 야수의 왕은 잠에서 깨버렸다. "뭘 하느라 내 낮잠을 방해하는 거냐?" 사자는 으르렁댔다.

작은 생쥐는 겁에 질려 말을 꺼냈다. "죄송합니다, 대왕님. 제가 그만 잘 보지 못하고서……. 아이고, 대왕님을 깨울 생각은 전혀 없었습니다. 제발 절 잡아먹지 말아 주세요."

"이놈, 내가 막 식사를 끝내서 배가 부른 걸 다행으로 알아라. 그래도 내 낮잠을 방해한 네 놈을 난 그냥 보내 줄 생각이 없는데……." 사자가 말했다.

"제발 저를 살려 주십시오." 생쥐는 싹싹 빌었다. "은혜를 베풀어 주신다면 다음에 제가 꼭 갚겠습니다."

사자는 초라하기 그지없는 요런 생쥐 한 마리가 야수의 왕인 자기를 도울 일이 있을 거라는 말에 껄껄 웃어댔다. 배도 고프지 않았던 터이고 생쥐 덕에 한 번 웃을 수 있었으니 그냥 보내 주기로 했다.

그리고 여러 날이 지났다. 사자가 먹이를 보고 살금살금 다가가다가 그만 발을 헛디뎌 덫에 걸리고 말았다. 그물에 걸려 완전히 갇혀 버린 것이다. 빠져나오려고 몸부림을 쳤지만 그럴수록 더 엉켜 버리고 말았다. 사자는 고통과 두려움에 어흥 어흥 울부짖었다.

그때 사자가 울부짖는 소리를 그 생쥐가 들었다. 그러고는 사자를 구해 주려고 달려온 것이었다. 생쥐는 날카로운 이빨로 그물을 갉아서 끊어내 버리고는 사자가 나올 수 있는 구멍을 만들어 주었다. 드디어 사자가 빠져나왔다.

"네 말이 옳구나." 사자는 생쥐에게 고마움을 전했다. "가는 정이 있으니 오는 정이 있는 법이야. 누가 생쥐와 사자가 친구가 될 거라고 생각이나 할 수 있겠느냐?" 사자와 생쥐는 바로 그날 그렇게 친구가 되었던 것이다.

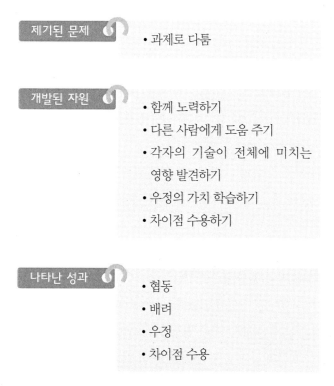

서른네 번째 이야기 **네 명의 믿음직한 친구들**

| 치료적 특성들 |

제기된 문제
• 과제로 다툼

개발된 자원
• 함께 노력하기
• 다른 사람에게 도움 주기
• 각자의 기술이 전체에 미치는 영향 발견하기
• 우정의 가치 학습하기
• 차이점 수용하기

나타난 성과
• 협동
• 배려
• 우정
• 차이점 수용

세상에서 가장 높다는 히말라야 산맥에 위치한 부탄이란 자그마한 나라를 여행했을 때, 옛날부터 그 지역의 부모들이 아이들에게 해 주었다는 재미있는 이야기를 하나 들었다. '네 명의 믿음직한 친구들'이라는 이야기인데 꿩, 토끼, 원숭이,

관계 관리하기

코끼리가 등장한다. 이야기는 다음과 같다.

   길고 알록달록한 깃털을 가진 아름다운 꿩이 어느 날 씨앗을 하나 주워서 그걸 심으려고 했다. 꿩이 씨앗 심을 땅을 파려고 땅을 박박 긁고 있는데, 긴 귀를 가진 하얀 토끼 한 마리가 폴짝폴짝 뛰어와 물었다. "친구야, 좀 도와줄까?"

   "마침 잘 됐네. 내가 이 씨앗을 심으면 여기에 물 좀 듬뿍 줄 수 있겠니?" 아름다운 꿩이 말했다.

   "당연하지." 긴 귀를 가진 토끼가 말했다. 토끼는 이렇게 건조한 때 근처 강에서 물을 길어 와 부어 주면서 씨앗을 지킬 수 있다는 게 대단한 일로 여겨졌다.

   멀리서 갈색 털이 난 원숭이 한 마리가 꿩과 토끼가 바삐 움직이는 걸 발견하고는 나무에서 휘익 내려와서 물었다. "어이, 친구들. 뭘 하는 거야? 내가 좀 도와줄까?"

   "씨앗을 심고 있어." 아름다운 꿩이 말했다.

   "난 씨앗에 물을 주고 있지." 긴 귀를 가진 토끼가 자랑스럽게 말했다.

   "그럼 난 비료도 주고 잡초도 뽑아 주면 어떨까?" 갈색 털의 원숭이가 말했다.

   셋이서 함께 서로 도와가며 자기 할 일들을 하고 있는데, 주름진 피부를 가진 코끼리가 "얘들아, 나도 좀 도와줄까?" 하며 끼어들었다. "내가 떡 버티고 서서 씨앗을 지키면 다 자랄 동안 아무도 감히 씨앗을 어떻게 하지 못할 거야."

   작은 싹이 땅을 뚫고 올라와서 조금씩 자라 커다랗고 튼튼한 나무가 될 때까지 네 친구들은 함께 지켜 주면서 잘 키웠다. 오래지 않아 그 나무는 가지마다 열매를 풍성하게 맺어 휘어질 정도가 되었다.

   나무를 함께 심고 돌봐 주었던 네 친구들은 이제 열매도 함께 거둬들였다.

   "이것 봐." 주름진 피부의 코끼리가 갈색 털의 원숭이에게 말했다. "내 등을 타고 올라가면 나무에 더 쉽게 올라갈 수 있을 거야." 코끼리 등에 자리를 잡고 나서 원숭이는 긴 귀의 토끼에게 손을 뻗었다.

   "내 어깨로 뛰어올라 봐. 좀 더 나무에 가까이 갈 수 있을 거야." 토끼에게 원숭이가 말했다.

마지막에는 꿩이 토끼 등으로 올라섰다. 이렇게 네 친구들은 열매까지 닿기 위해 직접 사다리를 만들었고, 넷이서 실컷 먹고도 남을 만큼 많은 열매를 딸 수 있었다.

서른다섯 번째 이야기 협상하기

치료적 특성들

제기된 문제

- 소망 대립
- 관계 교착
- 다른 사람의 입장을 이해하지 못함
- 협상 기술 결여

개발된 자원

- 다른 사람의 입장에서 바라보기
- 협상 전략 구축
- 받아들일 수 있는 타협안 찾기
- 양쪽 다 이길 수 있는 법 배우기
- 타협을 즐기기

나타난 성과

- 협상 전략
- 양쪽 모두 유리한 해결책

수지는 파티에 가고 싶었다. 당연하지, 이건 그냥 파티가 아니라 해변에서 열리는 파티였으니까. 지난 2주 동안 친구들은 이 파티 이야기밖에 안 했다. 뭘 할까,

누가 올까, 뭘 입을까? 올해 최고의 파티가 될 거야. 아니, 수지 생애에서 최고의 파티가 될 거다.

그런데 걸림돌이 하나 있었다. 그것도 무지하게 큰 걸림돌이……. 엄마랑 아빠가 안 된다고 하는 것이었다. 수지는 어떻게든 가기 위해 엄마에게 가게 해 달라고 매달렸다. 매달리면 매달릴수록 엄마는 더 완강하게 안 된다고 하는 것이었다.

"엄마, 모두 다 간단 말이야." 수지는 엄마를 잡고 늘어졌다.

"누가 가든지 안 돼." 엄마가 대답했다. "영국 여왕이 간다 해도 넌 아직 안 돼."

수지는 기운이 쭉 빠져 버렸다. 그 정도가 아니다. 심장이 쩍 갈라지는 것 같았다. 이건 제일 친한 친구의 파티다. 엄마가 못 가게 한다고 그 친구에게 어떻게 말하지? 엄마 때문에 못 가는 거라고 말한다면 그 친구는 자기를 완전히 바보로 알 것 같았다. 다른 아이들은 당연히 자기를 놀려대겠지. 친구들이 다 하는 걸 그녀만 못한다고 수지를 머저리로 취급할 것이다.

일요일 저녁이면 수지 할머니가 오셔서 함께 식사를 하신다. 이번 주에도 오셨다. 할머니는 식사를 하는 동안 수지가 한마디도 하지 않는 걸 보시고 수지에게 뭔가 기분 나쁜 일이 있었다는 걸 눈치 채셨다. 수지가 설거지를 하고 있는데 할머니가 말하셨다. "할머니가 도와줄 일이 있는 것 같구나." 다른 식구들은 거실에서 비디오를 보고 있는 중이었다.

"무슨 일이냐?" 수지가 싱크대 안에 그릇을 담그고 있는데 행주로 접시를 닦고 계시던 할머니가 물으셨다.

"나랑 제일 친한 친구 파티에 엄마가 못 가게 해요." 수지가 뚱해서 말했다.

"엄마가 못 가게 하는 이유는 말해 주더냐?" 할머니가 다시 물으셨다.

"아뇨." 수지가 대답했다.

"그럼, 자, 보자. 엄마 입장이 한 번 되어 보렴. 네가 엄마라면 어떤 이유로 반대할 거 같으냐?"

수지는 엄마 입장이 되어 보려고 하지 않고 자기가 원하는 것만 보려고 했다. "모르겠어요." 수지는 별 생각도 없이 대답했다. "해변에서 열리는 파티거든요.

엄마는 우릴 못 믿는 거예요. 우리가 무슨 문제라도 일으킬 거라고 생각하시는 거라고요. 물에 빠질 거라든가 뭐 그런 거 말예요. 그렇지만 우린 다 수영도 할 줄 알고 우리 자신쯤이야 지킬 줄 안단 말이에요."

"거기 어른이 누가 같이 가시니?" 할머니가 물으셨다.

"아뇨, 어른들이 같이 계시면 마음대로 놀지를 못하잖아요." 수지가 대답했다.

"그렇다면 말이다." 할머니가 말하셨다. "엄마는 걱정이 되는 거고 너한테 무슨 일이 일어나지 않기를 바란다는 것뿐이라는 건 알지?"

"아무 일도 안 생길 거란 말이에요." 수지가 대꾸했다.

"그럼, 그렇겠지." 할머니가 말하셨다. "그렇지만 엄마는 혹시나 싶은 생각이 드는 거란다. 엄마가 네 나이 때 우리는 게임을 하곤 했단다. 무슨 일이 생길지 다 알고 있으면서도 둘 다 모르는 척하면서 놀이를 했지. 엄마가 어딜 가면 몇 시에 데리러 갈지를 묻는단다. 그럼 엄마는 늘 한두 시간을 더 늘려서 말하지. 나야 당연히 너무 늦다고 말하면서 9시까진 돌아오라고 말하지. 그러면 엄마는 싫다고 하고 우린 10시나 10시 반쯤으로 타협을 본단다. 그 시간이면 두 사람 다 괜찮다고 생각하면서 말이다."

"그러면 이기는 사람도 없고 지는 사람도 없는 거지. 엄마는 엄마대로 원하는 시간을 조금 더 얻을 수 있고, 나도 엄마가 돌아오는 시간이 적당하다고 여기게 되는 거란다. 그렇게 타협을 하면 두 사람 모두에게 좋은 거 아니겠니? 원하는 걸 몽땅 얻는 건 아니라도 말이다."

"내 생각에는 엄마랑 타협해 보는 게 어떨까 싶은데, 네 생각은 어떠니? 엄마가 원하는 게 뭘까?"

"엄마는 우리를 감시하려는 거란 말이에요." 수지가 대답했다. 그리고는 재빨리 한마디 덧붙였다. "우린 그런 어른 필요 없어요."

"그럼 어떻게 해야 타협을 할 수 있을까?" 할머니가 물으셨다. "엄마는 너를 감시하고 싶어 하고, 너는 어른이 감시하고 있다는 걸 원하지 않는단 말이지. 어떻게 해야 그 두 가지를 동시에 해결할 수 있을까?"

"모르겠어요. 엄마는 거기 있고 싶어 하는데, 우린 우리 말고 어른이 끼는 거 싫단 말이에요." 수지가 대답했다.

"뭔가 타협할 만한 게 있을지도 모르잖니." 할머니가 의견을 내놓으셨다. "엄마가 널 데려다 주고 주차장에서 차 안에 있는 건 어떨까? 엄마 할 일을 하면서 시간이나 보내고 말이다. 아니면 해변 근처 카페에서 노트북으로 엄마의 일을 하면서 너희들이 안전한가 한 번씩 쓱 훑어 보는 건 어떨까? 엄마가 해변에서 떨어져 있으면 네가 파티를 하는 동안 친구들이 엄마를 볼 수도 없잖니?"

할머니는 수지가 생각해 봐도 괜찮겠다 싶은 아이디어를 내놓으셨다. "엄마가 염려하는 거, 네가 원하는 거, 그리고 두 사람이 함께할 수 있는 타협에 대한 걸 엄마랑 이야기할 시간이 있니?" 할머니가 물으셨다.

할머니랑 설거지를 끝내고 다른 식구들이 비디오를 보는 데로 갔다.

파티가 열린 토요일에 수지는 근사한 해변 파티를 끝내고 엄마가 있는 카페로 갔다. 다음 일요일 저녁에 식사를 끝내고 할머니는 그 전날 수지가 해변 파티에 가서 뭘 했는지 시시콜콜 신나게 떠드는 이야기를 들을 수 있었다. 그리고 수지 엄마가 해변까지 가서 혼자만의 시간을 누리면서 노트북으로 자기 할 일을 할 수 있었다는 이야기를 기쁘게 들으셨다.

서른여섯 번째 이야기 **새로운 친구들**

치료적 특성들

제기된 문제

- 바람직하지 않은 친구관계
- 오래된 우정을 잃어버림
- 큰 슬픔

- 오래된 우정을 재검토하기
- 판단하는 법 배우기
- 선택하기
- 사회적 기술 구축하기
- 다른 사람에게 관심 갖기

- 변별 기술
- 사회적 기술
- 의사결정 기술

　부모님도 가끔 뒤통수를 치는 일이 있다는 걸 아는가? 어떤 때는 자기들이 하는 말로 어떤 일이 생길지에 대해서는 전혀 모르고 아무 생각 없이 그냥 말해 버리기도 한다. 또 어떤 때는 부모님이 한 말을 아이들이 전혀 다른 뜻으로 받아들이기도 한다. 롭에게도 무슨 문제가 있었던 모양이다.

　롭의 부모는 내 친구들인데, 어느 날 그 집에서 식탁에 둘러앉아 저녁을 함께 먹은 적이 있었다. 식사 중에 그 집 딸인 샐리에 대한 이야기로 화제가 바뀌었다. 몇 주 전부터 샐리의 얼굴이 영 어둡다고 했다. 롭의 엄마는 샐리한테 문제가 좀 있었고, 남편과 자기는 샐리의 친구들을 별로 좋게 생각하지 않았다고 했다. 그런데 갑자기 샐리의 친구들이 모두 샐리를 떠나 버려서 샐리는 슬퍼졌다. 그러고 나서 얼마 안 되어 샐리는 집에 틀어박혀 학교에 가기 싫다고 했다. 학교도 가기 싫고 엄마와 아빠가 뭘 하자고 해도 "날 좀 내버려 둬요."라고 막 대든다는 것이다.

　그러던 중에 어떤 일이 일어났다. 롭의 엄마는 뭐가 샐리에게 그런 변화를 일으켰는지 모르겠다고 했다. 그것은 샐리가 자기 친구관계에 대해 심각하게 고민하기 시작했다는 것이다. 상당히 오랫동안 샐리는 친한지 어떤지 생각 한 번 안 해 보고 그냥 할 일 없이 그 아이들이랑 빌빌 돌아다니곤 했다. 버려진다는 게 기분 좋은 일은 아니지만, 그것이 샐리로 하여금 함께 지내고 싶은 사람과 그렇지 않은 사람은 어떤 사람인지에 대해 다시 생각해 볼 기회를 주었던 것이다. 샐리는 예전보다 더 자주 친구들과 이야기를 해 보려고 했다. 복도를 지나가다 마주치면 웃어 주기도 하고 똑같게는 아니어도 친구들과 비슷한 옷차림을 해 보기도 했다. 친구들이 어떤 텔레비전 프로그램이나 남자 아이들에 대해 말하는지, 어떤 선생님을 좋아하고 싫어하는지, 또 주말에 했던 일이 뭔지에 대해 신경을 쓰기도 하고, 아이들이 관심을 가지는 것에 대해 물어보기도 했다. 샐리는 자기가 그런 이야기를 좋아하고 친구들이 좋아하는 건 자기도 좋아한다는 걸 알았다.

롭의 엄마는 샐리가 어느 날 학교에서 돌아와 이렇게 말했다고 했다. "있잖아, 엄마, 전에는 전혀 몰랐는데 옛날 친구들을 내가 별로 좋아하지 않는 거 같아. 그 친구들은 날마다 교실에서 문제나 일으키고, 괜히 약물을 해 보기도 하고, 부모님한테 막 대들고 나쁘게 말하기도 했거든. 난 이제 알 거 같아. 어울리면 안 좋은 사람도 있다는 걸 말이야. 지금 친구들이 훨씬 더 좋아. 이 친구들이 더 잘하려고 하고 숙제랑 공부도 열심히 하니까 나도 더 잘하고 싶어지는 거 있지? 옛날 친구들이 날 버렸을 때는 슬펐지만, 새로운 친구를 사귀고 나니까 정말 기분이 좋아."

롭의 엄마가 이야기를 마쳤을 때, 롭은 팔짱을 끼고서는 식탁을 내려다보면서 이렇게 말하였다. "알았어요. 엄마가 뭘 말하려고 하는지 알겠다고요."

우리가 모두 조금씩 다르게 뭔가를 본다는 건 재미있지 않은가? 뭘 들어도 우리는 자기 시각으로 그 메시지를 들을 것이다. 나는 롭의 식구들과 저녁을 함께하면서 롭의 엄마가 샐리에 대한 긍정적이고 좋은 일을 말하려고 했다는 생각이 들었는데, 롭은 분명 엄마가 자기가 친구들과 함께하는 방식에 대해 뭔가 지적해 주려고 하는 말로 들었던 모양이다. 물론 롭의 엄마가 속으로 어떤 의도를 가지고 말했는지는 모른다. 같은 말이라 해도 그렇게 서로 다르게 들을 수 있었다는 게 재미있었다.

부드러움 발견하기

치료적 특성들

제기된 문제

- 관계에서의 분노와 방어
- 애정 결핍

개발된 자원

- 안전한 상황과 위험한 상황 구별하기
- 안전한 사람과 위험한 사람 구별하기
- 방어적이어야 할 때 선택하기
- 방어적이지 않아야 할 때 선택하기
- 다정함과 애정 구축하기
- 자기 자원을 타인과 공유하기
- 즐기는 법 배우기

나타난 성과

- 분노와 방어의 조절
- 변별 기술
- 관계를 상호 공유하기
- 즐길 때의 기쁨

집 모서리 벽에 난 구멍에 생쥐 프레드라는 작은 쥐 한 마리가 살고 있었다. 어느 쌀쌀한 아침 생쥐 프레드는 치즈샌드위치로 아침을 먹고 있었는데, 자기 집 벽을 두드리는 소리가 났다. "프레드 있니?" 찍찍거리는 소리가 들리더니 길고 가는 코가 구멍 속으로 쑥 들어왔다. 바늘두더지 어니였다.

"어서 와." 프레드는 생각보단 자신 있게 말했다. 프레드는 어니를 좋아하지만 고슴도치와 개미핥기처럼 바늘두더지도 가시털이 너무 많아 가끔 겁을 먹기도 한다. 게다가 어니의 털은 늘, 진짜 기분이 좋을 때도 바짝 서 있기 때문이다.

어니는 바늘두더지들이 굴을 팔 때 그렇듯이 프레드의 작은 문구멍으로 털을 있는 대로 눕혀서 겨우겨우 기어 들어왔지만, 안으로 들어서자마자 날카로운 가시 같은 털을 확 펼쳤다. 프레드는 특별한 친구를 만나면 반가워서 포옹하며 인사하기를 좋아하지만 어니만큼은 뒤로 물러서야 했다.

"나도 들어가도 돼?" 또 길고 가는 코 하나가 구멍 속으로 쑥 들어왔다.

"그럼." 프레드가 말했다.

어니의 친구 엠마였다. 엠마도 구멍 속으로 들어와 어니처럼 가시를 바짝 세웠다. 프레드는 그 털이 떨리고 있는 걸 봤다.

"무슨 일 있니?" 프레드가 물었다.

"너무 추워. 밤에는 얼어 죽을 것 같은 데다 우리가 사는 고지대 언덕에는 눈까지 왔다니까. 이 아늑하고 작은 집에서 몸 좀 녹이고 싶어서 몸을 공처럼 돌돌 말고 언덕을 죽어라 굴러 내려왔어." 어니가 말했다.

프레드는 어니와 엠마가 언덕을 굴러 내려오는 모습이 눈에 선했다. 바늘두더지는 위험에 처하면 두 가지 방법을 쓴다. 하나는 다른 동물들이 자기를 위협할 때 자기 털을 모조리 세워서 아무도 가까이 오지 못하게 하는 방법이다. 아이들이 괴롭히거나 하면 그건 '저리 가.'라는 분명한 메시지를 보내는 것이다.

겁이 날 때 하는 다른 하나의 행동은 쳐다보는 사람한테는 좀 웃기게 보일 수도 있겠지만 몸을 동그랗게 공처럼 말고는 언덕이나 내리막에서 굴러 내려와 위험에서 벗어나는 것이다. 그렇게 해서 어니와 엠마는 프레드의 집으로 두 개의 공처럼 저 위에서 굴러 내려온 것이다. 프레드는 참 재미있는 이동법이라고 생각했다.

"우리 굴에서는 정말 얼어 죽을 거 같았어." 어니는 계속 말했다.

엠마도 맞장구를 쳤다. "어니한테 가까이 좀 가려고 하면 가시털을 바짝 세우잖아. 서로 안을 수만 있어도 밤에 더 따뜻하게 지낼 수 있을 텐데."

"그래서 너한테 올 생각을 하게 된 거야." 어니가 말했다. "집 모서리 벽 구멍 속에 있는 너네 집은 정말 멋지단 말야. 아늑한 게 참 좋아. 게다가 넌 정말 좋은 친구니까. 넌 우리 문제를 풀 수 있는 뭔가를 이야기해 줄 수 있을 거라고 생각해."

프레드는 답해 주기 전에 생각할 시간을 좀 가져야 했고, 아직은 이른 아침이라 어니와 엠마에게 아침으로 구운 치즈샌드위치가 어떠냐고 권했다. 그들은 구운 치즈샌드위치를 프레드만큼 좋아하지 않았기 때문에 사양하면서 좀 따뜻해지면 밖에 나가서 먹을 걸 찾아보겠다고 했다. 하지만 따뜻한 초콜릿 한 잔은 먹겠다고 했다.

프레드가 말을 꺼냈다. "음, 내가 보기에는 말이야, 너희들 그 센 털은 너희를 해치려고 하거나 공격하는 큰 동물들을 막는 데는 정말 유용한 거라고 생각해. 무서운 개나 저 높이 나는 독수리가 너희들을 먹잇감으로 입맛을 다실 때는 그게 정말 도움이 되잖아. 그 털은 사는 데 정말 중요한 거긴 한데, 실제로 그런 무시무시한 일이 얼마나 자주 일어나지?"

어니와 엠마는 서로 마주 보다가 어깨를 으쓱 하더니, "뭐 그리 자주는 아니지."라고 말했다.

계속해서 프레드는 말했다. "그럼 어쩌다 한 번 털을 세울 필요가 있기는 하지만 그렇게 할 필요가 없는 때가 더 많은 거네. 나야 뭐 그냥 작은 생쥐일 뿐이니까 너희를 해칠 의도 같은 건 전혀 없다는 거 알지? 그런데도 너희 털은 과녁을 겨냥한 화살처럼 바짝 서 있거든. 그러니까 내가 원하는 것보다 너희들이랑 더 뚝 떨어져 있게 되는 거잖아. 내가 안아 주고 싶은데도 말이야."

어니와 엠마는 한번 해 봤다. 힘이 들었다. 정말로 열심히 노력했는데도 빳빳한 털은 아무리 해도 그대로 빳빳하게 서 있기만 했다.

"어떻게 해야 될지 모르겠어. 언제나 이러고만 살았던 거 같아." 어니가 말했다.

"눈을 감아 봐." 프레드가 말했다. "그리고 사자가 너희를 잡아먹으러 온다고 생각해 보는 거야."

"하지만 여긴 사자가 없는 걸." 어니가 대꾸했다.

"그러네. 그럼 눈을 감고 사납고 며칠 굶은 것처럼 보이는 개 한 마리가 천천히 너희 앞으로 다가온다고 생각해 보자."

어니와 엠마는 눈을 감았는데 털이 벌써 바짝 서서는 더 뻣뻣해지고 있었다.

"좋아." 프레드가 말했다. "이제 편안한 곳이나 편안한 때를 생각해 보는 거야. 너희들 굴속으로 들어가서 막 멋진 식사를 끝낸 기분 좋은 날, 편안히 쉬거나 잠깐 낮잠 자는 걸 생각하는 거야."

어니와 엠마가 편안한 곳을 떠올리니까 털이 살짝 눕기 시작했다. 처음에는 아주 조금이었지만.

"좋아, 이제 계속 연습을 하는 거야." 프레드는 의사가 약을 처방하는 듯한 목소리로 말했다. "이걸 매일 아침 일어나자마자 그리고 잠들기 전마다 연습하면 좋을 거야. 털을 세워야 할 때를 생각해 보고, 털을 눕혀도 되는 안전한 때와 안전한 곳을 생각해 보는 걸 연습하는 거야. 주위에 털을 세워야 할 게 있는지, 아니면 나 같은 친구가 있는지를 잠시 멈추고 스스로에게 물어보는 거야."

몇 주가 지나고 늘 그러듯이 프레드가 치즈샌드위치를 아침으로 구워 먹고 있는데, 벽의 구멍 입구에서 똑똑 소리가 났다. 길고 가는 코가 구멍 속으로 쑥 들어와 "프레드 있니?"라고 묻더니, 어니와 엠마가 들어왔다. 둘의 털은 차분하게 몸에 잘 누워 있었고, 프레드는 찔릴지도 모른다는 염려를 접고 마음껏 친구들을 차례로 안아 줄 수 있었다. 그들도 같이 안아 주었다.

"날씨가 참 춥지?" 프레드가 말했다. "그런데 지난번에 왔을 때만큼 떨지 않네."

"그럼." 엠마가 대답했다. "이젠 서로 찌르지 않아서 따스하게 서로 안고 추운 밤에도 체온을 유지할 수 있으니까 훨씬 더 좋아."

"맞아." 어니가 맞장구를 쳤다. "네가 털을 세워야 할 때와 그렇지 않은 때를 가르쳐 주었잖아. 우리도 너한테 뭔가 도움을 주고 싶은데."

프레드는 어니와 엠마를 따라 고지대 언덕으로 올라가면서 뭘 가르쳐 주려고 하는 걸까 생각했다. 털을 곱게 눕힌 채, 바늘두더지들은 프레드에게 공처럼 몸을 마는 법을 가르쳐 주었다. 셋은 눈 덮인 언덕을 데굴데굴 굴러 내려오는 재주를 부리다가 산기슭의 보드라운 눈 더미 속으로 푹 빠지고는 신나게 웃음을 터뜨렸다.

서른여덟 번째 이야기 **쏙 들어가 봐**

| 치료적 특성들 |

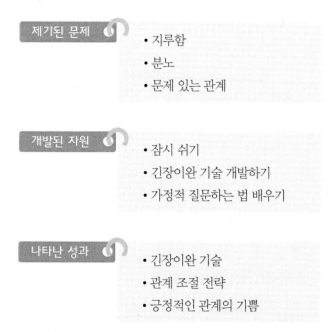

제기된 문제
- 지루함
- 분노
- 문제 있는 관계

개발된 자원
- 잠시 쉬기
- 긴장이완 기술 개발하기
- 가정적 질문하는 법 배우기

나타난 성과
- 긴장이완 기술
- 관계 조절 전략
- 긍정적인 관계의 기쁨

테스라는 아기 바다거북이 있었는데, 별명이 '끔찍한 테스'였다. 아기 거북도 배워야 할 중요한 게 있기 때문에 사람들처럼 학교를 가야 했다. 그런데 테스는 학교를 별로 좋아하지 않았다. 학교는 따분함 그 자체다. 교실에 하루 종일 앉아 있는 것도 지겹고 선생님이 했던 말을 하고 또 하는 것도 지겹다. 수영을 제일 잘할 수 있는 방법, 저녁으로 먹을 해파리를 잘 잡는 방법, 자신을 저녁거리로 생각하는 상어를 피하는 방법, 뭐 이런 것들 말이다.

이제는 지겨워져서 잠시도 가만히 있지 못했고, 그래서 문제를 일으키게 되곤 했다. 그것이 적어도 따분한 날에 작은 활력소는 되니까. 다른 친구들이 줄을 맞춰 서 있으면 슬쩍 밀기도 하고, 책상 밑에서 친구를 연필로 쿡 찌르기도 하고, 다음 시간에 필요한 친구의 책을 숨기기도 했다. 하지만 다른 친구들이 자기한테 그런 짓을 하면 벌컥 화를 내면서 덥석 물어 버리기 일쑤였다.

거북들은 덥석 물기를 잘한다. 거북의 입은 사실 주둥이라고 하는데, 그들은 그 주둥이로 정말 잘 물었다. 주둥이는 단단하고 강해서 음식 으깨기에 딱이다. 내 손가락이 거북들의 입에 물리지 않기를, 특히 테스한테는 더. 올림픽 종목에 덥석 물기가 있다면 아마 테스가 금메달을 딸 것이다.

다른 아기 거북들은 테스가 무는 걸 놀리곤 했다. 친구들이 놀리면 놀릴수록 테스는 점점 더 심술궂어졌다. 그래서 테스의 별명이 '끔찍한 테스'가 된 것이다.

그런데 테스는 즐겁지 않았다. 지겨워하는 것도 화를 내는 것도 다 재미가 없었다. 다른 아기 거북들이 재미 삼아 테스를 콕콕 찔러댔다. 그 거북들은 친구들이 많은 것 같았다. 테스는 그렇지 않았고. 테스는 어떻게 해야 할지 알 수 없었다.

그러던 어느 날, 학교를 마치고 집으로 헤엄을 치며 돌아오는데 이런저런 생각에 빠져 그만 길을 잃고 말았다. 물은 점점 더 깊고 어두워졌고, 게다가 커다랗고 시커먼 뭔가가 저 밑에서 테스 쪽으로 슬슬 다가오는 걸 보고 잔뜩 겁을 집어먹게 되었다. 크기로 봐서 수백 살은 되어 보이는 늙고 커다란 거북이었다. 테스는 엄마, 아빠한테서 지구에 있는 모든 바다를 돌아다니는 지혜로운 늙은 거북이 있다는 말을 들은 적이 있다. 그 거북은 배워야 할 걸 다 배우고 이젠 자기가 아는 걸 필요한 이들에게 나눠 준다고 했다.

"슬퍼 보이는구나." 늙은 거북이 테스의 마음을 꿰뚫어 보는 것처럼 점잖게 말을 건넸다. 테스는 자기도 모르게 전에는 누구한테도 말하지 않았던 자기 문제들을 모두 그 늙은 거북에게 말해 버렸다. 선생님이나 엄마, 아빠한테도 그런 말은 하지 않았고, 학교에 있는 어린 거북들은 말할 것도 없었다.

"나는 늘 문제예요." 테스가 입을 뗐다. "지겹기만 하고 화만 나고, 그러면 안 되는데 자꾸 물어요."

"음, 그래." 늙은 거북은 자기의 학창 시절로 돌아가 아련한 기억을 떠올리는 듯한 눈으로 말했다. "누구나 문제는 있단다." 그러고는 다 이해할 수 있다는 듯 말을 계속했다. "나는 그 답을 찾는 데 아주 오랜 시간이 필요했지. 하지만 너는 나보다 더 빠를 것 같구나."

테스는 귀를 쫑긋 세우고 들었다.

"내가 처음부터 답을 갖고 있었다는 걸 알기까지 참 오랜 시간이 걸렸지. 내가 매일, 매 순간 그걸 메고 다니고 있었는데도 말이다." 늙은 거북은 지느러미발로 테스의 등껍질을 톡톡 두드려 주었다. "갑자기 기분이 나빠지거나 참을 수 없게 되면 머리를 안으로 넣어 보렴." 늙은 거북이 말했다. "네 껍질 속으로 들어가는 거야. 내가 너만 할 때 이 방법을 배웠단다. 얼마나 되었는지 이젠 헤아릴 수도 없지만, 나는 바다를 이리저리 헤엄치고 다니다가 잠깐 멈춰야 할 때나 잠시 평안이 필요하고 나 자신을 진정시켜야 할 때는 아직도 그렇게 한단다. 네가 원하지 않는 감정을 느낄 때면 곧바로 이 방법을 떠올리렴."

"나는 이렇게 한단다." 늙은 거북은 말을 이었다. "먼저 심호흡을 세 번 하고 나서 천천히 편안하게 숨을 쉬는 거야. 좀 진정된다 싶으면 내가 어떤 생각을 하고 있고 어떤 마음인지를 껍질 속으로 들어가기 전에 스스로 물어보면 도움이 된단다. 혹은 내 머리를 밖으로 다시 내놓기 전에 변하기 위해서 어떻게 해야 하는지를 스스로 물어보기도 하지." 그 늙은 거북은 지느러미발로 테스의 등을 한 번 더 쓰다듬어 주고는 헤엄을 치며 천천히 깊고 푸른 바다 속으로 사라져 갔다.

다음날 아침, 학교는 여전히 따분해 보였다. 테스가 학교에 들어서자마자 친구들은 또 테스를 놀리기 시작했고, 테스는 벌써 주둥이를 떡 벌리고 물어 버릴 자세를 취했다. 그때 그 지혜로운 늙은 거북의 말이 떠올랐다. 테스는 머리를 당기면서 자기 지느러미발도 같이 말아 넣고는 심호흡을 세 번 했다.

이것 봐라, 뭔가 일어나고 있어. 테스는 생각했다. 테스는 자기가 차분해지면서 편안해지고 있다는 걸 느꼈다. 테스는 스스로에게 물었다. 화를 내는 게 도움이 되나? 아니야, 절대로.

테스는 그 지혜로운 늙은 거북의 말을 다시 떠올렸다. 머리를 다시 밖으로 꺼냈을 때 어떤 변화가 일어날지 물어보는 거야. 테스는 다른 친구들에게 웃으면서 좋은 인상으로 대할 수 있을 거란 생각을 했다. 등껍질에서 다시 머리를 내밀었을 때, 테스는 편안하게 웃는 얼굴을 하고 있었다. 다른 아기 거북들이 그걸 보더니 자기들도 따라 웃기 시작했다.

지혜로운 늙은 거북의 말대로 연습—안으로 들어가기, 마음 누그러뜨리기, 더 나아지려면 어떻게 해야 하는지 등—을 계속했더니 테스는 더 차분해지고 기분이 더 좋아졌다. 테스는 친구들에게 더 이상 화를 내지 않았다. 그랬더니 친구들도 더 이상 테스를 놀리지 않는 것이었다. 테스는 굉장히 많은 친구가 생겼고 재미있는 일도 많아져서 이제는 학교 가는 게 기다려지게 되었다. 그리고 친구들이 예전 자기 별명을 바꿨다는 것도 알았다. 이젠 '끔찍한 테스'가 아니라 '멋진 테스'인 것이다.

서른아홉 번째 이야기 ## 다른 사람 입장에서 생각하기

| 치료적 특성들 |

제기된 문제

- 막내라는 것
- 자기 마음대로 할 수 없다는 느낌
- 무시당한다는 느낌
- 다른 사람을 부러워함

- 다른 사람 입장 되어 보기
- 다른 시각으로 바라보기
- 다른 사람에 대한 측은지심 갖기
- 자기중심적 관점 재고하기

나타난 성과

- 다른 사람의 경험 이해하기
- 다른 사람에 대한 측은지심
- 협력하기

가족 사이에서 막내가 된다는 게 쉬운 것만은 아니다. 적어도 미첼은 그랬다. 미첼은 세 아이 중 막내였는데, 두 언니와 부모님이 늘 자기에게 이래라저래라 명령을 한다고 생각했다. 언니인 테사와 마리는 미첼보다 더 많은 걸 했다. 아무리 화를 내도 소용이 없었다. 미첼은 정말 언니들이 하는 것처럼 하고 싶었다. 막내라는 건 늘 손해만 본다.

다행히도 미첼의 생일에 뭔가가 변했다. 부모님이 선물로 마법사 옷을 주셨는데, 거기에 마법 주문에 대한 책이 딸려 있었다. 미첼은 방문을 잠그고 혼자 있는 시간이 점점 더 많아졌다. 마법사 옷을 입고는 마법의 주문을 연습하는 것이다. '위셔스 풀필러스'라는 주문은 가장 강력한 마법을 지니고 있는데, 원하는 걸 이뤄 주는 주문이라고 쓰여 있었다. 미첼은 책에 적힌 대로 하나씩 연습했다. 마지막에는 책에 적힌 대로 "위셔스 풀필러스 테사."라고 큰 소리로 외쳤다. 마법사의 마법 주문의 언어를 모르는 사람들한테 설명하자면 이 말은 "테사 언니가 되고 싶어."와 같은 거다.

그러자 미첼은 테사의 방에 와 있었다. 자기 몸을 살펴보니 테사의 옷을 입고 있었다. 거울을 들여다보니 진짜 둘째 언니로 보였다. 정말로 원하는 걸 이룰 수 있게 된 자기 힘에 스스로도 놀라고 있는데 문 두드리는 소리가 났고 미첼이 들어

왔다. 미첼은 징징거리면서 테사의 물건들을 잡아당기기 시작했다. 테사는 귀찮아졌다. 언니와 동생 사이에 징징거리는 어린 동생이 있다는 건 별로 좋은 일은 아닌 것 같았다. 이건 별로 안 좋아, 이렇게 생각하고는 "위셔스 풀필러스 마리."라고 외쳤다. 마리 언니가 되어야지.

짠 하고 미첼은 맏언니 마리가 되었다. 마리가 된 미첼은 마리 방에 있었다. 이번엔 마리 옷을 입고 있었고, 거울을 봐도 딱 마리였다. "마리." 엄마가 밖에서 불렀다. "이리 와서 설거지 좀 해." "왜 내가 해야 돼요? 테사나 미첼이 하면 안 되나요?" 마리가 물었다. "네가 언니잖니? 그러니까 더 많은 걸 책임질 수 있도록 배워야지." 엄마가 말했다.

미첼은 마리가 되는 것도 별로 재미있는 건 아니라고 생각했지만 그대로 더 있어 보기로 했다. 미첼이었을 때보다 더 늦은 밤까지 안 자고 있었는데, 엄마가 남은 시간에 정말로 어려운 숙제를 시키는 것이었다. 앉아서 보니까 과학과 수학이었다. 자기는 알아볼 수도 없는 기호들과 낱말들이 널려 있었다. 이제 미첼은 마리가 된다는 게 무척 힘든 일이라는 걸 알았다. 엄마는 누구한테도 이래라저래라 하는 소리를 듣지도 않고 그냥 있잖아. 엄마가 되어 보는 건 정말 재미있을 거야. "위셔스 풀필러스 엄마."

그러자 바로 원하는 대로 엄마가 되었다. 미첼은 침대에서 쿡 박혀 곯아떨어져 있고, 언니 둘도 마찬가지로 잠들어 있었다. 미첼이라면 절대로 허락되지 않을 테지만, 엄마니까 이렇게 늦게까지 텔레비전을 볼 수 있는 거라는 생각이 들었다. 그런데 그것이 다가 아니었다. 그러면서도 엄마로서 그릇을 치우고, 아빠가 아침에 출근할 때 입어야 하는 셔츠를 다려 놓고, 밥 먹고 난 주방을 청소해야 했다. 그러고 나니까 너무 피곤해서 완전히 곯아떨어져 버렸다. 아직 날도 새지 않고 찬 공기도 도는데 자명종이 울렸다. 그런데도 서둘러 일어나 옷을 대강 챙겨 입고는 미첼과 언니들, 아빠가 점심 때 먹을 도시락을 만들었다. 아이들도 깨우고 씻기고 학교를 보내야 했다. 미첼은 엄마가 너무 피곤해서 아빠가 되고 싶었다. 아빠는 회사를 운영하고 계시니까 분명히 이래라저래라 하는 사람이 없을 거다. "위셔스 풀필러스 아빠."

　이제 미첼은 아빠 책상에 앉아 있었다. 뭔지 모를 복잡한 말과 그림들이 잔뜩 들어 있는 컴퓨터 화면을 보면서……. 비서가 우편물 뭉치를 들고 들어와 책상에 둘로 나눠 놓더니, 하나는 급한 거라 오늘 내로 처리해야 하고 나머지는 그리 급하지는 않다고 했다. 미첼은 커다란 우편물 뭉치를 물끄러미 바라보고는 어떻게 해야 할지 생각했다. 전화가 울렸다. 아빠의 사장님이었다. 아빠 위에도 사장이 있었다니! 그 사장님은 회사에서 구조 조정을 해야 하니까 아빠도 직원 몇 명을 해고해야 한다는 말을 전했다. 직원들은 아빠의 오랜 친구들이었는데……. 아빠가 대답했다. "직원들은 이 회사에서 돈을 벌어 아이들을 먹여 살려야 하는데 어떻게 그들에게 나가라는 말을 한단 말인가요?" "유감이네만, 그렇게 해야 하네." 아빠의 사장님이 말했다. 미첼은 전화를 끊기도 전에 더 이상 아빠가 되고 싶지 않다고 생각하고 있었다. 그래서 "위셔스 풀필러스 미첼." 하고 주문을 외었다.

　미첼은 그냥 자기가 되고 싶었다. 그것이 자기가 원하는 거였다. 미첼은 학교 교실로 돌아와 친구들 사이에 앉아 적어도 약간은 알아볼 수 있는 자기 책을 보고 있었다. 선생님이 가끔 좀 이래라저래라 하긴 하지만 미첼에게는 그리 나쁜 일만은 아니었다. 사실 미첼이 집으로 돌아와 자기 방으로 자러 갈 때도 모든 게 나쁘게 느껴지는 것만은 아니었다. 전과는 뭔가 달라진 듯했다. 방은 그대로였지만, 미첼은 좀 달라져 있었다. 테사와 마리의 입장이 되어 어떤 느낌인지를 알고 나니까 언니들한테 그렇게 많이 징징거리지도 않게 되었다. 테사와 마리 언니처럼 좀 더 책임감을 가지는 것도 좋을 것 같았다. 그것이 좀 더 자랐다는 느낌도 들게 할 거고, 어려운 숙제를 계속해야 하는 마리 언니한테 여유를 좀 가지게 해 줄 수도 있을 듯했다. 엄마가 해야 하는 일을 다 알고 나니까 엄마가 뭘 시킬 때도 더 잘 이해할 수 있게 되었고, 아빠가 집으로 돌아올 때 가끔 표정이 좋지 않은 게 낮에 무슨 일이 있었기 때문이라는 것까지 좀 더 이해할 수 있게 되었다.

　미첼이 다시 주문을 외는 책을 펼쳤을 때는 자기를 뭔가 다른 걸로 바꾸고 싶다는 생각이 전혀 들지 않았다. 정말 그냥 그대로 자기인 게 너무 좋았다. 이제 미첼은 소원 이루기 마법 주문으로 테사와 마리, 엄마와 아빠가 행복하게 잘 살게 해 달라는 소원을 빌었다.

마흔 번째 이야기 ## 친구를 사귀려면

| 치료적 특성들 |

제기된 문제
- 외로움
- 친구가 없음
- 사회적 기술 부족

개발된 자원
- 다른 것을 하는 데 개방적이기
- 새로운 관계를 즐거운 마음으로 찾아보기
- 효과가 있는 것과 그렇지 않은 것 배우기
- 칭찬하기
- 칭찬 받아들이기
- 다른 사람 도와주기
- 자기만의 능력으로 기여하기

나타난 성과
- 상호적인 우정
- 사회적 기술 향상
- 협력의 좋은 점

모서리 벽 구멍 속에서 만날 혼자 살아야 하는 생쥐라면 이따금 외로울 때가 있을 것이다. 어쩌면 그 집에서 다른 사람들과 함께 살고 있어도 외로울 수 있다.

생쥐 프레드는 외로움을 즐겼고, 특히 접시 가득 구운 치즈샌드위치를 놓고 혼자서 먹을 때면 더욱 그러했다. 하지만 가끔은 생쥐 프레드도 같이 놀 친구가 있었으면 좋겠다고 생각했다. 이런 생각에 푹 빠져 있던 어느 날, 집을 나와 이리저리 돌아다니면서 만을 따라 내려가다가 방파제 끝에 앉아서 파도치는 것을 바라보고 있었다. 좀 있으니까 슬릭핀이라는 돌고래가 물 밖으로 머리를 쑥 내밀고는 옆으로 굴러오면서 커다랗고 반짝이는 눈으로 프레드를 바라보았다. "안녕, 프레드." 슬릭핀은 웃으면서 인사했다. "방파제에 앉아서 뭐 하니?"

"어떻게 하면 함께 놀 친구를 찾을까 생각하는 중이야." 프레드가 대답했다.

"언제든지 나랑 같이 놀면 되는데." 슬릭핀이 말했다.

"어떻게?" 프레드가 물었다. "우린 너무 다르잖아. 넌 돌고래고, 난 생쥐인 걸. 넌 물속에 살고, 난 땅에 살잖아."

"이런." 슬릭핀이 말했다. 처음엔 좀 슬픈 듯하더니 금세 밝아져서는 말을 이었다. "우리가 같이 놀 수 있는 방법이 분명 있을 거야. 네가 지느러미를 잡고 내 등에 타면 널 물에 빠뜨리지도 않고 젖지도 않게……. 음, 아마 푹 젖지는 않게 태워 줄 수 있을 거야." 프레드는 슬릭핀의 등에 올라타고 신이나 마음껏 웃으며 이런 것도 친구를 사귈 수 있는 방법이 되는구나라고 생각했다. 둘이서 함께 즐길 수 있는 걸 하는 것 말이다.

프레드의 마음을 다 알고 있다는 듯 슬릭핀이 말했다. "나도 그렇게 생각한 적이 있어. 있잖아, 네가 친구를 사귀고 싶으면 하지 말아야 할 게 두 가지 있어. 저기 휙휙 뛰어다니는 리퍼 보이지?" 코를 들어 바다 너머를 가리키며 슬릭핀이 물었다. 프레드는 아까부터 파도를 타고 있는 리퍼를 보고 있었다. 리퍼는 지느러미를 아래로 움직이며 꼬리지느러미를 거의 똑바로 세워 놓고 있었다. 프레드는 리퍼가 뒤에 오는 파도를 타며 뒤로 휙 재주 넘는 걸 보았다. 슬릭핀이 말했다. "저렇게 잘난 척하는 건 필요 없어. 자기가 다른 이들보다 되게 잘났다고 생각하니까 리퍼는 친구가 별로 없는 거야. 그렇다고 너무 수줍어하는 것도 좋지 않아. 우리 무리 중에 샤이스위머라는 돌고래가 있는데 리퍼처럼 잘난 척하는 건 볼 수도 없어. 만날 뒤에 쳐져서 헤엄을 치기 때문에 다른 이들이 기다려야 해. 그러니까 친구가 별로 없더라고."

프레드는 생각해 보았다. 친구를 사귀기 위해 하면 안 되는 게 있다면, 우정을 돈독하게 하기 위해서는 어떻게 해야 하지? 슬릭핀이 아까 방파제에서 자기한테 다가왔던 걸 떠올렸다. 웃는 얼굴로 눈을 마주 보면서 자기에게 인사를 건넨 건 참 기분 좋은 일이었다. 다른 이에게 관심을 가지고 기분이나 마음을 물어보는 게 아마 좋을 거 같아. 프레드는 생각했다. 슬릭핀이 그렇게 했을 때, 프레드는 뭔가 특별한 걸 느꼈다. 그럼 어떻게 해야 슬릭핀에게도 그런 특별한 감정을 느끼게 해줄 수 있을까?

초대를 하고 싶어도 못한다. 돌고래가 땅 위에 있는 프레드의 집에 올 수 있는 방법은 없었고, 자기 혼자서도 겨우 몸을 웅크려야 들어갈 수 있는 모서리 벽 구멍 속으로 어떻게 돌고래를 들어오게 할 수 있을까? 슬릭핀이 그럴 수만 있다면, 프레드는 자기가 정말 슬릭핀을 좋아한다는 걸 보여 줄 수 있을 거라는 생각이 들었다. 어쩌면 자기가 슬릭핀을 좋아한다고 말해 주면 특별한 걸 느낄지도 모르지.

"내가 혼자 방파제에 앉아 있을 때 네가 나한테 관심을 보여 줘서 정말 좋았어." 프레드가 말했다.

"와, 정말? 그랬니?" 슬릭핀이 말했다. "친구란 게 뭐니? 친구는 행복하거나 기쁠 때만 같이 있는 게 아니라 슬프거나 외로울 때도 함께하는 거야."

"그뿐이 아냐." 프레드는 말을 계속했다. "넌 정말 생각도 깊고 이해심도 많아. 우리가 헤엄을 칠 때는 날 물에 젖게 하지 않으려고 신경을 많이 썼잖아. 내가 네 등에 타고 있다는 걸 잊지 않고 물속으로 뛰어들지도 않았어."

"고마워." 프레드의 칭찬을 받아들이면서 슬릭핀이 말했다.

프레드는 놀라웠다. 겸손해야 하는 거라고 배웠기 때문에 프레드는 누가 자기를 칭찬하거나 그 비슷한 말만 해도 "아니야."라거나 "넌 날 잘 모르는구나."라며 고개를 가로젓곤 했으니까. 그런데 슬릭핀이 칭찬을 받아들이니까 자기도 기분이 좋아졌고, 슬릭핀도 기분이 좋은 것 같았다.

그때 프레드가 뭔가를 봤다. "네 등에 난 숨구멍에 해초가 끼어 있는 거 알고 있니?" 헤엄을 치고 다니는 동안 그걸 왜 못 봤을까 하는 생각을 하면서 프레드가 물었다.

"응, 알아." 슬릭핀이 대답했다. "며칠 동안 그걸 빼보려고 했어. 흥 하고 바람을 뿜어내 보기도 하고 재채기도 해 봤는데 꿈쩍도 안 하네. 난 팔이 없으니까 거기까지 닿지 않아서 뺄 수도 없고."

"내가 도와줄게." 프레드가 말했다. 슬릭핀이 바람을 뿜어내고 프레드가 자기 작은 앞발로 슬릭핀의 숨구멍에서 해초를 뽑아냈다.

"네 말이 맞아, 네가 아까 우리는 서로 다르다고 했잖아." 슬릭핀이 말했다. "난 헤엄을 칠 줄 아는데 넌 못해. 하지만 우린 친구니까 난 널 등에 태울 수 있잖아."

"우린 친구니까 또 내 앞발로 네 숨구멍에서 해초를 빼내 줄 수도 있지." 프레드가 맞장구를 쳤다.

그 후로 프레드는 집에 혼자 앉아 있다가 함께할 친구가 필요하면 그냥 만에 있는 방파제로 걸어나오면 된다는 걸 알게 되었다. 친구가 되는 데 많은 시간이 필요하지는 않았다. 상냥하게 바라보면서 따뜻하게 웃는 얼굴로 서로에 대해 관심 어린 말을 나눠 주면 되는 것이다. 서로 다르지만 그건 별 문제가 안 된다. 다르다는 건 그만큼 함께할 게 많다는 것도 되니까. 돌고래와 생쥐!

"정말 이상한 관계야." 슬릭핀이 말했다.

"정말 멋진 우정이지." 프레드도 한마디 거들었다.

연습문제 7.1

적절한 사회적 행동을 발달시키기 위해 아이에게 필요한 기술과 자원은 무엇인가? 이 장에 나온 이야기들이 여러분 자신의 생각을 불러일으켰는가? 어떤 이야기들이 공감, 친절, 다른 사람을 향한 배려, 사람만이 지닌 상냥함 같은 성품을 형성하는 데 도움을 주었는가? 이 주제에 관한 이야기들은 다음과 같은 것들을 포함하고 있다.

• 친사회적 행동의 발견과 획득
• 친사회적 성격들의 개발과 양성
• 효과적이고 만족할 수 있는 관계 구축과 유지에의 적용

08

정서 조절하기

Fredrickson(2000)은 "……긍정적인 정서는 부정적인 정서를 없애는 효과가 있다."라고 주장하면서, 덧붙여 기쁨, 흥미, 만족 등과 같은 바람직한 감정들은 사람의 전체 사고-행위의 범위를 넓혀 생존을 위해서가 아니라 더 잘 살기 위해서 견딜 수 있는 힘들을 쌓게 만든다고 하였다. 이런 주장은 Joseph Wolpe의 상호 제지와 체계적 둔감법 이론과 같은 점이 많다. 바람직하지 못한 정서는 바람직한 정서를 창출하여 극복할 수 있다는 것이다. 부모, 교사, 아동치료자들의 입장에서 이것은 행복과 질적 생활 향상을 창출하기 위한 잠재력을 발견하고 경험해 보게 할수록 아이는 불안이나 우울, 분노 같은 감정을 덜 느낀다는 뜻이다. 적절하게 정서를 조절한다는 것은 비록 큰 슬픔이 고통스러울지라도 적응을 위한 적절한 과정일 수가 있고, 공포가 별로 기분 좋은 일은 아니더라도 아이가 위험한 상황에 들어가는 것을 막아 주기도 한다는 것을 아는 것도 포함한다.

두려움과 큰 슬픔, 죄의식 등은 다른 장에서 다룰 것이기에 이 장에서는 긍정적인 정서를 쌓기 위한 이야기에 역점을 두고자 한다. 여기에는 감각적 경험의 인식과 그 진가에 대한 것에 초점을 맞춘 이야기와 재미, 유머와 웃음 등에 관한 이야기가 실려 있다. 어떻게 만족을 키우는지, 어떻게 마음가짐을 바꿔 감정을 바꾸는지, 그리고 어떻게 제대로 정서를 표현할 수 있는지를 살펴보기로 한다. 더불어 유머로 메시지를 전하는 방법으로 분노를 조절하는 이야기도 들어 있다.

마흔한 번째 이야기 **즐거움을 키워 봐: 어린이를 위한 이야기**

| 치료적 특성들 |

제기된 문제
- 즐거운 경험을 늘리고 싶은 욕구
- 감각적 인식과 즐거움을 키우고 싶은 욕구

개발된 자원
- 감각적 쾌감에 집중하기
- 오감(시각, 청각, 후각, 미각, 촉각) 인식하기
- 삶의 작은 기쁨 즐기기

나타난 성과
- 기쁨
- 만족
- 행복
- 자발적 자기 돌봄

방학이 즐겁니? 방학 때 주로 뭘 하니? 샌디는 무엇보다 이번 방학을 기다렸던 아이란다. 샌디네 가족은 방학이면 늘 바닷가로 놀러가곤 했는데, 샌디는 그걸 너무 좋아했지.

샌디의 진짜 이름은 알렉산더인데, 아주 어렸을 때부터 사람들이 모두 샌디라고 불렀단다. 자기 진짜 이름이 알렉산더라는 걸 알았을 때는 샌디도 깜짝 놀랐지. 어떻게 '샌디'라는 이름이 '알렉산더'라는 이름에서 나올 수 있었는지 이해하기 힘들었어. 두 이름은 발음이나 철자를 봐도 너무 달랐으니까. 샌디는 모래사장이 있는 바닷가를 워낙 좋아했기 때문에 샌디(sandy, 모래투성이)라고 불리는 게 더 좋다고 생각했어. 그렇게 생각하면 자기가 바닷가에 있는 것처럼 느껴지고 서로에게 속한 것 같았기 때문이지. 바닷가는 모래사장이고, 자기는 샌디니까.

여름방학이 시작되자, 가족들은 도시 속의 집을 떠나 바닷가에 있는 별장으로 차를 몰아 늘 그랬듯이 오후에 도착했단다. 차에서 짐을 내리고 모두 집으로 들어가 저녁식사를 먹고 나면 잘 시간이 돼. 샌디는 자야 한다는 건 상관하지도 않았어. 다음날 아침까지 기다릴 수가 없었지. 바로 바닷가로 달려가 젖은 모래를 느끼고 싶었어. 무릎을 꿇고 앉아서 부드러운 알알이 모래들을 당장 손으로 폭 떠보고 싶기도 했지. 샌디는 모래를 두드려 가며 모래로 된 조각품을 만드는 느낌, 두드릴 때마다 조금씩 단단해져 가는 느낌, 그리고 손으로 면면을 매만지며 자기가 원하는 게 만들어져 가는 느낌을 알고 있었어.

어떤 때는 모래성이 되기도 하고, 어떤 때는 공룡이 되기도 하고, 또 어떤 때는 잠귀신이 되기도 하지. 모래는 물에 젖어 있을 때는 꺼칠꺼칠하고 묵직하면서 차갑고, 말랐을 때는 더 따뜻하고 가벼워져. 샌디는 자기가 만들고 싶은 걸 마음대로 상상하고 만들어 보았단다.

물론 햇볕에 그을려 피부가 발갛게 되서 따갑지 않으려면 긴 옷을 입고 모자도 눌러 쓰고 자외선 차단제까지 발라야 한다는 걸 잘 알고 있을 나이지만, 샌디는 자기 피부 위로 내리쬐는 여름 햇살의 쾌적한 따사로움이 너무 좋았어. 이야, 바닷가를 따라 달리다가 시원하고 짭짤한 물속으로 풍덩 뛰어들 때의 그 느낌이란!

사랑하는 가족들이 자기를 떠받쳐 주니까 아무 염려 없이 등을 물에 대고 둥둥 떠 있을 때도 있었어. 바닷물 위에 둥둥 떠 있는 건 수영 강습을 받으러 가는 수영장에선 도저히 느낄 수 없는 편안함과 자유로움이 있지. 하루가 끝날 때쯤이면 그 시원한 바다에서 산들바람이 불어와 몸에 소름이 돋기도 한단다.

샌디는 집에선 들을 수 없던 새로운 소리들을 모두 만끽해 보기도 한단다. 바닷가 별장에 와서 지내는 첫 밤은 늘 특별해. 바닷가를 감아 도는 파도 소리를 따라 하염없이 떠도는 건 정말 멋져. 특히, 어떤 일이 일어날지 전혀 모르는 때는 더 좋지. 거센 파도가 팍 부딪히기도 하고, 부드럽고 편안하게―모래 사이로 부드럽게 사르락 소리를 내면서―물결을 일으키기도 해. 어떤 때는 규칙적으로 파도가 한 번씩 밀려오기도 하고, 어떤 때는 아무 질서도 없이 어지럽게 몰려오기도 하지. 아침에 눈을 뜨면서 우스꽝스럽게 꽥꽥거리며 음식 찌꺼기를 서로 먹겠다고 싸우는 갈매기 떼 소리도 듣게 돼.

바닷가 별장으로 가면서 짭짤한 바다 냄새를 먼저 맡으려고 차 창문을 내렸어. 종종 관목 무성한 모래 언덕을 지나가기 전에 공기 속에서 그 냄새를 맡기도 하고, 먼 바다를 흘깃 보기도 하지.

이른 아침 샌디는 높은 파도가 해변을 얼마만큼 쓸어가 버렸는지 살펴보았단다. 햇빛으로 하얗게 되어 버린 오징어 뼈, 알록달록한 불가사리, 희한한 모양의 조개 껍데기들이 뒤덮인 옹이투성이 나무토막이 둥둥 떠다니는 걸 보기도 했지. 어느 방학 때는 커다랗고 둥그런 푸르스름한 거북 등껍질을 본 적도 있어. 바위 틈새에 고인 맑은 물에는 매끈한 조약돌이 있고, 게들이 헤엄을 치고, 쪼그만 물고기들이 휙휙 지나다니고 있었어. 샌디는 저 뒤에서 용트림하며 끓어오르는 파도 거품을 보면서 파도가 거품을 온몸에 입고 있는 뱀 같다는 상상도 했단다. 끈적거리는 갈색 해초 더미들에서 해초에 달린 작은 방울들을 찾아 손가락으로 톡톡 터뜨려 보았지. 바닷가 모래사장에 있으면 집에 있는 것처럼 느껴져. 아마 그래서 그의 이름이 샌디인가 봐.

마흔두 번째 이야기 즐거움을 키워 봐: 청소년을 위한 이야기

| 치료적 특성들 |

제기된 문제

- 즐거운 경험을 늘리고 싶은 욕구
- 감각적 인식과 즐거움을 키우고 싶은 욕구

개발된 자원

- 감각적 쾌감에 집중하기
- 오감(시각, 청각, 후각, 미각, 촉각) 인식하기
- 삶의 작은 기쁨 즐기기

나타난 성과

- 기쁨
- 만족
- 행복
- 자발적 자기 돌봄

배낭을 짊어지고 숲으로 가거나 숲에서 야영을 해 본 적이 있는가? 셸리는 한 번도 그런 적이 없었다. 셸리는 도시에 사는 아이였다. 아빠는 차를 몰고 아스팔트길을 벗어난 적이 한 번도 없었고, 엄마는 호화로운 호텔이 아니면 외박은 꿈도 꾸지 않았다. 그런데 셸리의 담임 맥케이 선생님이 하이킹을 할 거라는 가정통신을 전해 왔다. 나흘 동안 숲속을 걸어다니면서 사흘 밤을 텐트에서 야영한다는 것이다. 선생님 말씀을 거역할 수는 없는 법!

어쩔 도리가 있나, 셸리는 등에 배낭을 지고 터벅터벅 걸어가면서 아마 스모 선

수가 이렇게 힘들 거라는 생각을 했다. 그런 짐을 지고 가는 건 정말 참기 싫었지만, 살고 싶으면 무조건 메고 가야 한다는 걸 알고 있었다. 꼭 필요하면서도 미운 짐 보따리. 드디어 야영장에 도착해 배낭을 내려놓을 때는 날아갈 것만 같았다.

맥케이 선생님은 학생들을 불러 모았다. "텐트를 다 치고 나면……." 맙소사, 이제 무얼 하실 건가요? 셸리는 궁금했다. "야영장 근처에 있는 숲을 탐사할 거예요. 너무 멀리는 가지 마세요." 그건 염려하지 않아도 되는데 하고 셸리는 생각했다. "여러분의 눈에 보이는 걸 가까이 가서 잘 보세요. 색깔, 모양, 그림자, 상태, 움직임 같은 걸 잘 보도록 해 봐요. 말없이 조용히 해 보는 거예요. 10분 동안 말을 하지 않고 걸으면서 보도록 해요." 에이, 농담이시겠지. 셸리는 옆에 있는 친구에게 입을 뗐다. 셸리는 잘 때 말고는 10분 동안이나 말을 하지 않고 있었던 적이 한 번이라도 있었는가 싶었다.

나무를 올려다보았다. 이것 봐라, 전부 초록색이 아니네. 하나하나 초록의 진한 정도가 달랐다. 밝은 초록, 어두운 초록, 연두, 푸르스름한 초록 등등. 크기와 모양도 달랐고, 산들산들 바람이 불면 움직임도 달랐다. 나무줄기도 갈색이 아니었다. 회색이랑 갈색이 섞인 것도 있었고, 검은색과 갈색이 섞인 것도 있었다. 나무껍질을 손으로 쓱 쓰다듬어 보면 부드러운 것도 있었지만, 옹이가 너무 많거나 가시가 있는 것도 있었다. 어떤 키 큰 나무는 기둥에 열 몇 살짜리 여자 아이는 얼마든지 숨을 수 있을 만큼 큰 구멍이 나 있기도 했다. 거미나 뱀이 없나 잘 살펴보고 셸리는 그 안으로 살짝 들어가 보았다. 10분이 지날 동안 숨어 있을 수는 있을 것 같았다. 그리고 나서는 갑자기 튀어나와서 지나가는 친구를 놀라게 하는 거야. 거기 앉아 있으면서 그 구멍 속에서 반짝거리는 딱정벌레 한 마리가 위로 살살 기어 올라가는 걸 보았다. 셸리는 마치 산처럼 가파른 곳과 깊은 골짜기 같은데—딱정벌레한테는 말이다—를 그 가냘픈 다리로 오르는 걸 보는 데 정신이 팔려 버렸다. 어디를 가는 걸까? 궁금했다. 다른 친구들이 다시 재잘대기 시작하는 소리를 들었지만 나가기가 싫었다. 나무 구멍 속에 이렇게 숨어 있는 게 뭔가 편안한 느낌이 들었고 딱정벌레랑 계속 같이 있고 싶었다. 셸리는 잠시 그대로 있었다.

저녁식사(셸리는 짊어지고 온 배낭이 있으니까 야영 음식이 없어도 살 수 있을 거라는 생각을 했다.)를 마치고 맥케이 선생님은 아이들을 모두 모닥불 주변에 조용히 앉히시고는 눈을 감아도 좋다고 하시면서 숲의 소리를 들어 보라고 하셨다. 타닥거리며 타고 있는 불은 따뜻하고 좋았다. 산들바람에 나뭇잎 바삭거리는 소리가 났다. 전에는 알 수 없던 낯설음이었다. 지금은 이런 것에 완전히 압도당한 것 같았다. 누가 뿡 하고 방귀를 꼈다. 윽, 저녁에 삶은 콩요리를 먹었는데. 킥킥거리는 웃음소리가 물결처럼 모닥불 주위에 번져 갔다. 다시 숲의 고요가 찾아왔다. 새 몇 마리가 지저귀고 있었다. 휘파람소리, 얼레리꼴레리 놀려대는 것 같은 소리, 노랫소리 그리고는 올빼미의 부엉 소리가 났다. 그런 소리들이 나는데도 셸리는 조용하다는 생각이 들었다. 듣기가 참 좋았다.

그러고 나서 다음날 맥케이 선생님은 아이들에게 자기 주변에서 나는 냄새를 맡아 보라고 하셨다('삶은 콩요리를 먹고 나서는 아니길.'이라고 샌디는 혼잣말을 했다.). 숲에서 냄새가 났다. 그걸 어떻게 말로 표현할 수 있을까? 그래, 초록의 냄새가 났다. 물기 어린, 상쾌하고 말갛고 향기로운, 분명 초록의 냄새였다. 셸리는 걸으면서 손가락으로 나뭇잎들을 부서 봤다. 코 속으로 향기가 쏙 들어왔다. 밤에는 텐트 가까이에서 흙냄새를 맡는 것도 좋았다.

"숲의 맛을 느껴 보았나요?" 맥케이 선생님이 말하셨다. "자연은 피해야 할 걸 가르쳐 주기도 하죠. 붉은 색이거나 가시가 많은 식물들은 독이 들어 있다고 보면 돼요. 보여 줄 테니까 맛을 봐요." 어? 선생님 보험으로는 선생님이 직접 독을 먹인 아이를 책임질 수는 없을 텐데. 머릿속으로 이런 생각이 스쳤다. 맥케이 선생님이 나뭇잎을 가리키면서 씹어 보고 맛을 보라고(단, 삼키면 안 된단다.) 하셨다. 먹을 수 있는 야생 열매들도 있었다.

"촉감으로도 알 수 있어요." 맥케이 선생님이 야영 마지막 밤에 말해 주셨다. "우리 피부는 가장 큰 감각기관이에요. 그걸 벗겨 펴놓으면 1.7평방미터는 족히 될 거예요." 셸리는 엄청나군 하고 생각했다. "숲에서 직접 피부에 닿는 느낌을 느껴 봐요. 여러분이 건드려 보는 것도 좋지만 여러분의 피부를 건드리는 것들도 느껴 보는 거예요. 산들바람의 시원함이나 햇볕의 따스함 같은 걸 말이에요."

셸리는 밤에 자면서 땅을 느껴 보았다. 스치면서 나무껍질의 부드러움과 까칠함도 느껴 보았고, 손가락으로 비빌 때 나뭇잎의 촉감도 느껴 보았다. 그리고 걸어가면서 포슬포슬한 흙과 울퉁불퉁하게 돌이 튀어나온 흙이 주는 느낌의 차이도 느껴 보았다. 반짝거리는 딱정벌레 한 마리를 또 봤다. 셸리는 그 비단처럼 윤이 나는 등을 살짝 만져 보았고, 자기 손바닥 위로 걸어가는 그 가냘픈 다리의 느낌도 느껴 보았다. 새들이 지나간 자리에서 깃털 하나를 주워 손끝으로 그 부드러움을 그려 보기도 했다.

자기는 늘 도시 아이라고만 생각했는데, 집으로 돌아온 후 셸리는 적잖이 놀랐다. 걷고 싶었다. 여태껏 걸어가는 길에 그렇게 아름다운 정원이 많이 있는 줄은 몰랐다. 길 막다른 곳에는 공원도 하나 있었는데, 그렇게 예쁜 곳이 있었다니! 걸으면서 정원의 색도 보고, 공기 중에 떠도는 꽃향기도 맡아 보고, 햇살의 따스함과 그늘의 시원함도 느끼고, 예전엔 한 번도 들어 본 적 없던 새소리도 들었다. ……모든 것이 좋았다.

마흔세 번째 이야기 즐겨 봐

| 치료적 특성들 |

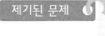 제기된 문제

- 재미와 즐거움의 결핍
- 우울
- 너무 심각함
- 즐기는 법을 모름

개발된 자원

- 사는 게 늘 재미있는 건 아니라
  는 것 받아들이기
- 순간 즐기기
- 즐거운 경험해 보기
- 즐겁게 노는 법 배우기
- 긍정적인 사회적 기술 구축하기
- 재미있는 일 하는 것 배우기

나타난 성과

- 행복
- 기쁨
- 재미를 위한 활동

네가 말하는 걸 보니 안젤라가 말하던 게 생각나는구나. 그게 뭔지 궁금하지? 안젤라는 너랑 같은 나이인데, 뭘 더 하고 싶은지 물어보면 너랑 똑같은 말은 아니지만 비슷한 말을 했거든. 이렇게 말했어. "재미있는 거요."

안젤라는 왜 마음껏 재미있게 되지 않는지를 알 수 없었단다. 사실 어느 정도는 재미있었겠지. 그런데 더 재미있기를 원하는 거야. 안젤라가 왜 나한테 왔는지는 말할 필요도 없었단다. 안젤라가 어느 정도는 그 이유를 벌써 아는 것 같았으니까. 그에 대해서는 별달리 더 말하지 않아도 될 거 같구나. 별로 잘 아는 사람도 아니니까. 아무튼 안젤라가 더 재미있는 것을 하고 싶다고 했을 때, 자기가 원하고 필요한 게 뭔지 이미 알고 있는 것 같았단다.

살면서 즐거움을 위해 뭘 하느냐고 내가 물었단다. 안젤라는 잠시 가만히 생각에 잠겼다가 말을 했어. "내 동생이랑 같이 재미있게 놀기도 하지만, 동생이 울기만 하면 엄마는 내가 울렸다고 혼을 내요. 그래서 동생이랑 노는 게 재미있지만은 않아요."

안젤라는 조금 더 생각해 보더니 또 말했어. "친구랑 노는 게 재미있을 때도 있어요. 소리 내서 웃기도 하고 깔깔대기도 하지만, 친구들이 날 괴롭힐 때도 있어서 그렇게 재미있는 건 아니에요."

"있잖아, 아주 짧은 순간들이라도 괜찮은데, 네가 재미있다고 느낄 때 말이야, 그런 때는 어떤 게 재미있다고 느껴지니?"

"잘 모르겠는데요." 안젤라가 대답했어.

"좋아." 내가 말했지. "어떤 느낌이 드는지를 아는 데는 말이 필요 없을 때도 있지. 그것이 지금이라면 느껴 볼 수 있겠니?"

안젤라는 잠시 눈을 감고 있더니 입꼬리가 움직이면서 미소를 지으며 고개를 끄덕이는 거야.

"몸에서 어떤 일이 일어났는지 알겠니?" 내가 물었어.

"배가 따뜻해져 오는 느낌이에요." 안젤라가 대답했지. "얼굴에 미소가 떠오르는 걸 느꼈는데 그것이 참 좋아요."

"네가 동생이랑 놀 수 없거나 친구들이랑 재미있는 걸 할 수 없는데 즐거운 느낌을 갖고 싶다면 지금처럼 해 보는 건 어떨까. 넌 두 눈을 감고 어떻게 해서 배에서 따뜻함을 느끼고 얼굴에 미소를 띠게 되었지?" 내가 물었단다.

"그냥 해 본 것뿐인데요." 눈을 뜨고 여전히 웃음 띤 얼굴로 안젤라가 말했어.

"친구들 중에 제일 즐겁고 행복하고 기뻐 보이는 게 누구라고 생각하니?"

"리비요." 주저 없이 안젤라는 대답했어. "만날 거의 바보같이 굴어요. 우리 반 광대라니까요."

"리비는 자기가 즐겁다는 느낌을 어떻게 해서 가지는 걸까?"

"리비는 장난기가 많아요." 안젤라가 대답했어. "만날 농담하고 다른 애들한테 짓궂은 장난만 쳐요. 한 번은 여자 아이 책상에 고무로 만든 거미를 넣어 놓고는 그 아이가 책상을 열고 비명 지르기를 기다리기도 했다니까요."

"리비가 하는 일은 다 듣지 않아도 돼." 내가 말했지. "네가 고무 거미를 책상에 넣어서 수업 중에 비명을 지르게 하는 걸로 문제를 일으키는 걸 원치 않아. 하지만 네가 보기에 리비의 행동 중에서 좀 더 많은 즐거움을 만들기 위해서 네가 할 수 있다고 생각하는 것이 있는지 궁금하구나."

"조금 더 쾌활해질 수 있을 것 같아요." 안젤라가 대답했어.

"네가 어떻게 해야 좀 더 쾌활해질 수 있을까?" 내가 물었지.

"좀 더 편안해지고 농담을 좀 더 많이 하고 가끔은 다른 아이들한테 바보처럼 굴기도 하면 될 거 같은데요." 안젤라가 대답했어.

"딴 사람 중에서 즐겁게 지내는 방법을 잘 아는 사람이 있니?" 내가 말을 이어 갔단다.

"글쎄요, 카렌은 친구가 많아서 즐거운 것 같아요. 늘 같이 모여 웃으면서 즐겁게 지내는 것 같거든요." 안젤라가 말했어.

"카렌이 친구들과 즐거움을 함께 나눌 수 있는 건 무엇 때문일까?"

"카렌은 학교를 마치고 나면 아이들을 불러 모아요. 친구들을 자기 집에 데리고 가서 자기도 하고, 또 다른 친구들 집에 초대도 받아요."

"카렌이 하는 것 중에서 네가 할 수 있는 건 없을까?"

"엄마한테 말해서 학교 마치고 친구들을 초대하거나 주말에는 같이 잘 수도 있을 거예요."

"네 생각에 늘 즐겁게 지내는 사람이 또 없니? 혹은 이미 즐겁게 살 수 있는 조건을 충분히 가졌다고 생각되는 사람은?" 내가 물었단다.

"조앤은 늘 즐거운 일이 많은 것 같아요. 금요일 수업을 마치고 나면 스쿼시 시합도 하고 기타도 배워요. 주말에는 농구도 하던데요. 조앤은 늘 자기가 하는 게 자기한테는 너무 재미있는 거라고 말해요."

"즐길 수 있는 걸 하는 건 재미있는 거야." 내가 맞장구를 쳤지. "넌 즐거운 생활을 위해 하고 싶은 게 없니?"

"발레를 배우고 싶다는 생각을 했어요." 안젤라가 말했어. "재미있을 거 같아요."

안젤라는 자기가 원하는 걸 하기로 하면서 입꼬리가 움직이더니 얼굴에 다시 기쁨의 미소가 번져 올랐어. 기쁘다는 게 어떤 느낌인지, 안젤라가 뭔가를 즐기게 되는 게 어떤 건지를 말할 필요는 없다고 생각해. 그녀는 이미 스스로 그런 걸 발견하기 시작했으니까. 안젤라가 했던 이 말로 모든 게 시작되었다는 걸 알 수 있었으니까. "나는 더 즐거워지고 싶어요."

마흔네 번째 이야기 **만족감을 키워라**

| 치료적 특성들 |

제기된 문제

- 만족감 결여
- 외로움
- 완벽하려고 노력함

개발된 자원

- 단순한 것의 가치 인식하기
- 자신에 대해 만족하기
- 혼자 있는 시간 즐기기
- 다른 사람과 함께하는 시간 즐기기
- 완벽하지 않음을 받아들이기
- 긴장이완 방법 배우기
- 편안한 사고 창출하기
- 만족은 사람마다 다르다는 사실 수용하기
- 자기가 처한 환경에 감사하기
- 다른 사람한테서 배운 것 사용하기

• 만족하기

생쥐 프레드는 만족이란 말을 들은 적은 있었지만, 그 말에 대해 전에는 제대로 생각해 본 적이 없었다. 프레드에게 그 말은 어른들이 쓰는 말처럼 들렸는데, 그 말을 들으면 그것이 무슨 뜻인지 궁금했다.

어느 날 아침에 집 모서리 벽에 있는 구멍에서 아침으로 구운 치즈샌드위치를 먹으면서 처음으로 그 말을 생각해 보기 시작했다. 프레드는 만족이란 말은 아침에 배가 고파 배에서 꼬르륵 소리가 날 때, 가운데 쫀득한 치즈를 넣어 구운 따끈한 치즈샌드위치를 받을 때의 느낌일 거야. 내가 배라면 나한테는 그것이 만족이야라고 생각했다. 다른 건 없을까? 프레드는 그것 말고 또 만족이라고 할 만한 게 무엇일지 궁금해져서 아침을 먹고 나서 만족이라는 걸 더 배우기 위해 여행을 떠났다.

프레드가 처음 만난 친구는 필립이라는 곰이었다. 필립은 만족할까? 궁금했다. 그는 무슨 일이 일어나도 편안한 웃음을 머금은 얼굴로 세상을 보면서 어디에 앉아 있건 늘 그렇게 행복해 보인단 말이야. 누가 자기를 데리고 놀아 주거나 꼭 안아 주기라도 하면 마냥 행복할 거 같아. 어쩌면 만족이라는 건 혼자 있건 누구랑 같이 좋은 시간을 보내건 다 좋다는 느낌일지도 몰라.

필립은 사랑받고 있었고 안아 주는 사람도 많았다. 워낙 꼭 껴안아대서 군데군데 털이 숭숭 빠진 데마저 있었다. 그런데 재미있는 건 그렇게 많은 사랑은 받은 필립도 완벽하지는 않아서 별로 다를 게 없어 보인다는 거다. 프레드는 어쩌면 만족이라는 건 완벽하거나 말거나 괜찮다는 느낌인지도 모른다고 생각했다. 하지만 만족하는 다른 방법은 더 없을까?

프레드는 답을 모두 얻었다고 돌아가지 않고, 정글의 신비를 발견하고 싶어 하는 탐험가처럼 여행을 계속했다. 건넛방에서 고양이가 부드럽게 가르랑거리는 소리를 들었다. 그렇다. 생쥐 프레드는 그런 가르랑 소리를 들으면 무척 조심하면서 가만히 구석구석 훑어 본다. 따뜻한 화롯불 옆 카펫 위에 고양이 태비가 몸을 웅크리고 있었다. 천천히 박자에 맞춰 배와 가슴이 숨을 쉴 때마다 오르락내리락 하는 것 말고는 거의 움직이지를 않고 있었다. 몸이 축 늘어져 보였다. 그리고 입에는 점잖은 미소를 머금고 있었다. 어쩌면 저게 만족일지도 몰라. 몸을 웅크리고 천천히 편안하게 숨을 쉬면서, 몸은 편안하게 하고 자기만의 평온한 생각을 즐기는 시간을 가지는 것 말이야.

프레드는 태비가 어떤 생각으로 만족스러워하고 있는지가 궁금해졌다. 쥐를 쫓는 꿈을 꾸는 건 아닐까? 혹시 프레드를 쫓고 있는 건 아닐까? 태비한테는 만족을 느낄 수 있는 생각일지는 몰라도 고양이한테 쫓겨 다니는 자기로서는 그리 달가운 생각이 아니었다. 그러면서 프레드는 또 다른 생각을 했다. 누군가에게 만족할 만한 게 다른 사람에게도 똑같이 만족스러울 수는 없을지도 몰라.

프레드는 발끝으로 조심조심 태비 곁을 지나 여행을 계속하려고 밖으로 나갔다. 프레드가 문 밖으로 발을 내놓기가 무섭게 아름다운 소리가 들렸다. 까치 밀리가 나뭇가지에 앉아 있었다. 햇빛이 등에 비치고 산들바람이 가지를 살랑살랑 흔들고, 그 위로 말간 푸른빛의 하늘은 꽃향기로 가득했다. 내가 까치 밀리라도 즐겁게 노래할 거야. 만족이란 건 자기 주변에 있는 것에 감사하면서 그걸 기쁨으로 노래하는 것일지도 몰라.

생쥐 프레드가 만족에 대해 모든 걸 알았는지, 아니면 더 많은 걸 보려고 계속해서 여행을 했는지는 잘 모르겠다. 어쨌든 알고자 하는 건 충분히 배웠을 것이다. 프레드는 그날 밤 자기 침대 속으로 들어가 편히 누워 잠이 들면서 자기가 본 필립, 태비, 밀리의 만족을 조금은 알 수 있었을 것이다. 생쥐 프레드처럼 여러분도 좀 더 만족한 마음을 느낄 수 있었을 거라고 생각한다.

마흔다섯 번째 이야기 **분노를 꼼짝 못하게 하는 거야**

| 치료적 특성들 |

제기된 문제

- 분노
- 분노 폭발
- 억제할 수 없는 행동
- 변할 수 없다는 느낌

개발된 자원

- 행동의 결말 수용하기
- 행동의 영향에 대해 배우기
- 책임지기
- 새로운 가능성 탐색하기
- 긍정적인 대안 창출하기

나타난 성과

- 분노 조절
- 해결책 모색 기술
- 창조적으로 에너지를 사용할 줄 아는 능력

매트는 아주 멋진 아이다. 친구들과 가족을 즐겁게 해 주기 때문에 거의 모든 사람들이 매트를 좋아한다. '거의'라는 말을 붙이는 이유는, 매트가 심하게 화를 낼 때가 가끔 있기 때문이다. 자기 뜻대로 잘 안 될 때는 사람들에게 고함을 치고 비명을 지른다. 문을 쾅 닫아 버리고, 옆에 있는 아이를 밀쳐 버리기도 하고, 자기 근처에 있는 것은 잡히는 대로 던져 버리기도 한다. 엄마와 아빠는 "애야, 감정 누르는 걸 좀 더 배워야겠구나. 안 그러면 정말 큰 문제가 생길 날이 올지도 몰라."라는 말을 늘 하곤 하셨다. 이젠 학교에서 자기를 피하는 친구가 점점 더 많아지고 있다는 걸 매트도 눈치 챘다. 그가 화를 낼수록 같이 있고 싶어 하는 사람들은 점점 더 적어졌다.

이것이 매트의 걱정거리였다. 매트는 친구들을 좋아하는데, 친구들을 잃고 싶지 않지만 어떻게 해야 할지를 몰랐다. 매트는 늘 이런 식이었다. 할 수 있는 만큼 꾹꾹 눌러 참다가 더 이상 참을 수 없을 만큼 올라오면 화산처럼 폭발해 버리는 것이다. 매트는 자기가 어떻게 할 수 있는 문제가 아니라고 생각했다. 매트가 뭘 할 수 있단 말인가?

어느 토요일 아침, 아빠가 철물점에서 돌아오셔서 "매트야, 너한테 줄 선물이 있단다."라고 말하셨다. 쇼핑백에서 신형 망치와 커다란 가방, 반짝이는 못을 꺼냈다. 아빠는 낡은 통조림 깡통을 들고 와서 못을 그 안에 담아 주셨다. 망치와 못이 담긴 깡통을 매트에게 건네 주면서, 아빠는 "화가 날 때마다 밖으로 나와서 집 옆에 있는 나무 담장에 못을 박는 거야."라고 말하셨다.

처음엔 아빠가 제정신이 아니거나 좀 이상해지신 게 아닌가 하는 생각이 들었다. 일 때문에 너무 힘드셔서 그런가 보다고 생각했지만 그저 어깨만 으쓱 하고 말았다. 할 수 있는 건 다 해 봤는데 아빠가 말하시는 걸 안 할 이유가 있을까?

그 후로 매트는 집에 있을 때 화가 나기만 하면 나가서 옆 담장에 못을 박았다. 학교에서 화가 나면 몇 번이나 화가 났는지를 기억해 뒀다가 집에 오자마자 나가서 담장에다 그 수대로 못을 박았다.

얼마 지나지 않아 매트는 못 박는 일이 지겨워지기 시작했다. 화가 나면 창고로 가서 못과 망치를 들고 온다. 그리고는 담장으로 가서 점점 더 많이 못을 박는다. 매트는 이런 똑같은 일을 계속하는 게 마음에 들지 않았다. 게다가 추운 날이나 비가 오는 날은 더 그랬다. 그런데 놀랍게도 매트는 자기가 화를 점점 덜 내고 있다는 걸 알게 되었다. 그가 화를 참지 못해서 담장에 못을 하나 더 박은 때를 기억하기보다는 감정을 조절하는 것이 더 쉬운 일이었다. 이제 담장에 가지 않고도 일주일이나 지낼 수 있었다. 매트는 자랑스럽게 아빠한테 말했다.

"잘했다. 그 말을 들으니 참 기쁘구나. 이제부턴 네가 화를 내지 않은 날마다 가서 담장에 박은 못을 하나씩 빼는 거야." 아빠가 말하셨다.

여러 날이 지나면서 많은 못이 빠져 나갔다. 하지만 매트는 못을 빼고 난 자리에 구멍이 남는다는 걸 알았다. 몇몇 구멍은 못을 뺀 부분의 나무가 불룩하게 튀어나와 좀 가려지기도 했지만, 나머지는 못 크기 그대로 남아 있었다. 매트는 못을 빼도 남게 되는 자국에 대해 생각해 보게 되었다.

아빠한테 그 말을 하자 아빠가 말하셨다. "화를 낼 때도 비슷한 일이 생기지. 화를 내는 건 상처를 입히기도 하는데, 어떤 때는 화가 다 사라지고 나서도 오래도록 기억되는 상처나 흉터를 남기기도 한단다."

매트는 며칠 동안이나 아빠의 말을 곰곰이 생각해 보았다. 담장에 구멍이 남아 있다는 게 싫었다. 옆으로 지나갈 때마다 자기 행동으로 남게 된 흔적을 보아야 했다. 다음 주에 매트는 아빠한테 부탁해서 담장에 나 있는 구멍을 모두 막아 버렸다. 하지만 그 흔적은 그대로 남아 있었다. 매트는 자기가 했던 짓을 고치고 싶었다. 그래서 아빠한테 다음 주에 담장에 페인트칠을 해 달라고 했다.

"무슨 색을 칠할까?" 아빠가 물으셨다. 매트는 몇 가지 생각을 해 봤다. 한 가지 색으로 다 칠해도 되고, 한 조각마다 다른 색을 칠해도 되고, 담장 전부에 벽화를 그려도 되는데……. 친구들을 불러다가 낙서를 하면서 담장 칠하기 파티를 할 수도 있다. 가만히 생각해 보니 담장에 했던 짓을 바꿀 수 있는 방법이 아주 많다는 걸 알았다. 매트는 이 일이 못을 박는 일보다 훨씬 더 재미있을 거라고 생각했다.

마흔여섯 번째 이야기 **웃게 해 주기**

| **치료적 특성들** |

제기된 문제
- 슬픔
- 사랑하는 사람이 슬퍼하는 걸 보는 것

개발된 자원
- 유머가 담겨 있는 경험에 대해 대화하기
- 이야기와 연관시키기
- 재미있는 부분 보기
- 다른 사람들이 슬플 때 도와주기

나타난 성과
- 긍정적인 의사소통 기술
- 유머의 좋은 점
- 다른 사람을 돕는 기쁨

내가 조디의 엄마를 처음 만났을 때, 그녀는 슬퍼하고 있었다. 우리는 모두 슬플 때가 있다. 엄마와 아빠도 슬퍼질 수 있고 아이들도 슬퍼질 수 있다. 물론 모두 기쁘고 신나는 때도 있고 즐거운 때도 있다. 기분이 안 좋아질 때 우리의 기분을 좋게 만들어 주는 방법이 뭔지 알면 도움이 될 수 있다.

조디 엄마는 자기에게 일어난 일에 대해 이야기해 주었다. 아마 조디는 엄마의 기분이 별로라는 걸 알고 있었던 모양이다. 저녁식사를 하면서 조디가 엄마한테 던진 작은 질문 하나가 엄마의 기분을 매우 좋게 만들어 주었다는 사실을 그가 아

252 · 제2부 치유적 이야기, 교훈적 이야기

는지 모르는지 잘 모르겠다. 조디는 그저 호기심으로 물었던 게 아닌가 싶다. 학교에서 아이들이 그런 이야기를 하곤 하니까. 조디가 엄마한테 물었던 건 이거다. "내가 태어나기 전 이야기 좀 해 주세요."

조디 엄마는 자기가 임신했을 때, 조디가 아직 엄마 뱃속에 있을 때로 기억을 돌리느라 잠시 생각에 잠긴 듯했다. "어느 날이었단다." 잠시 후 엄마가 말을 꺼냈다. "실은 그날이 네가 태어날 예정일이었는데, 넌 전혀 나오려고 하지를 않았단다. 지금 네가 학교 갈 시간이 되어도 그러듯이 말이야. 아빠는 회사에 있었고, 우리는 작은 농장에서 채소와 닭, 오리 같은 걸 재미 삼아 기르면서 살고 있었지. 그런데 웬일인지 오리들이 뛰쳐나온 거야. 그래서 난 어디도 갈 수가 없었어. 내가 병원에 간 사이에 여우라도 와서 오리를 물고 가버리면 어쩌니? 난 오리들을 몰아야 했단다."

"배는 불룩해 가지고 꼭 늙은 오리처럼 뒤뚱거리며 걷고 있었던 거야. 오리들을 담장 구석으로 몰고 가려고 했지만 몸을 구부릴 수가 있어야 그놈들을 잡지. 결국 오리들은 이리저리 흩어져 버리고 나를 비웃는 것처럼 꽥꽥거리기만 했어. 내가 가까이 가기만 하면 날개를 푸드득거리거나 뒤뚱거리며 어디로 가버리는 거지. 그놈들을 5에이커나 쫓아다니고 나니까 배가 살살 아파 오기 시작했단다. 그래도 한 마리씩 구석으로 몰아서는 자루를 던져 그놈들을 잡았다는 거 아니냐." 조디는 엄마가 불룩한 배로 뒤뚱거리며 오리를 쫓아다니는 걸 생각해 보니 웃음이 터져 나왔다.

엄마가 다음 이야기를 꺼내자 조디는 더 크게 웃어댔다. "오리 한 마리를 옮기고 있는데, 글쎄 그놈이 내 옷에 똥을 싸는 거야." 조디는 웃음을 참을 수가 없었고, 엄마도 그때를 기억하면서 웃으셨다.

엄마가 말했다. "한 마리씩 오리들을 싸잡아서 오리 장에 다 집어넣었어. 그리고 나서야 겨우 집 안으로 들어가 아빠한테 전화를 했단다. 와서 날 병원으로 좀 데려다 달라고 말이다. 그때까지 냄새나는 옷을 갈아입지도 못했어. 아빠가 병원으로 차를 막 몰고 가는데, 경찰차가 속도 위반이라고 아빠 차를 붙잡으려고 했어. 그런데 나를 보니 진흙투성이에 오리 똥은 뒤집어쓰고 있지, 게다가 임신까지 한 몸이었지, 그래서 병원까지 사이렌을 울리면서 호위해 주었단다. 내 생각에는 네가 이 세상에서 가장 극적으로 태어난 아이가 아닐까 싶다."

조디는 지금까지 그런 이야기를 들어 본 적이 없었고, 엄마는 눈물까지 흘리면서 웃었다. 조디 엄마는 전에는 그런 이야기를 할 기회도 없었고 그때 그 일이 그렇게 즐거움을 줄 수 있으리라고는 생각도 하지 못했을 것이다. 그냥 건넨 질문 하나가 조디와 엄마를 상상도 못한 방법으로 도와주었다. 두 사람은 모두 기분이 나쁠 때 웃을 일을 찾아보는 게 도움이 될 수 있다는 것을 알았을 것이다.

마흔일곱 번째 이야기 ## 자제력을 잃다

| 치료적 특성들 |

제기된 문제

- 분노
- 욕심
- 좌절
- 다른 사람에 대한 비난
- 다른 사람을 향한 적개심

개발된 자원

- 원하는 것 찾기
- 다른 가능성 찾기
- 해결책 찾기
- 참아 내기

- 인내는 쓰고 그 열매는 달다는 사실 알기
- 충동적으로 대응하지 않는 방법 알기
- 효과적으로 분노 조절하기

너무나 청결한 도시에 태어나서 불행한 파리 한 마리가 있었다. 여러분도 알다시피, 파리들은 쓰레기나 찌꺼기처럼 더럽고 냄새나고 역겨운 건 모두 좋아한다. 그런데 이 도시 사람들은 청결을 경건함 다음으로 알고—파리한테는 불행한 일이지만—자기들의 신념을 실천에 옮겼다. 파리가 아무리 찾아봐도 길거리에는 쓰레기 하나 없었고, 모든 쓰레기통은 너무나 꼭 닫혀 있어 며칠을 굶어서 매우 날씬해진 파리라 할지라도 그 뚜껑 틈새를 비집고 들어갈 수 없었다. 파리는 길거리를 오락가락 날아다니며 뒷마당도 찾아보고, 무심코 그 집 사람들이나 아이들이 버려 놓은 게 없나 살펴보고 있었다. 시간이 흐를수록 배는 점점 더 고파지고 곧 굶어 죽을 것 같은 지경까지 갔다.

파리는 자기가 타고난 운을 저주했다. 여기는 세상에서 가장 깨끗하고 청결한 곳이 틀림없고, 이런 데 태어난 건 자기 운명이었다. 아이고, 개똥 같은 맛있는 걸 먹을 수만 있다면 영혼이라도 팔아 버리겠는데……. 개를 끌고 다니는 사람들은 개똥이 땅에 떨어지기도 전에 봉지를 갖다 대고는 그것을 싹 치워 버린다. 냄새조차 맡을 새도 없다. 파리한테 개똥은 영화관에서 먹는 팝콘처럼 끝내주는 걸 텐데…….

파리는 아무것도 먹을 게 없으니까 화가 나기 시작했다. 자기가 당한 걸 사람들에게 그대로 돌려줘야겠다는 생각이 들었다. 그래서 사람들을 따라다니며 왱왱대기 시작했다. 시끄러운 소리를 내니까—특히, 얼굴 앞에서 뱅뱅 돌면서—사람들이 손바닥을 획획 내저었지만, 파리는 재빨리 손을 피해 계속 사람들을 괴롭혔다. 정말 화가 나면 사람들이 식사를 하려고 식탁 위에 음식을 내놓자마자 그 음식에 곧 닿을 듯이 날아다녔다. 그런데도 배는 점점 더 고파만 갔다. 파리가 찾아낸 재주 중에 최고는 아기 얼굴 앞에서 왱왱대며 날아다니는 거였다. 그건 사람들을 완전히 돌아 버리게 만드는 것이었다.

파리는 도시의 구석과 틈새를 다 뒤지고 다녀 보고는 시골 쪽으로 날아가 보기로 했다. 거기엔 뭔가 있을지도 모르니까. 소나 말의 똥 덩이는 맛있는 식사가 되지만, 농부들도 도시 사람들처럼 깨끗하기는 마찬가지였다. 그들은 말과 소의 뒤를 졸졸 따라다니며 불쌍한 파리가 딱 한 입 먹을 똥도 남겨 두지 않고 싹 치워 버렸다.

바로 그때 맛있는 게 있을 것 같은 썩는 냄새가 코로 솔솔 풍겨와 자석처럼 끌려가기 시작했다. 파리는 쓰레기 더미 속으로 뛰어들었다. 냄새나는 거름 속으로 완전히 목욕을 하듯 굴러다니면서 찌꺼기들을 배가 터지도록 먹어댔다. 이야, 신난다! 푹푹 썩고 있는 생선뼈도 있고 썩은 채소도 있다. 아무리 기품 있는 파리라도 좋아서 죽을 만큼 많이. 그것 말고도 파리가 좋아하는 게 너무 많았다. 토사물 옆에 있는 썩은 냄새가 나고 찐득찐득한 개똥. 파리는 한 입도 더 이상 먹을 수 없을 때까지 먹고 또 먹었다. 그런데 유통 기한이 넘어서 썩고 곰팡이까지 펴 녹색이 되어 버린 커스터드를 더러운 플라스틱 통 바닥에서 보고는 후식으로 그걸 먹고 싶다는 생각이 드는 걸 참을 수가 없었다.

실컷 먹고 나서 파리는 이제 그 자리를 떠나려고 날개를 폈다. 그런데 배가 너무 불러 몸이 무거워진 탓에 뜨지를 않았다. 처음에는 어쩔 줄을 몰라 그냥 쓰레기 더미 위에 그대로 앉아 있었다. 쓰레기차가 와서 또 쓰레기를 내려놓을지도 모르고 쓰레기를 치우러 사람이 터벅터벅 걸어올지도 모르는데. 무슨 수를 찾아야 했다.

주위를 둘러보자 벽에 기대 놓은 자루가 긴 삽이 보였다. 파리는 너무 배가 불러 뚱뚱해진 몸을 질질 끌고 느릿느릿 삽 쪽으로 가서 삽 위로 기어 올라갔다. 맨 꼭대기까지. 거기서 공중으로 슝 날았는데, 잠깐 나는가 싶더니, 윽, 철퍼덕 소리와 함께 바로 땅으로 내리꽂혀 버렸다.

이 이야기에서 말하고자 하는 것은? 쓸데없는 생각으로 가득 차서 자제력을 잃어서는 안 된다는 말씀!

마흔여덟 번째 이야기 **웃어 봐**

| 치료적 특성들 |

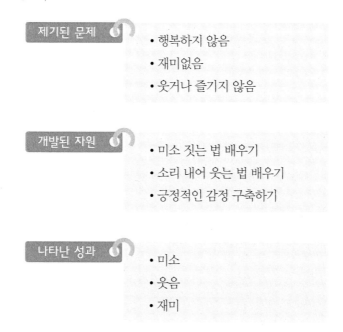

제기된 문제
- 행복하지 않음
- 재미없음
- 웃거나 즐기지 않음

개발된 자원
- 미소 짓는 법 배우기
- 소리 내어 웃는 법 배우기
- 긍정적인 감정 구축하기

나타난 성과
- 미소
- 웃음
- 재미

클레리는 사방에 불을 다 켜놓고 거울 앞에 앉아 있다. 얼굴에다 립스틱으로 벌겋게 웃는 모양을 커다랗게 그리고, 그걸 도드라지게 테두리는 검은 선으로 쫙 그었다. 보기만 해도 웃음이 나는 땡그란 두 눈도 그렸다. 머리에는 황갈색으로 막 뒤엉킨 가발을 쓰고, 앞쪽에 커다란 노란 꽃이 달려 있고 윗부분이 구겨진 모자를 썼다. 꽃이 달린 데서 머리 뒤쪽으로 내려오게 플라스틱 관을 달아 어깨 너머 팔까지 내려오게 했다. 밝은 색 체크무늬의 헐렁한 윗옷을 입고 주머니 속에 있는 커다란 물주머니로 튜브를 밀어 넣었다. 이제 자기 발보다 훨씬 큰 신발에 발을 집어넣고는 조심조심 마차에서 내려 커다란 천막문을 지나 무대로 들어섰다. 관객들이 클레리를 보는 순간 폭소가 터져 나왔다. 맞다. 클레리는 서커스 광대다.

기다랗고 헐렁한 신을 신고 뒤뚱거리는 모습에 사람들은 배꼽 빠지도록 웃어댔다. 클레리는 맨 앞줄에 있는 사람에게 가서 자기 주머니 속에 있는 공을 눌렀다. 그러자 꽃에서 물이 확 뿜어져 나왔고, 사람들은 더 크게 웃었다. 서커스 단장은 한 치의 의심도 없이 클레리가 제일 웃기는 최고의 광대라고 생각했다.

쇼가 끝나자, 공중 곡예사인 허먼이 클레리를 찾아왔다. 클레리는 웃는 얼굴 분장을 지우고 있었다. 화장 밑에 숨겨진 클레리의 진짜 입술은 앙다문 일자 입술이었고, 반짝이로 칠한 눈을 지워 내자 그의 눈은 흐릿하고 슬퍼 보였다.

"무슨 일 있어?" 허먼이 물었다.

"글쎄." 클레리가 대답했다. "다른 사람을 웃기는 건 쉬운데, 나는 웃을 수가 없어. 학창 시절을 생각해 봐도 다른 사람을 웃기는 건 참 쉬웠어. 난 다른 애들과는 다르다고 느끼곤 했지. 보통 애들처럼 운동도 잘 못하고 공부도 그리 잘하지 못했거든. 거의 바닥 수준이었지. 그런데 딱 한 가지 남을 웃기는 건 잘할 수 있었어. 서커스 무대에 들어설 때처럼 뒤뚱거리기만 하면 애들이 막 웃어 넘어갔다니까. 점심 때 샌드위치를 먹으면서 입에 안 넣고 그걸 코로 넣는 거야. 그럼 애들은 재미있어 죽지. 내가 잘할 수 있는 게 바로 이거라고 생각해서 우리 반 광대가 되었어. 그런데 난 전혀 즐겁지가 않아."

"그렇구나." 허먼은 친구의 이야기를 들으면서 마음이 아팠다. "소리 내어 웃는 게 힘들면 미소라도 지어 봐. 그건 쉬울 거야." 거울 앞에서 클레리는 웃어 보려고 했다.

"이래가지곤 안 되겠다." 허먼이 말했다.

"그게 무슨 뜻이야?" 클레리가 물었다.

"네가 할 수 있는 건 고작 입술을 약간 들어올리는 거잖아. 그걸로는 안 돼. 얼마 전에 읽었는데, 뇌의학을 하는 두첸느 박사란 사람이—그 사람은 벌써 수백

년 전 사람이야─사람 얼굴에 바늘을 찔러 놓고 그 바늘로 전기 충격을 줘서 얼굴 근육을 자극해 보고는 웃는 표정만 짓는 거랑 진짜 웃는 것의 차이를 발견했다는구나. 웃는 표정만 지을 때는 네가 하는 것처럼 입꼬리를 들어올리기만 하면 되는데, 진짜 웃을 때는 뺨에 있는 근육과 눈 주위의 근육이 다 올라간다는 거야. 내가 축구감독처럼 말하고 있다는 거 아는데, 어쨌든 해 보자. 얼굴 근육이 모두 움직일 수 있도록 해 보는 거야."

클레리는 다시 한 번 해 봤다.

"아까보다 낫다." 허먼이 말했다. "내가 숙제를 내줄게. 아침마다 마차에서 나오기 전에 거울 앞에 앉아서 두첸느 박사가 말하는 진짜 미소를 연습해 보는 거야."

두 사람은 서커스 공연 중에 만나도 일주일이 지나도록 미소 연습에 대해서는 한마디도 하지 않았다. 그런데 어느 날 공연이 끝나고 허먼이 클레리의 마차로 들어왔다.

"자, 한 번 웃어 봐." 허먼이 말했다. "기분이 어때?"

"좋아." 두첸느 박사가 말한 진짜 웃음을 머금고 클레리가 말했다.

"그래, 바로 그거야." 허먼이 확신에 차서 말했다. "거 봐. 오래전 과학자들은 즐거우면 웃고 슬프면 우는 거라고 생각해 왔지. 그렇지만 지금은 연구를 통해서 자꾸 억지로라도 웃음을 만들다 보면 더 즐거워지고 자꾸 찡그리다 보면 더 슬퍼진다는 사실을 보여 주고 있어. 이제 다음 단계로 넘어가자. 소리 내어 웃어 보는 거야."

두 사람은 다시 거울 앞에 섰다. 클레리는 진짜 미소를 보이고 있었다. "좋아." 허먼이 말했다. "입을 벌리고 한 손은 배에, 다른 손은 가슴에 대. 그리고 소리 내어 웃기 시작하는 거야. 거울에 비친 얼굴이 어떤지 잘 살펴봐. 배와 가슴에서 어떤 변화가 일어나는지 느껴 봐."

클레리는 소리 내어 웃었다. "와! 된다. 할 수 있어."

"웃음은 바로 전염되는 거야."라고 말하더니 허먼이 클레리와 같이 웃었다. 얼마나 마음껏 웃었던지 아무 생각도 없어진다 싶었지만 둘은 더 크게 실컷 웃어댔다.

이제 클레리가 서커스를 하려고 얼굴에 웃음을 그린다. 얼굴에 띤 두첸느 박사의 그 미소 선을 따라서, 또 분장을 하기 전에 이미 웃음이 담겨 반짝이는 두 눈을 따라서. 자, 보라. 클레리는 다른 사람을 웃게 만들 수 있고 자기 자신도 웃을 수 있는 광대다.

마흔아홉 번째 이야기 ## 자세를 바꾸고 마음을 바꿔라

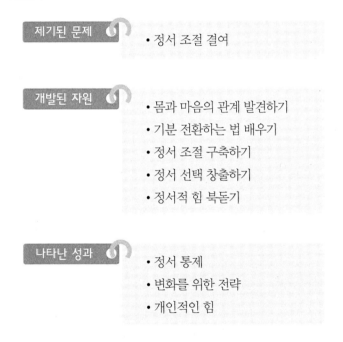

| 치료적 특성들 |

제기된 문제
• 정서 조절 결여

개발된 자원
• 몸과 마음의 관계 발견하기
• 기분 전환하는 법 배우기
• 정서 조절 구축하기
• 정서 선택 창출하기
• 정서적 힘 북돋기

나타난 성과
• 정서 통제
• 변화를 위한 전략
• 개인적인 힘

패티는 학교에서 드라마를 배우고 있다. 드라마 담당 교사인 로버츠 선생님이 학교에서 패티와 그의 친구들에게 하라고 하신 것에 대해 패티가 내게 말해 준 적이 있다.

"땅을 보는 거야. 신발 끝만 봐. 다른 사람 보지 말고, 말도 하지 말고." 선생님

이 말했다.

아이들은 어깨를 앞으로 숙이고 팔을 옆으로 늘어뜨리고는 잠시 동안 아무도 안 보고 말도 없이 걸어갔다. 몇 분이 지나자 로버츠 선생님이 물었다. "어떤 느낌이 드니?" 패티는 그때 애들이 거의 모두 슬퍼졌다고 말했다고 했다.

그러고 나서 로버츠 선생님은 두 사람씩 짝지어 서서 서로의 눈을 뚫어지게 바라보라고 했다. "손은 뒤로 하고 자기 짝의 발에서 좀 떨어져 서서 서로 가만히 바라보는 거야." 잠시 후 아이들은 모두 자기를 보고 있는 사람에게 화가 나는 것 같은 느낌이 든다고 했다.

"자기 짝을 계속 보고 있는 거야." 로버츠 선생님이 아이들에게 지시했다. "이번에는 이를 악물고 주먹을 불끈 쥐는 거야." 아이들은 한 번 더 화가 나는 걸 느꼈다. 어떤 아이들은 아까보다 화가 더 많이 났다고 했고, 어떤 아이들은 화가 나 돌아 버릴 것 같았다고 했다.

"자, 이번엔." 선생님이 말했다. "턱과 손에 힘을 빼고 바로 서서 마주 선 사람의 눈을 보는 거야. 그리고 눈을 몇 번 깜박거리고는 웃어 보는 거야." 한 사람이 웃으니까 금방 마주 선 사람도 웃어 버렸다. 곧 모두 훨씬 더 즐거워졌다고 했다.

"눈을 감아 보렴. 어깨와 팔에 힘을 주고 조금씩 꿈틀거려 보고 나서 몸에 힘을 빼고 그대로 거기 서 있는 거야." 선생님은 말을 이었다. 그리고 아이들은 얼마나 편안해졌는지를 말했다.

"연기라는 걸 뭔가 되는 척하는 거라고 생각하는데……" 선생님이 말했다. "훌륭한 배우는 다른 사람은 절대 모르는 비밀을 알고 있단다. 자세를 바꾸면 얼굴 표정도 바뀌고 느끼는 감정도 달라진단다. 일부러 행복한 척하거나 슬픈 척할 필요가 없어. 어떤 감정을 느낄 때 갖게 되는 자세를 취하는 걸로 실제로 그렇게 느낄 수 있으니까. 정말이야."

패티는 이전에는 그런 생각을 한 적이 없다. 서 있는 방법, 몸을 두는 방법, 얼굴 표정에 따라 자기가 느끼는 게 달라질 수 있다곤 생각하지 않았다. 로버츠 선생님은 드라마 이상의 것을 아이들에게 가르쳐 주셨다. 패티는 자기 감정을 조절하는 것에 대해 중요한 것을 배웠다. 패티는 말했다. "내가 하는 행동을 바꾸는 것으로 내가 느끼게 되는 감정도 바꿀 수 있다는 생각은 한 번도 해 본 적이 없었어요."

쉰 번째 이야기 **솔직하게 감정을 표현하라**

| 치료적 특성들 |

제기된 문제

- 가족관계의 어려움
- 다른 사람의 행동에 영향을 받음
- 어려운 상황을 조절할 수 있는 기술의 부족
- 현재의 전략 실패

개발된 자원

- 감정적 대응에서 물러나는 법 배우기
- 좀 더 이성적으로 바라보기
- 유효한 것을 찾기 위해 실험하기
- 뭔가 다르게 행동하는 법 배우기
- 감사하기

나타난 성과

- 관계 기술 향상
- 향상된 정동 조절
- 이성적인 사고
- 성공의 즐거움

랠런은 늘 새엄마와 문제가 있어 보였다. 새엄마와 문제가 있다는 건 곧 아빠와도 문제가 된다는 얘기다. 새엄마는 아빠가 집으로 돌아오자마자 랠런이 했던 일, 하지 않았던 일을 다 일러바친다. 랠런이 볼 때 새엄마는 내내 소리만 지르는 것 같았는데, 특히 자기한테는 더한 듯했다. 친자식한테는 절대로 그러지 않는다. 그리고 아빠가 계실 때도 안 그런다.

랠런은 참을 수가 없었다. 혼자 독립해 새엄마한테서 벗어나고 싶었다. 어떤 때는 자기 방에서 문을 잠그고 있을 때도 있지만, 새엄마는 따라와서는 랠런보고 뭘 하라고 계속 소리쳐 댔다. 랠런은 소리치는 게 정말 싫어서 어떻게든 피해 보려고 했지만 결국엔 말썽이 나고 만다.

그런데 랠런이 모르는 게 하나 있었다. 아직 그는 어리고, 어릴 때는 모르는 게 있을 수 있다는 것이다. 랠런이 알고 있는 건 새엄마가 자기에게 소리를 지르고 그걸로 말썽을 일으키게 된다는 것이 전부다.

어느 날 새엄마가 또 고함을 지르고 있었다. 랠런은 듣기 싫어서 밖으로 나가 버렸다. 랠런이 기르는 개 크리스털이 혀를 축 늘어뜨리고는 꼬리를 흔들면서 그를 따라왔지만, 랠런은 그만 다 귀찮아져서 크리스털에게 소리를 꽥 질러 버렸다. 크리스털은 다리 사이로 꼬리를 감추더니 돌아서 후다닥 도망을 치며 숨을 곳을 찾았다. 새엄마가 자기한테 고함을 칠 때 랠런이 하던 것처럼 말이다. 랠런은 영리한 아이라 금방 자기에게 일어난 일이 뭔지 알아챘다. 늘 모든 걸 이해하는 건 아니지만, 자기가 소리를 지르니까 크리스털이 어떻게 도망가는지 보았다. 그것이 자기한테 새엄마가 고함을 지를 때 자기가 행동하는 것과 비슷하다고 생각했다.

학교에서 랠런은 과학을 배우는데 이따금 실험을 하기도 한다. 그래서 크리스털과 실험을 해 보기로 했다. 땅에 앉아서 집 구석으로 도망가 주변을 엿보고 있는 크리스털의 코와 눈을 볼 수 있을 만큼 크리스털의 눈높이에 시선을 맞추고는 크리스털에게 부드럽고 따뜻한 목소리로 말을 걸어 봤다. 어떤 말을 하느냐와 어떻게 말을 하느냐는 다르다는 것이 실험 주제였다. 크리스털은 도망가서 숨기나 하는 버릇없는 개라고 말해 봤다. 하지만 부드럽고 사랑을 담아서 따스한 목소리로 그렇게 말했다. 그러자 크리스털이 숨어 있던 구석에서 튀어나와 꼬리를 흔들고 혀를 쑥 내밀고는 돌아와 신이 나서 온몸을 흔들어대는 것이었다.

랠런은 실험을 계속해 봤다. 이번에는 크리스털이 착한 개이고 랠런을 이해해 줄 수 있는 단 하나의 존재라고 말했다. 하지만 고함을 지르면서 말했다. 크리스털은 다시 다리 사이로 꼬리를 감추고 구석으로 도망갔다.

야, 이거 재미있는 걸. 랠런은 생각했다. 이번엔 똑같은 말을 부드럽고 사랑스러운 목소리로 해 보았다. 그러자 크리스털이 다시 모습을 드러냈다. 꼬리를 흔들고 혀를 쑥 내밀면서 머리를 랠런의 무릎에 파묻는다.

랠런은 훌륭한 과학자였다. 다른 걸로 실험을 계속해 봤다. 흥분한 것처럼 빨리 해 보기도 하고 슬픈 듯이 천천히 해 보기도 하고, 화가 난 것처럼 소리쳐 보기도 하고 마음이 다 누그러진 것처럼 부드럽게 해 보기도 했다. 크리스털은 실제 말의 뜻이나 내용이 아닌 목소리나 말하는 방법에 반응을 했다. 다시 말하지만, 랠런은 영리하다. 아마 이게 바로 자기가 새엄마에게 대응했던 방법일지도 모른다는 생각이 들었다. 크리스털처럼 자기도 고함을 치면 도망가 버리고 새엄마가 무슨 말을 하는지는 듣지도 않은 건 아닌가? 그렇다면 늘 문제가 될 일은 아니었다.

랠런이 실험을 하고 나서도 새엄마는 고함을 쳤다. 쉬운 문제만은 아니었지만 자꾸 자신에게 상기시켜야만 했다. 고함소리보다는 그 말을 듣는 거야. 새엄마가 어떻게 말하는지가 아니라 무엇을 말하는지를 듣는 거야. 그런 방법으로 랠런은 새엄마가 자기한테 원하는 게 뭔지 들을 수 있었고, 그렇게 많은 문제를 일으키는 것을 막기 위해 필요한 것을 할 수 있었다. 랠런이 생각한 대로 되는 건 아니었지만 새엄마가 조금씩 고함을 덜 지른다는 생각이 들었다.

랠런은 자기가 새엄마한테 감사하고 있다는 것을 알게 되었을 때, 스스로도 놀랐다. 물론 말하는 내용과 말하는 방법을 조화시키는 것이 중요하다는 것을 자기에게 가르쳐 준 크리스털에게도 고마웠다. 개인적으로는 그것이 랠런이었기 때문에 알 수 있었던 거라고 생각한다. 랠런은 크리스털의 반응을 보고 그걸 실험해 볼 생각을 할 수 있는 아이니까. 랠런은 사랑이 담긴 말을 사랑스러운 목소리로 하면 크리스털이 언제나 자기 무릎에 와서 쉬곤 한다는 걸 알았다. 꼬리를 흔들면서 의리 있는 우정을 약속한다는 걸 말이다.

 연습문제 8.1

정서를 효율적으로 조절하는 법은 우리 삶의 핵심 요소다. 치료에서나 일상에서 보게 되는 은유에 대한 생각을 공책에 꼼꼼히 적어 둬라. 불안, 우울, 분노를 조절할 수 있는 효과적인 방법이 될 것이다. 그것들이 긍정적인 정서를 쌓게 하고 유머를 제대로 알 수 있게 하는 법을 터득하게 할 것이다. 이 장의 이야기마다 처음에 제시된 세 가지 핵심적인 치료적 특성들로 여러분의 이야기를 만들어 보라.

• 여러분이 생각한 문제는 무엇인가? 어떻게 그걸 어린 내담자의 문제와 비교할 것인가?
• 아이가 해결책에 이르려면 어떤 자원, 기술, 능력, 방법들이 필요한가?
• 여러분의 이야기가 어떻게 정서의 적절하고 건강하고 성숙한 조절로 끝나도록 할 수 있는가?

09

도움이 되는 생각 만들기

어떻게 생각하느냐가 어떻게 느끼고 행동하느냐에 결정적 영향을 미친다는 견해는 고대 그리스 철학자들부터 해 오던 생각이면서 Beck(1967, 1973, 1976)과 Ellis(1987) 등의 초기 인지치료 학파에까지 영향을 주었다. 이는 아이가 어떤 사건을 경험하는 방식이 아이의 삶 속에서 일어나는 사건보다 더 중요하다는 걸 우리에게 보여 준다. 이것은 아이의 태도, 생각, 사고 등에 의해 결정되는 경향이 있다. 아이들의 치료에 대한 인지행동적 접근과 다른 근거 중심 접근에 대한 저술이 많이 나와 있으며, 이런 내용이 이야기를 통해 어떻게 전해지는지에 대한 실험이 제15장에서 참조 목록과 함께 폭넓게 다뤄진다.

이 장은 슬픔의 진행과정을 조절할 수 있도록 하는 유용한 사고에 관한 이야기들과 아이가 어떻게 사건을 잘못 해석하고 잘못된 신념을 형성하는지에 관한 이야기들을 포함하여 유익한 인지과정의 발달에 초점을 맞추고 있다. 사고가 정서를 결정하는 법, 규칙에서 예외를 찾아내고 긍정적인 방향으로 생각을 재구성할 수 있는 법, 아이가 가진 능력을 사용하는 법, 판단하는 법, 확신을 강화시키는 개넘을 일깨우는 법 등에 관한 이야기들이 있다.

쉰한 번째 이야기 **깊은 슬픔 조절하기: 유아를 위한 이야기**

| 치료적 특성들 |

제기된 문제
- 죽음
- 상실
- 깊은 슬픔

개발된 자원
- 상실 인정하기
- 슬퍼해도 된다는 사실 배우기
- 슬픔의 과정 경험하기
- 벗어나는 법 배우기
- 좋은 기억에 집중하기

나타난 성과
- 적절한 슬픔
- 적응 단계의 수용
- 앞으로 나아갈 전략

'골디락과 세 마리 곰' 이야기는 들어 봤겠지. 그럼 '할아버지와 네 마리 곰'에 대한 이야기는 들어 봤니? 이 이야기는 슬프게 시작해서 행복하게 끝난단다. 그러니 '슬픔에서 기쁨으로'라고 제목을 붙여 볼까?

아기 곰은 몸집이 큰 오빠 곰, 아빠 곰, 엄마 곰, 할아버지 곰과 숲에서 함께 살고 있었단다. 여기서 바로 슬픈 대목이 시작되는 거야. 어느 날 엄마 곰이 아기 곰에게 이렇게 말했단다. "할아버지 곰이 천국으로 가셨단다."

오빠 곰은 별로 점잖지를 못했거든. 오빠 곰이 아기 곰에게 이렇게 말해 버렸어. "할아버진 죽어 버린 거야."

아기 곰은 자기 방으로 들어가 울음을 터뜨렸단다. 엄마 곰이 들어와서 안아 주었지. 엄마 곰의 눈도 물기가 어린 채 빨갛게 충혈되어 있었지. 아기 곰은 엄마도 울었다는 걸 단번에 알 수 있었단다.

"할아버지가 죽는 건 싫어." 아기 곰이 말했어.

"그래." 엄마 곰이 위로하며 말했지. "아무도 할아버지가 돌아가시기를 바라지 않아. 하지만 곰들은 나이가 들면 죽게 되어 있는 거란다. 어쩔 수 없는 일도 있는 거야. 너도 알잖니?" 엄마 곰이 말을 이었다. "할아버지 곰은 편찮으셔서 한동안 많이 힘들어하셨어. 이제 할아버진 더 아프시지 않을 거야."

엄마 곰이 방을 나가고 나서 오빠 곰이 들어와서 말했어. "약해 빠진 것들이나 우는 거야."

아기 곰은 오빠 곰을 쳐다봤지. 오빠 곰 눈도 젖어 있었고 빨간 거야. 그래서 아기 곰은 오빠 곰에게 화를 내지 않았어. 사실 아기 곰은 자기가 어떤 마음인지 잘 모르겠는 거야. 뭔가 약해진 것도 같고, 갑자기 기분이 엉망이 된 것도 같고, 슬프기도 하고, 충격을 받은 것도 같고……. 그런 게 모두 얽힌 기분이었지. 엄마 곰이 울어도 된다고 말했어. 아기 곰은 침대에 누워 머리를 베개에 파묻고는 실컷 울었단다.

장례식은 낯설었어. 삼촌 곰, 숙모 곰, 사촌 곰들, 친구 곰들이 왔는데, 모두 눈에는 눈물이 그득했단다. 그들을 보고 아기 곰은 오빠 곰이 말한 것과는 달리 언제나 강하고 용감하지는 않아도 된다는 생각을 하게 되었지.

"많은 곰들이 할아버지 곰을 사랑했단다." 아기 곰이 많은 곰들을 둘러보고 있는데 엄마 곰이 말해 주었어.

곰 가족이 모두 가서 할아버지를 보고 만지며 작별인사를 했지만, 아기 곰은 나무 관에 들어 있는 할아버지를 생각도 하기 싫었단다. 관을 둘둘 싸서 작은 문들을 지나가 버리면 할아버지를 다시는 볼 수 없다는 것도 생각하고 싶지 않았지.

며칠, 아니 몇 주가 지났을까? 아기 곰은 계속 슬펐어. 별로 먹고 싶지도 않았고 배고프다는 것도 몰랐지. 친구들과 노는 것도 싫었단다.

어느 날 밤 엄마 곰이 옆에 앉아 이렇게 묻는 거야. "할아버지 곰을 떠올리면 어떤 게 생각나니?"

아기 곰이 대답했지. "할아버지가 돌아가신 거, 할아버지가 없으니까 많이 슬프다는 거."

"그럼 눈을 잠깐 감아 보렴." 엄마 곰이 말했어. "자, 할아버지 곰이 살아계실 때 너랑 재미있게 보냈던 걸 떠올려 보는 거야. 제일 즐거웠던 때가 언제지?"

눈을 감은 채 아기 곰이 대답했어. "내가 제일 좋아한 건 할아버지 무릎에 앉아 재미있는 이야기를 듣는 거야. 식구들 생일이나 어버이날에 내가 카드 만드는 거 도와주신 것도 좋았어. 내가 할아버지를 얼마나 사랑하는지 말하고 보여 주는 걸 언제나 좋아하셨는데……."

"자, 그럼 앞으로 할아버지에 대해 생각할 때는 지금처럼 눈을 감은 채로 너랑 할아버지랑 함께했던 그런 기억들을 떠올려 보는 것도 좋겠구나." 엄마 곰이 말했어.

아기 곰은 그렇게 했단다. 그 방법은 아기 곰이 슬픔에 빠져 있는 데서 벗어나 할아버지 곰에 대한 좋은 기억들로 즐거워할 수 있도록 해 주었어.

열두 번째 이야기 깊은 슬픔 조절하기: 어린이를 위한 이야기

| 치료적 특성들 |

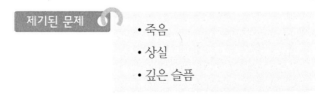

제기된 문제

• 죽음
• 상실
• 깊은 슬픔

개발된 자원	• 상실 인정하기
	• 슬퍼해도 된다는 사실 배우기
	• 슬픔의 과정 경험하기
	• 벗어나는 법 배우기
	• 슬픔을 겪은 이후 적응하는 방법 발견하기

나타난 성과	• 적절한 슬픔
	• 적응 단계의 수용
	• 앞으로 나아갈 전략

가까운 누군가, 아니 무엇이라도 죽는다는 건 늘 슬픈 일이다. 빌은 자기 개 스팟이 죽었을 때 그걸 처음 느꼈다. 스팟은 빌에게는 그냥 개가 아니었다. 빌과 가장 오랜 시간을 보낸 제일 친한 친구였다. 빌의 동생 자넷보다 더 오래 함께했고, 늘 빌의 곁에 있어 주었다. 친한 친구인 트로이도 스팟만큼은 아니었다.

스팟은 빌이 원할 때는 언제든 함께 놀아 줬다. 빌이 누구에게도 하지 않은 이야기를 하고 싶을 때, 스팟은 빌의 무릎에 가만히 머리를 뉘곤 했다. 빌의 아버지가 빌에게 화라도 낼라치면 빌과 그의 아버지 사이에 서서 으르렁대기도 했다. 스팟은 가장 가까운 형제였고 늘 함께했다.

그런데 스팟은 늙어 가고 있었다. 털은 점점 회색빛을 띠어 가고 있었다. 또 학교에서 돌아올 때마다 펄쩍 뛰어 가슴까지 앞발을 짚고는 얼굴을 핥으려고 하며 빌을 맞아 주곤 했는데, 이제는 느릿느릿 어기적거리면서 간신히 걸어오는 것이다. 아빠는 지난 몇 달 동안 여러차례 스팟을 병원에 데리고 가셨다. 이번에도 병원에 가시더니 혼자 돌아오셨다. 수의사가 스팟이 편히 잠들도록 해 주는 게 좋겠다고 하셨단다.

빌은 그것이 스팟이 죽었다는 말이라는 걸 알았지만 믿고 싶지 않았다. 스팟이 나이가 들었다는 건 알고 있었다. 예전 같지는 않았지만 그래도 늘 거기 있을 거라고 생각했다. 눈물을 참으려고 했지만 그럴 수가 없었다. 엄마가 안아 주시면서 이렇게 말하셨다. "괜찮아. 넌 스팟을 사랑했고, 스팟도 널 사랑했잖니. 슬퍼하는 게 당연하지."

빌은 밤이 되도록 흐느껴 울다 잠이 들었다. 얼마나 많이 울었던지 잠을 잤는지 어쨌는지도 몰랐다. 다음날 학교에서는 꾸벅꾸벅 졸면서 선생님이 하신 말씀은 한마디도 듣지 못했던 것 같다. 점심 시간이고 방과 후 시간이고 간에 친구들이랑 놀고 싶은 마음도 없었다. 온통 스팟 생각뿐이었다.

빌은 뭔가 잘못 안 걸지도 모른다는 생각이 문득 들었다. 아빠가 잘못 안 건 아닐까? 스팟을 안락사시키기 전에 나았을지도 모르잖아? 수의사한테 다시 가서 알아봐야 하는 건 아닐까? 빌은 이런 바람이 있을 수 없는 일이라는 걸 알지만 스팟이 이젠 집에 없다는 걸 도저히 받아들일 수가 없었다.

음, 네가 만일 빌을 알고 있다면 아마 그를 분명히 좋아할 거다. 빌은 멋진 아이고 화내는 거랑은 아예 거리가 먼 그런 아이였다. 그런데 그때는 가끔 동생을 툭툭 때릴 때도 있고 뭘 하라 그러면 부모님께 소리를 지르기도 했다. 그러고는 절망이나 슬픔에 푹 빠져 버렸다. 때로는 불공평해 보이기도 하고. 스팟은 아무도 힘들게 하지 않는 정말 좋은 녀석이었는데 왜 죽어야 하는 걸까?

조금씩 조금씩—너무 조금씩이라 아마 빌은 거의 눈치도 못 챘을 거다—선생님이 말하시는 게 귀에 들어오기 시작했고, 점심 시간에는 친구들과 다시 공을 차기도 했다.

아버지가 "다른 강아지를 한 마리 사 주마."라고 처음 말하셨을 때는 절대로 그러고 싶지 않았다. 어떤 것도 스팟을 대신할 수는 없다. 하지만 시간이 지날수록 다른 개를 한 마리 가지는 것도 괜찮다는 생각이 들었다. 똑같지는 않겠지만, 강아지는 스팟과 비슷할 테니까. 스팟이 죽은 뒤부터 느끼게 된 이 허전함을 채워 줄지도 모를 일이다.

엄마가 안아 주면서 이렇게 말하셨다. "네가 느끼는 모든 감정들은 가까운 누군가를 잃었을 때 누구나 느끼는 거란다. 그걸 지나면서 앞날을 내다보게 되는 거야. 슬픔을 느끼지만 그다음엔 다시 즐거움을 느낄 수 있도록 해 주는 걸 찾아야 하는 거란다."

물론 빌은 스팟을 절대로 잊지 않았다. 앞으로도 그럴 것이다. 책상 앞에 스팟의 사진을 고이 두고 있다. 그러나 빌은 강아지가 없어도 할 수 있는 것들이 여전히 많다는 걸 알았다. 얼마 동안은 스팟 대신으로 아무것도 원하지 않았다. 그러고 나서 빌은 부모님께 새 강아지를 사달라고 했다. 새 강아지의 털 색깔이 스팟과 똑같아서 빌은 스팟리스라 불렀다. 이젠 스팟리스의 사진이 책상 위 스팟의 사진 옆에 같이 놓여 있다.

쉰세 번째 이야기 **친절한 행동**

| **치료적 특성들** |

제기된 문제

- 도움이 필요한 사람이나 동물을 보는 일

개발된 자원

- 도와주는 손 내밀기
- 친절한 행동하기
- 다른 사람을 위해 자기 욕구 통제하기

나타난 성과

- 도와주는 데서 기쁨 느끼기

내가 살고 있는 주의 북쪽에는 야디 크릭 골짜기라는 계곡이 있다. 해변에 딸려 있으면서 만년호(permanent water)를 끼고 있는 세계 유일의 계곡이라 각양각색의 새들과 동물들의 보금자리다. 여기에 검은 발 왈라비도 끼어 있다. 왈라비는 작은 캥거루 같은 동물인데, 가파르고 붉은 벼랑에 살면서 수많은 암벽 등반가들이 도전하곤 하는 거의 수직에 가까운 벽을 튀어나온 돌을 밟으며 이리저리 뛰어다닌다.

내 손자와 나는 야디 크릭 골짜기에만 사는 왈라비를 보고 싶어 보트로 거길 여행한 적이 있다. 그리고 기막힌 걸 경험했다. 마카는 보트의 선장이었다. 흰색 반바지와 흰색 셔츠를 입고, 흰 양말에 흰 운동화를 신고, 어깨에는 선장이라는 표시로 세 줄이 그어진 짙은 색 견장을 달고 있었다. 마카는 자기 일을 사랑하고, 이런 독특한 지역과 이곳의 야생동물에 대해서 대단한 관심을 가지고 있고 모든 걸 알고 싶어 하는 듯했다. 그는 굉장히 자세히 알고 있어서 우리에게 그가 알고 있는 걸 배우고 싶다는 호기심을 불러일으켰다.

그런데 그냥 관광 여행으로 시작했던 여행이 뭔가 다른 걸로 변해 버렸다. 승객들 중에 한 사람이 벼랑을 가리키며, "저 바위 갈라진 틈에 왈라비가 있어."라고 말했다.

"어디요?" 마카가 그걸 보려고 머리를 휙 돌리며 말했다.

그 승객은 마카가 왈라비를 본 적이 없었던 한 지점을 가리켰다. 마카는 보트를 뒤로 돌려 거기 작은 틈에 고정시켜 놓았다. 그곳에는 새끼 왈라비가 있었다(조이라 부른다.).

마카가 말했다. "이건 골짜기 저 아래 동굴에 살고 있는 암컷의 새끼군. 암벽 면으로 미끄러져 물에 빠졌다가 기어오른 모양인데, 이 틈에 끼여 버렸나 보구나. 저래가지곤 저 가파른 벼랑을 올라갈 수도 없고 돌아서 내려가도 물에서는 헤엄도 못 칠 텐데."

마카는 벼랑 벽 쪽으로 보트를 천천히 움직여 가서 수건을 움켜쥐고는 조심스레 조이를 들어올려 젖은 털을 닦아 주었다. 보트에 같이 타고 있던 마카의 아내가 조이를 잘 돌봐 주었다. 마카의 아내는 귀여운 얼굴에 커다란 눈과 겁을 먹고 바짝 세운 귀를 가진 회색과 검은색이 섞인 털뭉치 같은 놈을 우리에게 보여 주었다. 조이는 모래에 타조가 머리를 박는 것처럼 수건 속으로 아예 파묻히려고 했다. 우리는 그냥 보기만 하고 건드리지는 않았다. 마카의 아내가 말을 건넸다. "너무 많이 만지면 이놈한테 사람 냄새가 배어서 어미가 이놈을 밀어내 버릴 거예요."

보트에 타고 있는 내 손자 녀석과 아이들은 모두 눈을 동그랗게 뜨고 이 사랑스러운 어린 놈에게 넋이 나가 있었다. 아이들과 그 부모들은 이 귀엽고 솜털로 뒤덮인 동물을 당장 집으로 데려가고 싶었을 것이다.

마카는 지류를 따라 위로 한참 더 올라가 보트를 자갈투성이의 작은 해변에 대고는 어미 왈라비가 자기 새끼와 함께 살고 있다는 그 동굴 근처로 올라갔다. 수건에서 손을 좀 떼니까 새끼 왈라비가 동굴 속으로 폴짝 뛰어내리더니 이내 사라져 버렸다.

조이가 안전해졌다는 안도도 있었지만 좀 서운하기도 했다. 보트에 타고 있던 사람들은 모두, 가장 무서워 보이는 사람조차도 조이를 만져 보고 안아 보고 싶었을 것이다. 그리고 고놈 털의 보드라움을 느껴 보고 그 커다랗고 아련한 눈을 들여다보고 싶었을 것이다. 사람들은 그놈을 편안하게 하고 안심시키고 싶으면서도 그놈을 야생의 터로 보내 줄 수 있는 마카의 입장이 되고 싶었을 것이다. 우리 모두는 그놈 어미가 멀리 가지 않아서 어미와 새끼가 어서 다시 만나기를 빌었다.

이건 아주 묘하고 특별한 순간이었다. 우리 모두는 친절을 베풀었다는 걸로 우리가 아닌 무언가를 위해 멋진 일을 했다는 느낌이 들었다. 결국 그건 조이에게만 좋은 일이 아니었다. 우리 모두 뭔가를 구했다는 걸로 행복감을 느끼고 있었던 것이다.

어? 아니잖아!

치료적 특성들

제기된 문제
- 상황을 잘못 이해함
- 잘못된 신념 형성
- 속단함

개발된 자원
- 현실 검증법 배우기
- 자기가 만든 가정을 평가하는 법 배우기
- 어떻게 신호를 잘못 해석하는지 시험해 보기
- 어떻게 잘못된 신념이 형성되는지 살펴보기

나타난 성과
- 속단 경계
- 자기가 만들고 있는 신념 평가
- 유머

샐리는 손을 들었다. "저, 선생님. 잠깐만 나갔다 와도 될까요?" 화장실을 가고 싶었던 것이다.

샐리는 화장실에 들어가 앉았는데 옆 화장실에서 목소리가 들렸다. "안녕?"

이거 뭐지? 샐리는 생각했다. 보통 아이들은 화장실에서 서로 이야기를 하지는 않는데. 누구 목소리인지도 모르지만, 샐리는 공손해야 하고 누군가 말을 걸면 답해야 한다는 뭐 그 정도 예의는 다 배우면서 자랐기에 그냥 대답을 했다.

"응, 안녕?"

"좋은 날이야." 옆 화장실에서 다시 목소리가 들렸다. "너 뭐하니?"

이건 좀 무례한데, 화장실에서 둘이 앉아서 뭐하느냐고 하는 건 너무 사적인 걸 묻는 거잖아. 샐리가 생각했다. 그래도 샐리는 예의바른 아이인지라 그냥 대답해 줬다. "음, 뭐 너랑 같은 일이겠지."

"시험은 잘 봤니? 수학시험은 어땠어?" 목소리가 물었다.

"뭐 내 생각엔 괜찮았어." 샐리가 대답했다. 저 목소리의 주인공은 그냥 친해지고 싶은 걸 거야라고 생각하면서. "수학은 별로 걱정이 안 돼. 실은 내가 수학을 좋아하니까 시험도 즐거워."

"통과했을 거 같니?" 목소리가 물었다.

"그럴 걸 아마. 그래도 시험이 끝난 건 나도 참 좋아. 넌 어때? 잘 쳤니?" 샐리가 물었다.

"아마 겨우 통과했을 거야." 목소리가 말을 이었다. "잠깐만, 이번 주말에는 뭐 할 거니? 우리 집에서 시험 끝난 거 자축하면서 밤새도록 놀까?"

샐리는 좀 놀랐다. 화장실 옆 칸에 있다는 거 말고는 아무것도 아는 게 없는 사람이 그런 제안을 하니까 어찌해야 할지를 몰랐다. 그치만 친절한 아이라는 생각을 했다. 참 친절하기는 해도 낯선 집에 간다는 건 좀……. 엄마한테는 뭐라고 설명해야 하냐고?

"고마워." 샐리가 대답했다. "초대해 줘서 고맙긴 한데 부모님께 허락을 먼저 받아야 할 거 같아."

"있잖아." 화가 난 듯한 소리가 들려왔다. "너랑 얘기하고 싶어서 수업 시간에 빠져나온 건데, 옆 칸에 있는 어떤 멍청이가 계속 내가 하는 말에 대답을 하고 있어. 전화 끊어야 할 거 같아. 나중에 다시 할게."

쉰다섯 번째 이야기 긍정적으로 다시 구성하기

| 치료적 특성들 |

제기된 문제
- 가질 수 없는 것을 바람
- 실패에 직면함

개발된 자원
- 원하는 걸 얻기 위해 노력하기
- 모든 가능성 찾아보기
- 실패 받아들이기
- 생각을 긍정적으로 재구성하기
- 생각을 바꿔 기분 전환하기

나타난 성과
- 실패 받아들이기
- 변화가 가능하다는 사실 인식하기
- 긍정적으로 생각하기
- 행복하게 느끼기

학교에서 집으로 가던 한 소년이 높은 담장 너머로 사과나무 가지가 쭉 뻗어 나온 걸 봤다. 그 가지에 커다랗고 탐스러운 사과 하나가 달려 있었다. 소년은 과일을 그리 좋아하지 않았다. 오히려 가게에서 뭘 고를래 하면 초콜릿 바에 손이 먼저 갔다. 그런데 누가 그랬지, 아마……. 금지된 과일은 갖고 싶은 거라고. 사과를 보니까 소년은 그것이 갖고 싶어졌다. 그걸 볼수록 배도 점점 더 고파지는 것 같고 바로 그 사과를 꼭 갖고 싶어지는 것이었다.

까치발을 하고 최대한 손을 뻗어 봤지만 도저히 닿을 수 없을 만큼 높았다. 풀쩍 뛰어올라 보기도 했다. 죽어라 뛰어 보았지만 사과를 잡으려고 있는 대로 팔을 뻗어도 거기까지 미치지 않았다.

소년은 어떻게 하면 될까 잠시 더 생각해 보았다. 담장을 기어 올라갈까 생각도 했지만 그렇게 높은 데다가 밋밋하기까지 해서 어디 쥘 데도 하나 없었다. 발을 디딜 데도 손을 둘 데도 하나 없었다. 에이!

그래도 포기할 순 없다고 생각하고 딛고 올라설 거라도 있으면 했다. 가방은 너무 작고 그 속에 들어 있는 도시락이나 필통, 게임기 같은 것들이 부서질 수도 있으니까 안 되고. 주위를 둘러보았다. 오래된 상자나 큰 바위, 어쩌면 운 좋게도 사다리 같은 게 없을까 했다. 하지만 얼마나 깔끔한 이웃들인지 쓸 만한 게 하나도 없었다.

할 수 있는 건 다 해 봤다. 더 이상은 다른 수가 없다 싶어 포기하고는 터벅터벅 걸어갔다. 처음엔 화가 나더니 헛수고로 배가 고파졌다는 생각까지 드니까 기운이 쭉 빠져 버렸다. 정말 사과를 갖고 싶었는데……. 한 입 베어 물면 얼마나 아삭아삭하고 단물이 쫙 나올까? 이렇게 생각할수록―가질 수 있는 걸 놓쳤다는 생각을 할수록―더 서글퍼지고 기분이 나빠졌다.

하지만 우리 이야기 속의 이 소년은 원하는 걸 다 가질 수는 없었지만 너무나 영리한 아이였다. 소년은 혼잣말을 했다. 소용없는 일이야. 난 사과를 딸 수 없어서 기분이 나빠졌어. 사과를 가지고 싶다고 해도 더는 어쩔 수 없는 일이야. 그건 변하지 않는 사실이야. 하지만 기분이야 바꿀 수 있는 거잖아. 이런 경우에 기분이 좋아지려면 어떻게 해야 하지?

사과에 대해 좀 달리 생각해 본다면 기분도 달라지겠지. 소년은 몇 가지 생각을 더 해 보았다. 사실 사과는 내 것이 아니잖아. 그러니까 그걸 가진다는 건 나쁜 짓이야. 어쩌면 사과가 덜 익었을지도 모르지. 내가 그 덜 익은 걸 먹었다면 지금쯤 속이 뒤틀리고 배가 아팠을지도 몰라.

이런 생각들을 하다 보니 기분이 좀 나아지기 시작했다. 소년은 큰 소리로 자기한테 말했다. "아유, 그 사과를 못 가진 게 얼마나 다행이야." 그렇게 생각할수록 더 기분이 좋아졌다. 그리고 기분이 좋아질수록 더 기분 좋게 만드는 생각들을 자꾸 더 할 수 있게 되었다.

쉰여섯 번째 이야기 # 사고가 감정을 결정한다

| 치료적 특성들 |

제기된 문제

- 특별한 것의 상실
- 부정적인 감정을 일으키는 생각
- 사고와 감정에 대한 통제력 부족

개발된 자원

- 사고가 감정에 부정적 또는 긍정적 영향을 미친다는 사실 인식하기
- 대상이 아닌 그에 대해 생각하는 방식이 변화를 일으킨다는 사실 인식하기
- 긍정적 정서를 위한 긍정적 사고 창출하기
- 자기 사고와 감정에 대한 책임감

나타난 성과

- 사고의 주도성
- 감정의 주도성
- 긍정적인 생각이 긍정적인 감정을 낳는다는 사실 이해하기

캐티는 집 앞 잔디밭에서 줄넘기를 하고 있었다. 좋은 날씨다. 햇살은 따스하게 비추고 있었고, 캐티는 신나게 줄넘기를 하고 있었다. 즐거웠다. 캐티는 줄넘기에만 열중하고 있었다. 걸려서 넘어지지 않으려면 손으로 줄 돌리는 거랑 발이 줄을 넘는 거랑 딱 맞추어야 했다. 몸과 마음이 하나가 되어야 모든 게 자연스럽게 넘어간다. 그 느낌이 참 좋았다.

줄넘기를 하면서 할머니가 크리스마스 선물로 줄넘기 줄을 주신 일이 생각났다. 할머니가 별로 돈이 없기 때문에 그걸 사려면 돈을 모으셔야 했다는 걸 알고 있었다. 크리스마스가 되기 전에 할머니가 캐티를 데리고 장난감 가게로 가서 여러 가지 물건들을 보여 주시면서 캐티 마음에 쏙 드는 걸 찾으라고 하셨다. 캐티는 꼭 줄넘기 줄을 가지고 싶었던 건 아니지만 자기가 산 그 줄넘기 줄이 정말 마음에 쏙 들었다. 할머니한테 특별히 사랑받고 있다는 느낌이 들었으니까.

캐티가 팔랑거리며 사뿐사뿐 뛰어가고 있는데, 한 남자 아이가 맞은편에서 달려오고 있었다. 그 아이는 "이거 좀 줘." 하고 소리치면서 캐티의 줄넘기 줄을 손에서 낚아챘다. 그러고는 뒤로 돌아 길 건너 공원 쪽으로 달아나 버렸다.

저런 나쁜 놈! 캐티는 생각했다. 처음엔 놀랐다가 기분이 엉망이 되어 버렸다. 하지만 그놈이 할머니가 크리스마스 선물로 주신 줄넘기 줄을 훔쳐갔다고 생각하니까 화가 치밀어 올랐다. 그러고 나니까 자기 줄넘기 줄을 영영 잃어버렸다는 생각이 들어 슬퍼져서 두 눈에서 눈물이 뚝뚝 떨어졌다.

그 아이가 간 방향으로 공원까지 달려가 봤는데, 거기서 한 어린아이가 연못에 빠진 것을 보았다. 아까 그 아이가 줄넘기의 한쪽 끝을 던져 물에 빠진 아이가 잡도록 해 주었다. 캐티는 혼자서 생각했다. 저 아이는 물에 빠져 죽을지도 몰라. 아이가 걱정되기 시작했다. 남자 아이가 아이를 안전하게 끌어내는 동안 캐티는 마음이 바뀌었다. "거의 다 나왔어."라고 소리를 크게 질렀고 안도감이 들기 시작했다.

그 아이는 안전하게 밖으로 나왔고 별로 다친 것 같지도 않았다. 남자 아이가 캐티에게 걸어와 줄넘기를 건네 주면서 이렇게 말했다. "아까는 놀라게 해서 미안

해. 하지만 너무 급해서 말이야. 줄 빌려 줘서 고마워." 사과까지 하면서 줄을 돌려주었다. 캐티는 그 아이가 참 멋진 아이라는 생각이 들었고, 오히려 자기가 고맙다는 생각이 들었다.

집으로 돌아와 캐티는 엄마에게 줄넘기 줄로 물에 빠진 아이를 어떻게 구했는지 이야기해 주었다. 아빠가 일을 마치고 돌아왔을 때는 아빠한테도 그 이야기를 해 주었고, 할머니가 전화하셨을 때 할머니한테도 이야기해 드렸다. 캐티는 줄넘기 줄로 했던 일을 생각하면 괜히 뿌듯해졌다. 그리고 이런 생각도 들었다. 내가 이런 느낌을 가지는 건 줄 때문이 아니라 줄에 대해 생각하는 방식 때문이야. 그러자 기분이 더 좋아졌다.

쉰일곱 번째 이야기 문제에 대한 예외 찾기

| 치료적 특성들 |

제기된 문제
- 포괄적인 생각
- 부정적인 생각
- 문제만을 생각함
- 예외를 보지 못함

개발된 자원
- 구체적으로 생각하기
- 긍정적인 것을 바라보기
- 해결책 찾기
- 예외 찾기

나타난 성과
- 해결 중심적 사고 기술

크리스틴(친구들은 크리시라고도 부른다.)은 참 좋은 학생이다. 반에서 최고는 아니지만 성적도 상위권이고, 언제나 학교 가는 걸 즐거워했다. 그렇기에 어느 날 크리스틴이 더 이상 학교에 가고 싶지 않다고 했을 때 부모님이 놀란 것은 당연하다. 학교를 그만두기에는 너무 어린 나이고, 부모님은 크리스틴이 대학 정도는 나와야 한다고 기대하고 있었다. 게다가 크리스틴은 정말 똑똑하기까지 하다. 그런데 크리스틴은 계속 잠이 늘고, 학교 갈 준비를 해야 할 때는 꾸물대기만 해서 부모가 자꾸 재촉을 해야만 했다. 당연히 그럴수록 크리스틴은 학교가 더 가기 싫어졌다.

"도대체 무슨 일이니?" 결국 엄마가 물었다.

크리스틴은 털어놨다. "아이들 몇 명이 자꾸 날 놀려. 만날 내 일에 끼어들고, 날 완전히 무시해 버리기도 한단 말이야. 지난 방학 때 치아 보정기 한 걸로 자꾸 놀려. 내가 선생님한테 알랑댄다고 놀리기도 한단 말이야. 더 이상은 못 참겠어." 크리스틴은 화를 내며 말했다.

"내가 가서 교장선생님을 만나 봐야겠구나." 엄마가 말했다. "그렇게 못하게 하도록 해야지."

크리스틴은 고개를 저었다. 겁까지 집어먹었다. "그럼 더 안 좋아져. 그러고 나면 애들이 날 놀릴 빌미만 더 주는 거라고." 크리스틴은 어떻게 해도 애들이 선생님 몰래 놀리는 걸 막을 수 없다는 걸 알고 있었다.

크리스틴의 엄마는 크리스틴의 말이 맞는지 알아야 했다. 그만두게 할 수 없다면 그 애들 때문에 크리스틴이 점점 더 힘들어질 테니까. 뭔가 엄마가 할 수 있는 일이 있을 거라 생각하면서, 엄마는 종이를 한 장 갖고 오더니 펜과 함께 주면서 말했다. "너희 반 애들 이름을 다 적어 봐."

"괴롭히는 아이들 이름까지 다 적고 나면 그거 들고 교장선생님한테 갈 거 아니지, 응?" 크리스틴은 의심스러운 눈초리로 물었다.

"그래, 그러지 않을 거야." 엄마가 말했다. "안 그럴 거라고 약속하마. 아이들 이름부터 일단 다 적어 봐. 그러고 나면 네가 뭘 해야 할지 설명해 줄게."

크리스틴은 궁금하기도 하고 겁도 났지만, 어쨌든 엄마가 하란 대로 아이들 이름을 다 썼다. 엄마가 다음엔 노란색 형광펜을 주면서 말했다. "이걸 잘 보면서 이번엔 널 안 괴롭히는 아이들 이름에다 줄을 그어 봐."

크리스틴은 서너 명을 빼고는 모든 아이들 이름에다 줄을 그었다.

"잘했네. 이번엔 빨간 펜이야. 평소에 너한테 잘해 주는 착한 아이 이름에다 동그라미를 그려 봐." 엄마가 말했다.

엄마가 앉은 자리에서 크리스틴이 동그라미를 그린 걸 가만히 보니 열에서 열둘쯤 되었다. 크리스틴의 엄마는 크리스틴이 표시한 걸 더 설명해 줄 필요도 없었고, 크리스틴도 그것이 무슨 뜻인지 들을 필요도 없었다. 다음날 아침 크리스틴은 제 시간에 일어나 아침을 먹으면서 재잘재잘 떠들어댔고, 통학버스가 올 때까지 시간이 충분히 남았는데도 먼저 나가 버스를 기다렸다.

쉰여덟 번째 이야기 자기가 가진 것을 사용하는 법 배우기

| 치료적 특성들 |

제기된 문제
- 풀리지 않을 것처럼 보이는 문제들
- 편협한 사고

개발된 자원
- 자기만의 자원 사용하는 법 배우기
- 새로운 가능성 열어 두기
- 기술 구축하기
- 가능하다는 걸 알면 해야 한다는 사실 배우기

- 가능성에 대해 생각하기
- 자기 능력에 대한 신뢰
- 성공의 기쁨

뭔가가 겁이 날 때가 있다. 할 수 있을까, 어떻게 그럴 수 있을까 하는 의구심이 드는 상황에 맞닥뜨릴 때도 있다. 필리파는 딱 그런 상황에 처한 개구리, 그것도 아기 개구리다. 필리파는 연못에서 가족들이랑 친구들과 함께 사는 데 별 문제가 없었다. 연잎 위에 앉아 긴 혀를 날름거리며 통통하게 살이 오른 벌레들을 먹고 싶은 대로 후루룩 잡아먹곤 했다. 여기까지 아무 문제가 없었다.

문제는 필리파의 연못 둑 근처에 사는 음흉한 뱀, 바로 그 때문이었다. 음흉한 뱀 아줌마는 둑에서 정신없이 팔딱거리며 뛰어 놀던 필리파의 친구들을 몇 마리 꿀꺽해 버렸다. 개구리가 맛있는 벌레에 눈이 팔려 정신이 없다 싶으면 음흉한 뱀 아줌마는 그 개구리를 저녁 식사거리로 딱 찍어 놓는다.

어떤 때는 연못 속까지 스르륵 미끄러져 들어와서 이 연잎에서 저 연잎으로 슬슬 헤엄을 치고 다니며 크고 통통하게 살이 오른 개구리를 자기 식사 메뉴에 올리려고 눈알을 번득거렸다.

필리파는 어떻게 해야 그 음흉한 뱀 아줌마한테서 자신과 다른 개구리들을 구할 수 있을지 알 수가 없었다. 처음엔 개구리들의 신에게 부탁을 했다. "나는 너희들이 자신을 지킬 수 있도록 만들었느니라. 나도 너희들을 돕고 싶다만 너희들 스스로 해야만 하는 일도 있느니라."라고 신이 말했다.

그런 말은 아무 소용이 없다고 생각하고는 자기가 할 수 있는 일이 없을까를 생각해 봤다. 개구리는 뛸 수 있지만, 음흉한 뱀 아줌마가 더 빨리 움직일 수 있단 말이야. 그것 말고는 없을까? 뭔가 다른 수가 없을까? 필리파는 곰곰이 생각해 봤다. 생각에 푹 빠져 있어서 자기가 어느새 물가까지 밀려나오고 있다는 것도 몰랐다. 갑자기 사사삭 하는 소리가 났다. 아무것도 보이지 않았지만 필리파는 그것이 음흉한 뱀 아줌마라는 걸 알 수 있었다.

필리파는 친구가 했던 말이 떠올랐다. "나무를 탈 수만 있다면." 다른 개구리들이 되받아쳤다. "바보 같은 소리 마. 우린 개구리야. 개구리들은 팔짝팔짝 뛰고 헤엄이나 치지 나무에 오를 수는 없어."

순간 필리파는 자기 머리 위 나뭇가지를 보고는 자기 생애에 제일 높이 풀쩍 뛰어올랐다. 갈퀴가 있는 발을 최대한 쫙 펴고 뒷다리로 물을 박차며 연못 밖으로 뛰어 올라 공중으로 나아갔다. 그러고는 최대한 쭉 내뻗어 앞다리로 가지를 꽉 잡고 끌어당겨 나무로 올라갔다. 다른 개구리들이 멀리 떨어진 연못에서 필리파가 평소보다 훨씬 높이 뛰어 나뭇가지 사이로 올라가는 이 놀라운 광경을 지켜보고 있었다.

"개구리는 저렇지 않은데." 친구들이 자기들 눈을 의심하며 아래서 중얼거리는 소리가 들렸다.

"저렇지 않다는 정도가 아냐. 개구리한테는 있을 수 없는 일이야." 자기가 본 걸 믿고 싶지 않은 또 한 마리의 개구리가 고함을 쳤다.

"아니, 할 수 있어." 두근대는 가슴으로 필리파가 말했다. "내가 했잖아. 그럼 너희들도 할 수 있다는 거야."

다른 개구리들도 해 봤다. 물에서 뛰어오르기는 했지만 물갈퀴 있는 발을 있는 대로 펼치지도 않았고 다리를 완전히 구부리지도 않았다. 결국 가지에는 닿지 못하고 퐁당 소리와 함께 물속에 거꾸로 떨어져 버렸다.

"더 열심히 해 봐." 필리파가 용기를 북돋웠다.

"우린 최선을 다한 거야." 다른 개구리들이 고함을 쳤다. "이건 안 되는 일이야."

그때 음흉한 뱀 아줌마가 첨벙첨벙대며 점점 지쳐가고 있는 개구리들을 보았다. 이건 완전히 풀코스로 즐길 수 있는 만찬인 걸. 뱀 아줌마가 물속으로 뛰어들자마자 필리파가 있는 나무 주변 가지들은 개구리 장식이 조롱조롱 매달린 크리스마스트리처럼 되어 버렸다.

"거 봐, 되잖아." 필리파가 의기양양하게 말했다.

개구리들은 자신들의 소중한 생명을 걸고 다리로 가지를 바짝 쪼아 붙이고는 조금이라도 어떻게 될까 봐, 물속으로 떨어져 버릴까 봐, 아래 숨어 있는 음흉한 뱀 아줌마 때문에 잔뜩 겁을 집어먹고 있었다.

음흉한 뱀 아줌마가 드디어 포기하고 가 버리자 개구리들은 겨우 마음을 좀 놓고 나무 사이로 더 높이 더 높이 올라가 보았다. 그제야 완전히 안전하다는 생각이 들었다. 안전한 것만이 아니었다. 재미도 있었다. 연못에서 뛰어오를 수 있을 거라는 걸 알고는— 전에는 생각조차 못했던 — 연못 가운데 깊은 데로 풍덩 뛰어드는 건 몇 번을 해 봐도 재미있었다. 개구리들은 당연히 몇 번이고 다시 할 수 있었다.

개구리들이 연못에서 나무로 처음에 어떻게 오르게 되었는지를 알려 주는 이야기들은 수도 없이 많다. 하지만 나는 필리파와 음흉한 뱀 아줌마 이야기를 좋아한다. 필리파가 친구들에게 말했던 것도 좋아한다. "생각하는 것보다 더 많은 걸 할 수 있다고 믿으면 할 수 있어. 될 때까지 하면 되는 거야. 그리고 그걸 할 수 있으면 더한 것도 할 수 있는 거야."

쉰아홉 번째 이야기 차이 인정하는 법 배우기

| 치료적 특성들 |

제기된 문제

- 때에 맞는 행동을 알지 못함
- 때에 맞지 않는 행동을 알지 못함
- 어디서 무엇을 해야 할지 모름
- 지켜야 할 서로 다른 기준에 따른 혼란

- 차이 인정하는 법 배우기
- 적절한 행동 선택하기
- 안전과 보호 요구하기
- 자신과 다른 사람의 요구에 대해
  배려하기
- 경험에서 배우기

- 변별 기술
- 행동 주도성
- 다른 사람과 안전에 대한 배려
- 즐거움

자라면서 자기한테 바라는 게 뭔지 알기 힘들 때가 있다. 엄마는 "설거지 좀 해."라고 하고, 아빠는 "숙제 해야지."라고 한다. 아빠는 "이리 와라." 하는데, 엄마는 "저리 가라." 한다. 내 말뜻이 뭔지 알 것이다. 뭘 해야 하지? 어떤 건 괜찮고 어떤 건 안 되는 거냐고? 그걸 어떻게 알 수 있냐 말이다.

그것이 바로 해리가 당면한 문제다. 엄마와 아빠한테는 다른 데 사는 친구분들이 계신데 가끔 집에 놀러 오시곤 한다. 그 집에는 아들이 둘 있다. 데이브라는 아이는 해리보다 나이가 많고, 미치라는 아이는 해리보다 어리다. 부모님들이 점심 식사를 끝내고 커피를 마시고 계실 때면, 그 둘은 해리 방으로 사라져 버린다. 그러고는 방을 엉망으로 만들면서 뛰어놀고 베개 싸움을 하기도 한다. 그 부모님들은 그걸 보고는 "애들은 다 저래."라는 말을 툭 던지고는 웃어 넘겨 버린다.

좀 있다 근처에 있는 공원에 갔다. 부모님들이 이야기를 나누시며 걷고 있는데 그 아이들은 뒤에 쳐져서는 우당탕대고 있었다. 제일 어린 미치가 땅바닥에 넘어져서는 울음을 터뜨렸다. 해리는 아빠한테 꾸중을 들었다. 데이브보다 더 잘못한 걸로 보였던 모양이다.

"잠깐만요." 상황을 좀 진정시켜 보려고 미치 엄마가 말했다. "아까 집에서 베개로 놀았던 것처럼 그랬던 것뿐인 걸요."

"그래요." 해리의 아빠가 거들었다. "그렇지만 장난을 쳐도 될 때와 그러면 안 될 때를 구분할 줄은 알아야죠. 안전할 때와 위험할 때를 구분해야 하기도 하고요. 미치가 길 옆 돌에 머리를 부딪힐 수도 있었어요."

해리는 기분이 좋지 않았다. 자기는 미치를 다치게 할 마음은 없었다. 그냥 미치 엄마 말씀대로 집에서처럼 놀았던 것뿐이다. 어떤 때는 괜찮고 어떤 때는 안 된다는 거야?

해리 아빠가 화를 내는 것도 그렇다. 해리는 늘 화내지 말라는 말을 들어 왔는데, 가끔 아빠는 회사에서 화가 난 채로 집에 올 때도 있고 토요일에 야구 보러 갔을 때도 심판한테 화를 내는 걸 분명히 봤다. 사실 아빠가 꼿꼿이 서서 너무 고함을 질러댔기 때문에 같이 있는 미치가 어쩔 줄 몰라 하는 지금 같은 경우가 종종 있었다. 그런데 아빠가 엄마한테 화를 내는 건 한 번도 본 적이 없고, 자기한테도 거의 화를 내지는 않는다. 해리는 이상했다. 언제는 괜찮고 언제는 안 되는 걸까?

"언제나 있는 그대로를 말해야 해."라고 말하셨지만, 해리는 곧이곧대로 말했다가 문제가 되는 경우를 알고 있었다. 그것만이 아니다. 엄마의 친구가 초대를 했을 때 엄마는 다른 약속이 있다고 한 적이 있었는데, 해리는 엄마가 아무 약속도 없다는 걸 알고 있었다. 또 아빠가 어느 날 아침 사장님께 전화를 해서 머리가 너무 아파 회사를 가지 못하겠다고 하는 걸 들은 적도 있는데, 그때 아빠는 머리가 아픈 게 아니라 엄마랑 같이 어디를 가고 싶어서 그랬다는 걸 해리는 알고 있었다.

산책을 마치고 나서 해리 부모님과 친구분들은 술을 한 잔 하시려고 공원에 있는 포장마차에 들렀다. 포장마차는 어린 수컷 캥거루들이 토닥대는 작은 자연보호 구역에 있었다. 캥거루들은 튼튼한 꼬리로 균형을 잡고 서서 서로 앞발로 툭툭 치면서 긴 뒷다리를 휘두르고 있었다. 사람들은 모여서 정신없이 그 광경을 보고 있었다. 그들은 사진을 찍기도 했다.

해리는 생각을 해 봤다. 내 방에서 애들이랑 쿵쾅대며 노는 건 괜찮지만 공원 같은 데서는 안 되는 거야. 공원에서 캥거루들이 붙어서 싸우는 건 괜찮지만, 저 놈들이 내 방에서 저런다면 아마 엄마는 분명히 돌아 버릴 거야.

헷갈리는 게 당연하다. 그런 말을 들으면 뭐가 옳고 그른지 해리가 어떻게 알 수 있을까? 해리는 분명 미치를 다치게 할 마음은 없었고, 다행히도 미치는 다치지 않았다. 하지만 그 일로 해리는 분명 좀 더 잘 알 수 있게 되었다. 이렇게 생각해 보게 되었으니까. 이번에 옳지 못했다면 다음번엔 어떻게 해야 더 잘할 수 있을까?

머릿속으로 해리는 스스로에게 몇 가지 질문을 해 보았다. 내가 하고 있는 일이 안전한가? 나나 다른 사람에게 해가 되는 건 아닌가? 놀고 있을 때, 어떻게 하면 재미있으면서도 안전할 수 있을까? 어떤 상황들은 한 사람이나 같이 노는 친구들에게는 괜찮다 해도 다른 사람들에게는 아닐 수도 있다. 그걸 어떻게 판단하지? 해리는 곰곰이 생각해 보았다. 물론 우리가 원치 않는 일이 일어날 때도 있고, 그런 질문에는 정답이 없을 수도 있다. 하지만 해리는 그런 걸 스스로에게 물어봄으로써 나중에 괜찮은 일과 그렇지 않은 일을 알아야 할 때 더 잘 알 수 있게 될 것이다.

예순 번째 이야기 **자신감 일깨우기**(Susan Boyett 제공)

| **치료적 특성들** |

제기된 문제

- 겁먹음
- 슬픔
- 괴롭힘을 당함
- 불안에 의한 신체적 징후(탈모)

- 자신감 구축
- 자신감 있는 말 배우기
- 변화를 창출할 수 있는 일 하기
- 인내력 기르기
- 인내를 담은 말 배우기

- 자신감
- 참을성
- 힘

이 이야기는 매들린이 어떻게 겁나는 마음을 밀어내 버리고 슬픔을 자기 삶에서 쫓아 버리고 자신감을 위한 방을 마련하게 되었는지에 대한 것이다. 매들린은 자기 이야기를 알려서 같은 문제로 힘들어하는 다른 아이들을 도우려고 마음먹었다.

매들린은 자기 반에 있는 어떤 아이와 힘든 시간을 보내고 있었다. 한때는 친구였는데, 뭔가 틀어져 버려서 그 친구가 매들린을 모함하는 말을 하고 다녀서 매들린의 기분을 엉망으로 만들고 눈물을 흘리게 만들곤 했다. 매들린은 다른 친구들이 아기라고 놀릴까 봐 우는 게 싫었다. 겁을 먹는 것도 마찬가지다. 그런 걱정으로 제인은 그만 머리카락이 빠지기 시작했다.

제일 견디기 힘든 데는 통학버스 안이었다. 제일 놀림을 많이 받는 곳이기 때문이다. 얼마나 겁을 먹었는지 버스 타는 것조차 걱정을 해서 엄마가 학교에 데리러 오셔야 했다.

매들린은 자기 삶을 망쳐 버리고 더 이상 재미있을 수 없게 만드는 겁내는 마음을 어떻게든 수습하고 싶었다. 매들린은 자기 생활 속에서 겁을 내는 마음이 어떻게 움직이는지를 살펴보고 나서야 좀 나아진다는 걸 알게 되었다. 하나는 겁을 내는 마음이 아침에 제일 크다는 것이다. 이건 자신감이 게으름을 부리면서 자꾸 잠들어 있는 걸 좋아하기 때문일 거야!

엄마의 도움으로 매들린은 자신감이 일어나지 않으면 아예 집 밖으로 나서지 않겠다고 마음을 단단히 먹게 되었다. 이건 정말 똑똑한 행동이었다. 바로 효과가 나타났다. 그렇지만 좀 나아진다고는 해도 친구들이 나쁜 짓을 딱 멈춘 건 아니었다. 겁을 먹는 마음과 슬픔은 다른 아이들의 나쁜 짓으로 매들린의 기분이 엉망으로 되는 걸 막을 수 없었지만, 자신감은 매들린을 보호해 주었다.

아까 말했던 그 나쁜 아이가 매들린을 운동장으로 불러냈을 때, 매들린은 겁내는 마음이 귓전에 속삭여서 자기를 속이려 한다는 걸 눈치 챘다. "어쩌지? 저 아이가 널 괴롭히려고 하고 있어." 그러니까 정말 두려워졌다. 하지만 자신감이 일어나 다른 쪽 귀에 대고 말했다. "괜찮아, 넌 강해. 넌 잘할 거야."

자신감으로 매들린은 아무 문제가 되지 않을 수도 있다는 걸 알게 되었다. 그 아이는 사실은 화해하려고 한 것이었는데, 겁을 먹는 마음이 매들린을 속이고 있었던 것이다. 늘 이런 건 아니다. 어떤 아이들은 여전히 가끔씩 나쁜 말을 하기도 하지만, 자신감이 해 주는 말을 들으면("괜찮아, 너한테 있는 멋진 면을 떠올려 봐.") 매들린은 혼자 힘으로 버틸 수 있었다.

얼마 지나지 않아 매들린은 버스를 다시 타려 했다. 이건 정말 용기가 많이 필요한 일이었다. 매들린은 자기를 좀 더 안전하게 지켜줄 큰 친구들이 있어야겠다고 생각했다. 그래서 상급생 언니들이 모두 버스에서 자기를 보면 인사를 해 주겠다고 약속했다. 이렇게 많은 '큰 언니들'이 자기를 봐준다는 건 정말 대단한 일이다. 매들린은 훨씬 자신감을 얻었는데, 어느 날은 자기한테 나쁜 짓을 하는 친구에게 화를 낼 수도 있게 되었다.

매들린은 겁을 먹는다는 것이 학교 공부에서도 불안감을 느끼게 한다는 걸 알게 되었다. 겁을 내는 마음은 매들린의 귓가에서 모든 게 잘못될 거고 전부 엉망이 되어 버릴 거라고 속삭였다. 그것이 다른 아이들보다 늦게 끝내는 걸로 풀이 죽게 만들었다. 실은 겁을 내는 마음이 교실 안에 있는 매들린을 쫓기게 하고 성급하게 만들기도 했다. 수학 시간에는 특히 더 했는데, 어떤 때는 국어 시간에도 더 힘들어질 때가 있었다. 겁을 내는 마음은 매들린이 걱정을 너무 많이 하게 만들어서, 아프거나 화장실에 가고 싶거나 잠깐 교실 밖으로 나가 물을 마시게 만들기도 했다.

이런 일이 생기면 매들린은 교실 안에서도 자신감을 일으켜야 한다는 걸 깨달았다. 또한 수업 중에 어떻게 졸게 되는지를 이해했다. 자신감은 매들린이 자기가 한 걸 선생님께 보여 드리게 만들어 기분 좋게 해 주었다. "선생님께 보여 드리면 잘 가르쳐 주실 거야."라고 자신감이 말했다. "그리고 겁을 내는 마음이 말한 것보다 아마 실수를 훨씬 덜 할 걸. 내기할까?" 매들린은 겁을 내는 마음이 거의 대부분 자기를 속이고 있었다는 걸 알았다.

엄마는 매들린이 방과 후에 수학 과외를 해서 자신감을 더 잘 일으킬 수 있을 거라는 생각을 했다. 매들린은 처음엔 학교를 마치고도 수학 공부를 해야 한다는 게 좋지 않다고 생각했지만, 곧 수학 문제를 더 많이 풀어 볼수록 학교 수학 시간에 훨씬 더 자신감이 생긴다는 걸 알았다("자, 봐. 네가 얼마나 잘하는지." 자신감이 용기를 북돋워 주었다.). 쓰기 시간에도 그랬다. 매들린은 쓰는 속도가 너무 느려서 시간을 내서 연습했다. 그랬더니 다른 아이들이 끝내기도 전에 자기는 이미 따로 공부한 게 있어서 과제를 훨씬 빨리 마칠 수 있었던 것이다!

매들린은 자신감이 참을성이라는 또 하나의 친구를 자기에게 소개해 주었다는 걸 눈치 챘다. 참을성은 잘할 수 있을 때까지 연습할 수 있도록 도와주었다("해 보는 거야. 네가 하는 것보다 더 많이 할수록 넌 더 잘하게 되는 거야."). 참을성이란 친구가 예전에도 도와준 적이 있었는데, 그때는 그것이 뭔지 몰랐다는 것도 생각이 났다. 예전에 매들린은 한 번 올라타 보지도 않고 두 발 자전거를 절대로 탈 수 없다는 생각을 한 적이 있었다. 그런데 죽어라 연습하다 보니까 드디어 탈 수 있게 되었다! 친구로서 참을성은 더 많은 데서 자신감을 가질 수 있게 해 주었다.

어느 날 엄마는 매들린의 머리카락을 살펴보셨다. 어땠을까? 새로 난 머리카락은 하나도 빠지지 않았다! 다음날에도 엄마가 매들린의 머리카락을 살펴보셨지만 새로 머리카락이 자라기까지 했다. 매들린은 자기 문제를 풀 수 있는 방법을 스스로 찾아냈다는 것이 정말 자랑스러웠다.

연습문제 9.1

공책에 아이들이 건강하고 편한 생활을 하기 위해 필요한 인지적 기술에 대해 적어 둬라. 이런 생각들은 여러분이 읽은 이야기에서 떠오른 것도 좋고, 인지행동치료 문학 이나 여러분이 만난 아이의 경우가 다른 아이에게도 도움이 될 것 같은 것도 좋다. 다 음의 치료적 특성에서 유익한 사고과정을 만들어 내는 이야기들을 지어 보는 게 도움 이 될 것이다.

- 주요 등장인물이 인지적 문제나 난관에 맞섬
- 그 문제를 해결할 수 있도록 하는 사고과정
- 새로운 가능성으로 열린 결론이나 아이가 나중에 그런 상황을 다루기 위한 더 나은 대처방법을 준비하게 하는 결론

10

삶의 기술 개발하기

Holmbeck, Greenley 및 Franks(2003)는 아동기는 급속히 발달하는 시기이기에 치료적 주제가 발달적이므로 '움직이는 표적'이라고 보았다. 발달 단계가 급속하게 변하기만 하는 것이 아니라 단계마다 광범위한 다양성까지 담겨 있다. 같은 연령의 두 아이를 비교해 보면 둘의 발달 수준은 인지적, 교육적, 행동적, 정서적, 신체적, 사회적 면 모두에서 차이를 보일 것이다. 아이들이 잘 발달시킬 수 있든 그렇지 못하든 획득해야 하는 삶의 기술들은 무척 많다. 어떤 아이는 학교 공부는 아주 잘한다 하더라도 사회적인 면에서는 고립되고 분리될 수 있다. 반대로 사교성은 아주 좋은 반면에 학교 성적은 뒤처지는 아이도 있을 수 있다.

이 장의 열 가지 이야기만으로 아이들이 건전하게 제대로 자라기 위해 필요한 수많은 발달 기술을 모두 말할 수는 없지만, 이 이야기들이 여러분과 함께하는 아이들에게 도움이 될 만한 이야기들을 만들어 내는 초석이 되기를 바란다. 이 이야기들은—가끔은 유머도 함께 섞어 가면서—이런 질문에 답할 것이다. 도덕적으로 곤란한 지경에 처했을 때 어떻게 할 것인가? 어떻게 해야 별로 좋아하지 않는 규칙으로도 세상을 살 수 있는가? 끔찍한 일이 일어나거나, 결정을 내려야 하거나, 자기 행동에 책임을 져야 할 때는 어떻게 해야 하는가?

예순한 번째 이야기 **어쩌면 좋지?: 어린이를 위한 이야기**

| 치료적 특성들 |

제기된 문제

- 도덕적 난관
- 곤란함(완전히 자기 탓만은 아닐 수도 있을 때)
- 거짓말을 함
- 책임감 부족

개발된 자원

- 주관적 도덕 기준 탐색하기
- 결말을 감당하는 법 배우기
- 책임지는 법 배우기
- 잘 생각해 보고 판단하는 법 배우기

나타난 성과

- 도덕적 책임의식
- 원인과 결과 인정하기
- 주관적 가치체계

"부모님께 말씀드렸니?" 월요일 아침 학교에 들어서자 친구가 브래드에게 물었다. "뭐라 그러서? 또 혼난 거 아냐?"

브래드는 금요일에 문제가 좀 있었다. 제스라는 같은 반 여학생이 그를 계속 놀려댔는데, 금요일에는 다른 여자애들 몇 명까지 데리고 와서는 브래드 뒤를 졸졸 따라다니면서 놀리고 비웃고 킬킬댔다. 브래드는 더 이상 참을 수 없는 지경에 이르렀을 때 휙 돌아서서 제스를 밀어 버렸다. 제스는 뒤로 넘어지더니 그만 머리를 벽에 부딪히고 말았다. 피가 나기 시작했다. 그냥 작은 상처가 난 듯했는데 피가 많이 났다.

브라운 선생님은 브래드가 제스를 미는 걸 봤다. 선생님은 제스 친구들한테 제스를 양호실로 데려가라고 하시고는 브래드의 손목을 꼭 잡고 계셨다. 브래드는 교장실로 불려갔고, 여자 아이를 괴롭혔다고 꾸중을 들었다. 게다가 '다시는 그러지 않겠습니다.'라는 반성문을 스물다섯 줄이나 쓰고도 스물다섯 줄을 더 써야 했다. 교장선생님은 부모님께 편지를 써서 봉투에 넣고 풀로 딱 붙여서 주셨다. 브래드는 그 편지를 부모님께 드리고 주말 동안 반성문 오십 줄을 써야 했고, 거기에 모두 부모님의 사인을 받아야 했다.

오후 수업 내내 브래드는 도무지 집중할 수가 없었다. 집에 갈 생각을 하니 덜컥 겁까지 났다. 엄마가 학교에서 무슨 일 있었느냐고 물으시자, 브래드는 어깨만 으쓱 하고는 자기 방으로 가버렸다. 어떻게 해야 하나? 엄마한테 그대로 다 말해야 하나? 그러고 나면 브라운 선생님과 교장선생님만이 아니라 엄마랑 아빠한테도 꾸중을 들을 텐데.

부모님께 말씀드리지 않아도 될까? 하지만 편지를 전해 드려야 반성문과 함께 사인을 받을 수 있다. 브래드는 부모님 사인을 자기가 몰래 할 수도 있었다. 교장선생님도 알아보시지 못할 거다. 다른 아이들이 그렇게 한다는 것도 알고 있었지만 그는 그럴 수 없었다.

거짓말을 하고 자기 잘못이 아닌 것처럼 할 수도 있다. 어쨌든 예전에도 거짓말을 해서 그냥 넘어간 적이 몇 번 있었으니까. 하지만 이번 일은 그럴 만한 일이 아니다. 다른 아이들이 숙제 때문에 거짓말을 하고는 이리저리 변명하는 걸 본 적이 있다. 그치만 어떤 애들은 그렇게 해도 어떤 애들은 절대로 거짓말을 하지 않는 것도 사실이다.

그보다 먼저 부모님이 거짓말에 대해 말해 주신 적이 있기도 하다. "언제나 있는 그대로를 말해야 한단다." 그렇게 말하시곤 했지만, 곧이곧대로 말을 하고 나서 꾸중을 더 심하게 들은 적도 몇 번 있기는 했다. 사실 몇 번은 거짓말로 벌을 받지 않고 넘어가기도 했다.

브래드는 일단 몰래 반성문을 쓰고는 그걸 방에 숨겨 두었다. 일요일 밤이 되었다. 걱정이 되어서 심장이 터질 것만 같았다. 빠져 나갈 길은 없다. 부모님께 말씀드려야 한다는 걸 알고 있다. 브래드는 저녁식사를 마치고 어렵게 말을 꺼냈다. "금요일에 학교에서 문제가 좀 있었어요. 교장선생님께서 부모님께 편지를 전해 드리라고 했어요."

"그렇지 않아도 무슨 일이 있었지 싶었어." 엄마가 대답했다. "주말 내내 네가 너무 말이 없다 싶었거든. 무슨 일이니?"

브래드가 말했다. "제스랑 걔 친구들이 나를 졸졸 따라다니면서 놀리잖아요. 걔 친구 중에 한 명이 나를 뒤에서 잡아당기고 제스는 나를 밀어서 엎어져 버렸어요. 일어나 제스를 확 밀어 버렸더니 넘어져서 벽에 머리를 부딪혀 버렸어요. 브라운 선생님께서는 내가 민 것만 보시고는 나만 꾸중하시고 날 교장실로 데리고 가신 거예요." 브래드는 편지와 함께 자기가 쓴 반성문 오십 줄도 드렸다.

"여자애를 밀면 어떡하니?" 아버지는 이런 말을 먼저 하셨지만, 부모님은 그 문제로 상의하시면서 여자애들한테도 어느 정도는 책임이 있다는 데 동의하셨다. 그래서 브래드의 엄마는 아침에 학교에 가서 브라운 선생님과 이야기를 해 보겠다고 하셨다.

이런! 진짜 큰일났다. 브라운 선생님은 무슨 일이 있었는지 훤히 알고 계시는데, 엄마는 여자애들이 먼저 밀었다는 내 거짓말로 나를 변호해 주실 거잖아! 이 일을 어쩌면 좋아?

이야기의 끝이 어떻게 될지 알고 싶을 것이다. 하지만 솔직히 말해서 나도 모른다. 그래서 해 줄 말이 없다. 그러나 여러분이 브래드의 입장이라면 어떻게 할까? 엄마, 아빠께 사실대로 고백할 수 있을까? 엄마가 다음날 아침에 브라운 선생님을 만나서 어떤 일이 일어나게 될지를 기다릴까? 저지른 일의 결과를 어떻게 감당할 것인가? 자기가 한 일에 어떻게 책임을 질 것인가? 어떤 방법이 최선일지 어떻게 판단할 것인가?

예순두 번째 이야기 어쩌면 좋지?: 청소년을 위한 이야기

| 치료적 특성들 |

제기된 문제
- 도덕적 난관
- 상반된 기준
- 하고 싶은 것과 해야 하는 것의 선택
- 책임감 결여

개발된 자원
- 주관적 도덕 기준 탐색하기
- 결과를 감당하는 법 배우기
- 책임지는 법 배우기
- 잘 생각해 보고 판단하는 법 배우기
- 타인의 안녕(well-being)에 대해 배려하는 법 배우기
- 상호 간의 동의를 얻어 내어 결정하는 법 배우기

- 도덕적 책임의식
- 타인에 대한 배려
- 상호 간의 결정 도출
- 주관적 가치체계

"성공했니?" 월요일 아침 학교에 들어서자 브래드의 친구들이 물었다. 주말에 제스와 데이트를 한다는 걸 알고 있었으니까 당연히 그 소식을 알고 싶겠지. 그것도 자세하게.

첫 데이트인지라 좀 흥분되어 있었다. 둘은 서로 꼭 껴안기도 하고 서로를 어루만져 보기도 했지만, 제스는 되는 것과 안 되는 것의 선을 분명하게 그었다. 브래드는 좀 더 깊은 관계를 갖고 싶었지만 머리에서는 다른 말을 하고 있었다.

또래 친구들 중에는 성공한 아이들도 있고 하지 못한 아이들도 있다. 적어도 말은 그랬다. 월요일 아침은 학교에 와서 주말에 뭘 했는지를 자랑 삼아 늘어놓는 시간이다. 브래드는 몇 명은 성관계를 가져 봤지만 나머지는 그런 경험이 없다는 걸 잘 알고 있다. 자기가 한 일에 대해 전혀 말을 하지 않는 아이들도 더러 있다. 그런 아이들에 대해서는 알 도리가 없다.

브래드는 자기가 이러지도 저러지도 못하고 있다는 걸 알았다. 몸은 이걸 원하는데, 마음은 저걸 원한다. 친구들은 자꾸 저질러 버리라고 말하는데, 부모님은 다른 말씀을 하신다. 사춘기쯤 되었을 때, 뭔가 새로운 걸 가르쳐 주려고 부모님이 해 준 그저 그런 성에 대한 이야기도 들었고 책도 한 권 받았다. 성교육 시간에 들었던 거, 낙서에서 봤던 거, 탈의실에서 친구들이 킬킬대며 하는 소리들도 다 학교에서는 못 들은 척했다.

"그럴 일이 있으면 우리한테 말해." 부모님이 말하신 적이 있다. "네가 어떤 일을 하기 전에, 여자애랑 문제가 일어나기 전에 먼저 이야기를 나눠 보자."

그럼요, 그렇고 말고요. 브래드는 생각했다. 자기 스스로 선택할 수 있을 만큼 컸지 않은가? 이건 제스와 자기의 문제다. 다른 사람이 끼어들 일이 아니다.

그런 생각을 하면서 자기 가치관에 대해 신중히 생각해 보기 시작했다. 결혼 전까지는 순결을 지키는 게 좋다고 생각한 적이 있었지만, 요즘은 아무도 더 이상 그렇게 하지 않는다. 부모님 세대야 대부분 그랬겠지만, 브래드의 세대는 다르다. 그래도 브래드는 적어도 진지하고 싶었고 특별하기를 원했다. 제스와 키스를 하기 전에는 그렇게 생각했다. 그런데 정열적인 키스를 하고 나니까 몸이 달아오르면서 그 부위가 뜨거워지는 것이었다. 당연히 친구들도 그런 건 말해 주지 않았고, 부모님도 가르쳐 주지 않으셨다.

이 이야기의 끝이 어떻게 될지 알고 싶을 것이다. 그런데 솔직히 말해 나도 잘 모르기 때문에 해 줄 말이 없다. 그렇지만 브래드의 입장이라면 다음 데이트에서 어떻게 할 것 같은가? 어떻게 하는 것이 최선이라고 판단할 것인가? 자기가 한 선택에 어떻게 책임을 질 것인가? 어떤 원칙으로 선택할 것인가? 상대의 행복감과 안녕에 대한 것까지 생각해 줄 수 있는가? 자신이 원하는 것과 제스 입장에서의 경계선을 어떻게 조율할 것인가?

예순세 번째 이야기 **규칙에 대해 배우기**

| 치료적 특성들 |

제기된 문제

- 규칙에 대한 원망
- 반사회적 행동
- 반항

제10장 삶의 기술 개발하기 · *301*

개발된 자원

- 규칙의 필요성 배우기
- 규칙의 가치 탐색하기
- 규칙의 좋은 점 찾기
- 삶 속에서 규칙 만드는 법 배우기
- 공정한 규칙 세우는 법 배우기

나타난 성과

- 규칙의 근거에 대한 올바른 평가
- 규칙의 좋은 점에 대한 올바른 평가

너희 또래 아이들에게 규칙에 대해 어떻게 생각하느냐고 묻는다면 틀림없이 진저리를 치면서 규칙은 정말 싫다고 말할 것이 분명하다. 부모님들이 "오후에 영화 보러 가고 싶으면 방 청소부터 깨끗이 해. 그것이 규칙이니까."라고 말할 때처럼 말이다. 대부분의 아이들은 "규칙은 정말 지긋지긋해."라고 말할 것이다.

교사인 친구가 한 명 있는데, 그녀는 좀 독특한 방법으로 가르친다. 아이들에게 규칙에 대한 생각을 묻고는 그저 그런 답을 얻어낸다. 그리고 나선 그걸로 놀이를 한다. 커다란 플라스틱 판자로 된 슈트[11]와 사다리를 바닥에 펼쳐 놓는다. 그런 다음 한 반을 서너 팀으로 나눠 자기랑 겨뤄서 누가 이기는지 보자고 한다. 그런데 그녀 차례가 되면 주사위를 연달아 두세 번 굴리는 거다.

"선생님, 그러면 안 돼요." 몇몇 아이들이 반박한다.

이번엔 그녀가 슈트 위에 올라서서 다음 사다리로 가서 슈트 끝으로 내려가는 게 아니라 올라가려고 한다.

"선생님, 그러면 안 돼요." 아이들이 더 거칠게 항의한다.

---

11) 역주: 낙하의 의미를 지니고 있는 운반 장치를 이르는 말. 여기서는 주사위를 던져 나온 숫자대로 칸을 움직이면서 위로 올라가는 게임을 하는 판을 말한다.

"왜?" 그녀가 묻는다.

"그건 반칙이에요." 아이들이 반박한다.

"그것이 뭐?" 그녀가 말한다.

"공정하지 않잖아요." 아이들이 대꾸한다. "속임수예요. 평등하지가 않아요. 모두 기회를 똑같이 가져야 한다고요."

그때 내 친구는 아이들에게 학교에서, 운동장에서, 축구장에서, 자전거를 타는 길에서, 그리고 집에서도 왜 규칙이 필요한지를 물어본다. 그러면 학생들은 규칙에 대한 근거를 이렇게 저렇게 많이 내놓곤 한다. 규칙을 지킬 때 일이 더 잘 된다고 말한다. 교차로에서 교통 법규가 없다면 어떻게 안전하게 자전거를 탈 수 있으며 그 많은 트럭, 버스, 자동차들 사이에서 어떻게 길을 건널 수 있을까? 모두 큰 문제가 생길 것이다. 규칙은 사람들이 함께 잘 살 수 있게 해 주는 것이다. 다른 사람의 물건을 훔치지 않는다거나 다른 사람을 해쳐서는 안 된다는 규칙을 지켜야 함께 잘 살 수 있다. 규칙은 우리의 안전과 안녕을 위해 존재하는 것이다.

그리고 나서 그녀는 아이들에게 달걀판 몇 개, 판지 몇 장, 펠트펜, 플라스틱 원반, 주사위들을 주면서 몇 명씩 모여 아무 규칙도 없이 자기네들 끼리만의 놀이를 만들어 보라고 한다. 얼마 지나지 않아 아이들은 그녀를 부르며 이렇게 말한다. "선생님, 안 돼요. 규칙 없이 어떻게 놀이를 해요? 규칙 없이 논다는 건 말도 안 돼요."

예순네 번째 이야기 **끔찍한 일이 일어났을 때**

| 치료적 특성들 |

제기된 문제

- 끔찍한 일이 일어남
- 상실
- 큰 슬픔
- 부모의 갈등
- 부모의 이혼
- 힘든 시기를 조절할 수 있는 기술 부족

개발된 자원

- 슬퍼해도 된다는 사실 수용하기
- 변하지 않는 게 있다는 사실 받아들이기
- 변할 수 있는 것을 변화시키는 법 배우기
- 미래를 내다보는 법 배우기
- 미래에 영향을 미치는 선택 하기
- 다시 좋은 감정을 느껴도 된다는 사실 발견하기
- 변화에 대한 주관적 책임감 수용하기

나타난 성과

- 낙관주의
- 미래 지향
- 자기 결정
- 자기 미래 (부분적이라도) 다스리기

스티브는 만화 보는 걸 좋아한다. 특히, 우주로 떠나는 모험 같은 걸 좋아한다. 아무 생각 없이 만화를 보고 있는데, 집 앞에서 스티브가 기르는 개 킹을 차가 치고 달아나 버렸다. 킹은 스티브의 가장 친한 친구다. 스티브는 킹한테만큼은 어떤 말도 할 수 있었다. 부모님이 싸움을 하면 스티브의 무릎에 머리를 대고 엎드려 다 이해한다는 듯 스티브의 눈을 쳐다보곤 했다. 킹이 죽고 얼마 되지도 않았는데 스티브의 제일 친한 친구 대니가 아빠의 새 직장을 따라 다른 주로 이사를 가 버렸다.

스티브는 삶이 불공평하다는 생각이 들었다. 날이 저물고 스티브는 침대에 누워 눈물을 뚝뚝 흘리며 자기 삶은 왜 이리 비참한가 하는 생각을 하게 되었고, 과연 더 나아질 수 있을까 하는 염려까지 하게 되었다. 그것만이 아니다. 정말 끔찍한 일이 일어났다. 어떻게 보면 좋을 수도 있다고 생각했다. 적어도 더 이상 싸우지는 않을 테니까. 하지만 그러고 나면 스티브에겐 가족이 아무도 없어지는 거다. 부모님이 이혼하고 나니까 이혼이라는 건 아이들에게 가장 끔찍한 일이라는 생각이 들었고……. 땅으로 꺼져 버릴 것만 같았다.

어느 날 밤, 스티브는 녹화해 둔 만화를 몇 개 보고 나서 잠이 들었는데 자기 침대 옆에 우주선이 착륙하는 꿈을 꾸었다. 커다란 원형의 그 우주선은 빛으로 번쩍이고 있었다. 천천히 우주선의 트랩이 내려지더니 불빛 뒤로 유리 헬멧을 쓰고 우주복을 입은 형체가 나타나는 게 보였다. 우주복에는 '힘을 주는 선장'이라는 이름이 적혀 있었다.

힘을 주는 선장이 헬멧을 벗는데, 스티브는 자기도 모르게 선장에게 말하고 있었다. "우주선을 태워 나를 어디론가 데려가 주세요. 이 끔찍한 일들을 더 이상은 견디지 못하겠어요."

저 깊은 데서 우러나오는 차분한 목소리로 힘을 주는 선장이 대답했다. "법 없이도 살 만큼 착한 사람에게도, 아주 어린아이에게도 견디기 힘든 일이 일어날 수 있는 거야. 이미 일어난 일을 내가 바꿀 수도 없고 내가 널 거기서 데려올 수도 없지만, 내가 도울 수 있는 일이 있을 것 같구나. 이리 올라와 보렴."

스티브는 힘을 주는 선장을 따라 처음 보는 우주선 안으로 들어가 원통형의 방으로 들어갔다. 힘을 주는 선장이 말했다. "이건 타임캡슐이란다. 얼른 안으로 들어가서 2주 앞으로 시간 다이얼을 돌려서 앞으로 일어날 일을 보거라."

스티브가 들어가자 힘을 주는 선장이 뒤에서 문을 닫았다. 스티브 앞에 오늘 날짜부터 앞으로 다가올 날짜들이 적혀 있는 시간 다이얼이 놓여 있었다. 힘을 주는 선장이 말한 대로 2주 앞으로 다이얼을 돌렸더니 기계 목소리가 들렸다. "어서 오십시오. 저는 랄피입니다. 미래의 컴퓨터이지요. 2주 뒤에 일어날 일을 그대로 보고 싶으십니까, 아니면 당신이 더 원하는 결과를 보고 싶으십니까?"

스티브는 뜻밖의 질문에 좀 놀랐다. 선택을 할 수 있을 거란 기대는 하지 않았으니까. 자기 마음을 읽고 있는 것처럼 랄피가 말했다. "어느 정도는 미래와 일어날 일에 대해 선택을 할 수 있습니다."

"먼저 일어날 일을 그대로 보여 줘." 스티브가 말했다. 그러자 허벅지 위에 팔꿈치를 올리고 두 손으로 얼굴을 가리고 머리를 앞으로 숙이고는 눈물을 뚝뚝 흘리며 자기 방 의자에 앉아 있는 자신이 보였다. 자기한테 일어난 모든 끔찍한 일들에 대한 생각으로 못 견뎌 하는 모습이었다. 그 몇 초로 충분했다. "날 여기서 내보내 줘. 더 나은 미래로 날 데려다 줘." 랄피에게 빌었다.

이번엔 스티브가 집 근처 공원에서 친구들과 축구를 하고 있었다. 소리 내어 웃고 농담도 하면서 신나게 놀고 있었다. 다 놀고 나서 집으로 돌아가 방에 앉았는데 킹과 대니, 부모님 생각에 다시 슬퍼졌다. 잠시 후 랄피의 기계음 같은 목소리가 저 뒤에서 들려왔다. "슬퍼해도 괜찮아요. 당신한테 슬픈 일들이 일어났지만 그것이 어떤 때는 좋게 느껴질 수도 있는 겁니다. 당신한테 일어날 수 있는 일들을 보여 줄 수는 있지만, 당신한테 어떤 일이 일어나게 해 줄 수는 없습니다. 당신이 2주 안에 만나고 싶은 상황은 어떤 겁니까? 변화를 만들려면 어떻게 해야 하는지 말해 주시겠습니까?"

스티브는 생각했다. 뭔가가 변했으면 좋겠지만 자기는 할 수 없을 것 같았다. 킹을 다시 살릴 수도 없고, 대니의 부모님을 다시 오게 할 수도 없고, 자기 부모님을 행복하게 만들어 줄 수도 없다. 한참을 생각하고는 랄피에게 소리쳐 답했다. "내가 어쩔 수 없는 것도 있지만 밖에 나가 친구들이랑 다시 놀며 웃고 즐거운 시간을 가질 수는 있어. 킹이랑 재미있게 놀았던 생각은 킹이 없어서 슬프다는 생각보다는 나을 거고. 대니한테는 편지나 이메일을 할 수 있잖아. 학교에서 새로 친한 친구를 만들 수도 있고 말이야. 엄마, 아빠가 결정하신 건 내가 어쩔 수 없어도 한 분씩 따로 만나면서 즐거운 시간을 보내는 게 최선이라면 그렇게는 할 수 있어. 그럼 부모님도 지금보다는 더 행복하실 테니까." 자기 생각을 소리 내어 말하는 동안, 스티브는 랄피의 컴퓨터 다이얼에 작은 미소가 떠오르는 걸 봤다.

하지만 랄피는 곧 자기가 할 일을 계속했다. "1년 뒤 일어날 일을 그대로 보시겠습니까, 아니면 당신이 원하는 걸로 보시겠습니까?" 랄피가 물었다.

"그대로 일어날 일은 관두고 내가 원하는 1년 뒤로 가 보자구." 스티브는 랄피에게 말했다.

스티브는 키도 더 컸고 학교 갈 때는 반바지 대신 긴 바지를 입고 있었다. 학교에서 상장 같은 걸 받고 있었는데 그것이 뭔지 그 내용은 읽을 수 없었다. 아마 성적 우수나 운동경기 또는 지역봉사와 관련된 거겠지. 엄마와 아빠가 두 분 다 오셔서 보고 계셨다. 두 분은 헤어지시고 나서 더 행복한 듯 보였고 아들을 자랑스러워하시는 듯했다. 스티브는 여전히 자기 방에서 시간 날 때마다 킹의 사진을 보고 있었고 함께 놀았던 시간들을 추억하곤 했다. 어, 저건 뭐지? 스크러피라는 이름의 새 강아지가 스티브의 손을 핥고 있었다. 대니와는 가끔 이메일을 주고받으면서 학교에서 다른 좋은 친구들도 사귀었다.

화면이 사라지면서 스티브는 랄피의 다이얼이 다시 웃고 있는 걸 봤다. 더 이상은 볼 필요가 없었다. 타임캡슐 밖으로 나가 보니 힘을 주는 선장이 스티브를 기다리고 있었다. 힘을 주는 선장은 우주복과 유리로 된 둥근 헬멧을 입혀 주었다. 거울을 봤다. 우주복에 이름이 쓰여 있었다. "최고의 스티브?" 무슨 뜻인지 힘을 주는 선장에게 물었다.

"그래, 너한테 '자기 미래의 운명을 창조하는 최고의 스티브'라는 이름을 주기로 했단다. 그런데 이름이 너무 길어서 옷에 다 새길 수가 없더구나. 때로는 살면서 정말 견디기 끔찍한 일이 일어나기도 하지만, 넌 네가 원하는 미래를 만들기 위해 네가 할 수 있는 일이 있다는 것을 아니까 이제부터 '최고의 스티브'라는 이름으로 유명해질 거야."

예순다섯 번째 이야기 **자기가 가진 것을 받아들이기**

| **치료적 특성들** |

제기된 문제
- 더 크고 더 좋은 것을 바람
- 가질 수 없는 것을 바람
- 이룰 수 없는 목표 설정
- 자기가 가진 것을 받아들이지 못함

개발된 자원
- 자기가 가진 것을 받아들이는 법 배우기
- 얻을 수 있는 기회 취하기
- 현실적인 목표 설정하는 법 배우기

나타난 성과
- 수용
- 목표의 현실적 평가
- 실현 가능한 목표

배고픈 여우 한 마리가 먹을 걸 찾고 있었단다. 좀 가다 보니 나무 아래 생쥐가 자고 있는 거야. 야, 이건 식은 죽 먹기네. 이게 웬 떡이냐. 여우가 생각했지. 이렇게 훌륭하고 맛있는 식사가 날 위해 떡 차려져 있다니…… 멋진 아침식사가 되겠어.

여우가 생쥐한테 확 달려들어 그걸 한입에 막 삼키려고 하는데 토끼 한 마리가 깡충거리며 옆으로 지나가는 게 아니겠니? 여우는 토끼를 보고 그냥 먹을 수 있는 아침식사는 까맣게 지워 버리고 탐욕스럽게 생각했지. 이야, 오늘 웬 일이래. 생쥐보다야 토끼가 훨씬 더 크고 맛있지. 저놈을 잡으면 하루 식사는 너끈히 될 거야.

여우가 토끼를 뒤쫓아 가서 막 잡으려고 하는데 바로 옆에서 풀을 뜯어먹고 있던 사슴이 깜짝 놀라 후다닥 달아나잖아. 이번엔 여우의 탐욕스러운 눈이 사슴에게 꽂혔지. 토끼를 쫓느라 기운이 좀 빠진 걸 느끼고 있으면서도 사슴을 잡는 게 더 좋을 거란 생각을 했단다. 캬, 살다 보니 이런 날도 있군 그래. 토끼보다야 사슴이 더 크고 더 낫지. 저놈을 잡으면 일주일은 먹을 걸 찾느라 돌아다니지 않아도 되는 거 아냐.

토끼를 쫓느라 이미 힘을 너무 많이 써 버린 여우는 쏜살같이 달리는 사슴을 뒤따라갔지. 그런데 별로 힘들지도 않나 봐. 이번엔 말을 보았거든. 이미 기운이 하나도 없는데 말이야. 말이 저렇게 크고 빠른데도 여우는 포기하지를 않네. 이야, 정말 오늘은 운수대통이다. 말이라면 몇 달은 아무것도 안 하고 살 수 있는 거 아냐.

말은 달아나려고 하지도 않았어. 그냥 툭툭 뒷발질만 두어 번 했을 뿐인데 여우가 마침 피하지 못했다면 머리통이 날아가 버릴 뻔했다니까. 그제야 여우는 자기가 감당도 못할 일을 하려고 마음먹었다는 걸 깨닫게 되었지. 이런, 돌아가서 사슴을 찾을 수 있기라도 하면 좋겠는데…… 하지만 사슴은 벌써 숲속으로 사라진 지 오랜 걸.

하루 양식인 토끼라도 있으면 좋으련만 토끼한테 가기에는 이미 시간이 너무 오래 지나 버렸지. 아이고, 아침거리 생쥐라도…… 여우는 기운이 쭉 빠져 중얼거리면서 나무 아래로 갔어. 그냥 잡을 수 있는 잠든 생쥐가 아직 그대로 있기를 바라면서. 그런데 토끼, 사슴, 말을 쫓는 통에 생쥐가 잠에서 깨어 가 버린 거야!

여우는 혼자서 이렇게 생각했단다. 아이고, 처량한 내 신세. 내가 잡을 수도 없는 걸 쫓다가 다 잡은 놈들까지 놓쳐 버렸구나. 불쌍하기도 하지. 나무 아래 앉아서 여우는 쪽딱 굶은 배가 꼬르륵꼬르륵 요동을 치는 소리를 듣고 있어야만 했단다.

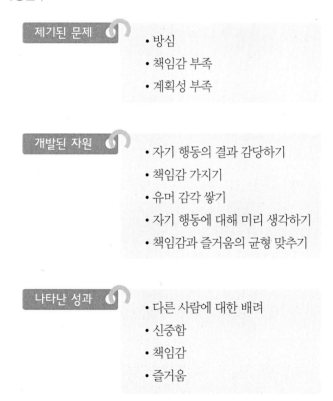

예순여섯 번째 이야기 **책임감 가지기**

치료적 특성들

제기된 문제
- 방심
- 책임감 부족
- 계획성 부족

개발된 자원
- 자기 행동의 결과 감당하기
- 책임감 가지기
- 유머 감각 쌓기
- 자기 행동에 대해 미리 생각하기
- 책임감과 즐거움의 균형 맞추기

나타난 성과
- 다른 사람에 대한 배려
- 신중함
- 책임감
- 즐거움

기다리고 기다리던 토요일 아침이다. 평소에는 제니에게 두어 가지 문제가 있다. 숙제를 하지 않았다거나, 수업 시간에 집중을 하지 않는다거나, 식기세척기에 그릇을 넣으면서 텔레비전에 한눈을 판다거나 하는……. 토요일 아침은 자유다. 친구들과 마음대로 놀아도 되고 문제를 일으킬 거라는 걱정 같은 건 하지 않아도 된다. 친구들과 공놀이를 하기 전까지는 그랬다. 제니가 공을 너무 세게 던져서 친구가 그 공을 놓쳐 버렸는데, 그것이 투덜이 아저씨네 마당으로 들어가 버렸다.

물론 '투덜이 아저씨'가 진짜 이름은 아니다. 하지만 동네 아이들이 그 아저씨를 그렇게 부르는 데는 그만한 이유가 있었다. 아저씨는 늘 뭔가에 불만이 있었다. 특히, 아이들이 제일 자주 걸리는 표적이었다. 아저씨가 화를 낸다는 것이 바로 문제인 것이다.

제니가 담장을 넘겨다 보았다. 윽! 투덜이 아저씨가 공을 줍고 있는 게 아닌가! 창문을 깨뜨린 것도 아니고 꽃이 맞아 넘어진 것도 아닌데 아저씨는 벌써 화가 나 있었다. 아저씨는 화가 나 얼굴이 울그락불그락하면서 길로 나왔다. 제니와 친구들은 숨을 데부터 찾았다.

잔뜩 화가 난 아저씨는 제대로 살피지도 않고 걸어가다가 제니의 스케이트보드를 밟아 버렸다. 이런! 스케이트보드가 도로로 굴러가 버렸다. 정신없이 균형을 잡으려고 팔을 내저으면서 투덜이 아저씨는 쥐고 있던 공도 놓쳐 버리고 길 건너 도로로 쫙 밀려갔다. 커브를 돌 때는 알리[12] 자세로 펄쩍 뛰어오르기까지 하면서.

이야, 투덜이 아저씨가 스케이트보드를 탈 줄은 몰랐는걸. 저것 봐, 알리도 멋지게 해내잖아.

아저씨는 길을 건너 달렸다. 다행히 길에는 지나가는 차가 없었다. 보드가 반대편 커브를 쾅 하고 치더니 그대로 멈췄다. 투덜이 아저씨는 공중으로 붕 날아올라 공중제비를 돌았다. "이야, 대단한 묘기다." 제니는 친구들한테 소리를 쳤다. "나도 저렇게 하는 거 배워야지."

---※

12) 역주: 스케이트보드에서 발을 차서 보드를 올리는 동작.

한편 토요일 아침이면 고든 할머니는 늘 슈퍼마켓으로 가서 식료품을 잔뜩 사서 카트에 싣고는 집으로 돌아온다. 슈퍼마켓의 카트를 집으로 가져오면 안 된다는 걸 모두 알고 있지만 기운이 하나도 없이 늙어 버린 고든 할머니가 몇 년 동안이나 그러는 건 아무도 뭐라 그러지 않았다.

투덜이 아저씨의 스케이트보드 재주가 완벽하진 않았지만 스케이트보드에 바로 내려앉기만 한다면 정말 감동적일 거 같았다. 그런데 아저씨는 보드 위에 올라서는 게 아니라 고든 할머니의 쇼핑 카트 위에 떨어지고 말았다. 할머니는 너무 놀라 비명을 지르며 손잡이를 놓쳐 버렸고, 투덜이 아저씨는 비탈길로 내려갔다. 제니에게는 투덜이 아저씨의 비명이 롤러코스터를 타고 있는 아이의 고함소리처럼 들렸다. "세상에, 투덜이 아저씨가 저렇게 재미있어 할 줄이야." 제니는 아저씨 뒤를 쫓아 내려가며 말했다.

언덕 아래에는 그린핑거 아줌마가 길가에 아름다운 줄장미 덩굴을 키우고 있다. 아줌마는 시간 날 때마다 동물원에 가서 '동물원 응가' 통을 모아 와 코끼리, 하마, 원숭이, 그 밖의 다른 동물들 응가까지 다 섞어서 희한한 걸 만들어 거름으로 준다. 그것이 장미한테는 아주 좋은 것 같았다. 아줌마는 통에다 물을 좀 붓고 그걸 섞어서 장미에게 줄 뻑뻑하고 질척질척한 거름죽을 만든다.

투덜이 아저씨는 고든 할머니 식료품이 담긴 쇼핑 카트 위에 올라타고 휙 지나가면서 허리를 구부리고 장미에게 거름을 주고 있던 그린핑거 아줌마를 잡아 버렸다. 아줌마는 놀라서 비명을 지르고 그 거름통을 휙 던져 버렸다. 제니는 나중에 그 광경을 영화에서처럼 느린 동작으로 떠올려 보곤 했다. 통이 공중으로 날아올랐다가 천천히 뒤집어지면서 동물원 응가 거름죽은 소화기에서 뿜어 나오는 물처럼 쏟아져 내려 투덜이 아저씨 머리부터 발끝까지 덮어 버렸다. 그리고 거꾸로 뒤집어진 통은 아저씨의 머리에 씌워졌다. 아저씨는 쇼핑 카트 말을 타고 옛날 창시합을 하는 투구 쓴 기사 같았다.

카트는 계속 비탈길을 내려가 공원을 가로지르고 큰 호숫가에 있는 벽에 쿵 하고 부딪혔다. 이번에도 역시 멋져. 투덜이 아저씨가 다시 한 번 공중제비를 도는 걸 본 제니는 생각했다.

수상스키를 타는 사람들은 제니가 기다리는 만큼이나 호수에서 토요일 아침의 자유로움을 고대하는데, 그중 한 사람은 그만 놀라 자빠져 버리고 말았다. 아니, 이럴 수가! 투덜이 아저씨가 수상스키를 타는 사람 양팔 사이에 내려앉는 게 아닌가! 아저씨 발은 정확하게 수상스키 위에 놓이고 손은 줄 위에 탁 얹혔다. 수상스키를 타던 사람은 놀라서 떨어져 버렸지만, 앞에서 보트를 몰던 사람은 아무것도 모르는 채 스카이 점프를 하려고 높다란 경사로로 향해 가고 있었다. 투덜이 아저씨도 기사 투구 같은 동물원 응가 거름죽 통을 머리에 쓰고 있었기에 무슨 일이 일어나고 있는지 모르기는 매한가지였다. 그 통을 쓰고는 앞이 보일 턱이 없지. 아저씨는 발사대의 로켓처럼 공중으로 튀어 나갔고 통이 아저씨 머리에서 벗겨졌다. 아저씨의 눈은 겁에 질려 휘둥그레졌다. 허공 한가운데서 아저씨는 온갖 몸부림을 다 쳐가면서 배가 바닥에 닿게 떨어지려고 했다. 제니는 윽, 저건 그다지 대단한 묘기가 아닌 걸 하고 생각하면서 자기 스케이트보드를 가지러 가야겠다고 생각했다.

당연히 이야기는 끝난 게 아니다. 투덜이 아저씨는 비틀거리며 집으로 돌아와서 향기 나는 샴푸를 쏟아 부어 동물원 응가 거름죽을 다 씻어내고는 제니네 집 문을 두드렸다. 길에 스케이트보드 같은 게 있나 없나를 잘 살피면서 말이다. 제니 엄마는 커피라도 들게 들어오시라고 했지만, 아저씨는 이미 제니의 부주의와 무책임함에 화가 끝까지 차올라 폭발 직전이었다.

"그래요." 엄마도 맞장구를 쳤다. "제니도 댁 담장 너머로 공이 굴러가게 한 데 책임이 있는 건 사실이에요. 길에 스케이트보드를 버려 둔 것도 분명 책임을 져야 합니다. 그런데 말이죠. 그걸 제대로 보지도 못하고 화가 나서 아무 생각 없이 밟아 버린 아저씨한테도 책임이 있는 거 아닌가요? 자기가 한 일에 대해 책임을 지는 건 누구나 그래야 하는 거 아닌가요?"

엄마는 투덜이 아저씨에게 제니와 얘기해 볼 거라고 약속했지만 실은 그럴 필요가 없었다. 제니는 이미 중요한 걸 배웠으니까.

결정하기

| 치료적 특성들 |

| 제기된 문제 |

- 우유부단함
- 문제해결 기술의 미숙

| 개발된 자원 |

- 질문하는 법 배우기
- 조건 탐색하는 법 배우기
- 찬반 양론 가늠하기
- 문제해결 방법 발견하기
- 심사숙고해서 결정하는 법 배우기

| 나타난 성과 |

- 선택에 대한 심사숙고
- 문제해결 기술
- 의사결정 기술

켈리는 학교에서 동물원으로 소풍을 왔다. 켈리가 환상적인 상상을 한다는 건 모두(특히, 켈리 자신은 더) 잘 알고 있는 사실이다. 수학 수업 중에도 켈리는 몇 천 광년이나 떨어진 오메가 켄타우리 성단을 여행하는 우주선 선장이 된다. 과학 시간엔 자기가 만든 마법의 타임머신 오토바이를 타고 미래로 여행을 떠난다. 영어 시간에도 켈리는 켈리표 압력 저항 잠수함의 함장이 되어 지구에서 제일 깊은 3만 피트나 되는 마리아나 해구로 떠난다.

동물원에 와서 켈리네 반은 아프리카 야생동물 공원을 굽어 보며 오르막길을 걸어가고 있었다. 켈리는 동물들과 같이 아래에 있었다. 정말로 거기 있었던 건지 그냥 상상으로만 그런 건지는 모르겠다. 어찌 됐든 켈리는 상상 속으로 들어가기만 하면 자기를 위대한 탐험가로 만들어 버린다. 하얀 모자를 쓰고, 갈색 긴 부츠를 신고, 카키색 바지를 입고, 주머니가 주렁주렁 달린 윗옷을 입고서.

갑자기 크고 무시무시한 포효가 가까이서 들린다. 켈리는 허기진 듯한 거대한 사자와 만난다. 떡 벌린 입과 크고 날카로운 이빨이 번득이는 얼굴 주위로 길고 풍성한 갈색 갈기가 휘날린다. 켈리는 도망갈 길을 찾느라 두리번거리는데 한 무리의 사자들이 자기를 에워싸고 있다. 근처 나무로 올라가려고 했지만 아프리카 어떤 지역 사자들은 나무에도 오를 수 있다는 사실을 떠올린다. 여기 사자들도 그럴지도 모른다. 굽이치고 있는 강을 보았다. 저 강으로 뛰어들면? 빠져 죽겠지. 어떡하지?

그때 마침 물속에 반쯤 잠긴 채 강을 따라 내려오는 통나무가 하나 보였다. 놀랍게도 켈리는 단 한 번에 통나무로 옮겨 앉을 수 있었다. 사자한테서 안전하게 빠져 나온 것이다. 그런데 켈리는 통나무가 꿈틀거리는 걸 느꼈다. 다시 한 번. 통나무가 헤엄을 치고 있는 게 아닌가! 켈리가 타고 있는 건 악어의 등이었다. 이제 어쩌지?

그런데 어디선가 쿠르릉 소리가 들린다. 동물 소리가 아니다. 그건 바로 까마득한 벼랑 아래로 떨어지는 폭포 소리였다. 켈리는 다시 한 번 결정을 해야 한다. 악어 등에 앉아서 폭포 아래로 떨어져야 하는가? 혹은 물가로 헤엄쳐 갈 것인가? 그러면 악어한테 잡아먹힐지도 모르지만 다행히 늘어뜨려진 나뭇가지를 붙들 수 있을지도 모른다. 나뭇가지를 붙잡을 수 있을 거라 믿고 켈리는 뛰어내렸다. 달려드는 악어의 입 바로 위에 달린 큰 가지를 간신히 움켜쥐었다. 나무로 옮겨가자마자 이번엔 뱀과 딱 마주쳤다!

뱀이 모두 독이 있는 건 아니잖아. 하지만 독이 없다 해도 입을 쩍 벌려서 작은 어린아이 하나쯤은 그냥 통째로 삼켜 버릴 놈도 있는 걸. 이런 생각들이 스쳐갔다. 이젠 어떡하지? 어떤 선택을 해야 하는 걸까?

더 높이 올라가 볼까? 아냐, 올라갈수록 가지는 가늘어지잖아. 무게를 지탱할 수 없을 거야. 게다가 뱀이 켈리보다 가벼우니까 훨씬 더 높이 올라갈 수 있을 걸. 뛰어내려 버려? 그러다간 다리가 부러지고 말 거야. 그럼 그냥 사자밥이 되고 마는 거지. 그때 켈리는 나무에 매달린 덩굴을 보았다. 저걸 써서 타잔처럼 옆에 있는 나무로 건너갈 수 있을지도 모른다. 그럼 안전한 길을 찾을 수도 있는 거잖아.

덩굴을 잡고 켈리는 옆 나무로 건너갔고 나무둥치를 타고 내려왔다. 발이 땅에 닿으려는 순간, 뭔가가 자기 등을 낚아채는 느낌이 들었다. 뭐지? 코끼리가 코로 몸을 감아 자기를 죽여 버리려는 건 아닐까? 고릴라가 자기를 꽉 졸라서 부서 버리려는 건 아닐까? 고개를 돌렸다. 동물원 관리인이었다.

"애야, 어떤 놈이 너를 특식으로 여기기 전에 너를 밖으로 내보내야겠는걸." 동물원 관리인이 말했다. 켈리는 또 하나의 선택을 해야 한다. 어떤 사람이 감히 이 위대한 아프리카 탐험가를 막을 수 있단 말인가! 여기서 냅다 도망을 쳐서 정글 탐험을 계속할 것인가, 아니면 관리인이 시키는 대로 학교 친구들에게 갈 것인가? 이번엔 어떤 결정을 할까? 궁금해진다.

예순여덟 번째 이야기 **다른 시각으로 보기**

| 치료적 특성들 |

- 관계 갈등
- 형제간의 경쟁의식
- 도저히 해결될 것 같지 않은 문제
- 이기심과 탐욕
- 타협과 협상 결여
- 고정관념

개발된 자원	
	• 관점 넓히기
	• 다른 사람의 이야기에 귀 기울이기
	• 도전에서 배우기
	• 다른 가능성 보기
	• 관계 존중하기

나타난 성과	
	• 다른 사람한테서 배우기
	• 생각의 폭을 넓히면 문제가 해결될 수 있다는 사실 알기
	• 관계 안에서 서로 협력해서 일하기
	• 관계 존중하기

어느 날 한 목동이 말을 타고 가다가 싸우고 있는 세 형제를 만났다. "왜 싸우는 거예요?" 목동이 물었다.

맏형이 말했다. "우리 아버지는 목장을 가지고 있었어요. 돌아가시면서 우리 셋에게 말을 남겨 주셨거든요. 아버지의 뜻은 명확했답니다. 내가 절반을 갖고, 둘째가 3분의 1을, 막내가 9분의 1을 갖는 거였어요. 그런데 문제는 아버지가 남기신 말이 열일곱 마리라는 거예요."

수학을 조금이라도 안다면 형제들의 문제가 풀리지 않는다는 걸 알 것이다. 17은 반으로도 나눌 수 없고 세 등분, 아홉 등분도 안 되니까.

"우린 최대한 수학적으로 풀어 보았거든요." 맏형이 목동에게 설명했다. "한 마리나 뭐 몇 마리라도 죽이거나 한 놈을 갈라서라도 정확하게 몫을 나누자고까지 했다니까요. 그런데 아버지는 분명히 밝히셨어요. 말을 죽여서는 안 된다고요." 다른 형제들도 머리를 끄덕였다. 사실 죽은 말의 다리나 꼬리는 그들한테도 아무 소용이 없는 것이다. 이게 그들이 싸우고 있던 이유였다.

17의 반은 여덟하고도 반이니까 맏형이 자기가 아홉 마리를 갖겠다고 했다. 두 동생들은 그럼 자기들이 더 적게 가지게 되니까 안 된다고 했다. 형이 여덟 마리를 갖는 게 어떠냐고 동생들이 말했지만 형도 적게 가지고 싶지 않았다. 싸움은 점점 격해져서 형제들은 서로에게 화를 막 내고 있었다.

"문제가 뭔지 알겠네요." 목동이 말했다. "부친께서는 여러분에게 참 힘든 과제를 주셨군요. 하지만 해결책이 있습니다."

목동은 자기 말을 끌고 형제의 아버지가 남겨 주신 열일곱 마리 말이 갇힌 울타리로 갔다. 목동은 문을 열고 자기 말을 밀어 넣고는 다시 문을 닫았다. 말은 열여덟이 되었다.

목동이 맏이에게 말했다. "자, 이제 이 중에 반인 당신 몫을 가져가세요." 몇 마리를 가져갈까? 그렇다. 형은 아홉 마리를 가져간다. 불평 한마디 없이 기꺼이, 그 목동에게 감사하면서 자기 몫을 챙겼다.

다음엔 둘째에게 목동이 말했다. "당신 몫은 3분의 1이지요, 가져가세요." 이번엔 몇 마리? 그렇지. 둘째도 기분 좋게 여섯 마리를 챙겼다. 막내에게 목동이 말했다 "이젠 당신 차례입니다. 9분의 1을 가져가세요." 몇 마리? 그렇다. 막내는 두 마리를 챙겼다. 안장을 차고 있는 목동의 말을 남겨 두고.

"부친께서는 말만 남겨 주신 게 아닙니다." 목동이 말했다. "이 문제를 해결하면서 부친께서 여러분에게 주시려고 한 게 뭐라고 생각하십니까?"

맏이가 나섰다. "내 생각엔 모든 문제는 해결책이 있다는 걸 가르쳐 주시려고 한 것 같네요. 아무리 어려워 보여도 달리 보면 답을 찾을 수 있다는 걸 말입니다."

둘째도 한마디 거들었다. "그것 말고도 더 있어요. 우리는 어렸을 때부터 늘 싸우고 말다툼을 하면서 자랐거든요. 아마도 서로 함께해서 행복해질 수 있는 기회를 우리한테 주려고 하신 것 같아요. 탐욕과 이기심으로 반목하면 아무도 행복해질 수 없으니까요."

막내가 말했다. "나는요, 그보다 더한 걸 말하신 거 같아요. 아무리 우리가 서로 자기가 옳다고 우겨도 답을 얻는 건 아니거든요. 가끔은 문제에서 거리를 두고 바라볼 필요가 있는 거 같아요. 또 가끔은 다른 사람들이 문제를 풀도록 우리를 도와줄 수도 있고요."

목동은 만면에 웃음을 띠고 말에 올라타 모자를 젖히며 달릴 준비를 했다.

예순아홉 번째 이야기 # 두려움 이겨 내기

| 치료적 특성들 |

제기된 문제
- 두려움

개발된 자원
- 현실 검증하는 법 배우기
- 두려움의 가치를 올바로 평가하기
- 정말 두려운 것과 두렵다고 상상하는 것 구별하기
- 감정은 일시적일 뿐이라는 사실 알기
- 감정을 긍정적으로 바꾸는 법 배우기

나타난 성과
- 두려움 조절 기술

프레드는 집 모서리 벽에 있는 구멍에 사는 생쥐다. 프레드는 늘 아침이면 일어나 구운 치즈샌드위치를 먹길 바란다. 어떤 아침엔 다른 날보다 더 그럴 때가 있는데, 그건 다른 때보다 전날 밤에 더 떨었기 때문이다. 프레드는 사실 어두움을 무서워한다.

두려워하는 건 자기만이 아니라는 걸 안다. 다른 생쥐들도 개나 고양이 같은 걸 무서워하니까. 또 사람들도 거미나 뱀을 보고 겁을 먹어 비명을 지르기도 하고, 아스팔트에 금간 곳에 서 있는 것까지도 무서워한다는 것을 들어서 알고 있다. 프레드한테는 그것이 어둠이다. 밤에 자러 들어가면 엄마 쥐가 불을 끄는데, 그때부터 겁이 나기 시작한다. 엄마 쥐는 프레드의 마음을 편하게 해 주려고 복도 등을 그대로 켜두시지만 그게 더 무서웠다. 그 불이 문이랑 벽에 그림자를 드리우는데, 그것이 슥 변하여 어둠 속에서 뭔가가 어슬렁거리는 것처럼 보인다.

더 어렸을 때는 겁이 날 때면 엄마 쥐와 아빠 쥐가 잠들어 있는 침대 속을 파고들기도 했다. 누군가 곁에 있으면 마음이 놓이는 것이다. 지금은 엄마, 아빠 말씀대로 프레드는 다 큰 쥐고 자기 방에서 혼자 자는 것 정도는 해야 하는 거다. 착한 쥐들은 크면 다 그렇게 하는 거다.

엄마 쥐가 곁에 앉아서 이야기라도 읽어 주면 참 좋은데. 엄마가 이야기를 읽고 있는 동안 잠들어 버리는 경우도 있고, 이야기를 생각하다가 어둠 따위는 까맣게 잊어버릴 수도 있으니까. 하지만 어둠에 대한 생각이 마음속으로 슬금슬금 기어들면 다시 무서워진다.

어느 날 아침, 프레드는 구운 치즈샌드위치로 아침식사를 마치고 친구인 필립이라는 곰을 찾아갔다. "너도 무서워 떤 적이 있니?" 프레드가 필립에게 물어봤다.

필립은 잠시 생각하더니 대답했다. "난 꿀단지가 비어 버릴까 봐 두려워."

프레드는 그건 뭔가 다른 거라는 생각이 들었지만 그래도 필립에게 계속 물어봤다. "겁이 나면 넌 어떻게 하니?"

"음, 난 말이야, 우선 단지에 든 꿀을 살펴봐. 꿀이 들어 있으면 더 이상 겁먹을 필요가 없다는 걸 알게 되지." 필립이 말했다.

프레드가 찾는 답은 아니었다. 프레드는 고양이 태비를 찾아갔다. "넌 겁날 때 어떻게 하니?" 태비한테 물었다.

"음, 고양이들이야 다들 그렇겠지만 나도 개가 무서워. 어떤 개들은 친절해서 고양이를 괴롭히거나 하진 않는데, 친절하지 않은 개들도 있어서 가끔 겁을 먹기도 하지. 두려움은 내가 도망갈 수 있는 힘을 줘서 나를 보호해 줘. 내 생각엔 네가 겁을 먹어야 할 때와 그렇지 않을 때를 구분하는 걸 배워야 할 거 같은데." 태비가 대답했다.

"자, 봐." 태비가 말을 이었다. "네가 와서 나한테 말하는 걸로 봐서 넌 이미 보통 쥐들이 고양이만 보면 겁을 먹는 건 극복한 거 아니니? 내가 친절한 고양이니까 안전하잖아? 그러니까 겁낼 필요가 없다는 걸 넌 알고 있는 거야. 하지만 쥐를 친구라기보다는 먹잇감으로 보는 다른 고양이들을 보면 겁을 내는 게 더 낫겠지."

프레드는 그런 식으로 생각해 보지 않았는데, 태비가 자기는 이미 극복한 두려움이 있다는 말을 해 주어서 좀 더 자신감이 생기는 것 같았다.

다음엔 식탁에 앉아 아침을 먹고 있는—사람 아이라면 누구나 식사 때 그러듯이—친구 톰을 찾아갔다. "겁날 때 넌 어떻게 해?" 톰에게 물었다.

"엄마가 소리를 막 지르면 겁이 나." 톰이 말했다. "뭐 그리 자주 소리지르시진 않는데, 자주 그러시지 않으니까 겁이 더 나지. 난 엄마가 계속 화를 내시진 않을 거라는 걸 알거든. 실제로 화를 계속 내시지는 않으니까 계속 겁낼 필요는 없어. 그러니까 곧 괜찮아질 거라고 나 자신한테 말하는 거야. 그리고 나서 엄마가 좋아하실 만한 일을 하는 거야. 기분이 안 좋을 땐 안아 드린다거나 잠깐 밖에 나가 있다거나 뭐 그런 거지. 보통은 다시 들어올 땐 엄마 기분이 좋아져 있거든."

그날 밤 프레드는 자러 가면서 그날 많은 친구들과 나눴던 이야기들로 여러 가지 생각이 들었다. 친구들한테서 어떤 걸 알 수 있었지? 엄마한테 이야기를 읽어 달라고 해서 재미있는 이야기만 생각해 볼까? 예전엔 그것이 효과가 있었는데. 필립이 꿀단지를 살펴보는 것처럼 방을 둘러보고 무서워할 게 아무것도 없다는 걸 확인해서 마음을 좀 가라앉혀 볼까? 태비처럼 정말 무서워할 만한 게 있는 건지 따져 볼까? 진짜 위험한 게 있나? 있다면 어떻게 해야 하지? 없으면 어떻게 해야 마음을 놓고 편안하게 잠들 수 있는 거지? 톰이 말한 대로 해 볼까? 두려움 같은 마음은 곧 지나가 버릴 거라고, 그것이 영원히 그대로는 아닐 거라고 생각해 볼까?

프레드가 어떻게 했을까? 누구의 충고를 따랐을까? 몇 가지만 해 봤을까? 아니면 들었던 걸 모두 해 봤을까? 그것도 아니면 자기가 할 수 있는 뭐 다른 걸 찾아 봤을까? 어찌 되었건 프레드는 아마 집 모서리 벽에 있는 구멍 속에서 밤이 되면 몸을 편히 누이고 마음 놓고 꿈나라로 가서 푹 쉴 것이다.

일흔 번째 이야기 **성공의 비밀**

| 치료적 특성들 |

제기된 문제

- 경쟁의식
- 도전에 부딪힘
- 목표 설정
- 성공할 방법을 찾음

개발된 자원

- 강점 인정하기
- 약점 인정하기
- 강점 이용하기
- 약점에 대해 선택하기
- 훈련과 준비

나타난 성과

- 강점에 집중하기
- 자기 목표를 향해 전념하기
- 최선을 다하기

"할아버지." 토마스는 전화를 걸었다. "우리 다음 주말에 비불멈 트랙에 가서 산책하고 휴위츠 힐 오두막에서 하룻밤 묵으면 안 될까요?"

"되고 말고." 할아버지는 지난번에 동네 뒷산 오솔길을 따라 즐겁게 자전거를 탄 것과 토마스가 휴위츠 힐 오두막을 얼마나 좋아하는지를 떠올리면서 말했다.

"친구들도 데리고 가도 돼요? 다니엘, 본, 루크랑 윌로요."

할아버지는 다니엘의 이름을 애들 이름 맨 위에 적어 두었다. 다니엘과 토마스는 제일 친한 친구이면서 선의의 라이벌이었다. 늘 서로에게 자기가 더 낫다는 걸 보이려고 신경전을 벌이곤 했다.

학교 공부에서는 토마스가 늘 승자였다. 새 단어의 철자를 더 빨리 외었고, 덧셈과 뺄셈도 아주 빨리 하는 데다 별로 힘들이지 않고도 큰 소리로 읽기도 잘했다. 하지만 어린아이들 사이에서 정말 가치 있는 건 이런 게 아니다. 교육이라는 건 읽기나 철자, 셈 같은 것만이 아닌 것이다.

다니엘은 신체적 능력이 탁월했다. 빨리 달리고, 높은 나무도 잘 타고, 돌멩이도 무지 멀리 던질 수 있었다. 토마스도 종이비행기를 빨리 독특하게 잘 만들었지만, 다니엘의 비행기가 늘 더 멀리 날아갔다.

어떤 날은 학교에서 돌아오면서 숲을 지나오는 먼 길로 돌아오기도 한다. 그럴 때면 아이들은 화강암이 툭 튀어나온 곳에 올라서서는 어린 남자 아이들이 하는 시합을 벌이기도 한다. 누가 오줌을 멀리까지 보내는가 하는 것 말이다. 다니엘이 늘 이겼다. 그것만으로도 화가 나 미칠 일이지만, 다니엘이 토마스를 비웃지만 않아도 그렇게 기분이 나쁘지는 않을 것이다. 토마스는 마음을 다치곤 했다.

또 염려스러운 게 있었는데, 해마다 학교에서 열리는 축구선수 선발이 다가온다는 것이다. 토마스는 정말로 뽑히고 싶었다. 다니엘은 당연히 될 거다. 다니엘은 늘 뽑혔다. 달리기도 빠르고, 공도 잘 다루고, 다른 아이들이 태클을 해도 겁먹지 않으니까.

어느 주말, 토마스는 완전히 풀이 죽은 얼굴로 할아버지를 찾아왔다. 다니엘이 화강암 바위에서 토마스를 또 이겼다. 다니엘은 또 토마스를 비웃었고, 자기가 축구팀원이 된 것에 대해 잘난 척을 있는 대로 해댔다.

"무슨 일 있니?" 할아버지가 따뜻하게 물어보았다.

"다니엘 때문이에요." 토마스가 말했다. "그 애는 늘 나보다 다 잘해요. 뭘 해도 다 이겨 버려요. 축구팀에도 뽑혔어요, 난 못 뽑혔는데. 뭘 해도 난 이길 수가 없어요. 몇 주 있으면 중요한 대회가 있는데 또 다니엘이 이길 거예요. 그러곤 또 날 비웃을 거야."

할아버지는 손자의 어깨를 따스하게 토닥거리시고는 말하셨다. "너와 다니엘이 오랫동안 친구였으니, 나도 다니엘에 대해서는 좀 알지. 내가 살아오면서 다니엘 같은 사람을 참 많이 봤단다. 이 할아버지가 수영 대회에서 우승한 적이 있었단다." 토마스는 먼지가 잔뜩 낀 낡은 트로피를 할아버지 방에서 본 적이 있었다. 벽장에 달린 리본도 봤다. 할아버지가 젊었을 적 얼굴로 자랑스럽게 트로피를 들고 찍은 사진을 넣어 둔 액자도 보았다. 이 이야기는 전에 한 번도 해 주신 적이 없었는데.

"내 경험으로는 말이다. 최고의 선수는 몇 가지 비밀이 있어. 넌 아마 들어 본 적이 없을 테지만." 할아버지는 학생들을 모아 놓고 마술사가 바꿔치기 마법을 알려 주기로 마음을 먹은 것처럼 다 털어놓으셨다.

토마스는 그 비밀을 너무 알고 싶었다. 다니엘을 이길 수 있는 방법을 알고 싶었던 것이다.

"우선," 할아버지가 입을 떼셨다. "네가 쉽게 얻을 수 있는 능력이 도움이 된다는 거야. 네가 아주 잘하는 게 있고, 다니엘도 아주 잘하는 게 있을 거야. 사람들은 다 다른 기술과 능력이 있는 법이거든. 내가 알려 주고 싶은 비밀은 말이다. 너의 강점에 집중하는 거야. 그것이 뭔지를 알고 사용할 줄 알아야 하는 거지. 네가 별로 잘하지 못하는 것도 알아야 해. 그리고 어떤 걸 선택해서 더 잘할 수 있게 할 건지를 선택하는 거란다. 네가 할 수 없는 것에 생각이 빠져 있으면 할 수 있는 것도 못하게 될지도 몰라."

"선수 시절에 난 능력을 가진 사람들을 많이 보았지만 그들은 게을렀단다. 최고가 될 수 있는데도 노력을 하지 않는 거야."

할아버지는 계속 말씀하셨다. "최고의 선수가 되는 또 하나의 비밀은 훈련이야. 다니엘이 훈련하는 거 본 적 있니? 아니지. 다니엘은 전혀 노력을 하지 않더구나. 목표를 세우려무나. 그리고 그걸 향해 열심히 노력하는 거야. 네가 그걸 정말로 원한다면 넌 반드시 이룰 수 있어."

"너도 알다시피 내가 지금 골프를 하고 있잖니? 내 목표는 다른 사람을 이기는 게 아니라 내 점수를 높이는 거란다. 최고의 선수는 말이다, 다른 사람들과 경쟁하는 게 아니라 자기 자신과 싸움을 한단다. 그게 아니면 자기의 능력을 최고로 만들려고 하거나. 훈련을 통해 자신의 능력을 양껏 발휘하려고 목표를 세우는 거야. 너 자신의 만족을 위해 가장 중요한 문제는 바로 그것이란다."

할아버지의 말씀은 토마스에게 깊이 박혔다. 토마스는 최선을 다하고 싶어서 훈련하기 시작했고, 아침에도 일찍 일어나 연습을 게을리 하지 않았다. 텔레비전에서 최고의 선수들이 하는 인터뷰도 눈여겨 보고 할아버지와 이야기를 하고 나서 많은 노력을 하는 것이 최고를 만들어 낸다는 걸 알았다. 선수들이 물병을 들고 다니는 걸 보았다. 그것이 좋은 방법이라고 생각하고는 토마스도 늘 가방 안에 물병을 넣고 다니면서 물을 많이 마셨다.

이제 토마스는 축구팀에 뽑혔다. 하지만 토마스가 그렇게 훈련을 한 중요한 대회는 아니었다. 할아버지의 충고를 듣고 두 주가 지났을 무렵, 토마스는 친구들과 비불멈 트랙에 산책을 가서 휴위츠 힐 오두막에 묵자고 부탁을 했다. 거긴 바로 그 중요한 대회가 열리는 곳이었다.

모닥불을 피워 놓고 음식도 해 먹고, 꼬챙이를 깎아서 마시멜로를 끼워 구워 먹기도 하고, 밤에는 전등을 가지고 놀기도 했다. 달이 뜨는 걸 보면서 설레는 마음으로 침낭 속에 들어가 잠이 들었다. 대회는 아침에 열린다. 토마스는 준비를 단단히 했다. 물병을 들고 다니면서 하루 종일 계속 물을 마시고 밤에 깨서도 물을 홀짝홀짝 마셨다. 훈련을 하고 있는 중이었다.

아침이 밝았다. 할아버지가 깨우기도 전에 토마스는 친구들을 데리고 숲으로 갔다. 휴위츠 힐 오두막 근처에 제일 높은 화강암 바위가 있었던 것이다. 오늘이 바로 그 중요한 시합이 열리는 날이다. 그건 바로 오줌 멀리 싸기 시합이다. 토마스는 할 수 있는 만큼 오줌을 참았다. 이제 준비는 다 됐다. 토마스는 오줌을 갈겼다. 그리고 이겼다. 최고의 챔피언이 된 거다. 정말 태어나서 제일 멀리 오줌을 날려 보냈다.

그날 밤 아이들은 숲에서 나와 할아버지 집으로 돌아왔다. 토마스는 할아버지를 와락 끌어안았다. "성공의 비밀, 가르쳐 주셔서 정말 고마워요." 뭔지 모를 미소를 지어 보이며 토마스가 말했다.

 연습문제 10.1

어린이나 청소년 내담자들의 발달에 필요한 삶의 기술에는 어떤 것들이 있는가? 소아과 병동, 교육 장소, 사설 치료실, 부적응 아동을 위한 기관, 청소년 약물 병동, 가정법원 상담 서비스, 청소년 재판소 등에서 일을 한다면 이런 경우들이 다양하게 있을 것이다.

• 여러분의 내담자에게 필요한 구체적인 삶의 기술 목록을 만들어라.
• 각각의 기술을 발달시키기 위한 이야기의 아이디어를 메모해 두어라.
• 여러분의 이야기들이 그런 삶의 기술들을 얻을 수 있는 현실적이고 실용적이며 다른 경우에도 적용할 수 있는 방법들을 내포할 수 있도록 하라.

11

문제해결 기술 익히기

　어른이 되어 성공적인 삶을 살기 위해서는 어렸을 때부터 성공적인 문제해결사가 되어야 한다. 아이들은 어른이 되었을 때 일어날 수 있는 예기치 못한 문제들에 대처할 수 있게 해 주는 문제해결 기술들을 배워야 한다. 원치 않는 임신에 어떻게 대처하는가? 가족을 부양해야 하거나 빚을 갚아야 할 때 어떻게 절약할 것인가? 죽을병이라는 진단을 받았을 때는 어떻게 해야 하는가? 그 외에 우리가 어쩔 수 없이 당면해야 하는 수많은 다른 문제들을 어떻게 할 것인가? 그런 주요한 문제들이나 일상에서 늘 만나게 되는 사소한 다툼 등에 대처하는 데 효과적인 문제해결 기술은 좀 더 만족할 만한 아동기와 성인기를 살기 위한 필연적인 요소 중의 하나다. 효과적인 문제해결사들이 훨씬 더 행복하게 삶을 누리는 것에 비해, 문제해결 기술이 부족한 사람들은 선택의 폭도 좁고 스스로 통제할 힘도 적으며 쉽게 불안해지거나 우울해진다. 적절한 문제해결 기술을 가르치는 것은 여러 가지 기분장애와 부적응 행동들을 막아 주고 삶의 질을 향상시킨다.

이것이 바로 이 장의 이야기들이 문제해결 기술에 초점을 맞추는 이유다. 이 이야기들은 역경에 대처하는 법과 회복력을 제공하는 인지적 과정을 구축하는 방법을 담고 있다. 비현실적이고 마법 같은 해결책이 아니라 문제점에 대해 면밀히 검토하여 이야기한다. 수용, 절충안, 해결책을 향한 협동, 그 외에 문제를 해결할 수 있게 하는 유용한 방법들을 가르쳐 주기도 한다.

일흔한 번째 이야기 역경을 넘어서: 어린이를 위한 이야기

| 치료적 특성들 |

 제기된 문제

- 상실
- 슬픔
- 포괄적인 생각
- 부정적인 생각
- 염세주의
- 내성적 경향
- 절망감

개발된 자원

- 구체적으로 생각하기
- 긍정적으로 생각하기
- 낙관적 태도 갖기
- 바깥으로 눈 돌리기
- 희망 가지기
- 행동 지향

- 사건 자체가 아니라 사건을 다루는 방법 알기
- 사고가 감정을 결정한다는 사실 알기
- 마음가짐에 따라 결말이 달라진다는 사실 발견하기
- 슬픔을 조절하는 기술 갖기
- 외상을 다스릴 수 있는 기술 갖기

돌리와 데비는 공룡이다. 사실 그들은 새로운 놀이를 만들어 내고 처음 보는 곳을 가보기 좋아하는 호기심 가득한 어린 공룡들이었다. 그들은 풀이 무성한 계곡에서 가족들과 함께 살고 있었는데, 그곳은 맑은 시내도 흐르고 먹을 것도 많았다. 한마디로 부족한 게 없었다.

어느 날 돌리와 데비는 계곡을 둘러싼 언덕의 동굴을 탐험하고 있었다. 둘이서 이리저리 부딪혀 가면서 동굴 속으로 점점 더 깊이 들어갔다. 서로에게 용기를 북돋워 주면서 될 수 있는 대로 멀리까지 들어가 보고 싶었다. 그때 갑자기 밖에서 뻥 하는 소리가 들렸다. 돌리와 데비가 동굴 입구 쪽으로 달려가 봤더니 자기들이 사는 그 비옥한 계곡과 공룡 가족들이 모두 한꺼번에 사라지고 만 것이다. 둘은 도무지 무슨 영문인지 알 수가 없었다. 운석이 공룡들의 계곡에 떨어져 돌리와 데비를 뺀 다른 공룡들을 한꺼번에 쓸어 버렸다는 사실은 수백만 년이 지나야 과학자들이 알게 될 것이다. 두 마리의 공룡은 동굴 깊숙이 숨어 버렸다.

처음엔 동굴 입구에 앉아 있었는데 완전히 날아가 버린 계곡을 바라보니까 도저히 정신을 차릴 수가 없었다. 이건 도저히 믿을 수 없는 일이다. 잠시 후 슬픔이 엄습했다. 둘은 그제야 모든 걸 잃어버렸다는 걸 실감했다.

검게 타버린 계곡을 훑어보면서 돌리가 먼저 입을 열었다. "끔찍해! 도저히 있을 수 없는 일이야. 우린 이제 어떡하지?" 그리고 나니까 더 슬퍼졌다.

데비도 입을 열었다. "맞아, 끔찍한 일이 일어난 거야. 하지만 우리가 동굴 속에 있었다는 건 다행 아니니? 우리가 살아남은 건 정말 행운이야. 우린 운이 좋은 거야." 그렇게 생각하니까 조금 덜 슬픈 듯했다. 뭐 그리 많이 나아지진 않았지만.

"그래, 하지만 우린 모든 걸 다 잃어버린 걸." 돌리가 말했다. "우리 가족, 친구들, 식량, 물까지. 우리 보금자리는 박살이 났어."

데비가 대꾸했다. "더 나빠질 수도 있었어. 적어도 우린 혼자가 아니잖아. 벌써 먼지들이 가라앉고 있어. 곧 하늘을 다시 볼 수 있을 거야. 언덕 너머 남아 있는 다른 계곡이 있을지도 모르고. 이 계곡 아래 혹시 다른 공룡들이 살아 있을지 누가 아니?"

"다른 공룡들은 상관없어." 돌리가 말했다. "내가 견디기 너무 힘들단 말이야. 왜 나한테 이런 일이 일어나야 하는 건데? 내 삶이 엉망이 되어 버렸잖아."

"모든 건 변해. 좋아질 거야." 데비가 말했다. "그대로인 건 아무것도 없어. 우리가 동굴 속에 들어갔을 때만 해도 날씨도 좋고 햇살까지 반짝였지. 모두들 행복해 보였고 각자 자기 일을 하던 중이었어. 우리가 동굴 안에 있는 동안 갑자기 변해 버린 거잖아. 다 그런 거야. 다시 변할 거고 더 좋아질 거야."

"그렇게 될 일은 없을 것 같아." 돌리가 말했다. 돌리가 하는 말들은 돌리의 가슴을 짓누르고 한마디 한마디 할 때마다 더 슬퍼지기만 했다.

"그래, 예전 그대로인 건 없어." 데비가 맞장구를 쳐주었다. "하지만 앞으로 다가올 미래에 대한 희망을 잃어서는 안 돼. 뭐든 다시 시작하면 지금보단 나아질 거야." 그렇게 생각할수록 슬픔은 슬며시 꼬리를 감추고 있었다.

"더 이상 나빠질 수는 없어. 난 모두를, 모든 것을 잃었어. 뭘 할 수 있다는 거니? 이제 더는 할 수 있는 게 없어." 돌리는 같은 말만 계속했다. 머릿속으로 같은 생각이 뱅뱅 돌았고, 그럴수록 기분은 점점 더 가라앉았다. 그냥 그대로 동굴 입구에 앉아 검게 타버린 계곡을 굽어 보며 끔찍한 기분을 느끼는 것 말고는 아무것도 할 수 없을 듯했다.

"힘내." 데비가 돌리를 발로 툭 치며 말했다. "뭐든 해야 해. 일어나 새로운 보금자리와 새 친구들을 찾아보자." 돌리는 쉽게 움직이려 하지 않았다. 하지만 데비가 일어나 걸어가니까 돌리도 기분이 좀 나아지는 듯했다. 데비와 돌리에게 똑같이 슬픈 일이 일어났는데, 어떻게 그에 대응하는 것이 더 나을 것 같은가? 상황에 더 쉽게 대응할 수 있게 한 데비의 생각은 어떠했고, 데비가 했던 행동은 무엇이었는가? 돌리는 어떻게 자기 사고를 바꿔서 기분이 나아질 수 있도록 했을까?

일흔두 번째 이야기 ## 역경을 넘어서: 청소년을 위한 이야기

| 치료적 특성들 |

제기된 문제
• 어려운 시기에 있음
• 삶과 안녕에 대한 위협
• 희망이 없어 보임

개발된 자원
• 자기 이외의 것을 생각하기
• 긍정적으로 생각하기
• 낙관적 태도 갖기
• 앞일 내다보기
• 희망 가지기
• 행동 지향
• 유머 감각 지니기

- 사건 자체가 아니라 사건을 다루는 방법 알기
- 사고가 감정을 결정한다는 사실 인식하기
- 마음가짐에 따라 결말이 달라진다는 사실 발견하기
- 유머 감각 지니기
- 외상을 다스릴 수 있는 기술 가지기

난 산을 너무 좋아해서 높은 산 타는 걸 즐긴다. 할 수만 있다면 히말라야 같은 곳을 언제라도 간다. 산을 너무 좋아해서 인간의 능력을 넘어서는 일로 자기를 몰아넣는 등반가들의 이야기를 읽다 보면 넋을 잃고 푹 빠져들고 만다. 견딜 수 없을 것만 같은 이상한 일들과 싸우는 등반가들의 이야기들 중에는 가슴 깊이 감동을 주고 인생에서 정말 힘든 시기를 겪는 사람들에게 힘을 줄 수 있는 이야기들이 있다. 그중에서 아주 선명하게 기억나는 이야기가 하나 있다.

벡 웨더스 박사는 전문의이자 병리학자인데, 에베레스트산 정상에 오르고 말겠다는 평생 소원을 1996년 5월 10일 이루고야 말았다. 그러나 안타깝게도 에베레스트 역사상 그날은 비극적인 날로 기록되었다. 심한 눈보라가 산을 휩쓸어 며칠 만에 15명의 사람이 죽어 나갔다. 벡도 사망자 명단에 들어 있었다. 사실 그는 네 번이나 사망자로 기록되었다.

다른 등반가들 몇 명과 함께 산을 내려가려고 하다가 벡은 길을 잃어버렸다. 산소—그만큼 고도가 높은 데서는 생존을 위해 반드시 필요하다—는 바닥이 났고, 눈보라와 어둠 속에서 앞은 하나도 보이지 않았다. 텐트도 침낭도 없었으며 어디로 가야 할지도 모르고 있었다. 손을 따뜻하게 하려고 장갑을 벗고 외투 속으로 손을 넣었는데, 그만 장갑이 바람에 날아가 버렸다. 바로 손이 얼어 버려 외투도 여밀 수 없었다. 게다가 사납게 몰아대는 바람으로 온몸이 얼어붙기 시작했다. 벡은 정신을 잃고 말았다. 뭔가 문제가 생긴 걸 알고 그들을 구하러 온 다른 등반가들은 벡을 찾을 길이 없자 그 밤에 침낭도 텐트도 없는 산에서 살아남았을 리 없다는 생각을 하게 되었다. 이게 그가 사망자로 처음 기록된 것이다.

다음날 아침 구조대는 눈 속에 반쯤 파묻힌 벡을 찾았다. 구조대 중에는 의사도 있었는데, 벡의 얼굴에서 얼음을 떼어 내고서야 그를 알아볼 수 있었다. 의사는 그가 살아 있는지를 먼저 살펴보았다. 그러고는 벡이 거의 죽은 상태이며, 더 이상 살릴 방도가 없다고 말했다. 이게 두 번째 사망으로 기록된 것이다.

그날 오후, 벡은 기적처럼 의식을 회복했다. 나중에 그는 가족과 사랑하는 사람들을 무의식중에 보았으며, 그것이 힘을 주어 다시 깨어나게 되었다고 회고했다. 한쪽 팔은 동상을 입고 겨우 자기 앞만 구분할 수 있는 시력으로, 그는 휘청대며 제4캠프까지 다시 기적처럼 걸어서 갔다. 산소를 공급받고 따뜻한 물병도 받았으며, 침낭 두 개로 몸을 감싸고 텐트 속으로 들어갔다. 이 세 번째 사망 위기에서 벡이 그날 밤을 넘길 거라고 아무도 생각하지 않았다는 것이다. 용케 그날 밤을 넘긴다 해도 하산해야 하는데, 그 몸으로는 닥치게 될 고난에 맞설 수 없었던 것이다.

벡은 텐트 안에 혼자 있었다. 손이 너무 얼어붙어서 물병을 열어 물을 마실 수가 없었다. 눈보라가 휘몰아쳐 텐트를 열어젖히고 벡의 몸을 감싸고 있던 침낭까지 찢었다. 손목이 부어올라 손목시계가 끊어지면서 손에서 피가 흘렀다. 벡은 자기가 의사이기에 손을 잃게 될 수도 있다는 걸 잘 알고 있었다. 그래서 손목시계 가죽줄을 씹어 끊어 내려고 했다. 비명을 질렀지만 아무 소용이 없었다. 이미 기운이 다 소진한 구조대원들은 삼킬 듯 달려드는 눈보라 때문에 벡의 목소리를 들을 수조차 없었다.

아침이 되어 벡이 벌떡 일어나 구조대원들 쪽으로 걸어오자 아무도 믿으려 하지 않았다. 그때까지도 벡이 살아남을 거라고 생각하는 사람은 없었던 것이다. 그들은 지금 세계에서 가장 높은 2만 6천 피트나 되는 산에 있다. 바로 거기서 꼬불

꼬불한 길을 한도 없이 걸어 하산을 해야 한다. 모든 조건이 최적인 사람에게조차 도 힘든 일이다.

구조대 중에 유명한 등반가이면서 산악 사진가인 데이비드 브레셔스는 힘닿는 데까지 벡을 도왔다. 벡의 팔은 막대처럼 딱딱하게 얼었고, 앞은 보이지 않고, 힘 은 다 빠지고, 얼굴은 동상이 너무 심해 나중에 손과 함께 코를 절단해 내야 할 것 같았다. 의사라 그 사실을 너무나 잘 알고 있었지만 벡은 희망을 잃지 않고 한 가지 사실을 말했다. "손은 잃을지 몰라도 아내와 아이들을 다시 볼 수 있을 거니 까요."

데이비드 브레셔스는 나중에 『숭고한 폭로(High Exposure)』라는 책을 썼는데, 거기서 그는 벡이 계속 힘들다는 말을 할 거라 생각했으나 그렇지 않았다고 쓰고 있다. 사실 그렇게 여러 번 사망자 명단에 오르고 난 뒤에도, 팔을 잃게 되면 다시 는 의사 일을 못한다는 걸 알면서도, 벡 웨더스는 농담을 하기도 했다.

에베레스트를 오르려면 돈도 많이 든다. 아마 작은 아파트 한 채 값이나 차 두 대 값과 맞먹을 것이다. 데이비드는 실제로 벡을 등에 업고 산을 내려가기도 했는 데, 그때 벡은 집을 나서기 전에 스스로에게 이런 말을 했다면서 소리 내어 웃기 까지 했다. "이건 정말 팔다리 값이라니까." 그러고는 자기 팔을 잃을 거라는 걸 알고는 이런 말도 했다. "하지만 난 그걸 싼 값에 파는 거예요."

사람들이 그렇게 힘든 때를 대응해 내고 그렇게 곤란한 상황에서 살아남아 삶 을 지속할 수 있다는 게 정말 신기하다. 벡 웨더스 박사에게서 나는 뭔가 가슴 찡 한 걸 얻었다. 그건 아마 내가 산과 등반가들의 모험을, 특히 그렇게 힘든 시간을 이겨내는 사람들에 대한 이야기를 워낙 좋아하기 때문이 아닐까 한다.

힘을 모아 문제해결하기

| 치료적 특성들 |

이 이야기는 다른 이야기들과 사뭇 다른 특성을 지니고 있으며, 은유를 잘 적용시킨 경우로 여겨진다. 이것은 어린이의 연령, 성차, 경험과 문제들(이 경우는 불면증) 등에 맞춰 지어진 것이다. 그 안에 숨어 있긴 하지만 결론(아이가 자기 방에서 편안하게 다시 잠들 수 있는 것)을 구체적으로 드러내진 않는다. 결론을 도출하는 자원이나 방법들은 아이가 자기 경험에 근거해서 알 수 있도록 함축하고 있기는 하나 구체화시키지는 않았다. 이 이야기는 아이들이 함께 만드는 이야기하기를 통해 아이들에게서 자원들과 결말을 끌어내는 방법을 제시하고 있다. 치료사는 문제를 설정하고 아이를 성공적인 결말로 이끄는 과정에 동참시키기 위한 방법을 찾는다. 이 과정에 대해서는 제16장에서 좀 더 심도 있게 논의될 것이다.

너도 눈치챘겠지만, 네가 잘 때 겪게 되는 문제들을 이야기할 때 난 참 많이 놀랐단다. 예전에 너랑 비슷한 문제를 가진 애를 본 적이 있거든.

내 생각엔 네가 이미 많은 걸 해 봤을 것 같은데……. 어떤 건 좀 도움이 되기도 했겠지만, 어떤 건 전혀 도움이 되지 않았을 거야. 물론 네가 원하지는 않았겠지만, 넌 밤에 잠 못 드는 사람들이 어떤 마음이며 자다 깨서 다시 잠들지 못하면 어떤 일이 생기는지에 대해서 제대로 알게 되었을 거야. 그래서 말인데, 네가 해 본 것들 중에서 내가 말한 그 아이한테 도움이 될 만한 게 있는지 한번 얘기해 보는 건 어떨까? 그 아이가 맨 처음 잠을 못 자게 된 이유가 너하고 똑같지는 않겠지만, 내가 그 이유를 너한테 말해 주는 건 몇 가지 공통점이 있을 것 같아서야.

실은 그 애 부모님이 얼마 전에 이혼을 하셨단다. 그리 행복한 시간은 아니었지만 그 시간이 그리 오래 가지도 않았어. 흔히 그렇듯 어른들이야 말다툼도 하고 가끔 싸울 때도 있잖아. 그 아이가 잠을 자지 못하게 된 게 그때부터라고 하는

구나.

그 아이는 밤에 침대에 누우면 엄마랑 아빠가 서로에게 막 고함을 치는 소리를 듣는다고 하더라. 그걸 막고 싶어서 이 궁리 저 궁리 해 봤지만 건전지가 빠져 버린 게임기처럼 자기는 아무 쓸모도 없다는 생각만 들었다는 거야. 부모님이 이혼하셨을 때는 어떤 면으로는 안도감도 들더래. 그런데도 밤에 자려고 눕기만 하면 자기 때문에, 자기가 어떻게 해서 혹은 하지 않아서 부모님이 이혼하신 게 아닌가 하는 생각이 들었대.

그 아이는 아빠랑 같이 살고 싶어 했단다. 자기 방은 집의 한쪽 끄트머리에 있고, 아빠 방은 반대편 끝에 있었어. 아빠가 밤에 불을 끄고 나면 막 무서워지고 어둠 속에 혼자 남겨졌다는 생각이 들었대. 무서운 생각은 한번 들었다 하면 고장난 회전목마처럼 머릿속을 빙글빙글 돌아다니잖아. 아무리 침대에 가만히 있으려고 해 봐도 어쩔 수가 없었대. 결국 그 애는 아빠 방으로 가서 아빠 곁에 누웠다는구나.

아빠는 그 아이를 잘 받아 주신 모양이야. 하지만 밤마다 그러면 그건 얘기가 달라지는 거 아니겠니? "넌 이제 다 컸잖아." 아빠가 말했어. "이젠 혼자 자야 하는 거야."

뭐, 그 아이도 노력은 해 봤지만 무서운 마음은 없어지지를 않는 거야. 그래서 아빠가 잠들 때까지 기다렸다가 아빠 방에 몰래 들어가 아빠 침대 옆 바닥에서 잤대. 거기선 그래도 잠이 좀 쉽게 들었거든.

난 그 아이에게 뭔가 희망이 있고 도움이 되는 이야기를 해 주고 싶어. 그게 아니라면 자기 방에서 혼자 좀 편하게 자게 해 줄 수 있는 거라도 말이야. 네가 알고 있는 것 중에 그 아이한테 도움이 될 만한 게 없을까? 네가 알고 있거나 배운 걸로 그 아이한테 도움이 될 만한 이야기를 하나 만들어 보는 건 어떨까? 그 아이가 알아야 할 만한 뭔가 새로운 건 없니? 그 아이가 자기 방에서 다시 편안하게 잠들 수 있게 하려면 어떤 변화가 일어나야 할 거 같아?

문제를 곰곰이 생각해 보기

| 치료적 특성들 |

제기된 문제

- 낙제
- 무능감
- 받아들일 수 없음
- 끔찍한 문제에 직면함

개발된 자원

- 잘하는 것과 잘 못하는 것 알기
- 실용적인 해결책 찾기
- 긴급 대책 계획하기
- 잘하는 것 실행하기
- 실용적인 것 실행하기

나타난 성과

- 성공
- 수용
- 문제해결 기술

반 친구들 사이에서 월리는 '괴짜 마법사 월리'로 알려져 있다. 월리는 마법학교를 다니면서 지금까지 계속 기초 마법에서 낙제를 했다. 월리는 그것이 어렵다는 걸 안다. 그래도 해마다 다음 학년으로 올라갈 수 있었던 이유는 오로지 월리가 다른 사람들이 좋아할 만한 젊은 마법사였기 때문이다.

기초 마법에서 뭔가 잘못된 게 있다면 그건 분명 월리에게 잘못이 있다는 것이된다. 모두가 월리가 얼마나 절망적인지 말해 줬지만 아무리 이야기해 줘도 성적이 오르질 않았다. 그래서 윌리는 아무도 자기가 원하는 만큼 격려해 주지 않으며 제대로 하도록 도와주지 않는다고 생각하게 되었다.

모든 건 처음 마법의 지팡이를 손에 넣었을 때 시작되었다. 교실에서 간단한 연습을 하고 있었는데, 윌리는 그걸 제대로 못해서 그만 지팡이를 푹 익은 바나나로 만들어 버렸다. 어떤 면에서는 아주 훌륭한 주문이라고 볼 수도 있는 것이 그 주문은 한번 걸리고 나면 다시는 바꿀 수 없는 주문이었기 때문이다. 선생님도, 아빠도, 다른 어떤 마법사도 푹 익어 버린 바나나를 다시 정상적인 마법의 지팡이로 돌릴 수는 없었다. 그나마 한 가지 다행스러운 건 바나나가 더 익어가진 않는다는 것이다.

아무리 그래도 손에 쥐면 흐느적흐느적 질척댔고 주문을 외우려고 지팡이를 들어도 제대로 방향을 가리킬 수가 없었다. 그보다 더한 문제는 주문이 제대로 걸리지 않는다는 것이다. 한번은 여동생을 보라색 호박으로 바꿔 버린 일도 있었다. 기저귀를 차고 호박같이 생긴 머리에는 비니[13]를 쓰고 누워 있는 동생이 꼭 호박처럼 재미있게 생겼다는 생각을 했다. 근데 엄마는 별로 재미있지 않은 모양이었다. 아빠가 마을 대마법사에게 가서 여동생을 다시 원래 모습으로 돌려놓을 때까지 고래고래 고함만 질러대는 것이었다.

윌리가 자기 문제들이 이대로는 안되겠다는 생각을 할 즈음, 마법이 통하지 않는 무시무시한 괴물이 마을을 공격해서 그때부터 상황이 더욱 악화되고 말았다. 날개 달린 공룡 같은 이 무시무시한 괴물은 건물도 다 쓰러뜨려 버리고 매일 밤 마을 사람들을 한두 명씩 저녁식사로 꿀꺽 삼켜 버렸다. 마을 사람들은 공포에 질려 살아야 했다. 대마법사의 주문조차도 그 괴물을 없애 버리지 못했다. 마법사 회의를 열어 그들의 힘을 모아도 보았지만 그 괴물을 저지할 수는 없었다.

윌리는 자기가 가진 문제들이 마치 그 괴물 같다는 생각이 들었던 모양이다. 그는 괴물을 자기 문제로 보게 되었다. 그래서 그걸 이기는 꿈도 꾸고, 마을의 영웅

---

13) 역주: 두건처럼 머리에 딱 달라붙게 쓰는 모자.

이 되는 꿈도 꾸고, 예전엔 자기를 거들떠도 안 보던 사람들이 자기를 받아들여주는 꿈도 꾸었다.

윌리는 뒷마당에 있는 창고에서 온갖 마법 도구로 연습하면서 마법이 통하지 않는 그 괴물을 물리칠 완벽한 주문을 만들어 내려고 시간을 보냈다. 어느 날 밤 윌리는 손에 푹 익은 바나나 지팡이를 들고 집을 몰래 빠져 나왔다. 막 땅거미가 지고 있었는데, 이때쯤 괴물이 잘 나타난다. 마을 사람들은 모두 자기 집으로 숨어들었고, 괴물 발자국 소리가 들리면 커튼을 살짝 걷어 엿보면서 자기 집이 괴물의 표적이 되는 건 아닌지 불안에 떨었다. 그리고 그들은 푹 익은 바나나를 쥔 윌리를 보았다. 사람들은 겁에 질려 숨이 딱 멎었다.

윌리는 흐느적대는 바나나를 괴물 앞에 들이대고는 마법의 주문을 외었다. 번쩍 하는 한 줄기 빛이 바나나 지팡이에서 허공을 가르며 쫙 뻗어 나가더니 거길 빙빙 돌고 있던 마법사의 올빼미를 쳐서 꽁지 깃털을 확 뽑아 버렸다. 그 빛은 그만 서글프게 펑 소리를 내며 땅으로 곤두박질치고 말았다. 그 바람에 괴물은 윌리에게 한 발 한 발 다가오고 있었다.

윌리는 그 주문을 그대로 다시 외쳤다. 또 한줄기의 빛이 푹 익은 바나나에서 뿜어져 나왔지만, 이번엔 마을회관 꼭대기 탑을 치고는 땅으로 꽝 부서져 내렸다. "이런!" 창문 뒤에서 사람들이 비명을 질렀다. "윌리가 괴물보다 더 위험해."

하지만 윌리는 소매 속에 감춰 둔 계획이 있었다. 자기가 그리 마법에 능하지 않다는 건 윌리도 알고 있었다. 하지만 최고의 마법사라 해도 시행착오는 있는 법! 괴물 문제를 해결하려면 넋 놓고 괴물이 알아서 가기만 바라서는 안 되잖아. 무슨 일이든 해야만 했다. 자기가 제대로 하지 못하는 마법보다는 자기가 잘할 수 있는 걸 해야만 했다.

윌리는 마법 지팡이의 껍질을 벗겼다. 바나나 껍질을 벗기고 잘 익은 바나나 속을 꺼내 그걸 허공으로 던졌다. 괴물은 입을 떡 벌리더니 바나나를 덥석 물었다. 괴물은 그 맛이 좋은 모양이었다. 더 달라는 듯 윌리를 향해 풀쩍풀쩍 뛰어왔다. 그게 바로 윌리가 기다리던 거였다. 괴물이 내뿜는 숨의 열기가 느껴질 만큼 코앞까지 다가왔을 때, 윌리는 바나나 껍질을 괴물의 발 밑에 던졌다. 허둥대며 달려들던 괴물은 그 껍질을 밟아 버렸고 그대로 미끄러져 쾅 넘어졌다. 넘어지면서 딱딱한 땅에 머리를 부딪혀 괴물은 정신을 잃고 말았다.

마을 사람들은 집에서 뛰쳐나와 환호성을 지르며 괴물이 의식이 없는 틈을 타 재빨리 꽁꽁 묶어 마을을 구했다.

마법사의 마을에 가 볼 일이 있으면 괴짜 마법사 윌리에 대한 이야기를 들을 수 있을 것이다. 윌리는 영웅이 되었고 마을 광장 한가운데 그의 동상이 서 있다. 그 마을의 부모들은 자기 아이들에게 그 괴짜 마법사 윌리의 이야기를 잠자리에서 들려주곤 한다.

일흔다섯 번째 이야기 **문제해결하기**

| 치료적 특성들 |

제기된 문제

- 도전적 문제에 직면함
- 얻을 수 없을 것 같은 것을 원함
- 도와줄 사람이 없음
- 즉각적 해답이 없음

개발된 자원

- 조건을 탐색하는 방법 배우기
- 찬반 양론의 상황 가늠해 보기
- 새로운 가능성 찾기
- 충동이 아닌 사고를 사용하는 법 배우기
- 관찰과 경험을 통해 배우기
- 수평적 사고 사용하기

- 독립심
- 관찰의 힘
- 창조적인 문제해결

어느 새의 이야기를 들은 적이 있어. 그것이 무슨 새인지는 기억이 안 나는데, 네가 그냥 정하는 대로 무슨 새라고 해도 돼. 좋아하는 새 있니?

그 새는 여름이 아주 길고 건조한 곳에 살았어. 그곳은 오랫동안 비가 내리지 않았어. 땅은 메말라 밤새 이슬이 내려도 스펀지에 물이 쏙 스며드는 듯 그냥 스며들어 버렸단다. 그래서 불쌍한 새는 너무 오랫동안 물 한 모금 입에 머금어 보지 못했지. 정말 목이 다 탔단다. 얼마나 목이 탔던지 날이 갈수록 기운이 자꾸 빠져만 갔어.

물 없이 이대로라면 더 이상 살 수 없다 싶으니까 겁이 덜컥 나서 저 높이 날아올라 이 타들어 가는 땅 어딘가에 물 한 방울이라도 있기를 바라면서 찾아보았지. 새는 날개를 퍼덕이기도 하고 바람을 타고 미끄러지기도 했어. 최대한 힘을 아끼려고 하면서 말이야. 바짝 말라 타들어 가는 땅을 헤치고 다니면서 자기에게 생기를 찾아줄 물을 찾고 있었지.

앗! 저 밑에 반짝이는 건? 그때 그 기분이란! 아마 상상도 못할 걸. 그 불쌍한 새는 바람을 타고 그게 뭔지 보려고 땅으로 내려갔지. 그곳은 사람들이 가끔 소풍을 나오는 곳인데 누군가가 유리병을 두고 간 모양이야. 처음엔 신이 나 어쩔 줄 몰랐지. 오래전에 마지막으로 비가 내렸는데, 그 물이 병 속으로 좀 들어갔나 봐. 병 바닥에 새가 목을 축이기에 충분한 물이 들어 있었지. 그런데 바로 그때 가슴이 철렁 내려앉았어.

병은 너무 긴데 물은 너무 조금밖에 없었던 거야. 새의 부리는 그 바닥까지 닿지 않고. 이 사실을 깨닫고 나니까 세상은 더 메마른 것 같았고 목도 더 타는 듯했어. 물은 구했는데 마실 수가 없다니! 이 불쌍한 새가 어떻게 하면 좋을까?

모든 게 끝난 듯한 눈빛으로 병을 쳐다보다가 뭔가 할 수 있는 다른 방법이 있을 거라는 생각이 든 거야. 병을 밀어 넘어뜨리면? 아니지, 그럼 물이 쏟아져서 미처 부리에 닿기도 전에 땅에 그대로 스며들고 말 거야. 부리로 병 주둥이를 잡고 쏟아지지 않게 기울여서 물이 나올 수 있게 하면 되겠네. 아니야, 똑바로 병 주둥이를 잡고 있는데 어떻게 그걸 마신단 말이야? 새는 주변을 둘러봤어. 도와줄 이는 아무도 없었지. 이건 새 혼자서만 해결해야 할 문제였어.

빨대만 있으면 하는 생각을 해 봤지. 아하! 거기서 멋진 아이디어를 얻었단다. 새는 주변을 둘러봤어. 혹시 속이 빈 막대기나 빨대 모양으로 돌돌 말 수 있는 나뭇잎 같은 게 없나 하고. 그런데 안타깝게도 바짝 마른 땅에 몇 개 흩어져 있는 자갈 말고는 아무것도 없었단다. 온몸이 무너져 내렸어. 자기 앞에는 물을 마실 수 있도록 해 줄 수 있는 게 아무것도 없는 거야. 도움이 될 만한 건 아무리 봐도 없었어. 어쩌지?

결국 포기하고 말았지. 새는 풀이 죽은 채로 날개를 퍼덕이며 날아올라 마실 수 있는 물을 찾아 다녔지. 얼마 가지 않아 작은 연못을 하나 지나게 되었어. 그 물은 진흙구덩이가 되어 있었지. 먹을 만한 건 아니었지만 그래도 물이니까. 가까이 내려가고 있는데 연못 속에서 커다란 입이 갑자기 확 올라오는 게 아니니? 새는 잡아먹히지 않으려고 있는 힘을 다해 튕기듯 위로 날아올랐지.

으아! 물을 찾고 있었던 건데 거기에 악어가 살 줄이야. 새는 연못 위를 빙빙 돌다가 악어 때문에 둑의 물의 높이가 변하는 걸 봤어. 그때 좋은 생각이 하나 떠올랐어. 가만 보니까 새라고 다들 머리가 나쁜 건 아닌가 봐. 악어가 풀쩍 뛰어오르면 물이 내려가고, 다시 풍덩 물속으로 들어가면 물이 올라오는 거야. "고맙다, 악어야." 그렇게 소리치고는 다시 병이 있던 데로 돌아갔어.

새는 다시 병이 있는 곳으로 가서 근처에 있던 자갈들을 물어와 그걸 병 속에 넣었단다. 그러자 물이 조금씩 올라오기 시작했지. 악어가 연못으로 풍덩 떨어질 때처럼 말이야. 새는 다시 자갈을 물어다 넣고 또 물어다 넣고 그랬어. 조금씩 자갈이 들어가는 만큼 물이 위로 더 올라오는 거야. 자갈을 하나씩 하나씩 참을성 있게 병 속에 넣을 때마다 물은 새의 부리에 점점 가까이 올라왔단다. 오래지 않아 참고 참았던 노력의 열매를 얻었지. 물이 새가 얼마든지 마실 수 있을 만큼 올라온 거야. 이제 새는 물을 마시고 행복하게 날아올랐단다.

일흔여섯 번째 이야기 **받아들이기**

| 치료적 특성들 |

제기된 문제

- 자기 수용 결여
- 불행함
- 변할 수 없는 것을 변화시키려는 바람
- 부적절한 역할 모델
- 얻을 수 없는 목표

개발된 자원

- 경험을 통해 배우기
- 도움이 될 만한 것 찾기
- 소용없는 것 버리는 법 배우기
- 실현 가능한 목표 설정하기
- 변할 수 있는 것과 그럴 수 없는 것 알기
- 변할 수 있는 것을 변화시키기
- 자기 강점 수용하기

나타난 성과

- 자기 수용
- 태도를 고칠 수 있는 능력
- 자기가 지닌 특성 즐기기
- 행복

• 문제 해결 기술 익히기 •

키가 아주 작은 사람이 있었다. 그 사람은 배우였는데, 키가 얼마나 작은지 주로 '백설공주와 일곱 난쟁이'에서 난쟁이 역할을 맡곤 했다. 문제는 그 사람이 키가 작다는 게 아니고, 자기가 작아서 행복하지 않다고 느끼는 것이었다. 가끔 자기가 다른 사람과 다르다는 걸 느끼면 기분이 좋지 않을 수도 있으니까.

그는 클 수 있는 방법에 대해서도 생각해 보았다. 동물원으로 가서 세상에서 제일 키가 큰 타조 아줌마한테 크려면 어떻게 해야 하는지 물어보았다. "어떻게 그렇게 키가 커요?"

"글쎄요, 실은 그에 대해 생각해 본 적이 없는데……. 음, 나는 씨를 주워 먹으려고 목을 죽 늘여 땅으로 숙이기도 하고 머리를 모래에 파묻기도 하거든요. 그것 때문이 아닐까요?" 타조 아줌마가 말했다.

그 남자는 그렇게 해 보기로 마음먹었다. 땅에 있는 씨를 주워 먹으려고 했지만, 금세 타조처럼 몸을 구부리는 게 쉬운 일이 아니란 걸 알았다. 게다가 씨를 먹으니까 배가 아팠다. 이번엔 숨을 쉴 수 있게 스노클을 입에 물고 머리를 모래에 박았다. 그런데 그건 너무 위험했다. 그래서 그만둬 버렸다. 게다가 키는 조금도 자라지 않았다.

더 좋은 방법이 있을 거야 하면서 키가 제일 큰 동물에게 물었다. "기린님, 말좀 해 주세요. 당신은 어떻게 그렇게 키가 큰가요?"

"아마 가시투성이 나무 꼭대기에 있는 보드라운 어린 잎을 따먹으려고 목을 쭉 뻗어서 그런 게 아닐까요?" 기린이 대답해 주었다. 키 작은 남자는 기린이 하는 대로 해 보았다. 발끝을 세우고 서서 온몸을 쭉 뻗쳤다. 하지만 아무리 해 봐도 자기는 가시투성이 나무의 꼭대기에는 닿을 수 없었다. 그래서 꼭대기의 보드라운 잎까지 올라가기로 했다. 뾰족한 가시들이 콕콕 찔러대서 피가 나기 시작했다. 겨우 꼭대기에 닿기는 했는데, 씨보다 더 맛없는 잎들뿐이었다. 키는 하나도 안 자라고 배만 더 아팠다.

그 불운의 사나이는 이렇게 생각했다. 타조 아줌마도 기린님도 나한텐 아무런 도움이 안 되었어. 이번엔 정말 키 큰 사람을 찾아가서 그 사람이 어떻게 하는지 알아야겠어.

남자는 잠시 찾아다니다가 농구선수를 만났다. 그는 겨우 농구선수의 무릎에 닿을 듯 말 듯 했다. 고개를 들고 물었다. "당신은 어떻게 해서 키가 그렇게 큰가요?"

"난 운동장에서 거의 살다시피 해요. 농구 코트를 뛰어다니면서 공을 탕탕 치죠." 농구선수가 말했다. 그래서 키 작은 남자는 몇 달 동안 운동장에서 살다시피 하면서 농구 코트를 뛰어다니고 공도 쳐 보았다. 이번엔 정말 효과가 있기를 바랐지만 이번에도 키는 전혀 자라지 않았다.

키가 큰 이들이 아무런 도움도 되지 않았으니까 지혜로운 이가 있어야겠다고 생각해서 올빼미 할머니를 찾아갔다.

"어떻게 하면 키가 클 수 있는지 말해 주세요." 남자가 물었다.

"말해 보시오. 왜 키가 더 크고 싶지?" 올빼미 할머니가 말했다.

"있잖아요, 싸움이 벌어지게 되면 이기고 싶으니까요."

"자주 싸움에 휘말리나요?" 올빼미 할머니가 물었다.

"아뇨, 그리 자주 그런 건 아니에요." 남자가 말했다. "사실 언제 그랬던 적이 있었는지 기억도 가물가물한 걸요. 그래도 내가 더 크다면 사람들이 날 더 우러러 볼 거 같아요."

"지금 사람들이 당신을 깔보나요?" 올빼미 할머니가 물었다.

"아뇨, 그렇지는 않아요." 그가 말했다.

"키가 작아서 키 큰 사람이 하는 것 중에 못하는 게 있나요?" 올빼미 할머니는 계속 물었다.

"별로요." 가만히 생각해 보더니 그가 말했다. "땅에서 씨를 주워 먹고 싶거나, 머리를 모래에 파묻거나, 가시투성이 나무 꼭대기 잎을 따먹거나, 쉬지 않고 공을 통통 치거나 하고 싶지는 않아요. 다 해 봤는데 나한텐 별로 맞지 않더라고요."

"그럼 지금 할 수 있는 일 중에서 키가 커지고 나면 할 수 없게 되는 건 뭐가 있을까요?" 올빼미 할머니가 물었다.

"글쎄요, 백설공주 연극에서 난쟁이 역할을 하는데 그걸 보는 아이들이 참 좋아하죠. 아이들 눈높이에서 그들을 마주 볼 수 있으니까 다른 어른들보다는 아무래도 아이들과 더 즐거울 수 있는 것 같네요."

키 작은 남자는 올빼미 할머니 부리 끝에서 미소가 감도는 걸 보았다. 그리고 말하면서 자기의 작은 얼굴에도 행복한 미소가 그려지는 걸 느꼈다.

일흔일곱 번째 이야기 함께 나누는 법

| 치료적 특성들 |

제기된 문제
- 상호 대립관계
- 다른 사람이 가진 것을 갖고 싶은 마음
- 시기와 탐욕
- 대화 부족

개발된 자원
- 자기 행동을 올바로 평가하기
- 더 나은 의사소통 기술 구축하기
- 협상하는 법 배우기
- 해결책 찾기
- 자원과 기술을 나눌 때 생기는 좋은 점 발견하기

나타난 성과
- 갈등 해결
- 기쁜 마음으로 대화하기
- 자원 함께 나누기
- 다른 사람들과 협력해서 일하기

옛날 옛날 국경이 맞닿은 두 나라가 있었다. 여왕이 다스리는 한 나라는 바위와 돌로 뒤덮여 있었다. 왕이 다스리는 다른 한 나라는 허허벌판이었다.

여왕이 국경 너머 왕이 다스리는 나라를 보면서 그 왕이 가진 것을 원한다는 것 말고는 별 문제가 없었다. "정말 깨끗한 땅이야. 저런 땅에서는 농사를 지어서 백성들을 배불리 먹일 수 있을 텐데." 여왕이 말했다.

한편 왕은 국경 너머 여왕이 다스리는 나라를 보면서 여왕이 가진 것을 갖고 싶어 했다. "저런 돌덩어리들이 있다면 집도, 학교도, 병원도 지을 수 있을 텐데."

여왕은 백성들에게 말했다. "우리가 먹고 살려면 깨끗한 땅이 필요하다. 돌들을 모두 국경 너머로 던지도록 하라."

돌이 없는 나라 백성들이 왕을 찾아와 불만을 이야기했다. "여왕의 나라에서 백성들이 우리한테 돌을 던집니다."

"우리는 집과 학교, 병원을 지을 돌이 필요하지 않느냐?" 왕이 물었다. "전쟁을 선언하노라. 여왕의 백성들은 가난하여 돌 빼고는 아무 무기도 없느니라. 돌을 계속 던진다면 우리는 건물을 지을 자재를 모두 얻게 되는 것이니라." 그래서 전쟁은 돌 없는 나라가 돌로 가득 차고 돌 천지 나라가 돌이 하나도 없어질 때까지 계속되었다.

왕과 여왕 둘 다 얼마 동안은 행복했다. 여왕의 백성들은 깨끗한 땅에 농사를 지을 수 있었고, 왕의 백성들은 집과 학교, 병원을 지을 수 있었으니까.

얼마 지나지 않아 여왕은 이제 먹을 식량은 충분한데 새로 집이나 학교, 병원 같은 건물을 지을 돌이 하나도 없다는 걸 깨달았다. 낡은 건물을 고칠 만한 돌도 없었다.

국경 너머 나라에서는 왕의 백성들이 이제는 건물들은 충분한데 식량이 부족해서 점점 굶주리게 되었다.

"우리 돌을 다시 찾아오려면 전쟁을 해야 한다." 그렇게 다시 전쟁이 선포되었다. 한 번 더 국경을 넘어 돌들이 날아다녔다. 왕과 여왕의 백성들은 다른 나라가 가진 것을 가지려고 계속 싸웠다. 그러나 어느 쪽도 행복하지 않았다.

1년이 지났다. 이리저리 떠돌아다니던 광대 하나가 국경 근처 언덕에 앉아 쉬게 되었다. 그는 거기서 일어나고 있는 일을 보다가 그만 웃음을 터뜨리고 말았다. "이런 말도 안 되는 일이." 혼잣말을 하고는 왕과 여왕을 함께 만났다.

얼굴을 마주하고 앉은 왕과 여왕은 처음엔 아주 불편했다. "이건 모두 그대의 잘못이오." 왕이 말했다. "그 나라에서 우리에게 먼저 돌을 던져 시작된 것이지 않소?"

"아니지요. 이건 모두 당신의 잘못입니다." 여왕이 반박했다. "당신이 우리 돌을 가지려고 전쟁을 선포한 것 아니요?"

"자, 자, 잠시만요." 광대가 말했다. "그렇게 화만 내면서 서로의 잘못이라고 하면 문제를 해결할 수가 없습니다. 한 나라는 돌이 있고, 한 나라는 식량이 있지요. 다른 나라가 가진 걸 가질 수 있을 때까지 그걸 가지려고 할 거고, 가지고 나면 또 원하지 않게 되죠. 어떻게 하면 싸우지 않고 이 문제를 해결할 수 있을까요?"

광대는 자기 질문으로 생각에 잠긴 왕과 여왕을 쳐다보았다. 왕이 먼저 입을 열었다. "돌은 당신네 거고, 풀밭은 우리 것이오. 그러나 광대의 말이 맞소. 우리는 다른 나라가 가진 것만 원했던 거요. 우린 그걸 함께 쓸 수 있을지도 모르오. 우리의 식량과 우리가 필요한 돌을 서로 교환하는 게 어떻겠소? 우리 백성들 중에 몇을 보내 농사 짓는 법을 가르치고, 당신네 백성들은 우리에게 집 짓는 법을 가르쳐 주면 되는 거 아니겠소? 그러면 우리는 더 이상 싸우지 않아도 되지 않겠소?"

여왕은 고개를 끄덕였고, 광대는 껄껄 웃었다. 두 나라는 자기들이 가진 것을 서로 나누기 시작하면서 평화롭게 살 수 있었다. 광대는 그 언덕에 앉아 두 나라 백성들이 국경을 넘나들며 돌과 식량을 나누는 걸 자주 볼 수 있었다.

일흔여덟 번째 이야기 무시되는 것 돌보기

| 치료적 특성들 |

제기된 문제

- 사랑받지 못한다는 느낌
- 거부당하고 방치된다는 느낌
- 사랑이 담긴 부드러운 보살핌에 대한 욕구
- 제한된 선택
- 지루함

개발된 자원

- 돌보기
- 자기가 할 수 있는 것을 바꾸는 법 배우기
- 건설적이고 유용한 일 하기
- 아름다움 창조하기
- 타인에게 기쁨 주기

나타난 성과

- 사랑과 관심
- 거부당한 이들을 배려하기
- 사람은 변할 수 있다는 사실 인식하기
- 아이들이 선을 위해 함께할 수 있다는 사실 인식하기
- 아름다움

• 문제 해결 기술 익히기 •

아이들이 학교에서 나와 버스를 갈아타는 버스 정류장 옆으로 꺾인 길은 늘 붐비는 곳이다. 그다지 보기 좋은 곳은 아니다. 자동차 소리가 요란하고, 근처는 회색빛에 아무렇게나 지어진 건물들이 즐비하다. 사실 그곳은 사람의 손길이라곤 닿아 본 적이 없는 듯했다. 하지만 거기도 아름다운 부분이 있다. 조그마한 정원이 있는 땅인데 '피트의 땅'이라고 불린다. 피트가 9분 30초 동안 만든 곳이니까.

피트는 버스를 갈아타려고 그곳에서 매일 9분 30초를 기다리는 아이들 중 하나였다. 거기는 별로 놀 거리도 없고 즐거울 것도 없는 곳이었다. 정류장은 시끌시끌했고 매연 냄새로 가득했다. 어딜 둘러봐도 산책할 만한 곳도 없었고, 정류장 옆 작은 공터는 쓰레기들이 널려 있었다. 그곳이 정원이었던 적이 있었다는데, 지금은 눈살을 찌푸리게 할 뿐이었다. 아이고 어른이고 간에 그리로 다 마신 음료수 캔도 던지고 햄버거나 치킨을 샀던 상자들도 휙휙 던져댔다. 벽에는 스프레이로 욕을 써놓기도 하는데, 피트가 보기에는 민망한 낙서도 있었다. 어이구, 이런 데는 시간을 보낼 만한 곳이 아냐. 학교 가는 날마다 9분 30초 동안 그저 빨리 집에 가고 싶을 따름이었다. 하지만 피트는 거기 있어야 한다. 이건 선택의 여지가 없다. 집으로 가려면 그 길뿐이니까.

피트는 자기 삶을 허비하는 느낌까지 들었다. 볼 것 하나 없고 마음이나 손길을 끄는 것 하나 없고, 주변엔 만날 열받게 하는 것들뿐이다. 버스 회사 시간표를 바꾸지 않는 한 어쩔 도리가 없다는 걸 그는 잘 안다. 하지만 9분 30초 동안 자신과 다른 사람들이 좀 더 즐거워질 수 있는 방법이 있을지도 모른다는 생각이 들었다.

피트는 엄마한테 쓰레기봉투와 목장갑 한 켤레를 달라고 했다. 그 주 내내 장갑을 끼고 9분 30초 동안 그 봉투 안에 쓰레기를 모았다.

"야, 너 어떻게 된 거 아냐?" 반 친구들이 비웃었다. "그런다고 뭐가 달라져? 괜히 시간만 버리는 거라니까." 그 아이들은 아무것도 하지 않고 앉아 있는 게 더 시간을 낭비하는 거란 걸 모르고 있었다.

주말이 되자, 피트는 아빠한테 부탁해서 쓰레기봉투들을 모아서 내다 버렸다. 월요일 아침에 그 공터는 훨씬 더 깨끗하고 좋아 보였다.

다음 주가 되자 피트는 잡동사니들과 잡초 뒤에 가려져 있던 오래된 초목들 주변의 잡초들을 뽑아내기 시작했다. 아무것도 하지 않는 9분 30초가 피트만큼 지겨웠던 한 친구가 와서 도와주었다. 엄마와 아빠는 주말이면 다시 꽉 찬 쓰레기봉투를 가져다 치워 주셨고, 몇 년 동안 아무도 본 적 없었던 오래된 장미 덩굴의 가지를 쳐 주셨다. 또 피트에게 이런저런 조언도 아끼지 않으셨다. 이내 공터는 보기 좋은 곳이 되었지만, 잡동사니들과 보기 민망한 벽의 낙서들은 정말 골치 아팠다. 피트가 한 일이 허사가 되는 것처럼 보였다.

"어떻게 하죠?" 피트가 아빠에게 물었다.

"어떻게 하고 싶으냐?" 아빠가 피트에게 되물었다.

피트에게 좋은 생각이 하나 떠올랐다. 피트는 용돈을 모으기 시작했다. 그러고는 아빠한테 빌딩 주인에게 말을 해 달라고 부탁해서 곧 허락을 얻어냈다. 곧장 철물점으로 달려가 그동안 모았던 돈을 몽땅 털어 스프레이 페인트를 샀다. 벽에다 분필로 그 더러운 낙서들을 다 덮을 벽화의 밑그림을 그리고 스프레이 통을 열어 작업을 시작했다. 학교 친구들이 하나둘씩 그 9분 30초 동안 거들기 시작했다.

이젠 거기 있는 아이들이 다들 그 공터를 자랑스러워하고 누구도(어른이라 해도) 그걸 다시 망쳐 놓지 않으리라는 걸 안다. 아이들은 시간을 딱딱 맞춰 장미에 물도 주고 다른 싱싱한 꽃도 갖다 심었다. 또 아이들의 아빠들 중에는 낡은 그네를 다시 칠해 공터에 갖다 설치해 주는 분도 계셨다. 아이들은 이제 다음 버스를 기다리는 동안 그 공터를 거닐면서 쓰레기가 있으면 줍기도 하고, 잡초를 하나둘 뽑기도 하고, 그네를 타기도 한다. 어떤 때는 장미 덩굴 사이로 어른이 그네를 타는 것도 볼 수 있다.

그러던 어느 월요일, 피트는 학교로 가는 버스를 타고 있었는데 깜짝 놀라고 말았다. 평소처럼 밖으로 공터를 내다보고 있었는데 뭔가 변한 게 있었던 것이다. 거기 표지판이 하나 서 있는 게 아닌가! 친구들이 그린 거다. 거기엔 이렇게 쓰여 있었다. '피트의 땅'

일흔아홉 번째 이야기 # 다스릴 줄 알아야 해

| 치료적 특성들 |

제기된 문제

- 습관 행태
- 바람직하지 못한 행동
- 통제감 결여
- 힘의 부족

개발된 자원

- 자제력 가지기
- 사고와 행동을 멈출 줄 아는 기술 배우기
- 바람직한 대안을 만드는 법 배우기
- 기술을 넓히는 법 배우기
- 주관적 힘 구축하기

나타난 성과

- 습관 통제
- 폭넓은 행동 목록
- 힘을 가짐

나탈리는 버릇이 하나 있어. 어떤 버릇인가는 별 문제가 안 되는 게 누구나 모양은 달라도 버릇은 있게 마련이니까. 손톱을 물어뜯기도 하고, 군것질을 너무 많이 하기도 하고, 사람들 앞에서 코를 후비기도 하고, 식탁에서 트림을 하기도 하고, 그것 말고도 다른 사람들이 좋아하지 않는 것들까지. 네 마음대로 나탈리가 어떤 버릇을 가졌는지 상상해도 돼. 버릇이 뭐냐는 거보다 그것 때문에 일어난 일이 더 중요하니까.

내가 나탈리한테 어른이 되면 뭘 하고 싶냐고 물었어. 입을 떼기가 무섭게 바로 답이 튀어나오더라. "경찰요. 커다랗고 하얀 말을 타고 싶어요, 경찰처럼."

"경찰처럼 커다랗고 하얀 말을 타고 뭘 할 건데?" 내가 물었지.

"축구시합 하는 데도 가고요, 사람들 많은 다른 데도 갈 거예요. 말을 타고 다니면서 사람들한테 아무 일 없는지 살펴볼 거예요."

"그래." 내가 말했어. "정말 경찰이 해야 할 일이구나, 그렇지? 계속 자제할 수 있게 해 주는 것 말이다. 그럼 너는 경찰이 되기 위해서 해야 할 일들을 연습하고 있는 거니?"

"엄마가요, 크리스마스 선물로 승마 강습을 시켜 주신다고 하셨어요." 나탈리가 대답했어.

"그런데 그것 말고도 필요한 게 몇 가지 더 있단다." 내가 말을 건넸지. "자, 생각해 봐. 혼잡한 거리에서 나이 드신 분들을 도와주고 싶은데 말이야. 넌 어떻게 할 수 있지?"

나탈리는 당당하게 똑바로 서서 팔을 벌리고는 손바닥을 펴 얼굴에 대고 차들이 왔다갔다하는 상상을 하면서 단호한 목소리로 외쳤어. "멈추세요." 상상 속에서 나이 드신 분이 길을 건너갈 때까지 길을 막고 서 있으면서 수신호를 했어.

"잘하네. 훌륭한 경찰이 될 거 같은데. 경찰들이 하는 일 중에는 멈추게 하는 법도 알아야 해, 그치? 강도가 집을 털거나 은행을 털면 못하게 막아야지. 벽에 낙서하는 사람도 막아야 하고, 싸우는 사람들도 말려야 해." 내가 말했지.

"네가 경찰이 되어서 '멈추세요.'라는 말을 어떻게 연습하는지 궁금한 걸. 지금까지 작업해 왔던 너의 오래된 버릇을 가지고 연습을 시작하면 어떨까? 버릇이 나오면 바로 서서 아까 상상 속의 도로에서 했던 것처럼 손을 들고 경찰 같은 목소리로 '멈추세요.'라고 단호하게 소리치는 거야."

나는 말을 이어갔단다. "엄마한테는 경찰이 되기 위해서 연습하는 거라고 설명해야겠지. 아이들이 평소와 다른 행동을 하면 부모님이 걱정하시잖니? 엄마는 뭘 하는 건지 모르니까. '나탈리를 그 심리학자한테 보이는 게 아닌데, 얘는 지금 정상이 아니잖아.' 하고 생각하시지 않게 말이야. 내가 설명해 드릴까, 아니면 네가 직접 할래?"

다음 주에 나탈리를 다시 만났을 때 나한테 버릇을 그만두려고 경찰의 기술을 연습했고 그것이 아주 잘 되었다고 말해 주더구나.

나는 지난주에 했던 것처럼 나이 드신 분이 길을 건너는 걸 도와드리는 상상을 해 보라고 했지. 나탈리는 당당하게 서서 팔을 활짝 벌리고 얼굴에 손바닥을 대고 차들이 지나다니는 거리를 상상했단다. 그러고는 "멈추세요!" 하고 소리쳤지. 나탈리의 목소리는 더 단호하고 강해졌더라. 상상 속에서 사람이 길을 다 건너갈 때까지 기다리고는 교통을 정리하기 위해 수신호를 했단다.

"어? 방금 뭘 한 거니?" 내가 물었어.

"수신호를 하는 거예요." 약간 당황한 듯 나탈리가 말했어.

"그럼 경찰들이 사건이 일어나는 걸 막는 것만이 아니라 미리 잘 다스리기 위해서는 그것 말고 또 뭘 할까?"

나탈리는 웃음을 머금었지. "일이 일어나게도 하죠. 나도 다시 차들이 움직이게 했잖아요."

"바로 그거야." 내가 말했어. "훌륭한 경찰은 사건이 일어나면 나쁜 걸 막고, 그러고 나면 더 좋은 일이 시작되게 하는 거야. 어떤 경찰관들은 주로 좋은 일을 시작하는 것에 더 집중하기도 한단다. 일어나기를 바라는 일을 시작해서 일어나면 안 되는 일을 막도록 할 때도 있고 말이야."

다음 주에 나탈리는 자랑스럽게 알려 주었지. "경찰이 되려고 계속 연습했어요. 버릇도 그만두었다고 말할 수도 있고요. 했으면 좋겠다 싶은 다른 것도 할 수 있어요."

"뭘 했는데?" 내가 물었어.

"버릇이 슬며시 나오면 '멈추세요.'라고 말하고 나서 엄마한테 가서 말해요. 토비랑 산책하고 싶다고요. 토비는 제가 기르는 개예요. 또 친구들한테 전화를 걸어 이야기도 나누고, 컴퓨터 게임도 하고 그랬어요."

"너 정말 멋진 경찰이 되겠구나." 내가 말했어. "계속 이렇게만 훈련한다면, 말을 멈추게 하고 또 네가 원하는 방향으로 가게 만드는 것만 배우면 되겠는 걸."

여든 번째 이야기 소원 만들기

치료적 특성들

제기된 문제

- 부모님의 갈등
- 슬픔
- 부정적인 사고에 사로잡힘
- 사랑받지 못하고 쓸모없다는 느낌
- 가질 수 없는 것을 바람

개발된 자원

- 얻을 수 있는 것을 요구하는 법 배우기
- 상냥한 정 보여 주기
- 긍정적인 목표 설정하기
- 구체적인 목표 설정하기
- 목표 달성에 필요한 책임 지기
- 원하는 것을 위해 노력하는 법 배우기
- 해결 중심적 질문을 하는 법 배우기

• 문제 해결 기술 익히기 •

- 목표 달성에 따르는 주관적 책임감
- 주관적인 힘
- 해결 중심적인 전략
- 행복

한 여자 아이가 있었어. 이름 하나 지어 줘 볼까? 뭐라고 부르면 좋을까?

하루는 바닷가를 거닐고 있었지. 혹시 바닷가 근처에 살거나 여름에 휴가를 바다로 간 적 있니? 이 이야기를 바닷가에서 시작하는 건 어때?

여자 아이가 하루는 바닷가를 거닐고 있었는데 슬퍼 보였어. 전혀 행복하지 않은가 봐. 집을 나와서 걷고 있는 거래. 엄마랑 아빠가 또 싸우셨거든. 그럼 나가 있는 게 좋겠다는 생각이 든 거야. 여자 아이가 고개를 떨어뜨리고 자기 문제들을 생각하면서 걷다 보니 갈매기 소리도 들리지 않고, 모래밭을 찰싹대며 간질이는 파도 소리도 들리지 않았지. 햇살이 몸에 와닿는 그 기분 좋은 따스함도, 발 아래 촉촉한 모래 감촉도 느낄 수가 없었어.

근데 발을 툭툭 차며 바닷가를 따라 걷고 있는데 발가락에 뭔가 딱딱한 게 닿는 거야. 멈춰 서서 허리를 구부리고 손으로 모래를 파보았지. 그러자 낡은 램프가 하나 나오지 않겠니? 이야기책에서 나오는 것처럼. 왜 있잖아, 문지르면 지니가 짠 하고 나타나서 세 가지 소원을 들어주는 것처럼 생긴 그런 거. 이것도 낡은데다 이리저리 치인 흔적도 있고, 아주 오랫동안 바다 속에 있었는지 따개비가 붙어 자라고 있었어.

여자 아이는 따개비를 다 떼어 내고는 젖은 모래를 한 움큼 쥐고 깨끗이 닦아 냈지. 펑! 그걸 문지르고 있는데 지니가 튀어나온 거야.

그런데 영화나 책에서처럼 그리 잘 생기지도 않고 근육질의 지니도 아니었어. 머리에는 터번을 감고 있었지만. 지니는 늙은 데다 비쩍 말라 비틀어진 몸에 일주일은 푹 자 줘야 할 것 같은 얼굴이었지. 뭐 아무럼 어때. 여자 아이는 흥분으로 어쩔 줄을 몰랐지. "와! 세 가지 소원을 들어주는 건가요?" 두근대는 가슴으로 물었지.

"잠시만요, 주인님." 지니가 말했어. "기억도 못할 만큼 너무 오래 갇혀 있었던지라. 마지막으로 세 가지 소원을 들어드렸던 주인님이 소원을 다 들어드리고 나니까 절 바닷속에 던져 버리셨어요. 익사하지 않으려면 구멍을 죄다 막아야 했습니다. 뱃멀미가 얼마나 심했던지……. 또 몇 년 동안이나 아무것도 먹지를 못했거든요. 게다가 이 해변에 버려져 모래밭에 파묻혀 있었단 말입니다. 그런데 또 세 가지 소원이라니요."

"이런!" 여자 아이는 실망했지. 지니는 지니처럼 보이지도 않았는데 잔뜩 심술까지 난 모양이야.

"그럼 한 가지 소원이라도 들어주면 안 될까?" 여자 아이는 바닷가를 걷던 내내 마음에서 떠나지 않았던 생각을 다시 떠올리면서 부탁했어.

"당신이 램프를 문질렀으니, 나의 주인님이십니다." 지니가 말했어. "하지만 이젠 하나만이에요."

"내 소원은 말이야." 여자 아이가 말했어. "엄마랑 아빠가 그만 싸우는 거야."

"이런, 당신은 소원 하나를 그냥 날려 버리셨어요." 심술쟁이 지니가 말했어.

"그게 무슨 말이야?" 맥이 탁 풀려 여자 아이가 물었지.

"당신은 내 주인님이시고 난 당신이 변할 수 있게 도와드릴 수 있지요. 하지만 다른 사람들을 당신한테 맞춰서 바꿀 수는 없습니다. 그 사람들이 선택하는 건 그들이 하는 거니까요."

가여운 여자 아이는 기운이 하나도 없어 보였지. 너무 슬퍼 보였어. 그래서인지 지니는 좀 온순해져서 "자, 보세요. 소원을 이룰 수 있는 몇 가지 열쇠가 있어요. 먼저 현실적으로 당신의 힘으로 바꿀 수 있는 것이어야 해요. 그리고 다른 사람들이 하는 걸 막을 수 있는 게 아니라 당신이 할 수 있는 걸 만들어야 해요. 난 전쟁이나 기근, 분쟁은 막을 수가 없어요. 사람들이 평화를 만들 수 있게, 곡식이 더 잘 자라게, 서로 잘 지낼 수 있게 도와줄 수 있는 쪽을 더 잘하지요."

"어쨌든 내가 여기서 어떻게 벗어나지요?" 갑자기 지니가 물었다. "당신이 내 주인님이시니까 나를 돌봐 주실 수 있나요? 나는 먹을 것과 따뜻한 잠자리가 필요해요." 그리고는 펑 소리와 함께 램프 속으로 사라져 버리는 거야.

그럼 그렇지! 내가 뭐 그렇지. 여자 아이는 자기는 집에서도 전혀 사랑받지 못하고 쓸모도 없는 존재라는 생각이 들었어. 그래도 뭔가를 바꿀 수 있는 기회라고 생각했는데, 결국 지니 불평 소리만 들었네.

그런데도 여자 아이는 따뜻한 마음을 가진 아이였거든. 정성스럽게 램프를 집으로 갖고 왔지. 부모님은 저녁식사 시간이 지나도 싸우느라 정신이 없었어. 여자 아이는 자기 음식을 좀 덜어내서 따로 접시에 놓고 나중에 지니한테 주려고 방으로 가지고 갔단다. 지니는 정신없이 그걸 먹어치웠는데도 기분은 그대로인가 봐. 몇 번이나 아이한테 냉장고에서 음식을 더 가져다 달라고 그러는 거야. 그리고는 깨우지 말라면서 그냥 곯아떨어졌단다.

아침이 되어도 지니는 그대로였어. 가져다준 시리얼은 뱉어 버리고 다른 걸 만들어 오라는 거야. 부모님의 의심을 사지 않으려니 참 힘들었지. 하지만 그것이 지니의 기분을 좀 누그러뜨렸나 봐. 마침내 지니가 말했어. "두 번째 소원이 뭡니까?"

"있잖아." 여자 아이가 말했지. "난 행복해지고 싶어."

"그건 아닌데요." 지니가 대답했어.

지니의 퉁명스러운 대답에 여자 아이는 깜짝 놀랐나 봐. "지금 뭐라고 한 거야?" 여자 아이가 물었지.

"음, 당신이 나에게 친절을 베풀었으니 한 가지만 말해 드리지요." 지니가 말했어. "당신에겐 뭐가 행복인지 제가 어찌 알겠습니까? 소원을 이루려면 자세히 말해야 되요. 당신이 더 행복하다고 느낄 때는 어떤 생각을 할 거 같아요? 어떤 느낌을 원하는 거지요? 지금 하고 있는 것과 하고 싶은 건 뭐가 다른가요?"

"글쎄, 엄마와 아빠가 늘 싸운다는 생각을 하고 싶지 않아."

"틀렸어요." 지니가 말했다. "어제 일을 떠올려 봐요. 내가 말했잖아요. 당신이 원하는 걸로 소원을 비는 거라고. 당신이 원하지 않는 거 말고요. 생각하고 싶은 게 뭐죠?"

"학교를 마치고 집으로 오고 싶고, 친구들이랑 즐겁게 놀고 싶고, 재미있는 생각을 하고 싶어."

"좋아요, 이제 좀 낫네요. 그럼 당신은 그런 걸 어떻게 할 건데요?" 지니가 말했어.

"잠깐만, 넌 지니 아냐? 그런 일을 어떻게 하면 되는지 네가 나한테 알려 줘야 하는 거 아니냐고." 여자 아이가 말했어.

지니가 다시 말했지. "잠깐만 기다려요. 저 빌어먹을 램프 안에 너무 오래 갇혀 있었더니 가물가물하네요. 잘 먹지도 못하고, 잠도 잘 못 잤어요. 게다가 뱃멀미까지 했다고요. 친구도 없었고 마법 연습 한 번 못해 봤어요. 소원 들어주는 것도 다른 것과 마찬가지예요. 훈련을 하지 않으면 경기에서 감각을 잃어버리죠. 공부도 하다 말면 배운 걸 잊어 버리잖아요. 아까 얘기한 그런 것들을 바란다면 어느 정도는 스스로 하는 게 있어야 해요."

"자, 봐요." 지니가 말을 이었다. "지난밤에 해변을 따라 걷고 있던 걸 떠올려 보는 거예요. 고개를 떨어뜨리고 발끝으로 모래를 툭툭 차면서 온통 걱정으로 가득 차서 걷고 있었죠? 다음번에 그 해변을 다시 걷는다면 이렇게 해 봐요. 고개를 들고, 바닷물과 하늘의 색깔도 보고, 파도가 얼마나 상큼하게 밀려가는지도 보고, 파도치는 소리도 듣고, 발 밑으로 모래도 느껴 보고, 차가운 물에 물장구도 쳐 보고, 일어나는 일들을 마음껏 즐겨 보는 거예요."

"정말 인정하고 싶진 않지만, 지니들도 바꿀 수 없는 게 있다는 걸 알거든요. 뭐, 할 수 있는 게 있기도 하지만요. 우리 자신의 생각, 감정, 행동이 우리가 바꿀 수 있는 것들이죠. 그러기 위해선 당신도 연습에 연습을 거듭해야 한다는 거예요. 내가 마법을 연습해야 하는 것처럼 말이에요. 그렇지 않으면 곧 하는 법을 잊어버리게 되니까요."

여자 아이는 고개를 끄덕였지. 지니는 투정쟁이긴 해도 현명한 투정쟁이야.

"한 가지 더요." 지니가 말했어. "이런 소원이 이뤄지려면요, 당신은 그렇게 할 수 있는 것들을 해야 할 때를 결정해야 해요. 가만히 앉아서 마법이 이뤄지길 기다리기만 해서는 아무 소용이 없다고요. 그러니까 뭔가 해야 할 때가 언제냐는 거죠."

"오늘 오후엔 다시 바닷가를 산책해야겠어. 가서 네가 말한 대로 해 볼 거야." 여자 아이가 말했어.

그러곤 지니가 들어간 램프를 책가방에 넣어 메고서 산책을 하러 나갔어.

그날 밤 여자 아이는 지니에게 다시 먹을 걸 주고 자러 가면서 가만히 생각해 보았어. 세 번째 소원으로 뭘 말할지.

아침에 지니에게 주려고 커다란 그릇에 죽을 가득 쒀 두었지만, 썩 좋은 식단도 아니고 그리 많아 보이지도 않았어. 그래서 베이컨과 달걀을 굽고, 감자도 동그랗게 튀기고, 팬케이크도 만들어서 지니 기분이 더 좋아지도록 해 주었지. 여자 아이는 세 번째 소원을 말할 때를 기다렸어. 소원에 대해 배운 것과 딱 좋은 때가 언제일지를 생각하면서.

"있잖아, 네가 여기서 계속 소원도 들어주면서 나랑 같이 살면 좋겠는데."

"이야, 제대로 하네요." 지니가 말했어. 아이는 지니가 웃는 걸 처음 본 거야.

"당신이 할 수 없는 건 바랄 수 없어요. 난 꼭 세 가지 소원만 들어줄 수 있고요. 그것이 계약이죠. 그런데 당신이 이미 해 버린 대로라면 남은 시간 동안 나를 갖는 것만큼 좋은 건 없겠죠. 딱 세 가지 소원이란 제한도 없어질 거고요. 잘 기억해 둬요. 바란다는 건 좋은 거예요. 앞을 내다보고 더 나은 내일을 바라는 것도 좋고요. 하지만 당신이 바라는 것이나 원하는 것은 현실적이어야 해요. 실제로 얻을 수 있는 거라야 한다는 말이죠. 그래야 원하는 게 구체적이 될 수 있고, 당신이 원하는 것을 당신이 생각하고 느끼고 하는 대로 정확하게 하나하나 설명할 수 있게 되는 거예요. 그러고 나면 그걸 실천으로 옮길 때를 결정해야 한다는 것도 잊어서는 안 돼고요."

"당신한테 거래 비밀을 하나 알려 줄게요. 세 가지 마법의 질문인데요, 모든 지니들은 소원을 이뤄 주기 전에 스스로에게 꼭 물어봐야 해요. 이렇게 말이에요."

내가 하고 싶은 건 뭔가?
내가 어떻게 해야 그런 일이 일어나게 할 수 있는가?
내가 그걸 언제 해야 하는가?

여자 아이는 팔을 내밀어 투정쟁이 늙은 지니를 안아 주었어. 포근함이 지니의 눈을 빛나게 했고, 따스한 미소가 희미하게 입언저리를 돌더니 펑 소리와 함께 램프 속으로 사라졌단다.

 연습문제 11.1

아이가 훌륭한 문제해결사가 되려면 어떤 기술들이 필요한가? 갑자기 예기치 못한 역경이나 곤경의 상황을 만나게 될 때 아이들에게 어떻게 준비를 시켜야 도움이 되는가? 문제에 대한 해결책을 찾거나 어쩔 수 없는 상황을 받아들이도록 하려면 어떻게 해야 하는가? 그런 적절한 기술을 보여 주고 가르쳐 주는 이야기 속에 그런 정보를 어떻게 넣을 수 있는가? 공책에 여러분 자신의 문제해결 이야기들을 써서 이용하라.

• 문제 해결 기술 익히기 •

12

삶의 위기 관리하기

 나쁜 일이 선한 사람들한테도 일어날 수 있다는 게 사실이라면, 실제로 비참한 일들이 당치도 않게 아이들에게도 일어날 수 있을 것이다. 그런 일들이 일어나면, 그런 경험을 해 본 적도 없고 대응하기 위해서 필요한 기술을 개발하지 못했는 데다 전혀 예기치 못한 일이기 때문에, 아이는 제대로 이겨낼 준비가 되어 있지 않은 상태다. 그런 기술이 없는 상태로 아이를 두게 되면 그들이 경험하게 되는 부적절한 생각, 감정 표현, 행동 등은 어른이 되어서도 삶에 그대로 남게 될 가능성이 많다. 그렇다면 아이들이 이런 사건을 준비할 수 있도록 어떻게 도울 수 있는가? '예방이 치료보다 낫다.'라는 오래된 명언이 있다. 아이들에게 대처에 대한 은유적 이야기를 들려주면—바로 삶의 위기가 생기기 전에—그런 상황이 발생했을 때 도움이 될 만한 기술을 익히게 될 것이다. 몇 주에 걸쳐 여러 이야기를 들려주는 것은 위기의 순간에 아이가 겪게 될 슬픔이나 큰 병에 대한 진단의 여러 단계와 치료과정 또는 치료 후 병의 경과 예상에 대한 조절 단계들에 도움이 된다.

이 장에 실린 이야기들은 고통, 병, 심한 좌절과 같은 도전들을 다스리는 방법을 다루고 있다. 이 이야기들은 비현실적인 부모의 기대, 생활환경의 변화, 자살 충동, 약물 남용 등을 다루고 있다. 아이들이 경험할 수 있는 모든 도전들을 다 포괄할 수는 없지만, 은유가 어떻게 예방 기능과 관리 기능을 해 줄 수 있는지 설명할 것이다.

여든한 번째 이야기 **아픔은 날려 버리는 거야: 어린이를 위한 이야기**

│ 치료적 특성들 │

제기된 문제

- 아픔
- 곁에 아무도 없는데 다침
- 의료적 처치
- 아픔을 다스릴 수 있는 기술 부족

개발된 자원

- 새로운 기술 배우기
- 다른 데로 주의를 돌리는 법 배우기
- 아픔보다는 기쁨에 집중하기
- 기분전환 기술 사용하기
- 성공 즐기기

나타난 성과

- 아픔을 다스리는 전략
- 자기 주도적 관리 기술
- 주의를 돌릴 수 있는 능력

　비눗방울 불어 본 적 있니? 얼마 전에 내 손녀한테 가르쳐 봤단다. 철사 한 줄을 구부려서 동그랗게 만들고 플라스틱 컵 안에 주방세제를 넣는 거야. 그다음엔 그 동그란 철사에 세제가 완전히 묻도록 담그는 거지. 내 손녀가 동그란 철사를 들고 자기 엄마한테 가서 불었단다. 처음엔 너무 세게 불어서 철사 아래로 세제가 흘러내려 손가락에 다 묻어 버렸지. 가만히 불어야 한다는 걸 알고는 몇 번이나 커다란 방울을 만들 수 있었는데, 그 방울들이 공중에 둥둥 떠다니는 거야. 내 손녀는 신이 나서 어쩔 줄을 몰랐지. 비눗방울들이 빛을 받아 반짝반짝거렸어. 손녀가 그걸 잡으려고 가만히 보는데 비눗방울이 팍 터지는 거야. 그걸 보고 내 손녀가 막 깔깔대며 웃는 거 있지. 새롭고 재미있는 걸 배우는 건 참 좋은 거야. 바로 뒤에 일어날 일을 알지 못했으니까.

　내 손녀가 꽈당 넘어지더니 무릎을 좀 심하게 다쳤어. 무릎 좀 다친 거야 정말 많이 아픈 사람들, 뼈가 부러지거나 바로 병원으로 가야 하는 사람들의 고통에 비하면 아무것도 아니겠지. 그래도 아직 어린데다 곁에 엄마도 없는데 무릎을 다쳐서 피가 다리로 흘러내린다면 분명히 겁이 덜컥 날 거야.

　손녀의 무릎을 씻겨 주고 소독을 해서 붕대를 감아 줘야 하는데 상처가 아파 손도 못 대게 하네. 작은 뺨 위로 눈물이 또르르 굴러 떨어졌지. 상처만 난 게 아니라 많이 놀란 모양이야.

　그 아이가 비눗방울을 불면서 깔깔대며 즐거워했던 것이 생각 나서 상처에 붕대를 감아주기 전에 우선 동그란 철사와 세제를 가지고 왔단다. 철사를 푹 담가서 입에 대고는 천천히 불었지. 점점 더 크게 비눗방울이 만들어졌어. 햇살에 영롱하게 빛났단다. 방울이 공중에 떠 있는 걸 가만히 보던 손녀 눈에는 눈물이 그치고 얼굴에 어느새 미소가 비쳤지. 비눗방울을 좀 더 빨리 속도를 내서 불면 그것들이 터지기 전까지 떠다니는 비눗방울의 물결을 이룰 거야. 계속 불다 보면 겁을 먹었던 마음도 멀리 날아가 버릴 테지. 원한다면 겁나는 마음, 상처 같은 건 비눗방울 안에 꽁꽁 담아 자기한테서 멀리 저편으로 보내 버린다는 생각도 할 수 있을 거야.

비눗방울들이 톡톡 터지니까 그 아이가 깔깔대며 웃기 시작했어. 비눗방울 하나가 자기 오빠 머리카락에 내려앉아 안 터지고 잠깐 있을 때는 완전히 정신 없이 웃어대는 거야. 천천히 빨리, 짧게 길게 숨을 고르는 데 따라 다른 비눗방울들이 만들어진다는 걸 알았지. 작은 방울, 큰 방울, 방울 하나, 줄줄이 방울, 쌍둥이 방울도 나왔지.

비눗방울을 불고 있는 동안 상처를 깨끗이 씻어 주었단다. 비눗방울을 불면서 깔깔대는 동안 소독을 했는데 조금도 이상한 느낌이 들지 않는 모양이었어. 어떻게 해서 아까보다 마음이 더 편할 수 있었는지를 전혀 모르는 듯했지. 상처를 말려 주고 붕대를 매 주는데도 계속 비눗방울만 불면서 깔깔대더라니까.

우리가 했던 걸 가르쳐 줄게. 책상에서 클립을 꺼내 쫙 펴고 난 다음 그걸 이런 굵은 펜에 묶어 구부려 작은 고리를 만들면 비눗방울 고리가 된단다. 너한테는 아마 더 좋을 거야. 컵에 주방세제를 좀 넣고서 엄마한테 비눗방울을 어떻게 부는지 보여 주면 어떨까? 그걸 다음에 올 때 가져와서 나한테도 보여 주고 말이야. 네가 비눗방울 부는 걸 얼마나 잘 배웠는지 보고 싶은걸.

 **고통 다스리기: 청소년을 위한 이야기**

| 치료적 특성들 |

제기된 문제

• 아픔
• 곁에 아무도 없는데 다침
• 의료적 처치
• 고통을 다스리는 기술 부족

개발된 자원	
	• 새로운 기술 배우기
	• 다른 데로 주의를 돌리는 법 배우기
	• 아픔보다는 기쁨에 집중하기
	• 기분전환 기술 사용하기
	• 성공 즐기기

나타난 성과	
	• 아픔을 다스리는 전략
	• 자기 주도적 관리 기술
	• 주의를 돌릴 수 있는 능력

농구에 관심 있니(내담자가 관심을 보이는 운동이나 오락이면 뭐든 고르면 된다.)? 어떤 팀을 제일 좋아하지? 제일 좋아하는 선수는?

래리는 열렬한 농구팬이다. 래리 방에는 좋아하는 농구팀, 농구선수들 포스터가 줄지어 붙어 있다. 경기마다 직접 가서 보고 혹시 가지 못하는 날엔 텔레비전으로라도 꼭 본다. 자기가 좋아하는 팀이 이기면 좋아서 어쩔 줄을 모르고, 그 팀이 지고 있을 땐 막 흥분을 하다가 결국 지면 풀이 푹 죽어 버리기도 한다. 근데 래리는 자기가 좋아하는 팀을 그렇게 열렬히 응원하는 게 자기한테 얼마나 좋은 건지 모르고 있다.

안타깝게도 래리가 많이 아파서 병원에 가야 했던 적이 있었다. 몸이 말을 잘 듣지 않고 뭐가 뭔지도 잘 모르는 상황에선 모든 게 무척 겁이 날 거다. 자기는 어떻게 할 수도 없고 엄마와 아빠까지 안 계신 상황이라면 정말 무섭겠지. 의사와 간호사가 이런저런 치료를 하면 아프고 불안하기도 할 테고. 그럴 때 자기가 좋아하는 팀의 아주 멋진 팬이라는 사실이 래리를 도울 수 있다.

래리는 아주 똑똑한 아이다. 자기가 아픈 걸 농구경기랑 비슷하다고 생각할 수 있으니까. 적이 있고 반드시 이겨야 한다. 자기 자신을 자기가 좋아하는 선수로 여긴다. 실력도 좋고 몸도 아주 좋아서 이길 때까지 종횡무진 뛰어다니며 경기를 할 준비가 되어 있는 선수다. 자기 능력의 한계에 밀리는 느낌이 들어도 끝까지 가야 한다고 생각했다. 최고의 선수라면 벤치에 앉아 있을 순 없다. 모든 경기를 끝까지 버텨 내야 한다. 최고의 선수라도 다칠 수도 있고 아픔을 느낄 수도 있으리란 생각을 했다. 그런 선수들은 자기가 해야 하는 것에 정신을 집중시킴으로써 아픔이나 부상을 보통 사람들보다 더 잘 다스린다고 아빠가 말해 주셨다. 자기도 그렇게 되고 싶었기 때문에 래리는 훌륭한 선수가 되려면 어떻게 해야 하는지에 관한 자료를 많이 읽어 봤다. 정상에 우뚝 선 선수들이 얼마나 '승리감'에 흠뻑 취해 있는지도 읽어 봤다. 그 선수들은 패배보다는 승리를 더 많이 생각한다. 실수를 통해서 배우고 실수를 두려워하지 않는다. 그들은 자기들이 잘하는 것과 잘하고 있는 것에 마음을 더 집중한다.

'터널 비전'[14]이라는 것에 대해서도 읽어 봤다. 그건 선수들이 날씨, 관중들의 야유나 환호, 아픔 같은 별로 중요하지 않는 것에는 신경을 끄고 한 곳에만 정신을 집중하는 것이다. 3점 슛을 날리고 싶다면 마음을 진정시키고 집중해야 한다. 한눈을 팔 한 치의 여유도 없다. 자연스럽게 모든 힘을 쏟아부을 수 있어야 한다. 래리는 농구를 할 때 그렇게 해 본 적이 있다. 이젠 병원에서 그렇게 해 보려고 한다. 다 잘 될 거라는 데 마음을 집중한다. 경기 종료 직전 슬램덩크로 결승점 내는 걸 상상한다. 이겼다는 것과 상대를 제압했다는 것을 알았을 때의 느낌을 그려 본다.

래리는 병원 침대에도 자기가 제일 좋아하는 선수의 포스터를 갖다 붙였다. 그것이 승리로 이끈 것들을 떠오르게 한 것이다. 제일 좋아하는 선수의 포스터를 혹시 갖고 있니? 자기를 위해 뭔가를 떠오르게 하는 걸 하나쯤 가져 보는 건 어떨까?

---※---

14) 역주: 의학 용어로는 시야협착, 즉 시야를 좁힌다는 뜻.

여든세 번째 이야기 **나쁜 놈은 이겨 버리는 거야**

| 치료적 특성들 |

제기된 문제
- 못살게 구는 존재가 됨
- 두려움
- 협박
- 힘의 부족

개발된 자원
- 자기 능력에 대해 배우기
- 문제에 대해 심사숙고하기
- 자신의 강점 사용하기
- 효과가 있는 것 더 많이 하기

나타난 성과
- 잠시 멈추고 생각하는 법 알기
- 힘이 언제나 옳지는 않다는 것 깨닫기
- 자신만의 능력에 가치 두기
- 자기 힘 구축하기

　숲속에는 많은 동물이 살고 있었는데 모두가 저마다 사는 방식이 달랐다. 아마 이야기에 나오는 동물이나 학교에 있는 아이들이나 비슷할 것이다. 숲속에 있는 동물들은 모두가 알고 있는 커다란 갈색 곰. 그런데 이 커다란 갈색 곰은 별로 인기가 좋지 못했다. 불량배였으니까. 동물들이 놀고 있으면 거기에 몸을 확 날려서 다른 동물들을 겁주고 또 해치려고 막 쫓아가기도 하고 잡아먹기도 했다. 숲속에 있는 동물은 아무도 커다란 갈색 곰만큼 크지도 않고 힘도 세지 않아서 그 곰을 막을 도리가 없었다.

어느 날 아기 코요테가 골똘히 생각에 빠져 숲을 돌아다니고 있는데, 쿵쿵 땅을 울리는 발소리와 함께 엄청 무거운 발이 지나갈 때마다 마른 가지가 부러지는 소리가 들렸다. 그것이 누구라는 걸 단번에 알 수 있었다. 커다란 갈색 곰이 자기 쪽으로 다가오고 있는 것이다. 아기 코요테는 금세 겁에 질려 버렸다. 늘 그랬듯이 도망을 가야 하나? 만날 도망이나 치고 커다란 갈색 곰 때문에 떨면서 살다 보니까 죽을 지경이었다. 하지만 코요테는 너무 작고, 저항하여 싸우기에는 너무 약하다. 어찌할까 생각하고 있는데 근처에 나뒹굴고 있는 뼈들이 보였다. 이젠 자기가 더 작아지는 것 같고 겁만 잔뜩 먹게 되었다. 하지만 우리의 코요테는 커다란 갈색 곰보다는 훨씬 똑똑하고 영리했다. 코요테는 그 뼈들을 옮겨 놓고 앉아서 그 뼈들을 우둑우둑 씹기 시작했다. 용감하게도 커다란 갈색 곰을 향해 등을 돌리고 있었다. 커다란 갈색 곰의 쿵쿵대는 발소리를 들으며 곰이 바로 코앞에 올 때까지 꾹 참고 기다렸다. 아기 코요테는 일부러 큰 소리를 내며 말했다. "이야, 맛있다. 내가 먹어 본 갈색 곰 중에서 제일 맛있어. 음, 그런데 아직도 배가 고픈 걸. 한 놈 더 잡아먹으면 딱 좋겠는데."

커다란 갈색 곰은 만날 자기 마음대로 하곤 했다. 자기가 좋으면 다른 동물들을 막 두들겨 패고는 내쫓아 버리기도 하고, 어떻게 될지 신경도 안 쓰고 막 밟아대기도 했다. 숲에는 자기보다 더 크거나 자기를 괴롭힐 만한 건 아무도 없기 때문에 무서워하거나 겁을 내지도 않았다. 하지만 잡아먹힌다는 생각이 들자 딱 멈춰 서게 되었다. 그렇게 겁을 먹은 건 아마 처음일 거다. 코요테가 정말 곰을 잡아먹나? 갈색 곰은 이 위기를 어떻게 넘길지 전혀 준비가 되어 있지 않기에 조용히 뒷걸음질쳐서 숲으로 도망가 버렸다. 나무들 사이로 완전히 숨어서야 안도의 숨을 내쉬었다. "으, 바로 코앞에 있었어." 곰은 혼잣말을 했다. "그 무시무시한 코요테한테서 도망을 치다니 정말 다행이야."

커다란 갈색 곰과 코요테는 모르는 사이에 나무 저 위에서 다람쥐 한 마리가 그 광경을 지켜보고 있었다. 다람쥐는 아기 코요테가 속였다는 사실을 커다란 갈색 곰에게 말해 주면 곰이 자기를 친구로 삼아 자기와 가족을 보호해 줄 거라는 생각이 들었다. 다람쥐는 서둘러 달려갔지만 그리 빠르지 않아서 아기 코요테가 뒤로 흘깃 보게 되었다. 다람쥐가 급히 나무를 내려와 커다란 갈색 곰에게 달려가는 게 아닌가?

다람쥐는 커다란 갈색 곰에게 가서 자기가 본 걸 다 얘기하고서 곰에게 친구가 되어 달라고 했다. 커다란 갈색 곰은 별로 영리하진 않았지만, 자기를 놀릴 때는 확실히 눈치를 챘다. 커다란 갈색 곰은 앞발 다친 곰처럼 화가 치밀어 올랐다. "다람쥐, 너 내 어깨에 올라타." 으르렁대며 말했다. "만일 네가 코요테와 짜고 하는 짓이면 두고 보자."

이제 막 안심하려던 순간, 아기 코요테는 다시 쿵쿵 발로 가지를 우지끈 부러뜨리는 소리를 들었다. 어깨에는 다람쥐를 태우고 커다란 갈색 곰이 돌아오고 있었다. 아기 코요테는 다시 위기를 맞은 것이다. 윽! 간단하게 곰을 보내 버렸는데 이번엔 어쩌지? 그냥 바로 도망가 버릴까? 그럼 평생 겁에 질려 도망만 다녀야 할 텐데. 커다란 갈색 곰이 다시 숲속의 무법자가 되도록 내버려 두어야 하나?

아니지, 커다란 갈색 곰은 멍청한 걸. 내가 훨씬 더 똑똑하다고. 힘은 더 세도 머리로는 날 못 당하지. 아기 코요테는 생각했다. 그러면서 어떻게 해야 할지를 궁리했다. 다시 한 번 대담하게 커다란 갈색 곰과 다람쥐 쪽으로 등을 두고는 못 본 척하고 있었다. 코요테는 자기가 하는 말을 커다란 갈색 곰이 잘 들을 수 있을 만큼 발자국 소리가 가까워질 때까지 기다렸다가 바로 이때다 싶을 때 큰 소리로 말했다. "다람쥐는 도대체 어딜 간 거야? 곰 한 마리 더 갖다 준다더니 30분이나 지났잖아."

나는 겨우 아홉 살이라고요

| 치료적 특성들 |

제기된 문제

- 부모의 이혼
- 부모의 갈등
- 중간에 끼임
- 무력감
- 어찌할 바를 모름

개발된 자원

- 주어진 상황 속에서도 혼자가 아님을 알기
- 변할 수 없는 것 받아들이기
- 자기가 옳다고 믿는 것 행하기
- 자기 주장하는 법 배우기

나타난 성과

- 안도
- 수용
- 자기 주장

제이슨이라는 아이한테 진짜 있었던 일인데 얘기해 줄까? 내가 제이슨을 만났을 때 그의 부모님은 이혼 상태였고, 제이슨은 엄마랑 같이 살면서 주말은 대부분 아빠와 보내고 있었지.

부모님이 이혼하시기 전에는 집에 안 좋은 일이 많았단다. 엄마랑 아빠는 무슨 일만 있으면 서로에게 막 고함을 치곤 하셨어. 제이슨은 그것이 싫고 또 무서웠단다. 밤에 침대에 누워 있으면 부모님 싸우는 소리가 들렸고, 무슨 일이 터질까 봐

조마조마하곤 했어. 어두운 방에 늘 혼자 있었고, 학교에서도 친구들이랑 아무 말도 하지 않았지. 어떤 때는 혼자 울다가 잠이 들기도 했단다.

부모님이 이혼하지 않기를 바랐지만, 결국 두 분이 헤어지고 말았을 때는 그나마 좀 나아질지도 모른다고 생각하기도 했지. 어떤 면으로는 좋아지기도 했지만 어떤 면으로는 그렇지만도 않았단다. 엄마와 아빠가 함께 만나거나 전화 통화를 하면 또 고함을 쳐대는 거야. 그것이 아마 제이슨이나 동생 클레이튼에겐 참 안 좋았을 거야. 한번 생각해 봐. 제이슨은 엄마도 사랑하고 아빠도 사랑한단 말이야. 그런데 주말이나 휴가 기간이 되면 엄마나 아빠 둘 중에 한 사람을 선택해야 하는 처지에 놓이거든. 그런 순간이 정말 싫었을 거야.

그러다가 그만 정말 곤란한 일이 생기고 말았어. 부모님이 이혼을 하고 나서 아빠와 엄마는 2주 정도 휴가를 가져야겠다는 마음이 들었나 봐. 그래서 애들 공부에 방해가 되지 않도록 학기말로 계획을 잡았지. 그런데 아빠는 아빠대로 계획을 세우고, 엄마는 학교 방학 때 2주 동안 애들이랑 여행할 계획을 세웠단다. 아빠는 버럭 화를 냈어. 비행기 표를 취소할 수가 없다는 거야. 엄마도 화가 나기는 마찬가지였어. 엄마도 벌써 표를 샀거든. 엄마는 아들들과 멀리 여행을 떠나고 싶다고 했어.

아빠가 제이슨에게 엄마랑 가지 말고 아빠랑 있어 주면 좋겠다고 했어. 특별한 걸 할 거라는 약속을 했지.

제이슨은 정말 미칠 것 같았어. 그러자고 하면 엄마가 마음 상해서 화를 내실 거니까. 싫다고 하면 아빠도 마음이 상해서 화를 낼 거잖아. 어떡하지? 어떻게 해도 상황은 엉망일 거야. 제이슨은 하나도 행복하지 않았어.

제이슨이 어떻게 했는지를 나한테 말해 준 건 그의 아빠였어. 실은 제이슨의 대답이 아빠를 잠시 멈추고 생각하도록 했다는 거야. 아빠는 제이슨의 말을 듣고는 아들에게는 아무 책임이 없다는 걸 알게 되었다고 해. 아이들을 끌어들일 것이 아니라 엄마와 아빠 자신들이 풀어야 할 문제였다는 거지.

자, 이걸 아는 부모님도 있겠지만 모르는 부모님도 있을 거야. 아이들이 하는 말이 도움이 될 때도 있다는 거 말이야. 뭐 늘 그렇지는 않지만. 난 이런 말을 들은 적이 있어. 아무리 해도 좋은 결과가 나오지 않을 거 같은 때도 있지만, 옳다고 믿었던 것도 잘못될 수 있다는 거지.

네가 무슨 생각을 하는지 다른 사람들이 알 수 있게 하는 게 때로는 너를 알게 만드는 데 도움이 된단다. 제이슨이 한 말은 이거야. "아빠, 난 이제 겨우 아홉 살이라고요."

여든다섯 번째 이야기 병과의 한판 싸움

| 치료적 특성들 |

제기된 문제

- 질병
- 두려움
- 외로움
- 낯선 치료과정

개발된 자원

- 사랑하는 사람과의 관계 존중하기
- 정보 찾는 법 배우기
- 유익하게 상상력 사용하는 법 발견하기
- 긍정적인 사고 창출하는 법 배우기
- 적절한 대처 전략 개발하기
- 웃는 법 배우기

나타난 성과

- 감정 검증
- 상상의 산물 활용
- 유머 활용
- 긍정적 사고
- 어려움을 극복할 수 있다는 사실 알기

질이라는 여자 아이에 관한 이야기를 들려줄게. 질은 덜컥 겁이 났어. 의사가 암이라고 그랬거든. 질을 더 두렵게 만든 건 자기를 안심시키려고 하던 엄마, 아빠까지 울음을 터뜨려 버렸다는 거야. 엄마와 아빠한테서 삼촌이 암으로 돌아가셨다는 이야기를 들었던 게 기억이 났지. 그리고 사람들이 암으로 죽을 수도 있다는 생각을 하니까 두려워 견딜 수가 없었어.

질은 의사가 여러 검사를 해야 한다고 보낸 병원이 그다지 마음에 들지 않았단다. 휑하니 서늘한 복도, 이상한 냄새, 어딘가 아파 보이는 아이들. 의사가 이것저것 묻는 게 싫었어. 팔에 바늘을 꽂는 것도, 무슨 탁자 같은 데 누워 있게 만드는 것도, 윙윙 소리를 내며 돌아가는 기계에 혼자 있는 것도 싫었지. 겁만 나는 게 아니라 외롭기까지 했단다. 앞으로 무슨 일이 일어날지 몰랐어.

모든 걸 다 이해해 주는 것 같은 사람은 할머니였단다. 어느 날 할머니가 질에게 이렇게 말했어.

"이리 와서 내 곁에 앉으렴, 우리 아기 공주님." 질은 할머니가 그렇게 부르는 게 좋았지. 뭔가 자기가 특별한 거 같아 예전부터 그랬던 것처럼 할머니한테 찰싹 달라붙어 있었단다. 더 어렸을 때 할머니가 이야기를 들려주었는데 이젠 함께 앉아서 그날 일을 이야기하곤 한단다.

"겁이 많이 날거야. 내가 너라도 그럴 거야." 할머니가 말했어. 질은 어른들도 겁을 낼 수 있다는 말을 하는 걸 그날 처음 직접 들었단다.

"뭐가 제일 두렵니?" 할머니가 상냥하게 물었어.

"난 죽는 건가요?" 질이 대답했지.

할머니는 두 눈으로 질을 바라보시며 두 손을 꼭 쥐고 말하셨지. "분명한 답을 줄 수는 없지만, 의사가 암을 이겨내서 다시 건강해질 수 있는 아주 좋은 기회를 가지고 있다고 말하더구나. 너도 알다시피 암으로 죽는 사람도 있기는 해. 하지만 요즘에는 말이다. 의사들이 아주 좋은 치료법을 많이 찾아내서 사람들이 거의 다 좋아진다고 해. 너한테 좋은 생각들을 하는 거야. 넌 어리고 다른 데는 다 건강하잖니? 게다가 우린 네가 나을 수 있도록 가능한 모든 수단과 방법들을 다 써 볼 예정이야."

할머니는 말을 이으셨어. "그거 말고 다른 게 무섭진 않니?"

"무슨 일이 일어날지 모른다는 게 무섭기도 한 것 같아요. 의사들이 앞으로 뭘 할지 이야기해 주지 않을 때가 있어요. 엄마나 아빠도 나한텐 이야기를 안 해 줘요." 질이 말했어.

"네가 뭘 알고 싶을 때 어떻게 해야 더 쉽게 물을 수 있을까?" 할머니가 물었어. "그분들에게 그것을 아는 것이 너에게 중요한 일이라고 말씀드려 보면 어떨까?"

질이 의사에게 물어보았을 때, 의사는 암이 좋은 세포를 어떻게 나쁜 세포로 만드는지, 질이 나쁜 세포를 죽일 수 있는 독한 약을 사용하는 '화학요법'이란 걸 받으러 병원에 와야 한다는 것 등에 대해 더 많이 설명해 주었어. 의사는 약을 먹으면 좀 아프기도 하고 졸리기도 하고, 약이 너무 독해서 머리카락이 빠질지도 모른다는 말도 해 주었지. 의사는 자기 대머리를 매만지면서 웃으며 말했어. "얼마 동안은 아마 나만큼 보기 좋을 거다." 질도 같이 웃었지.

할머니가 병원에 또 오셨을 때는 같이 웃으며 농담도 했어. "긍정적인 태도를 갖는 것이 도움이 된단다." 할머니가 말했어. "병원이 무섭게 느껴지면 집으로 돌아가 네가 보낼 수 있는 좋은 시간을 생각해 보는 거야. 친구들이랑 다시 놀 수도 있고, 다음 휴가 때 멋진 시간을 보낼 수도 있잖아."

질은 방사능 치료를 받으려고 기계에 누우면서 할머니가 말한 대로 해 보려고 했어. 언제나 그것이 쉽게 되는 건 아니었지만, 열심히 애를 쓰면 자기가 우주선에 앉아 멋진 모험을 떠난다는 상상도 할 수 있었단다. 우주를 떠돌면서 모험을 마치고 집으로 돌아오면 뭘 할지 계획을 세우면서 시간을 보내기도 했지.

처음 학교로 다시 돌아갔을 땐 힘들기도 했단다. 다른 아이들이 질을 빤히 쳐다 보기도 하고 왜 그렇게 머리카락을 깎아야 했는지 묻기도 했으니까. 질은 기운도 없고 자꾸 지치는 것 같았어. 예전의 자기가 아닌 것 같았지. 하지만 오래지 않아 머리카락도 다시 길어 나오고 전처럼 친구들과 함께 뛰어놀 수도 있었단다.

질은 아직도 한 번씩 의사를 만나러 가야 한대. 어느 날은 의사가 이러는 거야. "나한테 네 비밀을 가르쳐 줄래?"

"무슨 비밀요?" 좀 당황해서 질이 물었지.

그랬더니 의사가 자기 대머리를 쓱쓱 긁으면서 이렇게 말하더래. "어떻게 머리 카락이 다시 자랐는지 가르쳐 다오."

여든여섯 번째 이야기 **해결할 수 있어**

| 치료적 특성들 |

제기된 문제

• 가족 간의 갈등
• 아버지와 아들의 갈등
• 청소년 문제
• 바람직하지 않은 친구관계
• 성적 저하
• 약물 남용

- 변화에 대한 책임 인정하기
- 실용적 해결책 찾기
- 목표 설정하기
- 결말에 집중하기
- 결정에 끝까지 충실하기
- '그냥 하는' 법 배우기

- 개인적인 권한 부여
- 대인관계 향상
- 약물 등의 문제 자제
- 목표 달성

레오나드라는 아이를 만난 적이 있다. 친구들은 다들 레오라 불렀고, 그도 레오라고 부르는 걸 더 좋아했다. 레오는 나를 만나러 오고 싶어 하지 않아서 엄마가 뒷덜미를 잡고 끌다시피 해서 내 사무실로 왔다. 레오는 야구 모자를 눈까지 눌러 쓴 채 바닥만 보고 있었고 계속 엄마만 말을 했다.

엄마가 말했던 것들은 모두 너무나 부정적이었다. 레오는 학교에서 끊임없이 문제를 일으키고 몇 번이나 퇴학을 당했다. 학교를 일찌감치 그만둬 버리고는 나쁜 친구들과 몰려다닌다. 또 사장이랑 싸워서 몇 번이나 일자리에서 쫓겨났고, 지금은 창고에서 물건 쌓는 일을 하고 있다. 그 자리는 눈물이 날 만큼 지긋지긋하다. 아버지와도 계속 갈등이 있었다. 레오의 부모님이 차를 한 대 사 주었는데 두 달 만에 박살을 냈다. 이젠 마약과 각성제까지 쓰고 있다.

나는 엄마가 레오에 대해 말하는 좋지 않은 점을 모두 듣고 나니 기분이 영 좋지 않았다. 레오가 어떻게 느낄지 궁금하기도 했다. 아마 이런 질문을 여러 번 들어 봤을 테지만.

레오와 나만 남게 되자 내가 물었다. "엄마가 너에 대해 말하는 것과 원하는 걸

다 들었는데, 난 네가 원하는 게 뭔지 알고 싶구나."

"집이 좀 조용해지기나 했으면 좋겠어요." 레오가 대답했다. 그러곤 한마디 덧붙였다. "아빠 내 일에 참견만 해요. 친구들이 안 좋다, 더 좋은 일자리를 구해야 한다, 차를 완전히 못쓰게 만들어 버렸다. 이런 말들만 한다고요. 아빠가 보기에 난 잘하는 게 아무것도 없어요."

아빠가 레오에게 완전히 손을 들어 버렸을 때, 레오는 어떻게 된 건지 말하려고 하지만 그건 주먹다짐으로 끝나 버리곤 했다.

집안이 좀 조용해지려면 자기가 뭘 해야 할지를 물어보았다. "차를 한 대 더 사야죠." 레오가 대답했다. 그는 어느 회사의 어느 모델, 그걸 사려면 돈이 얼마나 필요한지까지 정확하게 알고 있었다. 그래서 이번엔 새 차를 사려면 어떻게 해야 하는지를 물었다. "돈을 모아야죠." 짧게 대답했다. 레오가 그걸 어떻게 하지? "각성제를 끊어야죠. 내가 버는 돈 거의 전부를 그거 사는 데 쓰니까요."

어떻게 각성제를 끊고 돈을 모을지 물었을 때, 나는 깜짝 놀라고 말았다. 레오가 당장에라도 그렇게 할 수 있을 만큼 많은 생각을 갖고 있었기 때문이다. "외출할 때 지갑을 들고 나가지 말고 음료수나 뭐 다른 것 정도를 위해서 동전 몇 개만 주머니에 넣고 나가는 거예요. 또 그런 걸 안 하는 애들이랑 더 많이 어울리는 거죠."

일주일 뒤 레오를 만났을 때는 그 주 내내 어떤 각성제도 쓰지 않았다고 했다. 각성제를 그렇게 오랫동안 쓰지 않았던 건 처음이었다.

뭐가 그렇게 할 수 있도록 했는지 알고 싶었다. 레오는 어깨를 한 번 으쓱 하더니 주말에 외출할 때 지갑을 들고 나가지 않고 약을 쓰지 않는 친구들과 더 많이 어울리겠다고 한 결심을 지킨 것뿐이라고 했다. 게다가 엄마한테 자기가 버는 돈에서 일정한 액수를 매주 가져다주기로 결심하기도 했다. 그럼 엄마는 그걸로 차 살 돈을 모아 준다. 주말에 돈이 좀 남으면 그것도 엄마한테 주었다.

레오가 자기의 해묵은 습관을 이겨내는 그 단계들을 너무나 빨리 너무나 성공적으로 해 왔기 때문에 나는 무척 놀랐다. 또 기쁜 일 하나는 레오가 그걸 계속하고 있다는 사실이다. 누구나 레오처럼 그렇게 빨리 성공적으로 해낼 수 있는 건 아니다. 경우에 따라서는 죽어라 애를 쓰는 경우도 있다. 하지만 레오는 가능성을 보여 주었고 기대할 수 있는 뭔가를 남겨 주었다. 레오는 차를 사고 나면 내 사무실로 차를 몰고 와서 새 차를 보여 주겠다는 약속을 했다.

여든일곱 번째 이야기 변화 앞에서

| 치료적 특성들 |

제기된 문제

- 변화에 직면함
- 문제 조정
- 새로운 도전
- 자기 능력을 잊어버림

개발된 자원

- 자신의 능력 기억하기
- 변화시킬 수 있는 것 선택하기
- 긍정적인 것 찾기
- 사고가 감정을 결정하는 방법 배우기
- 한 번 해 봤던 건 다시 할 수 있다는 사실 알기

나타난 성과

- 능력을 잊지 않음
- 과거 능력 활용
- 선택
- 능력에 대한 확신

처음 학교에 입학하던 날을 기억하는가? 처음엔 학교에 가고 싶어 안달하는 아이도 있고, 겁을 내면서 가기 싫다고 하는 아이도 있고, 교문 앞에서 엄마와 안 떨어지려고 하는 아이도 있다. 이런 모든 낯선 광경들을 보면서 큰 아이들은 깜짝 놀라기도 하고, 선생님들은 크고 엄한 목소리로 말하시기도 한다. 하지만 학교에 간다는 건 우리가 좋아하든 그렇지 않든 해야 할 일이다. 그러나 그에 대해 어떻게 느끼느냐 하는 건 우리가 선택할 수 있는 것이다.

앨리샤가 초등학교에 입학하던 날을 떠올린다면 아마 무서웠던 느낌들만 생각날 것이다. 하지만 지금 하려는 이야기에 나오는 앨리샤는 이미 다 자라서 큰 아이가 되었다. 이젠 자기 반 아이들도 다 알고 다른 반에도 아는 애들이 많다. 친구도 많이 사귀었다. 선생님들과 학교 대표 선수들도 안다. 이젠 입학하던 날 느낌 같은 건 생각조차 나지 않는다.

이제 그건 끝났다. 앨리샤는 막 고등학교에 들어갔다. 다시 한 번 엄마는 앨리샤를 새 학교의 교문 앞에 내려주고 인사하고는 떠나 버렸다. 앨리샤는 낯선 얼굴의 아이들과 함께 낯선 운동장으로 들어서야 한다. 선생님 얼굴도 모른 채. 그녀는 다시 처음 학교에 들어가는 작은 아이가 되어 버렸다. 어떻게 해야 하지?

초등학교에선 사람들이 자기를 받아 준다는 느낌도 들었고, 자기가 중요하게 여겨지기도 했다. 학교의 바닥부터 정상까지를 다 경험해 보았다. 앨리샤에게 일어나고 있는 일을 본 사람이면 이렇게 말하고 싶을지도 모른다. "얘야, 잠깐 멈추고 학교에 처음 가던 날을 떠올려 봐. 그땐 겁도 나고 낯설었지만 이젠 그런 건 어떻게 하는지 알고 있잖아. 초등학교 때 그런 변화를 한 번 겪어 봤잖아. 그렇다면 고등학교에서도 똑같이 하면 돼."

당연히 앨리샤는 자기 앞에 무슨 일이 놓여 있는지 모른다. 고등학교를 가야 한다는 데는 선택의 여지가 없다. 그러나 한 번 더 자기가 어떤 마음을 가질지는 선택할 수 있다. 고등학교에 가면 두려운 일도 있겠지만 설레고 재미있는 일도 있을 것이다. 누구도 미래를 볼 수는 없다. 그러니까 새롭고 전혀 다른 걸 배우게 되는데 그것이 얼마나 재미있을지, 선생님이 얼마나 좋을지, 어떤 새로운 친구를 사귈 수 있을지를 그녀가 안다는 건 기대하기 어렵다. 앨리샤는 이제부터 음악, 드라마, 운동 등 많은 경험을 하게 될 것이다.

앨리샤는 새롭고 낯선 경험들을 어떻게 해서 싹 바꿀 수 있었는지에 관해서는 잊어버렸을지도 모른다. 초등학교에서 그렇게 했다면, 예전보다 더 많이 크고 나이도 더 먹고 더 많은 걸 알게 된 지금이면 분명히 잘할 수 있을 것이다. 누군가 앨리샤에게 이렇게 말한 적이 있다. "할 수 있다는 걸 알려면 한번 해 봐야 하는 거야. 일단 자전거 타는 걸 배우고, 새로운 컴퓨터 게임을 해 보고, 수학 공식을 풀고 나면, 그걸 다시 할 수 있다는 걸 알게 되는 거야. 하면 할수록 더 잘하게 되는 거라고."

여든여덟 번째 이야기 네 힘으로 다시 서는 거야

| 치료적 특성들 |

제기된 문제

- 외상
- 고통과 상처
- 갑작스러운 예기치 않은 변화
- 기술을 잃어버림

개발된 자원

- 능력을 뛰어넘을 수 있다는 사실 인정하기
- 힘과 능력 구축하기
- 자기 힘으로 다시 일어서는 법 배우기
- 한 번에 하나씩 하는 법 배우기
- 앞으로 나아가는 법 배우기
- 자신감 갖기

- 변화에 적응하기
- 과거 능력 활용
- 기술 획득
- 확신

열두 살 나이에 걷는 법을 배운다는 게 어떤 건지 상상할 수 있는가? 대부분 너무 어릴 때 걷는 걸 배워서 어떻게 했는지 다 잊어버렸을 것이다. 앤드류도 그랬다.

앤드류가 엄마 차의 뒷자리에 앉아 있던 어느 비 오는 겨울날 오후, 어떤 차가 엄마 차를 받아 버렸다. 앤드류는 쾅 하는 요란한 소리와 심한 충돌에 놀라 비명을 질렀다. 엄마 차는 차도를 벗어나 보도까지 밀려갔다.

앤드류가 소심한 아이는 아니었다는 걸 짚고 넘어가야겠다. 그는 오토바이를 남들에게 뒤지지 않을 만큼 잘 탔기 때문에 굴러 떨어지기도 하고 다친 적도 있었다. 하지만 이번엔 정말 심하게 다쳤다. 엄마도 다쳤다. 그건 앤드류는 한 번도 겪어 본 적 없는 무서운 일이었다. 엄마를 도우려면 일어나야 했지만 일어날 수가 없었다. 아무것도 할 수 없고 그저 무섭기만 했다. 앤드류는 머리를 다쳤는데 오른쪽 아래가 아팠다.

다행히 병원 검사 결과 부러진 뼈도 없고 심하게 다친 데도 없었다. 의사는 집으로 가도 좋다고 했다. 그런데도 아픈 건 그대로였다. 움직이면 더 심하게 아팠다. 컵만 쥐면 떨어뜨렸다. 음료수 캔 하나도 딸 수 없었다. 학교에선 펜도 쥘 수 없었다. 다리는 힘이 너무 없어서 곧 엎어질 것만 같았다. 걸을수록 고통은 점점 더해 갔고, 결국 거의 걸을 수 없는 상태까지 이르렀다. 다시는 차를 타고 싶지 않았다.

이건 앤드류답지 못한 것이었다. 앤드류는 남자 중의 남자였다. 격투기 훈련도 했고, 친구들과 함께 BMX 자전거도 타고, 오토바이 경주도 했단 말이다. 그의 방 책장에는 그가 탄 우승컵들이 즐비했다. 이젠 저런 걸 할 수 없겠지. 앤드류는 X-

박스[15]) 게임을 하면서 텔레비전을 보고 있었지만 아무것도 즐겁지 않았다.

우리가 오토바이 타는 거에 대해 이야기를 하자 앤드류의 눈이 빛났다. 앤드류는 산악 오토바이를 탔다. 진흙투성이 길과 점프는 그가 가장 좋아하는 것이다. 어떻게 해야 다시 설 수 있을까? 어떻게 해야 오토바이를 다시 타고 끝까지 경주할 수 있을까?

앤드류는 다시 걷는 걸 배워야 했다. 처음 걷는 걸 배웠을 때 같은 건 까맣게 잊어버렸겠지만, 처음 자기 발로 서는 어린아이들이라면 어떨지를 상상해 볼 수는 있을 것이다. 처음엔 서는 것만도 어려울 것이다. 작은 다리 근육은 힘도 없고 아직 서는 훈련도 해 본 적이 없으니까. 걸음마하는 아이처럼 처음엔 아마 많이 넘어지겠지만 미적거릴 순 없다. 넘어질 때마다 일어나 다시 발을 디디고 선다. 처음엔 비틀비틀할지도 모르고 받치는 손이나 탁자 다리 같은 걸 붙들고 버텨야 할지도 모른다. 조금씩 강해지다 보면 언젠가는 두 발로 설 수 있을 것이다.

한 발을 다른 발 앞에 두고 첫발을 떼는 거다. 또다시 몇 번 넘어질지도 모른다. 하지만 그때마다 일어나 한 번 더 해 보는 거다. 그럴수록 점점 더 강해진다. 이제 곧 달리고 뛰어오르고 풀쩍풀쩍 뛰어다닐 수도 있을 것이다. 걸을 때 다리에서 근육이 어떻게 움직여야 하는지 따위는 염두에 두지 않아도 친구 집까지 걸어갈 수 있고 축구도 자전거도 탈 수 있게 된다.

이게 바로 12세 나이에 앤드류가 한 일이다. 이 모든 걸 다시 배워야 했다. 한 번 했다는 걸 알고 있었기에 다시 할 수 있다는 자신감을 느낄 수 있었다. 쉬운 일은 아니었다. 사실은 정말 힘들 때도 있었다. 다행스럽게도 앤드류는 간단히 포기하는 아이가 아니었다. 넘어지지도 않고 걷는 걸 다시 배웠고, 자전거도 타고 공도 찰 수 있었다. 12세의 나이에 12개월쯤에 배웠던 걸 다시 배워야 한다는 생각을 과연 누가 할 수 있었겠는가?

---

15) 역주: 미국에서 개발한 가정용 비디오 게임기.

여든아홉 번째 이야기 **더 이상 살고 싶지 않아**

| 치료적 특성들 |

제기된 문제

- 부모의 불화
- 거절당하는 느낌
- 갈 곳이 없음
- 사랑받지 못함
- 자살 충동

개발된 자원

- 때로는 삶이 힘들다는 사실 인정하기
- 더 나빠질 수 있었다는 사실 알기
- 더 좋아질 수도 있다는 사실 알기
- 살기로 결정함
- 자기 행복에 대해 책임지기

나타난 성과

- 개인적 책임감
- 힘
- 희망

'똥 밟았네.'[16]라는 말을 들어 본 적이 있을 것이다. 어떤 사람에게는 다른 사람

---

16) 역주: shit happens란 뭔가 나쁜 일이 일어났을 때 쓰는 관용적 표현으로 '나쁜 일이지만 일어날 수도 있는 일'이라는 의미를 담고 있다. 우리말에서 재수 없는 일이 생길 때 하는 '똥 밟은 거라 생각해.' 라는 말과 상통하는 의미가 있는 듯하다.

들보다 더 많은 일이 일어나는 것처럼 보일 때도 있다. 나타샤가 자신의 십대 시절 이야기를 들려주었을 때 하늘에서 설사를 하는 거대한 매머드의 이미지가 떠올랐다. 매머드가 나타샤를 따라다니면서 어디를 가든 나타샤에게 똥을 쏟아붓는 것만 같았다.

나타샤가 나한테 자기 이야기를 들려준 때는 막 성인이 된 때였다. 너무 중요해 보이는 일을 말한다는 건 때로는 참 힘든 일이다. 특히 사람들이 이해해 주지 않을 거라는 생각이 들면 더욱 그렇다. 나타샤가 십대였을 때 누군가에게 이 이야기를 한 적이 있는지는 잘 모르겠다. 게다가 나타샤는 자기를 정말로 이해하거나 자기에게 관심을 가지는 사람은 아무도 없다는 생각을 하고 있었다.

나타샤의 이야기는 얽히고설켜 있지만 어쨌든 설명을 해 보자. 나타샤가 13세 때, 부모님은 나타샤와 제일 친한 친구 부모님과 서로 배우자를 바꾸게 되었다. 그러니까 나타샤의 제일 친한 친구의 아빠가 나타샤의 엄마와 같이 살고, 나타샤의 아빠가 그 친구의 엄마랑 살려고 옮겨갔다는 말이다. 부모님은 나타샤나 그녀의 동생과는 한마디 상의도 없었다. 그냥 그렇게 해 버린 것이다. 때문에 나타샤는 부모님이 자기나 동생에게는 아예 관심도 없는 것처럼 느껴졌다.

처음엔 엄마랑 새아빠랑 같이 살았다. 나타샤는 새아빠를 도저히 좋아할 수 없었지만, 어쨌든 이젠 그 사람이 아빠 자리를 차지하고 있다. 나타샤는 정말 그 사람이 미웠다. 어느 날 무슨 문제로 나타샤는 새아빠와 말다툼을 하게 되었다. 새아빠가 화를 내자 나타샤는 소리를 질러 버렸다. "당신은 내 아빠가 아니에요. 나한테 이래라저래라 하지 마세요."

"지금은 내가 이 집안의 가장이야. 넌 내 규칙을 따라야 하는 거야." 새아빠도 고함을 치며 겁을 주려는 듯 손을 번쩍 들어올렸다.

"어디 한번 때려 보세요. 당신이 어떤 사람인지 한번 드러내 보란 말이에요." 나타샤는 새아빠의 화를 돋우었다.

화가 난 새아빠는 나타샤를 때리고 방으로 밀어 넣고는 문을 쾅 닫아 버렸다. 나타샤는 가방을 싸서 그 길로 집을 나와 아빠와 함께 살러 갔다. 엄마는 붙들려고 하지도 않았다.

달이 가고 해가 갔다. 상황은 계속 악화되고 있었다. 나타샤는 아빠와도 사이가 틀어져 버렸다. 아빠가 끊임없이 엄마 탓을 하는 게 싫었다. 아빠는 엄마가 우리 가정을 깨버렸다고 욕을 퍼부었다. 자기도 나타샤 친구의 엄마와 살고 있으면서! 숨막히는 긴장이 계속 되더니 아빠는 도저히 더 이상은 나타샤를 참아 줄 수 없다고 했다. 그녀는 다시 나가야 했다.

다행스럽게도 할머니와 할아버지는 나타샤를 반겨 주셨다. 처음에는 할머니네 집에서 사는 게 즐거웠다. 하지만 나타샤는 자기가 생각해도 함께 지내기 쉬운 아이는 아니었다. 할아버지와 할머니가 자기를 대하는 방식이나 사는 방식이 견디기 어려웠고 화가 나기도 했다. 나타샤는 누군가에게 화풀이를 해야 했는데 제일 가까운 게 할머니, 할아버지였다.

이번엔 할아버지 심장에 문제가 생겼다. 의사가 스트레스를 피해야 한다고 했다. 그렇지 않으면 심장마비로 죽을지도 모른다고 했다. 나타샤가 할아버지한테 스트레스를 준다고 했다. 나타샤는 스스로 진정시켜야 했다. 그렇지 않으면 이 골치 아픈 십대 아이를 집 안에 가둬 버릴지도 모른다. 가족 누구도 나타샤를 원치 않았다. 나타샤는 누구보다 거절당했다는 느낌을 크게 가질 수밖에 없었다.

또다시 집을 떠나기로 한 전날, 나타샤는 욕실에서 면도칼을 발견하고 그걸로 손목을 그어 버렸다. 나타샤는 생각했다. 이상하게도 자기 몸에서 느껴지는 아픔은 가슴에서 느껴야 하는 고통에 비하면 아무것도 아니라고.

처음엔 할아버지와 할머니가 걱정도 하고 보살펴 주기도 했다. 부모님도 나타샤를 보러 왔다. 그것도 둘이 함께. 그러나 변한 건 하나도 없었다. 여전히 엄마와 아빠는 새 배우자와 살면서 나타샤를 데려가려고 하지 않았다. 할아버지와 할머니도 나타샤를 원하지 않았기에, 나타샤는 그대로 집으로 돌아가도록 되어 있었다.

나타샤는 약 상자에서 어떤 알약을 봤다. 자러 가기 전에 약봉지를 뜯어 한 움큼 집어먹었다. 그런데 다음날 아침 늦게 지독한 속쓰림을 안은 채 잠에서 깨어났다. 아무도 눈치 못 챈 듯했다.

나이가 들자 아빠가 차를 한 대 사주셨다. 나타샤는 아빠가 그저 자기 죄의식이나 좀 감해 보려고 그랬을 거라고 생각했다. 낡은 고물차였지만 그냥 받았다. 어느 주말, 언덕에서 나타샤는 길가의 깎아지른 듯한 벼랑 끝에 차를 세워 두고는 액셀을 확 밟아 버리려고 했지만 끝내 그러지 못했다.

이쯤에서 나타샤의 이야기를 잠시 멈추게 했다. "어떤 생각이 들어서 차를 벼랑으로 몰고 가지 않은 거지?" 궁금해서 물었다.

"두 가지였어요." 그에 대해 이미 많은 생각을 했다는 듯 나타샤는 주저 없이 대답했다. "하나는 부모님이 나에게 힘겨운 시간을 주었어도 부모님이 나를 낳아 주셨고 난 그분들을 여전히 사랑한다는 거예요. 특히, 엄마는 더요. 엄마가 그런 걸 감당하게 할 수는 없었어요. 다른 하나는 워낙 운이 없으니 제대로 죽게 되지도 못할 것 같았어요. 전신마비나 뭐 그런 상태로 끝나 버리면요? 가족들은 나한테 미안한 마음이 들지도 모르고, 날 돌봐야 한다고 생각할지도 모르죠. 그렇게 되면 상황은 더 나빠지는 거잖아요. 내 남은 삶은 어떻게 되겠어요?"

나타샤는 말을 이었다. "이젠 사는 게 좋아요. 행복해지기를 원한다면, 그건 나한테 달린 문제라는 걸 알 거 같아요. 대학도 갈 거고요, 좋은 일자리도 구할 거예요. 멋진 남자친구도 사귀고 결혼 계획도 세워 봐야겠어요. 그래도 산다는 건 그런 것만이 아닐 거예요. 우리 부모님과 할머니, 할아버지가 그랬던 거나 나 자신을 해치려던 생각들이 가르쳐 준 게 있어요. 나는 나 스스로 돌봐야 한다는 거예요. 그렇게 하면 다른 사람이 아무리 뭐라 해도 상관없잖아요. 아무 희망도 볼 수 없었던 때도 있었지만, 돌아보니 내가 여기서 선생님께 내 얘기를 할 수 있다는 게 기쁘기도 하네요. 일시적인 감정으로 영원히 돌아오지 못할 길로 가지 않은 게 참 다행이다 싶어요."

아흔 번째 이야기 **자기 돌보는 법 배우기**

치료적 특성들

제기된 문제

- 약물 남용
- 꼼짝 못하게 됨
- 바람직하지 않고 쓸모없는 친구 관계
- 무력감
- 자기 결정 능력 부족

개발된 자원

- 변화의 필요성 인정하기
- 모든 게 실패했을 때도 계속 탐색하기
- 방향과 목적 찾기
- 자기 보호 필요성 인정하기
- 자기 보호 전략 개발하기

나타난 성과

- 자기 돌보는 법 배우기
- 가장 중요한 것 찾기
- 자기에게 힘을 줄 수 있는 전략 발견하기
- 개선을 위해 환경은 변할 수 있다는 사실 발견하기

내가 아는 한 쌍에 대해 이야기해 줄게. 음, 하나는 엄격히 말해 사람이 아냐. 그건 바로 내 곰인형 필립이란다. 지금도 바로 여기 있지. 그 한 쌍의 다른 하나인 페타는 부모님이 나한테 데리고 온 아이였단다. 페타와 필립은 바로 이곳 내 사무실에서 만났고, 페타의 삶을 바꿀 이야기를 서로 나누게 되었지.

페타는 아주 큰 문제가 있었어. 마약의 마수에 걸려 있었단다. 페타는 그것이 문제라는 걸 알았지만 덫에 걸려 꼼짝할 수 없을 것 같았지. 페타의 친구들은 거의 마약을 하고 있었다고 해. 페타가 마약을 끊게 되면 친구들을 다 잃고 혼자가 되어 버리겠지? 혼자서 그걸 이겨낼 수 있을까? 그래서 마약에서 벗어나고 싶으면서도 한편으론 그렇게 할 수 없을 것만 같았단다.

마약을 끊으려고 시도하거나 거기서 빠져 나오려고 하는 것도 문제가 없는 건 아니었어. 실은 이쯤에서 보면 가족에게도 큰 문제가 되는 거야. 동네 사람들도 페타네를 다 아는데 가족들에게 상처를 입힐 수는 없잖아. 복지센터 같은 데를 다니다가 가족들까지 오명을 뒤집어씌우고 싶지는 않았거든. 페타는 원치도 않은 곳에 갇혀서 몸부림을 쳤지만 빠져 나갈 길이 보이질 않는 거야.

근데 페타에게도 가끔 강한 면은 있어 보였어. 내 사무실에 별로 오고 싶어 하지 않았다는 걸 나한테 말함으로써 스스로를 변호하기도 했어. 문이 닫힌 이곳이 좁고 거북해 보여서 물어봤지. "어디서 얘기하는 게 더 좋을까? 어떻게 하는 게 제일 편할 거 같아?"

페타는 근처 공원을 산책하면서 말하는 게 어떻겠냐고 했어. 그래서 산책을 나갔단다. 페타는 밖에서 훨씬 더 편하고 당당해 보였어. 그녀의 기분이 더 나아질 수 있게 한 것에 관심이 갔단다. 그건 페타에겐 훨씬 더 중요한 문제지.

페타는 아주 반듯하게 생긴 어린 숙녀였어. 그녀는 자기가 처한 문제들을 보고 방향 전환을 해야 한다는 걸 알았지만 그 방법을 잘 모르고 있을 뿐이었지. 먼저 페타가 우리가 산책할 길의 선택을 나한테 미룬다는 걸 눈치챘어. 우리가 공원을 산책하면서 걸어가던 방향도 그랬지. 그래서 갈림길이 나왔을 때 내가 짐짓 일부러 천천히 걸어가 봤단다. 페타가 길을 정할 수 있도록 하려고 미적거리면서 말이야. 그러자 페타가 갈 방향을 정했어. 그치만 마약 문제에서는 여전히 어쩔 수 없는 듯했어.

솔직히 말하면, 사실 페타만 그런 게 아니었어. 산책하는 동안 난 내가 쓸 수 있는 묘책은 다 써봤거든. 페타가 눈치 못 채게 하면서 자기가 저지른 일에 대해 스스로 선택할 수 있도록 용기를 줄 수 있는 방법을 찾아보았지. 대놓고 마약 문제나 마약 문화에 대해 이야기를 나누기도 해 봤단다. 마약과 관련된 행동들을 잘 다스릴 수 있는 연습을 하는 과제도 내주었어. 마약을 하지 않는 친구들을 만들어 보는 방법과 마약 전문 재활원에 다니는 방법도 생각해 봤지. 어떤 것도 효과가 없었어. 우리 둘 다 기운이 빠져 버렸고, 난 내가 더 이상 뭘 할 수 있을지도 몰랐단다. 그때 필립이 우릴 구해 주게 된 거야.

산책을 마치고 사무실로 돌아와 책상 너머만 물끄러미 바라보고 있었어. 거기 필립이 앉아 있었단다. 체크무늬 조끼를 입고, 목에는 빨간 나비넥타이를 매고, 머리에는 체크무늬 모자를 쓰고 있었어. 치료를 끝내고 고맙다고 누가 준 건데 수제품이었지. 그러니까 필립은 아주 귀한 거였어. 필립은 내 거로 아무도 못 만지게 한 건데 그걸 내려서 페타한테 선뜻 준 거야.

"이건 필립이야." 내가 서로 인사를 시켰지. "필립이 너랑 일주일을 같이 보내고 싶어 하는데. 너한테 가르쳐 줄 게 있을지도 모르겠구나. 네가 필립에게 가르쳐 줄 게 있을지도 모르고. 아니면 서로에게서 배울 게 있을지도 모르지. 네가 알게 된 걸 듣게 되기를 기다릴게."

다음 주에 페타가 다시 왔을 때, 필립은 그대로 체크무늬 모자를 쓰고 빨간 리본을 매고 체크무늬 조끼를 입고 있었어. 근데 밑에 빨간 바지를 입고 있는 거야. 페타가 필립을 무릎에 놓고 쓰다듬고 있을 때 서로한테서 뭘 배웠는지를 물어봤어.

페타가 말했어. "필립은요, 나한테 아주 특별하다는 걸 알았어요. 처음엔 휴게실에 필립을 갖다 놓았어요. 근데 마약을 하는 친구들이 와서 필립이 좀 불편할 거 같은 거예요. 친구들이 대마초도 막 피우고 그러니까 그런 약 냄새로 필립이 더럽혀지는 게 싫었어요. 그 친구들이 거북하게 느껴졌어요. 내가 그런 애들과 섞여 있는 걸 필립에게는 보여 주고 싶지 않았죠. 그래서 내 방 화장대로 필립을 옮겨 놨어요. 필립은 거기 앉아서 매일 밤 자러 갈 때마다 상냥한 눈으로 나를 바라봐 주었어요. 또 아침에 일어날 때도 날 보고 있었죠. 근데 필립이 바지를 안 입고 있잖아요. 좀 민망해 보여서 이 작은 바지를 만들어 입힌 거예요."

"그랬구나. 함께 지내는 시간 동안 네가 배운 것 중에서 가장 중요한 게 뭐지?" 내가 물었어.

그때 페타가 울음을 터뜨렸어. 그러면서 삶의 방향을 바꿔야 한다고 대답했지. 약물 남용 전문센터에 가는 데 찬성했고, 거기서 기관의 재활 농장으로 가는 것도 좋겠다고 했단다. 페타는 밖에 있는 걸 무척 좋아하고 농장에서 일하는 것도 정말 좋아했어. 그렇게 혼자 있으니까 몇 달 동안 마약과 마약을 하는 친구들과 떨어져 있게 되었지. 눈에서 멀어지니까 그런 건 점점 마음에서도 멀어지는 거라는 걸 알게 되었단다. 친구들은 찾아오는 건 고사하고 편지 한 통 없었어. 페타가 어떻게 지내는지 관심조차 없었다니까.

라디오를 통해 농장에서 일할 곳을 찾고 나서 페타한테 전화가 온 게 마지막이었는데, 그녀는 다른 주에 있다는 거야. 페타는 거기서 자신을 위한 새로운 삶을 준비하려 한다고 했어.

페타를 변하게 만든 게 뭘까? 무엇이 그렇게 꼼짝없이 아무것도 할 수 없는 상태에서 페타가 변할 수 있게 도와준 걸까? 페타와 내 곰인형 필립이 서로 나눈 이야기 속에서 어떤 일이 일어난 걸까? 페타에게 물어봤을 때, 그녀는 뺨 위로 눈물을 떨어뜨리면서 이렇게 말했단다. "내가 날 돌보는 것보다 필립을 더 많이 돌본다는 걸 알았던 거예요."

연습문제 12.1

삶은 누구에게나 도전을 줄 때가 있는데, 안타깝게도 아이들도 예외가 될 수는 없다. 이런 맥락에서 예방이 치료보다 낫다는 오랜 명언은 정말 맞는 말이다. 당면한 문제뿐만 아니라 다가올지도 모를 도전들에 대비할 수 있도록 아이가 위기를 어떻게 처리할지 등에 대해 여러분 스스로 이야기를 만들어 가는 걸 눈여겨보라. 다음의 치료적 특성들을 따르면서 말이다.

- 아이들이 알아들을 수 있도록 문제를 설명한다.
- 당면한 혹은 앞으로 다가올 위기에 맞설 수 있는 자원들을 찾는다.
- 현실적이고 실용적인 해결책을 내놓는다.

13

아이가 만든 치유적 이야기

　　　제3장에서 언급하였고 제15장에서 다시 언급하겠지만, (1) 아이들
이 사용하는 은유들을 듣는 것, (2) 이야기하기 과정 속에 아이를 직
접 참여시키는 것, (3) 결말 중심적 이야기를 아이가 만들도록 과제로 연습시키는
것 등은 상당히 큰 도움이 된다. 이런 작업은 치료과정에 아이를 능동적으로 참여
하게 할 뿐만 아니라 바라는 결과에 이를 수 있는 자원을 찾을 수 있도록 해 준다
는 장점이 있다. 더 나아가 한 아이의 입에서 나온 이야기들은 유사한 결말을 찾
는 다른 아이에게 적용될 수도 있다.

　이 장에서는 아이들 자신의 이야기들을 사용하여 이런 점들을 설명하고 있다.
우선 아흔한 번째 이야기는 친구 집에 갔다가 책상 옆에서 우연히 발견한 것으로
내 친구 아들이 직접 쓴 이야기다. 아흔두 번째 이야기는 호주 서부의 존 커틴 예
술대학 학생들한테서 모은 것 중의 하나다(Covich, 2003). 다른 이야기들은 호주
서부의 헬레나 대학에서 7학년 학생들(대략 12세 가량의 아이들)의 비임상 집단에
서 수행한 연구 과제에서 나온 것들이다. 집에서 하는 과제로 (내가 치료 중에 내준

몇 줄의 말을 따라서) 학생들이 각자 문제해결/치유적 이야기를 써서 제출했다. 이 이야기들 중 몇 편의 이야기가 학생과 부모, 대학 측의 허락을 얻어 다음과 같이 다시 태어났다. 이 연구 과제에 대한 심도 있는 토의와 임상적 적용은 제15장의 '아동 자신의 이야기에 기초한 은유'에서 볼 수 있다.

아흔한 번째 이야기 **겁주는 법을 배운 유령**(Sam Green 제공)

| 치료적 특성들 |

제기된 문제
- 부적절감
- 잘하고 있지 못함
- 기대에 부응하여 살고 있지 못함

개발된 자원
- 역할 모델 찾기
- 정보 획득하기
- 유익한 독서하기
- 도움이 될 만한 사람들과 어울리기
- 자신의 기술 연마하기

나타난 성과
- 받아들여짐
- 자기 기술 사용하기
- 성취감 만끽하기

옛날 옛날에 파리 한 마리도 놀라게 하지 못하는 한 유령이 살고 있었다. 유령은 자기 말고는 어느 누구도 두려워 떨게 만들 수가 없었다. 그러던 어느 날 좋은 생각이 떠올랐다. 겁나게 하는 법을 가르치는 학교에 다니기로 한 것이다. 교사는 마녀였다.

그 유령은 하루가 저물 때쯤 집으로 돌아와 아버지에게 물었다. "아버진 어떻게 사람들을 겁나게 하죠?" 아버지가 대답했다. "그거야 쉽지. 잘 봐." 아버지는 마침 지나가고 있던 여자 아이를 질겁하게 만들었다. 여자 아이는 얼마나 놀랐던지 쥐고 있던 책까지 떨어뜨려 버렸다.

"자, 봐라. 쉽지?" 아버지가 말했다.

여자 아이가 떨어뜨린 책을 주워 읽어 보았다. 그건 누굴 겁나게 하는 법에 관한 것이었다.

"나도 해 볼 거야." 유령이 말했다.

"으히히히히히!!!!"

그 유령과 같은 학년 아이들은 모두 도망가 버렸지만 딱 한 명 샘 그린은 아니었다.

"으히히히히히!!!!" 유령은 할 수 있는 가장 큰 소리를 냈지만 샘 그린은 하나도 놀라지 않았다.

"넌 누구니?" 유령이 물었다.

"난 학교에서 가장 위대한 겁주기 대장이지." 그래서 샘은 유령에게 자기의 모든 걸 가르쳐 주게 되었다.

"이제 너도 나만큼 하는군. 점심이나 같이 먹자." 둘이 밥을 먹으러 가고 있는데 6학년들이 그 유령을 보고 막 비웃어댔다. 하지만 유령은 그 자리에서 바로 그들을 위협해 쫓아 버렸다. 그들은 점심을 먹으러 갔다. 점심을 다 먹고 샘이 유령에게 자기 클럽에 같이 가자고 했다. 가보니까 괴물 셋이 탁자에 앉아 있었다. 앵거스, 닉 그리고 레이였다. "안녕하십니까?" 괴물들이 함께 말했다. "얘들아, 새 대왕님을 맞아라. 내가 얘기했지. 모두 경례!"

"이제 당신도 대회에 나가실 수 있습니다." 닉이 말했다.

"좋아, 내가 어떤 연습을 하면 되는 거냐?" 유령이 물었다.

드디어 그날이 왔고 모두 대회가 열리는 곳으로 갔다. 그곳엔 괴물들이 훨씬 더 많았다. 괴물들이 모두 자기 실력을 뽐냈고, 마침내 그 유령도 자기 차례가 되어 실력을 과시하였다.

"자, 이제 여러분이 기다리고 기다리던 시간이 되었습니다. 우승은 유령입니다!"

아흔두 번째 이야기 **소녀(Pia Hill 제공)**

| **치료적 특성들** |

제기된 문제
- 고립
- 가족들과 떨어짐
- 낯선 상황에 처함
- 민족적/문화적 차이

개발된 자원
- 자신이 언제 행복한지 알기
- 중요한 것이 무엇인지 평가하기
- 친구들, 가족, 자기가 속한 단체에 대해 올바로 평가하기
- 나다워지기
- 즐겁게 지내기

나타난 성과
- 자각
- 자기 수용
- 참된 우정
- 가족과 공동체에 대한 결속력
- 주관적 만족

나는 친구도 없고 주변에 알아주는 사람도 없다. 아무도 내 이름이 뭔지, 내가 어디서 왔는지 알지 못한다. 내가 누군지 아는 사람이 거의 하나도 없는 거다. 내 고향은 비글만인데, 지금은 퍼스에 있는 기숙학교에 있다.

난 새로운 세상에 와 있다. 여기는 수많은 백인(Gardia)들이 살고 있는데, 그들은 너무나 개인적이라 서로 아는 척도 하지 않는다. 난 비글만에서 태어나 지금까지 비글만에서 산 원주민이다.

내가 태어나 열세 살이 될 때까지는 뭐 하나 바랄 게 없었다. 난 동네 사람들을 모두 알고 있었고, 그들도 나를 알고 있었다. 모두 참 친절했고, 난 그들과 그 가족들을 다 알고 있었기에 누구 집이라도 들어갈 수 있었다.

부모님은 더 나은 교육을 받게 하려고 이곳으로 나를 보내셨다. 얼마든지 이해할 수 있는 일이지만 이곳에서 난 너무나 불행하다. 이야기할 사람도 없고 나와 이야기를 하고 싶어 하는 사람조차 없다. 주변을 둘러봐도 이 학교에 흑인 여학생이라곤 나 하나뿐이다. 나에게는 여기 있는 사람들이 모조리 돈 많은 백인 속물들로 보인다.

아무도 내 고향 사람들 같지가 않다. 그냥 자기가 번 걸로 먹고 살아도 내 고향 사람들은 행복하기만 하다. 돈이 많다고 뻐기지도 않는다. 잘난 척 같은 건 아예 하지를 않는다. 적도 없다. 모두 상냥하고 서로 가까우니까. 동네 전체가 하나의 커다란 가족 같은데.

내 고향 비글만. 거기에는 속물들밖에 없는 이 따위 부자 학교도 없다. 여기 사는 이 인간들처럼 잘난 척하지 않아도 속을 들여다보면 충분히 자신을 귀하게 여길 줄 안다.

자기답다는 것은 언제나 자기가 어떻게 행동하느냐 하는 것이다. 그건 진짜 자기 모습을 숨기는 것도, 자기가 더 나은 척하는 것도, 자기가 생각하는 걸 엉터리로 꾸며대는 것도 아니다. 돈이 많다거나 얼굴이 예쁘다거나 몸매가 멋지다는 둥 남들에게 좋은 소리를 들어 봐야 아무 소용이 없다.

정말 친한 친구들이 얼마나 많은지, 자기가 얼마나 훌륭한 사람인지 같은 걸로 사람들의 주목을 받아야 하는 것이다.

하지만 난 사람들의 눈길을 끄는 것 따위에는 신경도 안 쓴다. 친구들, 정말 좋은 친구들이 있는 한, 그리고 그들이 나한테 잘해 주는 한.

내가 누구냐라는 물음에 대해 나는 내 고향 사람들과 함께 비글만에 살면서, 쉬는 날이면 물고기도 잡고 수영도 하고 격식에 맞춰 옷 같은 걸 갖춰 입을 필요도 없이, 나의 대부분의 시간을 사랑하는 사람들, 나의 비글만 가족들과 함께 보내고 그들과 즐겁게 살고 있는 한 여자 아이라고 답하고 싶다.

아흔세 번째 이야기 앞으로 다가올 날들(Erin Kelley 제공)

| 치료적 특성들 |

제기된 문제
- 무능력
- 슬픔
- 절망
- 외로움

개발된 자원
- 변할 수 없는 것 수용하기
- 변할 수 있는 것 찾아보기
- 희망 가지기
- 자기 목표를 향해 노력하기

나타난 성과
- 성공
- 목표 달성
- 행복

시간이 지나면서 나는 궁금해진다. 어떻게? 왜? 10년 뒤 난 어떤 곳에 있게 될까?

안녕, 난 스테프야. 지난 3년 동안 이 의자에 쭉 앉아 있었지. 지긋지긋해. 난 계속 엄마만 생각해! 반성, 기억, 사고…… 이 모든 게 머릿속으로 떠올라. 마치 난 우리 속에 갇혀서 뚫고 나올 수 없는 것 같은 느낌이 들어. 이 의자에 앉은 채로 제대로 살 수 있을까?

머리밖에 없어. 믿을 수 있는 건 그뿐이야. 그런데 이젠 그러지 않으려고 해. 머리를 믿지 못한다면 아무것도 믿을 수 없는 거야. 내가 지금 가진 거라곤 기억뿐인데…… 엄마가 돌아가셨을 때의 그 기억, 아빠가 돌아가셨던 기억, 나만 살아남은 기억.

이 모든 데서 벗어나고 싶다는 생각만 들어. 괴롭히는 사람, 놀리는 사람, 해치려고 하는 사람이 없는 데로 가고 싶은 것처럼 말이야. 엄마, 아빠가 계신 거기서 살 수 있었는데. 행복만 있고 평화롭고 모두 날 사랑해 주었을 텐데…… 나도 모두를 사랑하고. 왜 그곳을 천국이라고 부르는지 알 거 같아. 정말 평화롭잖아. 그런데 엄마랑 아빠랑 떨어져 있으면 어쩌지? 아빠는 천국에 갔는데 엄마는 지옥으로 갔으면? 난 어떻게 되는 거지? 아니야, 절대로 일어날 수 없는 일이야. 꿈일 뿐이야. 수 이모가 아니면 아무도 날 데려가지 않았을 거야.

잘 몰랐겠지만, 내가 말하는 의자라는 건 휠체어야. 난 3년 동안 거기에 앉아 있어. 사고는 한 1년 전쯤에 일어났을 거야. 차를 몰고 가다가 부모님이 싸우게 되었어. 엄마가 아빠보고 운전 좀 제대로 하라고 계속 뭐라뭐라 그러셨고, 아빠는 앞을 제대로 보지 않으셨지. 그때 사고가 일어난 거야. 차가 중심을 잃고 빙글빙글 돌면서 쾅쾅 하더니 그대로 부딪쳐 버렸어!

깨어나 보니 이모가 머리맡에 앉아 계셨어. 병원이었지. 이모가 자기를 따라 집으로 가야 한다는 말을 했어. 뭐가 뭔지 정신이 하나도 없었어. 엄마, 아빠는 어디 있는 거지? 어딜 간 거야?

이모랑 안 갈 거라 그랬어. 사실대로 말해 줄 때까진 꼼짝 안 한다고 했지. 무슨 일이 일어났는지 말 안 해도 이미 알 것 같았지만 그럴 리가 없다고 생각했어. 엄마, 아빠는 괜찮을 거다. 집에서 쉬시면서 내가 오기만 기다릴 거다.

그럴 리가 없지. 한 해가 지나도 엄마, 아빠는 돌아오지 않으셨어. 난 혼자서 수이모랑 살아야 했지. 이모는 정말 좋은 분이야. 나한테 정말 잘해 주셨어. 좋은 음식도 주시고 날 따스하게 돌봐 주셨지. 강아지까지 데리고 오셔서 내가 팔이란 이름도 지어 줬어. 그런데 문제는 그게 아냐. 내가 원하고 내게 필요하고 내가 간절히 바라는 건 엄마, 아빠가 나한테 와서 함께 집으로 가는 거라고.

아무리 원해도 소용없는 일이지. 사람들은 내가 언젠가 다시 걸을 날이 있을 거라고 늘 말하지만 이젠 모든 게 다 끝나 버렸어. 의사는 내 다리를 돌려놓을 방법을 찾지 못하고 있거든. 엄마, 아빠를 죽게 만든 박살 난 차와 함께 내 모든 희망도 사라져 버린 거야.

2년이 지났어.

내 다리는 날이 갈수록 조금씩 힘을 회복했어. 어쩌면 다시 걸을 수 있을지도 모른다는 걸 알게 되었어! 이야! 언젠가는 축구도 하고 네트볼 게임도 하고 하고 싶은 건 다 할 수 있을 거야. 뛰고 걷고 자전거 타는 걸 얼마나 바랐는데. 운동이란 운동은 다 해 볼 거야. 다시 할 수만 있다면 어떤 도전이라도 뛰어넘고 말 거야!

여전히 꿈을 꾸는 거라 해도 물리치료사가 열심히 연습하고 아침저녁으로 정해진 대로 훈련만 잘 받으면 잠든 내 다리를 다시 깨울 수 있을 거라고 했어. 걸을 때마다 누가 도와줘야 할지라도 서서 몇 걸음이라도 걸을 수만 있다면 점점 나아져서 다시 걸을 수 있게 될 거야.

몇 달이 지났어. 힘이 더 생겨서 조금씩 걸어다니기도 해. 처음엔 발을 떼다 넘어지기도 했지만 이젠 힘이 더 좋아져서 일곱 걸음이나 걷지. 하지만 아직은 다리가 후들후들 떨리고 바닥에 나동그라지기도 해. 아직은 땅바닥이 내 친구지만 곧 하늘이 내 친구가 될 걸. 이제 곧 운동장을 돌고 코트에서 소리를 지를 수 있을 거야. 난 다시 내 희망을 이루려고 나아가고 있어. 수 이모는 내가 할 수 있다고 생각하는 것보다 조금만 더 노력을 해 보라고 만날 그래. 그러면 훨씬 더 좋아진다고 말이야.

석 달이 더 지났어.

드디어 해낸 거야! 내가 정말로 달리고 있다니까! 잘 봐, 내 생애 최고의 날이
야. 엄마와 아빠가 여기 계신다면 더 이상 바랄 것이 없는 좋은 날일 텐데. 아! 여
기서 내가 뛰는 걸 보시고, 내가 풀쩍 뛰어오르는 것도 보시고, 내가 행복해하는
것도 보실 수만 있다면! 수 이모는 엄마랑 아빠가 항상 날 지켜보고 계신다고 말
씀하셨어. 그래서 난 엄마, 아빠와 함께 있는 거래. 정말 행복해!

아흔네 번째 이야기 **메리 제인의 이야기**(Anthea Challis 제공)

│ 치료적 특성들 │

제기된 문제

- 무능력
- 괴롭힘당하기
- 혼자되기

개발된 자원

- 변화하는 법
- 새로운 전략 시도해 보기
- 다른 사람에게 친절 베풀기
- 변화를 도와주는 자원으로 친절
  사용하기

나타난 성과

- 사회적 수용
- 친절
- 행복

일기장에게

난 메리 제인이다. 열두 살이고. 다리에 관절염이 있어서 이 휠체어를 써야 한다. 일곱 살 때부터 그랬다.

머리카락은 검은색이고 눈은 적갈색이며 보기 싫은 네모난 안경을 쓰고 있다. 우리 식구는 엄마, 아빠 그리고 만날 안경잡이라고 날 놀리는 남동생이다. 학교에 가도 친구가 없고 여자애들은 다 날 놀리기만 한다. 친구들은 금발에 다들 예쁜데, 난 반대다. 검은 머리칼에 얼굴도 못생겼지. 난 내 삶이 싫다.

월요일

오늘 학교에 가니까 타샤와 애쉴리가 나한테 오더니 놀렸다. 뭐 늘 그랬지만. "네모 눈이래요. 네모 눈이래요. 이것 봐, 타샤. 꼬맹이 메리 제인은 샌드위치를 쪼끄만 네모로 잘라서 그 속에 땅콩버터를 넣어 먹어. 아기라니까! 아하하하하."

그 애들은 내 도시락을 열어 보더니 내 손이 닿을 수 없는 선반에 던져 버렸다. 난 시내 근처에 있는 내 비밀 장소로 가서 엉엉 울었다. 늘 이런 일이 벌어진다. 매일 놀림만 당한다. 세상이랑 뚝 떨어져서 놀림당할까 봐 전전긍긍하지 않았으면······.

집으로 오니까 엄마가 내 눈물을 보시고는 단박에 또 괴롭힘을 당했다는 걸 눈치 채셨다.

"이런, 메리 제인. 이번에도 그 애들이 너한테 어떻게 한 거니?"

무슨 일이 있었는지 엄마한테 말했다.

"누가 걔들한테 말을 좀 해야 할 거 같구나. 교장선생님께 전화를 드려야겠다." 엄마가 말했다.

"엄마, 안 돼." 내가 말했다. "그러면 그 애들이 날 더 괴롭힐 거야. 제발 전화하지 마."

"휴······. 알았다. 하지만 전화를 하지 않는 대신 약속을 하나 해야겠다. 걔들이랑 맞설 수 있겠니?" 고개를 끄덕이긴 했으나 내가 그럴 수 있을진 모르겠다.

화요일

오늘은 엄마가 점심을 사먹으라고 돈을 주셨다. 걔들이 내 도시락을 선반으로 던져 버리지 못하게 하려고. 휠체어를 타고 교문으로 들어서는데, 애쉴리랑 타샤, 사만다까지 나한테 걸어왔다. 난 그 자리에 굳어 버렸다.

"야, 메리 제인, 안녕? 오늘은 꼭대기로 뭘 던져 줄까?" 애쉴리가 이렇게 말하니까 타샤와 사만다는 키득키득 웃는다.

"날 좀 그냥 내버려 둬." 이렇게 말했지만 난 떨고 있었다.

"사만다, 가방 열어 봐." 애쉴리가 사만다에게 말하자, 사만다는 내 가방을 열고 안을 들여다보았다. 가방을 안 뺏기려고 했지만 사만다가 순식간에 낚아챘다. 난 그걸 다시 빼앗으려고 했는데 휠체어가 쓰러져 땅에 꽝 떨어지고 말았다. 사만다와 애쉴리, 타샤는 점심 사먹을 돈이 든 지갑을 가지고 도망가 버렸다. 난 울음을 터뜨렸다.

"메리 제인, 무슨 일 있니?" 리틀 선생님이었다.

"아, 아니에요. 저 혼자서 휠체어에서 떨어졌어요. 괜찮아요." 내가 말했다.

"피가 나는 걸. 소독부터 해야겠다."

선생님이 사만다를 꾸중하실까 봐 무슨 일이 있었는지 사실대로 말하고 싶지 않았다. 그랬다간 다시 한 번 굴러 떨어질 테니까.

수요일

애쉴리가 오늘은 지각을 했다. 다들 뒤를 돌아봤다. 칠판에 적힌 문장을 받아쓰고 있었는데 팀이 나를 툭 치더니 돌아보라고 했다. 그래서 연필을 놓고 몸을 천천히 돌렸다. 난 놀라서 눈이 튀어나오는 줄 알았다. 애쉴리가 나처럼 휠체어에 앉아 있었다. 다리는 깁스를 하고.

"어제 말을 타다가 다리가 부러졌어요." 애쉴리가 지난주에 새로 산 말 이야기를 했다.

"음, 그래…… 모두들 애쉴리 다리를 조심해 주세요." 리틀 선생님은 눈을 여전히 애쉴리에게 두면서 다른 아이들에게 말하셨다.

점심 시간에 맨 아래층에 있는 애쉴리를 봤다. 애쉴리는 휠체어로 계단을 올라가려고 용을 쓰고 있었다. 휠체어를 굴리며 애쉴리에게 갔다.

"애, 올라가려고?" 내가 물었다.

"응, 다음 수업에 가야 돼." 애쉴리가 대답했다.

"있잖아. 내가 쓰는 다른 방법이 있는데 말이야. 저기 비탈길이 있어. 가르쳐 줄까?" 내가 물었다.

"정말?" 애쉴리는 힘없이 말했어.

나는 잘 다듬어진 넓은 비탈길이 있는 다른 문으로 애쉴리를 데리고 가서 2층까지 내가 앞서갔다. 애쉴리는 뒤따라왔다.

"고마워."

학교 수업을 마치고 필통이랑 책을 챙기고 있는데, 애쉴리가 다른 아이들한테 이야기하는 게 들렸다. "수업에 늦을 뻔했는데 말이야. 계단을 올라갈 방법이 있어야지. 이 멍청한 휠체어 때문에. 그때 메리 제인이 나한테 2층으로 올라가는 비탈길을 가르쳐 줬어."

집에 막 들어서는데 전화가 울렸다. 이럴 수가! 애쉴리였다. 자기 집에 와서 함께 자면서 놀자고 하는 것이다.

"뭐? 내가? 그럼, 가고말고." 믿을 수가 없었다. 애쉴리가 나한테 잘해 주다니. 드디어 문제가 풀린 거다. 애쉴리는 날 다시 괴롭히지 않았다. 정말 행복했다.

샐리의 문제(Emma Barley 제공)

| 치료적 특성들 |

제기된 문제

- 가정 내 폭력
- 신체적 학대
- 부모의 보호
- 두려움
- 무력감

개발된 자원

- 자기 한계 인정하기
- 자기가 힘을 쓸 수 없을 때 알기
- 도움을 받아들여야 할 때 알기
- 도움이 되는 의사소통의 가치 발견하기
- 자기를 지원해 줄 수 있는 연결망 사용하는 법 배우기

나타난 성과

- 선택할 수 있는 힘
- 지원해 줄 수 있는 연결망 사용
- 적절한 의사소통에 대한 개방
- 환경 변화시키기

"샐리, 눈이 왜 이래? 싸웠니?" 샐리의 가장 친한 친구 타냐가 염려스러운 목소리로 물었다.

"응? 아, 아무것도 아냐. 그냥 넘어진 거야."

사실 아무것도 아닌 게 아니다. 결코 아무것도 아닌 게 될 수 없었다. 샐리의 엄마 바이올렛 에베스톤이 10년 전 교통사고로 돌아가시고 나서부터 아빠 존 에베스톤은 지독한 술 냄새를 풍기며 매일 밤 늦게 집으로 돌아오곤 한다. 아빠는 비틀비틀거리며 집 안을 돌아다니는데, 샐리가 뭐라고 말이라도 할라치면 꽥 고함을 쳐 버린다. 샐리의 생활은 너무 힘겨웠다.

샐리의 아빠는 3년 동안 밥도 한 번 안 해 줬다. 샐리는 자기가 알아서 해야 했다. 스스로 먹을 것도 만들고, 옷도 빨고, 필요한 건 다 해야 했다. 매일 방을 치워야 했는데, 몇 해 동안이나 생일이든 크리스마스든 선물 하나 받아 보지 못했기 때문에 방 정리는 쉬웠다. 용돈을 받은 적이 없으니까 뭐 하나 살 수도 없었지만 자기 문제를 누구한테도 이야기하고 싶지 않았다. 아빠와 더 이상 문제를 만들고 싶지 않았다.

"샐리, 너 괜찮니? 눈이 정말 안 좋아 보여. 너 어제도 팔에 온통 멍이었지? 무슨 일이니?" 하고 담임인 스미스 선생님께서 궁금해하며 물어보셨다.

"아, 예. 음……. 뭐 그냥." 샐리는 굳어 버렸다. 아빠에 대한 이야기를 해야 하나? 아니야, 이건 내 문제야. 그렇게 생각했다. 하지만 선생님께 말씀드리지 않은 것이 더 나쁜 결과를 낳고 말았다. "아니에요, 괜찮아요. 그냥 뭐 이번 주엔 별로 운이 안 좋네요. 그게 다예요." 억지로 목소리에 힘을 실으면서 샐리가 대답했다.

"그래? 그럼 다행이고." 스미스 선생님은 그렇게 말하시고는 수업을 하러 가셨다.

그날 밤 샐리 아빠는 정말 기분이 엉망이었다. 샐리가 옷 살 돈을 좀 달라고 했는데 아빠가 무지막지하게 샐리한테 의자를 집어던져 버렸다.

다음날 아침 샐리는 절뚝거리며 5킬로미터를 걸어 학교를 갔다. 아빠한테 태워 달라고 말하기가 너무 겁이 났다. 오후 체육 시간에 운동장에서 샐리는 쓰러져 버렸다. 발목이 견딜 수 없을 만큼 아팠다. 샐리가 괜찮은지 어떤지 보려고 모두 달려갔다.

"봐, 발목이 부러졌어." 체육 담당인 애플크로스 선생님이 말하셨다. "뭘 했기에 이렇게 심하게 부러졌니?"

"음, 어제 자전거에서 떨어졌어요." 샐리는 거짓말을 했다. 사실은 아빠가 의자를 던져서 그랬던 것이다.

"애, 넌 병원에 가야 해." 애플크로스 선생님은 샐리를 데리고 플루어 양호선생님의 차까지 부축해 주셨다. 플루어 선생님은 샐리를 병원까지 태워다 주셨다. 잠시 후 샐리의 발목엔 붕대가 감겼고, 간호사가 샐리의 아빠에게 전화를 했다.

"여보세요? 에베스톤 씨이십니까?" 수화기에 대고 간호사가 물었다. "따님이 발목이 부러졌습니다. 데리러 오실 수 있나요?"

"못 갑니다. 그런 건 당신이 책임져야지." 대답이 흘러나왔다.

"죄송합니다만, 아버님, 직접 오셔서 데려가셔야겠습니다. …… 이건 저희 잘못이 아닙니다. …… 안 됩니다. 따님을 여기서 하룻밤 재울 수는 없어요. ……(한숨) 좋아요. 제가 댁까지 데려다 드리죠. 끊겠습니다." 간호사가 통화를 끝내고 수화기를 내려놓았다.

"그래, 샐리. 아빠가 너무 바빠 널 데리러 오실 수 없다는구나. 내가 집까지 데려다 줄게." 플루어 선생님이 말씀하셨다. 샐리는 정말 집에 가서 아버지와 마주치고 싶지 않았다.

그날 밤 샐리는 아버지한테 똑바로 말했다. 그건 아버지 잘못이라고. 그러니까 다친 발목을 치료한 병원비를 내야 한다고. 아버지는 화가 머리끝까지 치밀어 올랐다. 뭐라 한마디 말도 없이 허리띠를 풀더니 머리채를 휘어잡고는 샐리를 때렸다. 이마에 깊게 패인 상처에서 얼굴로 피가 쏟아져 내렸다. 더 이상 참을 수가 없었다. 샐리는 울음을 터뜨렸다. 아버지는 집이 떠나라 고함을 질러댔다. "다음번에 나한테 뭐라 그럴 땐 생각 잘해야 할 거야." 아빠는 차를 타고 나가 버렸다. 아마 그 대단한 술집으로 또 가시겠지.

샐리는 이젠 돌이킬 수 없다고 생각했다. 할머니께 전화를 해서 지금까지 일어났던 일을 죄다 말씀드렸다. 할머니는 완전히 얼이 빠져 버렸다. 그리고 바로 차

를 몰아 샐리네 집으로 오셨다. 샐리 이마에 난 상처를 보시더니 비명을 지르시고
는 있는 대로 욕을 퍼부으셨다.

할머니는 샐리를 데리고 집으로 가서 잘 돌봐 주셨다. 샐리는 이제 아주 행복하
다. 몇 해 동안이나 아빠를 보지 않았지만 보고 싶지도 않았다.

기억해 두자. 문제가 있으면 누군가에게 그걸 말해야 한다. 그래야 그 문제를
풀 수 있는 도움을 받을 수 있다.

아흔여섯 번째 이야기 **나의 인생**(Nathaniel Watts 제공)

| 치료적 특성들 |

제기된 문제

- 부모의 죽음
- 슬픔
- 비애
- 분노
- 모호하고 상반된 감정들
- 자기 탓이라는 느낌

개발된 자원

- 슬픔 조절
- 작별인사
- 긍정적인 추억 기념하기
- 현실 수용하기
- 자책하지 않는 법 배우기

나타난 성과

이 이야기에는 문제(부모의 죽음)와 슬픔의 진행과정에 대한 설명이 잘 드러나 있다. 슬픔을 이겨내는 데 필요한 자원들을 제시하고 있으나 선명하고 긍정적인 결과는 내놓지 않는다. 등장인물이 문제가 자신의 잘못이 아니라는 걸 확인하는 데까지는 수년이 걸린다. 치료사는 이런 물음으로 아이가 좀 더 분명한 결과를 만들 수 있도록 하고 싶을지도 모른다. 아버지를 잃은 아이의 고통을 완화시킬 수 있게 하려면 어떻게 해야 하는가? 어떻게 해야 좀 더 빨리 그렇게 할 수 있을까? 등장인물이 자신의 보다 나은 안녕을 계속해서 유지할 수 있게 하는 것은 무엇일까? 아이가 적절한 결말을 찾을 수 있도록 도와주는 것에 대해서는 제15장에서 논의하고자 한다.

세 살 때 나는 아빠 직장 때문에 광산 마을로 이사를 갔다. 거기서 유치원을 다녔는데 정말 좋았다. 모든 것이 너무나 친근하게 느껴졌으니까.

아빠는 가끔 우리를 데리고 외식을 하곤 하셨는데, 그곳은 작은 간이 식당이었다. 거기에 가도 친구가 많았다. 블레이크, 캐이든, 윌로우, E.C.T. 같은……. 우리 집 근처에는 수영장이 하나 있었는데 주인과 아는 사이였기 때문에 싸게 이용할 수 있었다.

다섯 살 때는 친구들이랑 자전거 경주를 한 적이 있었는데 친구랑 쾅 부딪쳐서 그만 발톱이 빠져 버렸다. 내 친구는 그것이 자기 잘못이라고 생각하고는 우릴 피해 다녔다. 그해 말 우리 가족은 비행기를 타고 로열 쇼를 보러 갔는데 정말 멋졌다.

일곱 살 되던 해 트램펄린에서 뛰며 놀고 있던 어느 날, 경찰이 와서 엄마에게 기가 막히는 소식을 전해 주었다. 누나는 문을 들어서다 그 이야기를 듣고는 친구 집으로 달려가 버렸다.

엄마는 우리를 불러들였다. 엄마가 울었다. 우리가 물었다. "엄마, 무슨 일이야?"

엄마가 말했다. "아빠가 돌아가셨단다." 나는 엄마의 아빠가 아니라 우리 아빠를 말한다는 걸 바로 알아들었다. 울음이 터져 나왔다. 삼촌이 방으로 들어오셔서 "뭐야, 왜 그래? 엄마한테 꾸중이라도 들은 거냐?"라며 키득거렸다.

"그런 게 아냐. 아빠가 돌아가셨대." 흐느끼며 대답했다. 순간 삼촌은 온몸에 힘이 풀려 털썩 주저앉고 말았다.

이틀 뒤 아빠의 시신을 보러 갔다. 나도 보고 싶었지만 한편으로는 보고 싶지 않기도 했다. 8년 동안 내가 사랑했던 사람이 이제는 두려웠다. 왜 그렇지? 혼자서 생각해 봤다. 아빠가 살아 돌아오시는 게 두려운 건가? 화가 나는 건가? 아빠가 보고 싶었다. 그런데도 보러 가기가 쉽지 않았다. 하지만 결국 아빠를 봤다. 아빠는 딱딱하게 굳어 있었다. 아빠를 볼 수 있어서 참 다행이었지만 그런 아빠를 본다는 게 화가 나기도 했다.

다시 이틀 뒤 우리는 아빠의 장례식을 치렀다. 나는 내내 울었다. 엄마는 겨우 한두 마디 말을 했지만 그조차 힘겨워 보였다(내 눈에는 그렇게 보였다.). 우리는 리무진을 타고 장례식에 갔다가 묘지로 갔다. 아빠를 땅에 묻는 걸 보는 건 견디기 힘든 슬픔이었다. 다 알고 있으면서도 아빠가 돌아가셨다는 사실이 믿기지 않았다.

교회에서 걸어 나오는데 나이 드신 파커 부인이 우리에게 자그만 곰인형을 하나씩 주셨다. 난 축 쳐져 있었다. 우리 가족은 모두가 함께했기 때문에 가장 친한 친구 같았다. 장례식을 마치고 나서 우리는 많은 사람들을 초대해서 정말 훌륭했던 아빠를 추도했다.

난 3주 동안이나 제대로 잠을 이룰 수 없었다. 그리고 두 학기를 휴학했다. 엄마가 내 잘못이 아니라는 말을 해 줄 때까지 몇 년 동안이나 나는 아빠가 돌아가신 게 내 탓이라고 생각했다.

| 치료적 특성들 |

제기된 문제
- 부모의 폭력
- 부모에 대한 증오
- 상처받고 있다는 느낌

개발된 자원
- 현실 즐기는 법 배우기
- 자신의 정서적 행복에 대해 책임 지기
- 자기 보호
- 자기 확신 가지기
- 현재를 위한 결정 내리기

나타난 성과
- 자기 보호
- 자기 주장
- 결정할 수 있는 기술

모든 게 두 살 때부터였다. 아빠가 엄마를 때리기 시작한 것도. 한 번은 이런 일도 있었다. 낮잠을 자고 있었는데 아래층에서 쾅 하는 소리가 들려서 깼다. 침대에서 나와 아래층 주방으로 갔는데 아빠가 엄마를 주방으로 몰아넣고 있었다. 처음엔 엄마를 막 몰아대더니 식탁 쪽으로 확 밀쳐 버렸다. 엄마는 식탁에 쾅 부딪혀 바닥으로 꼬꾸라졌다. 난 엄마가 다치는 걸 보고 울음을 터뜨렸다. 아빠는 내 쪽을 보더니 날 스쳐 확 나가 버렸다. 그날 아빠는 엄마의 엄지손가락을 부러뜨렸고, 그 때문에 난 아빠를 절대 좋아할 수 없을 것 같았다.

내가 세 살 반쯤 되었을 때 우리는 아빠와 헤어져 우리끼리 살기 시작했다. 엄마는 엄마 친구의 호텔에서 일했다. 거기서 엄마는 새아빠를 만났다. 그 사람은 엘리베이터로 옷가방을 가져다주지 않는다고 투덜거리면서 엄마한테 불평을 늘어놓았는데, 엄마가 이렇게 대꾸했다고 한다. "내가 보기에 당신 팔 힘이 워낙 세서 옷가방 정도는 2층까지 얼마든지 들고 갈 수 있을 것 같은데요."

내가 다섯 살이 되었을 때 우리는 인도네시아로 가서 새아빠와 함께 살았다. 엄마와 새아빠는 거기서 결혼했다. 새아빠는 인도네시아에서 일을 다 끝내고 호주로 갔다. 우리는 영국으로 돌아와 크리스마스를 보냈다.

1996년 1월, 엄마와 나는 호주로 갔다. 새아빠는 공항에 마중 나와 우리를 자기 아파트로 데리고 갔다. 침실 세 개에 욕실 하나 딸린 아파트였는데 정말 좋았다.

하지만 친아빠가 편지를 보내자 다시 문제가 생기고 말았다. 아빠는 내 이름 철자를 'L' 하나만 써야 하는데 'Ls'로 잘못 썼다. L 하나라고 정확하게 알려 주었는데도 아빠는 철자가 두 개라고 우겨댔고, 그것이 또 다른 싸움의 불씨가 되었다.

몇 년 동안 아빠는 수없이 나에게 거짓말을 하고 날 정서적으로 괴롭혔다. 작년 어느 땐가 나는 아빠와 더 이상 말하고 싶지 않다고 말했다. 잘한 일은 아니지만 적어도 내가 상처를 받지 않기 위해서는 그 방법밖에 없었다. 그것이 지금의 내 상황이다.

아흔여덟 번째 이야기 자기 방식을 찾아라(Jonathon Matthews 제공)

| 치료적 특성들 |

제기된 문제

- 사랑받지 못한다는, 또는 아무도 자기를 원하지 않는다는 느낌
- 괴롭힘의 희생양이 됨
- 외로움
- 우울
- 자긍심 결여
- 자살 충동

개발된 자원

- 자기 돌보기
- 미래에 대해 생각해 보기
- 자기가 즐길 수 있는 것 찾기
- 무엇이 좋은 것인지 생각해 보기
- 살기로 결심하기

나타난 성과

- 미래 지향
- 낙관론
- 희망

아무도 관심이 없어, 엄마조차도. 아빠는 내가 어릴 때 세상을 떠나셨어. 난 항상 어떻게 해야 친구를 사귈 수 있을까 고민했어. 학교 아이들은 다 나만 괴롭혀. 내가 아무 짓도 안 하는데. 난 매일 혼자 앉아서 울어.

난 정말 기운이 하나도 없어. 구멍 난 풍선처럼 쭈그러들어 버렸지. 울지 않으려고 애를 쓸 때면 목구멍에 가시가 걸린 것처럼 아파. 오늘도 너무 많은 애들이 나를 괴롭혔어. 그냥 점심 시간에 집으로 달려와 울어 버렸지. 너무 힘들어. 뭐가 잘못된 거지?

새벽 5시 15분에 일어났는데 엄마가 집에 없어. 적막 속에서 이상하다 싶어 엄마가 어디 있는지 찾아봤지만 엄만 다시 나타나지 않았어. 그랬어. 난 지금도 여전히 엄마가 어떤 선술집에서 술에 절어 있든지, 아니면 길에서 창녀 노릇을 하고 있는 상상을 해.

보다시피 난 살면서 우여곡절을 참 많이도 겪었어. 난 반 헤일런의 노래를 들으러 가기로 마음먹었지. 그들의 노래를 듣다 보면 마치 내가 세상의 왕이 되어 (내가 될 수 없는) 누구라도 될 수 있을 것 같은 느낌이 들었어.

이제 난 나 스스로를 돌볼 수 있을 만큼 자랐어. 난 미래에 대해 생각하기 시작해야 한다는 마음이 생겼지. 특히, 직업에 대해서. 많은 걸 시도해 봤지만 별로 잘 맞지 않았어. 어디에도. 왜 난 뭘 해 봐도 이렇게 운이 안 따르지? 난 자긍심을 잃어가기 시작했어.

결국 끝이라는 생각이 들었지. 산다는 것에 진절머리가 났어. 그래서 다음날 자전거를 타고 근처 채석장으로 가서 내가 가진 모든 걸 벼랑으로 다 던져 버렸지. 그리고 이제 끝이라는 생각으로 막 뛰어내리려는 순간, 내 꿈속의 음악이 들렸어. 반 헤일런이었지. 그때 난 알았어. 죽는다고 해결될 건 아무것도 없다는 걸. 내 앞에 놓인 생동하는 삶에 경이로움을 느꼈어.

아흔아홉 번째 이야기 **할 수 있는 게 아무것도 없을 때**(Stephanie Wood 제공)

치료적 특성들

제기된 문제

- 부모의 갈등
- 아동 학대
- 친구를 잃음
- 외로움
- 슬픔
- 무력감

개발된 자원 및 나타난 성과

이 이야기는 아이로서는 도저히 어떻게 할 수 없는 문제를 감동적으로 보여 주고 있다. 현실적으로 아이들은 부모가 싸우는 걸 말릴 수도 없고 가장 친한 친구가 기숙학교로 전학 가는 걸 막을 수도 없다. 그렇다면 문제는 이제 치료사가 어떻게 아이의 은유가 자원이 되게 하고 아이가 바꿀 수 없는 것에 대처할 수 있도록 해 줄 수 있느냐는 것이다. 치료사는 "이런 일을 겪으면서 윌로우가 발견한 건 뭐라고 생각하니?" "윌로우와 페이지의 부모님이 내내 싸우기만 하는데, 스스로가 괜찮다는 생각이 들도록 하려면 어떻게 해야 할까?" "윌로우의 가장 친한 친구가 기숙학교로 가야 한다면 어떻게 해야 할까?" "다른 친구를 찾으려면 어떻게 해야 하지?" 등과 같은 질문을 할 수 있다. 이와 관련해서는 제15장에서 더 상세히 논의할 것이다.

있잖아, 난 부모님들이 서로를 미워하면서 왜 함께 사는지, 맨 처음 왜 함께 살기로 했는지 늘 궁금해. 우리 부모님은 1년 내내 싸우기만 해. 난 아직 어린아이일 뿐이라 어떻게 할 도리가 없어. 내게는 세상을 통틀어 친구가 딱 하나 있단다. 그 친구가 내 곁에 있을 때가 아니면 늘 찡그린 얼굴을 하고 있었기에 다들 날 놀려댔지. 내 친구의 이름은 페이지이고 난 월로우야. 페이지의 부모님도 내내 싸우기만 하셔서 우리는 공통점이 많았어. 우린 정말 친하게 지냈단다.

오늘도 어제나 그제처럼, 또 그 전날처럼 늘 그렇듯 지겹기만 했어. 우리 부모님도 또 싸우고 페이지의 부모님도 그랬어. 우린 바로 옆집에서 살았는데 워낙 집이 딱 붙어 있어서 안 들으려고 해도 옆집 소리가 다 들렸지. 페이지와 나는 집 앞에 있는 나무 그루터기에 앉아 부모님들이 서로에게 고함 질러대는 걸 안 들으려고 애쓰고 있었단다.

"월로우." 페이지가 내 쪽으로 돌아앉으면서 조용히 나에게 말을 건넸어. 눈 밑으로 그림자가 지면서 눈물이 뺨을 타고 흘러내렸지. "너한테 말할 게 있어."

"말해 봐." 내가 답했다. 페이지가 어쩔 줄 몰라 하는 걸 보고 난 더 가까이 다가가 어깨를 감싸 안으면서 마음을 좀 가라앉히게 했지.

페이지가 낮은 소리로 중얼거리듯 말했어. "음, 나 여길 떠날 거 같아. 영원히. 나 기숙학교로 가게 될 거야."

난 너무 놀라 펄쩍 뛰었어. "뭐?" 비명을 질렀지. 어쩔 줄을 몰랐어. 페이지는 세상에 하나밖에 없는 내 친구인데 이렇게 갑자기 날 버리고 떠난다고?

"정말 미안해. 오늘 오후에 떠난대. 난 가기 싫은데. 아빠가 내가 가지 않으면 영원히 기숙학교로 보내 버리겠대. 정말 속상해 죽겠어." 페이지는 눈물을 참으며 말하려고 애쓰고 있었지.

하늘을 쳐다보면서 목이 터져라 고함을 질러댔어. 시리얼 광고에 나오는 아이처럼. 세상이 제멋대로야.

난 내 방에서 등을 뒤로 젖히고 천장만 멍하니 보고 있었지. 어떻게 여기 있는지 모르겠어. 모든 게 너무 빠르게 지나가 버려. 반대로 몸을 구부리고 창문 쪽으로 얼굴을 돌렸어. 페이지의 방이 보였지. 페이지는 울면서 짐을 싸고 있었는데, 페이지의 엄마가 방으로 들어오더니 얼른 거기서 내보내고 싶은 것처럼 이것저것 닥치는 대로 짐을 막 꾸리는 거야. 아빠까지 들어와서 "넌 정말 어쩔 수 없는 애 야."라는 말을 하면서 마음을 상하게 했지. 그러더니 페이지의 엄마와 아빠는 다 투기 시작했고, 이때 슬픔이 북받친 페이지는 두 분을 멍하니 바라보기만 했어. 페이지의 아빠는 페이지의 머리를 몇 대 쥐어박더니 아래층으로 짐을 옮기면서도 엄마와 싸워댔어.

페이지는 아래층에서 부르는 소리가 들릴 때까지 거기 그대로 앉아 울고 있었어. 가방을 들고 집을 나와 차에 실었지. 페이지의 엄마와 아빠도 집에서 나오더니 페이 지를 차 속으로 밀어넣고 떠났어. 페이지가 차창을 내리고 나에게 손을 흔들며 웃으 려고 했지만 참던 눈물을 못참고 울음을 터뜨리는 걸 보자 내 마음이 너무 아팠어.

차가 점점 작아져서 점이 되어 사라질 때까지 난 꼼짝도 하지 않았어. 갑자기 벌떡 일어나 페이지의 뒤를 죽어라 쫓아갔지만 부질없는 짓이었지.

일단 아이가 자신의 문제 이야기를 시작하면(이 경우는 부모의 다툼과 친구의 상실), 이 이야기의 초반에 다루었던 가정적인 질문이나 제15장에서 더 자세히 다룬 다른 질문을 함으로써 가능한 방법의 탐색을 돕는 것이 도움이 된다.

백 번째 이야기 **루시 맥의 이야기**(Corin Eicke 제공)

| **치료적 특성들** |

제기된 문제

- 죽음
- 부모를 잃음
- 슬픔
- 외로움

제13장 아이가 만든 치유적 이야기 • **419**

개발된 자원 🔖
- 친절함 드러내기
- 다른 사람을 돕는 자기만의 방식 찾기
- 또 다른 행복 누리기
- 우정 키워 나가기

나타난 성과 🔖
- 친절
- 우정
- 행복

루시 맥은 나랑 동갑인데 지적으로 타고난 재능이 있는 아이였다. 당시에도 나와 그 아이는 가장 절친한 친구였고 지금도 여전하다. 기숙학교에서 우리는 한 방을 썼다. 내가 가장 좋아하는 과목은 수학이었고 그 아이도 그랬는데, 루시 맥은 그것만이 아니라 다른 과목도 다 좋아했다.

나는 그 사건이 있기 2년 전 선발되었고, 루시는 5년 전에 선발되었다.

여름방학이었다. 루시와 난 여름 동안 둘 다 집에 가기로 했다. 루시가 집으로 가기로 되어 있던 날 하루 전에 전화 한 통을 받았는데, 갑자기 침대로 달려가 계속 울기만 하는 것이었다. 루시 곁으로 가서 무슨 일이냐고 물어보았다. 루시는 훌쩍거리며, "엄마랑 아빠가 돌아가셨대!"라고 말했다. 난 너무 놀라 주춤주춤 뒤로 물러섰다. "어떻게?" "집에 불이 났대!" 루시가 소리쳤다.

여름방학 동안 루시는 집에 가지 않았고 나도 그냥 있었다. 난 루시가 그 사건을 잘 이겨내고 마음의 안정을 찾도록 도와주려고 머무른 것이다. 식당에서 아침, 점심, 저녁을 가져다주었지만 루시는 한 입도 먹지 않았다. 학기가 다시 시작되었고, 난 같이 수업에 들어가자고 루시를 설득했다. 루시는 수업엔 들어왔지만 교실 뒤에 앉아 있을 뿐 전혀 즐거워하지 않았다. 밤새 루시가 중얼거리는 소리를 들었다. 난 잠꼬대를 하는 줄 알았는데 아니었다. 아침에 루시는 나에게 이제 자신에게는 가족이 하나도 없다고 말했다. 네 살 때 오빠도 죽었다는 것이다.

그때 주마등처럼 생각 하나가 지나갔다. 일주일 수업을 다 마치고 4층짜리 도서관으로 달려갔다. 주말 내내 거길 다 뒤졌다. 막 포기해 버리려는 찰나 내가 원하던 걸 찾았다. 족보! 맥이라는 성의 족보를 찾아 열어 보았다. 거기에 있었다! 남은 가족은 자기뿐이라고 말하던 루시에게 달려가 그것을 보여 주었다. 루시의 얼굴에 미소가 어렸다. 족보 중 한 면에 사진 하나가 있고 몇 마디 말이 적혀 있었다. "니콜라스 맥, 고고학자이며 애리조나에 살고 있다."라고 적혀 있고 전화번호도 있었다.

또 멋진 생각이 하나 더 떠올랐다. 전화로 달려가 적힌 대로 번호를 눌렀다. 아마 한 시간쯤은 떠들었던 것 같다. 전화를 끊고 나서 내 입이 귀에 걸렸다. 루시에게 그녀 사촌인 니콜라스가 애리조나에서 3주 동안 루시랑 지낼 준비를 하고 있다고 알려 주었다. 루시는 날 와락 껴안았다. 이틀 뒤 루시는 애리조나로 떠났다.

루시가 다시 돌아왔을 때 그 얼굴에 미소를 띠고 있었다. 넉 달 전 부모님이 돌아가신 이후로 처음 보는 미소였다. 루시는 너무 재미있었고 그게 다 내 덕이라고 말했다. 그리고 이제 휴가 때마다 니콜라스와 함께 지낼 수 있다고도 했다.

루시는 다시는 자기밖에 없다는 생각 따윈 하지 않았다. 사실 지금은 부모님이 돌아가시기 전보다 더 많은 가족이 있다는 걸 알게 되었다. 루시는 니콜라스, 또 다른 친척들과 함께 찍은 사진을 화장대 앞에 세워 두었다. 그건 정말 루시에겐 행운이며 중요한 것이었다. 내가 꼭 그랬던 것처럼.

연습문제 13.1

다음 치료 회기에 어떤 은유가 적절한지 생각해 본다.

• 치유적 이야기에서 아이와 함께하는 실험을 해 본다.

• 아이들이 문제를 설명하기 위해 사용하는 은유를 잘 들어 보고, 아이들의 은유와 비슷한 것들을 내놓을 수 있는 이야기를 만들어 본다.

• 아이들을 이야기하기 과정에 참여시켜서 해결책을 찾는 등장인물을 돕게 한다.

• 아이들에게 치유적 이야기를 쓸 수 있는 연습을 하게 하고, 그것을 다음 회기에 가져오도록 과제를 낸다.

어린이와 청소년을 위한 마음을 치유하는 101가지 이야기

P.A.R.T **03**

어린이를 위한
치유적 이야기 만들기

14

은유를 효과적으로 사용하는 방법

　　제2부에 소개된 이야기들이 이야기하기의 다양한 양식을 설명하고 치료적 은유에 사용할 수 있는 소재들의 바탕을 마련해 주었기를 바란다. 이 장에서는 은유를 창조하는 과정을 보다 자세하게 살펴보고, 앞서 소개된 이야기들을 사용하여 내가 개발한 방법을 알아보고 치료적 이야기를 제공하고자 한다. 내 의도는 될 수 있는 대로 은유 개발의 과정을 자세하게 설명하여 여러분이 자신의 치료 장면에서 그 과정을 반복할 수 있도록 하는 것이다. 이 장의 마지막 부분에서는 어린이나 청소년들과 은유치료를 하는 데 도움이 되는 길과 피해야 할 함정을 설명할 것이다. 다음 장에서는 은유를 만들 수 있는 자원(어디서 아이디어를 얻을 것인지), 자신의 이야기를 계획하고 보여 주는 단계(어떻게 만들어서 말해 주는지), 그리고 부모를 치료과정에 포함하는 방법(치료 효과를 극대화하는 방법)을 탐색할 것이다. 내가 보여 주고자 하는 것은 '은유치료의 십계명'과 같이 바위에 새겨 놓으려는 것이 아니라 어린 청자들을 위해 치유 이야기를 구성할 때 마음에 새겨 두면 도움이 될 만한 간단한 이야기들이다.

효과적인 은유치료를 가능하게 하는 과정

아이의 자원과 긍정적인 경험을 토대로 하라

아이와 함께 작업할 때 얻을 수 있는 가장 중요한 정보는 아이의 자원과 관심사, 기술, 긍정적인 경험에 대해 아는 것이다. 부모들과 이야기를 해 보면, 틀림없이 부모들이 자기 아이들에게서 보는 문제들을 모두 들을 수 있을 것이다. 아이도 분명히 들었을 것이다. 그것도 아주 여러 번. 가족끼리 오래도록 그 문제에 대해 이야기했을 것이고, 아이는 그 이야기를 듣고 또 들어서 질린 상태일 것이다. 끊임없이 아이에게 자신의 문제가 뭔지를 되새기는 것은 변화를 위한 기술을 얻게 하는 데 별로 쓸모가 없고, 분명 아이의 자존감을 일으켜 세우지도 못한다. 치료사가 아이가 지닌 문제에 대한 논의를 한다는 것은 뻔히 그런 이야기를 다른 사람한테서 다시 듣고 싶어 하지 않는 어린 내담자가 저항할 수 있는 부분에 불을 붙여 버리는 위험을 안고 있다. 그렇게 되면 치료사는 잠재적 치료 가능성을 잃어버리게 되고, 변화를 위한 희망을 줄 수 있는 방향 전환이 필요하게 될 것이다.

아이들을 끌어들이고 그들의 자원을 토대로 삼고 그들에게 전진할 수 있을 거라는 확신을 줄 수 있는 소재는 아이들의 능력, 힘, 치료적 성과물을 얻을 수 있는 잠재성 등을 살펴보기 위한 다양한 질문들로부터 얻어질 수 있다. 그런 자원 지향적 질문들은 다음과 같다.

- 뭘 하면 재미있을까?
- 언제 행복하다는 걸 느끼지?
- 취미가 뭐야?
- 어떤 운동을 주로 하니?
- 읽고 싶은 책은 뭐니?
- 어떤 TV 프로그램을 좋아하니?
- 제일 좋아하는 등장인물의 특징은 뭐야?

- 제일 좋아하는 과목은 뭐니?
- 제일 친한 친구는 누구니?
- 애완동물은 있니?

한 예를 들어 보자. 최근에 (소아 류머티즘 의사에게서 위탁받은) 열두 살짜리 남자 아이를 만났는데, 그 아이는 교통사고 후유증 때문에 쇠약해지는 증상으로 확산통증 증후군(diffuse pain syndrome) 진단을 받았다. 아이는 걷기도 힘들고, 서는 것도, 펜을 잡는 것도, 노는 것도 어려워서 같이 운동도 못했다. 아이는 학교도 가지 않고, 친구들도 안 만나고, 대부분의 시간을 비디오 게임으로 때우고 있었다. 아이의 전문의는 그의 문제가 심인성적인 요소를 지니고 있다면서 아이를 설득해서 정신과 의사, 물리치료사, 부모와 함께 다시 뭔가를 해 보도록 했다. 치료적 관점에서는 이런 것이 아주 적절한 것이었지만, 앤드류(여든여덟 번째 이야기 '네 힘으로 다시 서는 거야'라는 이 아이를 위한 이야기를 토대로 한 은유에서 이렇게 불렀다.)는 자기가 할 수 있다고 믿지도 않았으며 아무 노력도 하지 않으면서 저항만 했다.

똑같은 방식으로 우리 회기가 흘러가 버리기를 바라지 않았기에, 나는 아이가 예전에 관심을 가졌던 것과 취미, 그리고 낫고 나면 어떻게 그런 걸 다시 시작할 수 있을지에 대해 이야기했다. 우리는 확장을 위해 은근하고 간단한 은유를 사용해서 그가 할 수 있는 활동을 탐색했으며 보다 포괄적인 이야기 줄거리를 만들기 위한 탐색을 계속했다. 한 회기를 끝내고 사무실을 나서며 그 아이가 내 눈을 빤히 보면서, "그거 알아요? 선생님은 참 좋은 친구예요."라고 말했을 때는 가슴이 찡했다. 바로 이 지점에서 우리는 작업을 출발하는 것이다.

내담자의 언어에 동참하라

어린 내담자의 언어에 귀를 기울여라. 아이들이 즐겨하는 게임에 나오는 이름들과 특징들을 배우고, 제일 좋아하는 TV 캐릭터도 알아내고, 자기 부모들과 어떻게 의사소통하는지를 잘 듣고, 다른 아이들과 나누는 대화에서 사용하는 언어에 귀를 기울여라. 아이들의 세상 속으로 들어가야—아주 조금이라도—이 긴 여정을 함께할 수 있을 테니까.

내가 정말 좋아하는 것 중의 하나가 여행인데, 새로운 나라를 여행할 때면 기본 언어 몇 가지는 배워서 인사도 교환하고 "감사합니다." 정도의 예의는 차리려고 한다. 말을 술술 잘하지는 못한다 해도 그네들의 언어로 그들과 함께하려 하고, 그들에게서 조금이라도 배우려 하는 과정에서 경계를 허물고 친밀한 관계를 만들어 의사소통을 이뤄낼 수 있는 것이다. 마찬가지로 아이들이나 청소년들의 경우도 그들만의 의사소통 내용과 방식에 동참하려는 작은 노력이 그들에게 자신들이 가치 있는 존재로 여겨지고 진지하게 받아들여진다는 느낌을 주어 커다란 감동이 될 것이다. 여러분의 은유에 그런 걸 집어넣음으로써 이야기와 치료적 메시지가 받아들여질 수 있을 것이다.

학교심리학자인 Tracey Weatherilt(2003, 개인적 서신)는 '경고의 메모'라고 부르는 것으로 아이를 개별적으로 동참시킬 필요를 요약하고 있다. 그녀는 다음과 같이 말한다.

아이의 나이, 인지적 발달과 발육에 따라 은유를 너무 복잡하거나 미묘하게 사용하면 아이에게 아무 효력을 발휘할 수 없을지도 모른다. 은유와 이야기는 분명한 초점을 만들어 보일 뿐만 아니라 아이와 함께 작업을 하면서 의도하려고 하는 주제나 행동에 대한 명확한 선이 있어야 한다. 물론 아이들에게 친숙한 소재를 써야 할 필요도 있다. 이는 치료사가 아이들 삶에 내재하는 경향과 그들에게 일반적인 영향을 미치는 문화에 민감해야 한다는 뜻이다. 특히, 좀 더 나이 많은 아이들과 작업을 할 때는 더욱 그러하다(예: 인기 있는 TV 쇼, 컴퓨터 게임, 다양한 연령층에서 쓰이는 문자 메시지 언어 등). 현재 유행하는 문화와 그런 언어들을 사용하는 것은 치료사가 아이 내담자와 라포를 형성할 수 있는 가능성을 높여 줄 수 있다.

아이가 성장할 수 있도록 하는 은유를 사용하라

내가 보기에 은유를 사용한다는 것은 올림픽의 장대높이뛰기 선수에게 바의 높이를 올리는 것과 비슷한 점이 있다. 현재 혹은 과거에 이미 넘은 수준에 바를 걸어 두는 것은 개인적 성장에 도움을 주지 못하는 반면, 그 기준점보다 바를 더 높게 하는 것은 선수의 잠재성을 이끌어 내는 데 도움이 된다. 이런 이유로 나는 좀더 높은 수준의 새로운 생각이나 정보, 언어 등을 즐겨 소개한다. 아이에게 수준 낮은 이야기를 하는 위험을 감수하는 것보다는 아이의 수준을 조금 넘어서는 이야기를 툭 던져 주고 싶다.

제2부에 실린 몇몇 이야기들은 그 이야기의 치료적 메시지에 딱 들어맞지는 않지만 아이가 더 많은 걸 알게 하기도 한다. '친절한 행동'(쉰세 번째 이야기)은 협곡과 검은 발의 왈라비에 대한 이야기다. '부드러움 발견하기'(서른일곱 번째 이야기)는 바늘두더지라는 한 쌍의 호주 토착동물을 주인공으로 하면서 그 독특한 방어 습관 몇 가지를 설명하고 있다. 그리고 '더 이상 두렵지 않아'(서른 번째 이야기)는 듣는 이에게 세상에서 가장 큰 상어에 대한 정보를 알려 준다.

내 생각엔 이야기에 치유적인 면만이 아니라 교육적인 면도 있기 때문에 아이의 수준을 좀 넘어서는 어휘를 골라서 쓰기도 해야 한다. 그런 것들이 지식이나 정보를 키울 수 있다. 아이들이 새로운 말, 지식, 기술 등을 가지고 내 방을 나갈 수 있다면, 그것이 교육적이든 치료적이든 그들은 한 발 더 성장해 나아가는 것이다. 아이들은 집으로 가서 부모에게 자신이 바늘두더지의 자기 보호법에 대해 배운 것을 이야기하면서 치료적 목표를 향해 적응해 가며 점점 쉽게 나아가는 과정을 배우게 된다.

그래서 은유는 다음과 같은 점에서 아이들과 그들의 지식을 확장시켜 주는 데 기여할 수 있다.

- 아이의 시선을 사로잡는다.
- 배우려는 욕망을 자극한다.

- 배움에 대한 기대를 만들어 준다.
- 다음엔 뭐가 일어날지 기대하게 한다.
- 어쩌면 스트레스를 줄 수도 있는 문제에 바로 직면하는 것을 피하게 한다.
- 상상하는 것에 재미를 붙이게 한다.
- 새로운 말이나 지식에 도전의식이 생기게 한다.
- 아이가 가진 정보의 근간을 넓혀 주어 아이를 성장하게 하고 아이의 지식을 키워 나갈 수 있게 한다.

인상적인 은유를 만들어라

여러분의 이야기를 듣는 어린이들에게 인상적인 이야기나 그런 이야기의 면모를 만들어 줄 수 있다면, 여러분은 이야기가 전하는 메시지 또한 인상적으로 만들기가 훨씬 쉬울 것이다. 첫째, 각운 같은 단순한 기술(예: 예순여섯 번째 이야기에서의 '동물원 응가 거름죽(zoo poo stew)'[17])이나 두운법(예: 서른한 번째 이야기에서의 '폴리아나 프리실라 폰센베리(Pollyanna Priscilla Ponsenbury)'와 일흔네 번째 이야기에서의 '괴짜 마법사 월리(Wally the Wacky Wizard)'의 이름짓기)은 쉽게 기억된다.

둘째, 유머(예순여섯 번째 이야기 '책임감 가지기', 일흔네 번째 이야기 '문제를 곰곰이 생각해 보기', 여든 번째 이야기 '소원 만들기')는 아이가 이야기하기 과정에 빨려들게 도와주고, 이야기하는 사람과 듣는 사람 간에 라포를 쉽게 형성해 주며, 재미있으면서도 인상적인 성과를 낳게 한다. 뿐만 아니라 Berg와 Steiner는 "여러분이 아이들과 즐길 수 있을 때 아이들은 자기들이 재미에 푹 빠질 수 있다는 걸 배우는데, 이는 자신이 하나뿐인 존재라는 인식으로 행복감을 느끼게 해 줄 것이다."(2003, pp. 13-14)라는 중요한 지적을 한다.

---※---

17) 역주: zoo, poo, stew의 세 단어의 끝이 [u:]로 끝난다. 영문학이나 영시에 가장 기초적으로 쓰이는 운율이 이런 각운이다.

셋째, 등장인물의 성격과 아이의 성격을 일치시켜 등장인물과 동일시할 수 있게 도와줄 수 있다. 등장인물의 이름이나 특성 등을 고르는 과정에 아이를 참여시켜 등장인물, 문제점, 그걸 고쳐 나가는 단계, 결과 등에 쉽게 동일시할 수 있게 한다. 그러니까 이렇게 물을 수도 있다. "이 등장인물을 뭐라고 부르면 좋을까?" (열세 번째 이야기 '자기 능력 발견하기')

넷째, 듣고 있는 사람과 상관 있는 맥락에 근거를 두면 아이는 그 이야기로 더 쉽게 연상을 할 수 있다. 아이가 자기 자신의 것으로 상상할 수 있는 집이나 학교, 이웃 등으로 배경을 꾸밀 수도 있다. 아이가 휴가를 보냈던 곳(예: 마흔한 번째 이야기)이나 다른 친숙한 환경 혹은 문제가 생겼거나 해결될 수 있었던 곳으로 해도 괜찮다.

다섯째, 이야기는 듣는 이를 빨려들게 할 수도 있고 관심이나 호기심, 경이로움, 기대와 같은 요소들을 지니고 있으면 인상 깊게 남을 수도 있다. 또 스물세 번째 이야기 '직접 확인하라'와 스물다섯 번째 이야기 '잘하는 것에서 출발하라'처럼 예기치 못한 것을 보여 줄 수도 있고 끝에 가서 새로운 반전을 보여 줄 수도 있다.

여섯째, 오감을 사용해서 현장감과 명확함을 더할 수 있다. 마흔한 번째와 마흔두 번째 이야기 '즐거움을 키워 봐'가 그에 딱 맞는 예다. 해변을 이야기의 배경으로 삼는다면 파도가 기슭에 찰싹대는 소리, 머리 위로 갈매기가 끽끽대는 소리를 들어 보라. 푸른색과 코발트색의 하늘을, 누르스름한 모래를 그려 보라. 저 넓은 바다의 냄새도 맡아 보고, 공기 중에 떠도는 소금기도 맛보고, 바다에서 불어오는 산들바람의 상큼함도 느껴 보라. 그런 감각들을 이야기 속에 그려 보라.

끝으로, 감정을 끌어들이면 이야기의 현장감과 이야기와의 동일시를 더할 수 있고 결과를 기억하게 만들 수도 있다. 분노와 사랑, 공포와 기쁨, 질투와 희망, 슬픔과 웃음 같은 감정들을 넣으면 훨씬 더 잘 기억할 수 있다.

내담자에게 맞는 은유를 만들어라

이야기를 듣는 사람이나 그의 경험에 맞출수록 그 사람은 이야기와 결과적으로는 그 결말과 동일시하기가 더 쉬워진다. 어린이의 인지과정은 청소년이나 성인의 인지과정보다 더 구체적인 경향이 있기 때문에 이야기를 좀 더 구체적이고 듣는 사람에게 좀 더 명확하게 만들어 주는 것이 좋다. 특히 나이가 어릴수록 더욱 그렇다. 그러니까 여러 수준에서 이야기를 듣는 이에게 맞출 필요가 있다는 것이다.

나이에 맞추기

나이에 맞는 이야기를 만든다는 것은 은유의 효과를 발생시키기 위한 잠재적 경로다. 유치원 시절에 아이들은 산타클로스나 요정 이야기에 나오는 인물들 같은 가상의 인물로 꾸며진 이야기에 쉽게 동일시할 수 있다. 초등학교 저학년 시절에는 동물 이야기에 관심을 가지고 동일시도 쉽게 일으킨다. 이에 비해 초등학교 고학년이 되면 만화 캐릭터나 컴퓨터 게임의 주인공, 어린이 TV 쇼에 나오는 스타들과 동일시를 더 잘하게 된다. 그리고 중학교에 들어가게 되면 운동선수나 해리 포터, 프로도 배긴스와 같은 영화 주인공에게 더 많은 표를 던지게 된다.

제4장부터 제12장까지 처음에 나오는 두 이야기는 동일한 치료적 특성이나 결말에 근거를 두고 어린이와 청소년들의 나이에 맞춘 은유의 예들을 제시한다. 이런 이야기들의 경우 주제와 결말에 이를 수 있는 자원들, 결말 자체는 유사하지만, 등장인물과 등장인물의 나이, 이야기의 맥락은 내담자의 나이에 따라 이야기를 바꿔 맞출 수도 있다.

성별에 맞추기

이야기를 내담자의 나이에 맞추어 주는 게 동일시에 도움을 줄 수 있는 것처럼, 성별에 맞추는 것도 그렇다. 어린이나 청소년들은 자기와 다른 성별에 대한 이야기에는 그리 쉽게 동일시하지 못할지도 모른다. 일반적으로 단순히 주인공의 성별을 선별하거나 듣는 이의 성별과 일치시킬 때—나이가 그런 것처럼—이야기의 주제나 메시지를 마음에 품기가 아주 쉽다. 열 번째 이야기 '행복을 찾아서'에서의 공주는 왕자로 바꿀 수 있고, 스물네 번째 이야기 '스스로 생각하는 법 배우기'에서의 바보 같은 소년은 바보 같은 소녀가 될 수 있다.

이런 이야기들은 지침일 따름이니까 치료사의 필요에 따라 아이에게 맞추는 것이 동일시만이 아니라 결말에서도 유익하고 적절하다. 치료사는 아이나 청소년이 이미 성차별을 주지하고 있거나 성별 때문에 학대받았던 일로 동성에 대한 부정적인 감정을 지니고 있을지도 모를 예외까지 인식하고 있어야 한다.

내담자에게 맞추기

이야기를 내담자 개인의 관심이나 성격에 맞출수록 동일시를 더 쉽게 해서 더 잘 배울 수 있게 한다. 이야기를 엮어 나가기 전에 어린 내담자를 잘 알고, 내담자가 관심을 가지는 것이 어떤 것인지를 발견하고 나서 그것들로 이야기를 엮어 나가라. 좋아하는 운동이 있는지, 특별한 취미가 있는지, 제일 좋아하는 친구는 어떤 사람인지, 좋아하는 TV 속 인물은 누군지, 학교에서 제일 좋아하는 과목은 뭔지, 꿈이나 환상은 어떤 것인지 등등.

문화에 맞추기

치료사는 내담자들의 문화적 배경과 종교적 가치관에 대해 민감하게 인식하고 있어야 할 뿐만 아니라 치료사 자신의 이야기로 의사소통할 수 있는 문화적 가치관에 대한 것도 충분히 인식하고 있어야 한다. Malgady와 Costantino(2003) 같은 연구자들은 같은 민족 정서를 지닌 내담자와 그 부양자에게 맞추는 것만이 아니라 문화적 가치관, 신앙, 그 외의 다른 것들까지도 고려하는 맞춤 서비스의 가치에 대해서 연구했다. 5~8세 가량의 푸에르토리코의 아이들은 쿠엔토스(cuentos, 푸에르토리코의 민담)를 즐기는데, 12~14세 가량의 청소년들은 푸에르토리코의 문화적 모델을 담은 영웅 이야기로 민족적 자부심을 키우고, 성취 지향 행동의 모델로 삼으며, 가난과 소수민족으로서의 지위 및 인종 편견 등으로 생기는 통상적인 압박에 대처할 수 있는 전략을 만들어 내기도 한다. 문화와 문화를 넘나드는 이야기들, 문화적 가치관 등에 민감할 수 있으면 치료사와 내담 아동 간의 라포

형성과 은유로 생기는 효과에 커다란 영향을 미칠 수 있을 것이다.

상황에 맞추기

이야기 중에는 쿠카부라(여섯 번째 이야기 '웃게 만들기'), 까치(스물아홉 번째 이야기 '행동양식 바꾸기'), 바늘두더지(서른일곱 번째 이야기 '부드러움 발견하기') 등과 같은 호주의 동물들에 관한 이야기가 있다. 이는 나와 함께한 아이들의 상황들과 연관이 있는 것들이었다. 상업방송 채널이 몇 년 동안이나 새끼 바늘두더지가 자기 굴로 데굴데굴 굴러 들어가며 시청자들에게 잘 자라는 인사를 하는 장면을 만화로 만들어 방영했다. 이것은 많은 호주 아이들에게 친숙해져 있었다. 까치와 쿠카부라는 교외에 나가면 쉽게 볼 수 있고, 사람들이 가족 나들이를 나가면 모이를 던져 준다. 이것이 많은 어린 내담자들이 가진 환경의 일부였다. 여러분이 유럽이나 북아메리카에 있는데도 쿠카부라의 이야기를 하라는 것이 아니다. 여러분이 대하는 아이들은 쉽게 그것들을 떠올리지 못할지도 모른다. 따라서 조금 바꿔서 쿠라부라는 소리 내어 웃는 하이에나로, 까치는 훈련이 가능한 동물(애완견 같은)로, 그리고 바늘두더지는 고슴도치나 호저 같은 동물로 변해도 된다. 이것이 이야기의 미학이다. 이런 것들은 내담자의 나이, 성별, 성격, 상황에 따라 바꿀 수도 있다. 그렇게 함으로써 잠재적인 치료적 성과를 이끌어 낼 수 있는 것이다.

효과적인 은유치료 속에 숨은 함정

마법 같은 결말은 피하라

'마법 같은 결말을 가진 이야기'에는 문제와 결론은 있지만 한 아이에게서 다른 아이에게로 전가될 수 있도록 하는 방법이나 과정, 기술, 자원 같은 것들을 제공하지는 못한다는 게 내 생각이다. '신데렐라' 같은 수많은 고전적 이야기들은 완벽한 결말을 보여 주지만 어떻게 그런 결말을 얻게 되었는가 하는 것은 보여 주지 않는다.

신데렐라는 어린 내담자들이 겪었을 법한 여러 문제들을 만난다. 형제간의 경쟁이나 학대, 못된 계모, 낮은 자존감 등과 대면하게 된다. 이야기는 모든 여자 아이들이 꿈속에서 바라는 환상과 딱 맞아떨어지는 결말을 내놓는다. 즉, 무도회에서 가장 아름다운 여자로 꿈속의 왕자님을 만나 구박과 가난에 찌든 생활에서 벗어난다. 이는 신데렐라가 어떻게 해서라기보다는 요정 할머니의 마법 때문에 일어난 변화(자기가 처한 곳에서 자기가 원하는 곳으로의)다. 이런 탈바꿈은 공상적인 인물의 마법 같은 출현과 마법의 힘에 의한 것이다. 신데렐라 스스로는 자신의 운명을 거의 결정하지 못한다. 이는 신데렐라가 다시 그렇게 하거나 그 상태를 유지할 수 있는 힘을 지녔다고 말할 수는 없는 것이다. 이 이야기는 그 등장인물—혹은 이야기를 듣고 있는 사람—이 원치 않는 상황에서 자신을 벗어나게 하거나 자신의 운명을 삶 속에서 향상시킬 만한 방법을 보여 주지 않는다.

많은 불교 설화들도 유사한 마법 같은 결말 공식을 지니고 있다. 내가 오랫동안 즐겨 쓰고 『101가지 치료 이야기: 은유를 활용한 심리치료』(Burns, 2001, pp. 75-76)에서 은유적 이야기로 발전시킨 이야기가 하나 있는데, 집으로 갔다가 자기 집이 불타 버린 걸 알게 되는 선사의 이야기를 흥미롭게 다시 꾸민 것이다. 그는 새까맣게 타버린 폐허를 보았고 한밤중에 선연히 빛나는 달을 보게 되었다고 말했다. 여기서는 신데렐라 이야기에서처럼 주인공의 상황이 바뀌게 되는 과정에 대한 설명이 없다. 이 이야기는 참선에 대단히 조예가 깊은 사람이 아니고서는 비탄과 상실에서 사실을 있는 그대로 다 받아들일 수 있는 자세로 바뀌는 과정을 알 수가 없다.

몇몇 임상의학자들은 은유에서 마법을 쓰는 것에 대해서 서로 다른 견해를 보이기도 한다. 예를 들어, Linden 같은 사람은 다음과 같이 말한다.

마법은 아주 중요한 은유다. 그것은 경이로 가득 차서 변화가 일어날 수 있다는 걸 함축하고 있다(Lankton, 1988). 자기 자신이나 미래에 대한 아이의 감각이 충격적인 경험

같은 걸로 파괴될 때, 마법은 엄청난 힘을 지닌 해결방법이 된다. 아이들은 마법을 일상에서는 일어날 수 없는 걸 해 줄 수 있는 하나의 방법으로 받아들인다. 마법은 절망적인 상황에서 해낼 수 있을 것 같은 느낌을 갖게 하고, 그렇게 해서 기쁨과 즐거움을 가지게 한다. ……마법의 가능성이 희망을 되돌려 주는 것이다.(Linden, 2003a, p. 247)

희망을 자아내는 것이 치료에서 중요한 기능임에는 틀림없다. Seligman의 저서(1995, 2002)에서는 우울과 싸워 가면서 행복을 만들어 내는 데 아이들만이 아니라 어른들에게도 희망이 얼마나 중요한지를 강조한다. 제1장에 나오는 선택적 함묵증 증세를 가진 아이의 경우는 마법의 이야기가 효과가 있다는 걸 보여 준다. 가끔씩이라도 말이다. 이런 경우에는 아이가 이미 말을 할 수 있는 자원을 가지고 있고, 특정 환경 속에서 특정한 사람들과 말을 하고 있었기에 가능하다. 하지만 일반적으로 방법은 없이 희망만 보여 주는 것은 부모가 아이에게 "네가 생일 선물을 바랄 수는 있겠지만 나에게는 그걸 사줄 돈이 없구나."라고 말하는 것과 비슷하다. 얻어낼 방법이 없는 희망은 실망만 더 크게 하고 상처받았던 경험을 더 악화시킬 수도 있기 때문에 난 이렇게 말하고 싶다. "희망을 주어라. 결말도 보여 주어라. 그리고 마법의 이야기가 그렇게 하는 것에 도움을 준다면 사용하라. 하지만 그와 함께 아이가 실제로 그걸 얻을 수 있도록 해 주는 방법과 단계, 기술, 과정도 함께 제시하라." 방법 없는 희망이 잘못된 희망이라면, 방법을 지닌 희망은 아이가 다른 상황에서도 다시 사용할 수 있는 자원을 줄 수 있고 문제를 이겨 낼 수 있는 실질적인 힘을 줄 수도 있다.

마법적인 결말을 지닌 이야기와 간단한 해결중심 치료에서 쉽게 볼 수 있는 마술지팡이 질문(기적질문)은 구분해야 한다(Berg & Dolan, 2001; Berg & Steiner, 2003). 마술지팡이 질문(예: "마술지팡이가 있어서 제일 하고 싶은 걸 이룰 수 있다면 뭘 하고 싶니?")은 아이의 목표를 분명하게 하기 위한 자원으로서 치료적 대화와 치료적 은유에 넣을 수 있다. 아이가 목표를 향해 가도록 도와주는 질문들은 아주 중요하다. "바라는 걸 실현시키려면 뭘 해야 할 것 같니?" "네가 원하는 거랑 제일 비슷하게 느낀 게 언제니?" 같은 질문들 말이다.

물론 이런 과정들을 잘 섞어 은유적 이야기를 만들어 내는 것도 가능하다. '소원 만들기'(여든 번째 이야기)에서 그런 시도를 해 봤다. 이런 이야기는 마법적인 인물(램프 속의 지니)을 사용하고, 내용 속에 마법도 들어가고, 마술지팡이 질문도 한다. 그와 함께 이야기를 듣는 사람이 바라는 결말을 얻을 수 있게 하는 방법에도 힘을 싣는다. 사실 그런 힘이라는 개념이 여기에서 가장 중요한 것이다. 은유 치료에서 마지막 결론은 치료의 어떤 형식에서도 어린이와 청소년이 자신의 최선책을 찾도록 하는 힘을 부여하는 것이다. 이런 것은 제대로 된 실천에서 일어나는 것이지 마법에서 생기는 것은 아니다.

부정적인 결말은 피하라

부정적인 결말을 가진 이야기보다 긍정적인 결말을 가진 이야기를 만들어야 한다고 말하는 것은 당연한 것처럼 보인다. 그렇지만 우리 문화에서는(여러 다른 문화에서도) 부정적인 결론으로 끝나는 전래이야기들이 많이 있다. 이러한 이야기들은 독자로 하여금 무엇을 하면 안 된다는 것에 대해 역설적으로 말하도록 만들어진 것이다. 이 설명이 혼란스럽게 들린다면 당신이 아이의 입장에서 해서는 안 될 일에 대해 들려주면서 그것을 위한 방법은 알려 주지 않는 이야기, 피해야 할 것에 대해서 말해 주면서 피할 방법은 가르쳐 주지 않는 이야기를 듣는다고 상상해 보라.

그 전형적인 예가 '빨간 꼬마 헨'의 이야기다. 빨간 꼬마 헨은 밀알을 하나 주워서 그걸 심고 거둬 타작하고 맷돌로 갈아서 빵을 만드는 데 마당에 살고 있는 다른 동물들에게 도와달라고 한다. 그렇게 하는 동안 빨간 꼬마 헨은 자기가 원하는 때에 어떻게 해야 하는지를 딱 맞춰서 다른 동물들이 틀림없이 도와줄 거라는 말도 안 되는 기대를 하는 것처럼 보인다. 이 이야기는 처음부터 끝까지 부정적인 태도로 일관되어 있다. 다른 동물들은 빨간 꼬마 헨이 도와달라고 할 때마다 "안 돼. 난 못해."라는 대답을 한다. 결국 다른 동물들이 빵 굽는 냄새를 맡게 되고 빨간 꼬마 헨은 다른 동물들이 한 것과 똑같이 그들에게 먹을 걸 나눠 주지 않는 이기적인 태도로 결론이 난다. 이 이야기의 교훈은 불로소득은 없다는 것이다.

이야기 전반에 걸쳐 듣는 이가 어떤 행동을 해야 옳은지에 대한 직접적인 지침은 하나도 없다. 어린 청자가 어느 정도는 알아서 받아들일 거라는 추측을 할 수 있을 뿐이다. 마법적인 결말을 가진 이야기처럼, 빨간 꼬마 헨의 이야기도 듣는 이가 긍정적인 결론에 이르도록 해 주지는 못한다. 이 이야기는 함축적일 수는 있지만 선명하게 그 의미를 보이지 못한다.

반면 '네 명의 믿음직한 친구들'(서른네 번째 이야기) 같은 이야기들은 비슷한 주제(협동의 가치)를 바탕으로 하지만 끝에 가서 등장인물들이 긍정적인 결과를 얻을 수 있는 결론을 내게 되는 단계와 과정을 보여 준다.

부정적인 결말은 실천보다는 죄의식을 더 유발한다. 그러므로 여러분이 은유를 쓸 때는 원치 않는 결말보다는 원하는 결말로 향해 갈 수 있게 하는 것이 더 유용할 것이다. 또한 어린 청자들에게 알맞은 결말에 이를 수 있도록 해 주는 단계들을 제공하는 것이 더 좋을 것이다. 마법적인 결말을 지닌 이야기와 마찬가지로, 이야기는 듣는 이가 이해할 수 있는 과정을 제공해야 한다.

눈치가 제법 있는 독자라면 아마 '그래도 부정적인 결말이 이 책에도 나와 있는걸요?'라고 말할 수 있을 것이다. 물론 그렇다. 이 점에 대해 자세히 설명한 게 있다. '자제력을 잃다'(마흔일곱 번째 이야기)는 분노로 가득 차서 이성을 잃어서는 안 된다는 메시지를 갖고 있지만, 분노를 다스릴 수 있는 기술에 대해서는 아무것도 보여 주지 않는다. '행복을 찾아서'(열 번째 이야기)에서 핵심이 되는 메시지는 물질주의가 행복을 가져다주지 않는다는 것이다. 나는 이 이야기에 간접적으로, 거의 역설적으로 행복을 불러오는 다른 암시를 슬쩍 집어넣어 놓았다. 이런 내용이 지난번 이야기(Burns & Street, 2003)에는 없다. '칭찬을 받아들이는 것은 중요해'(열여섯 번째 이야기)는 도전하는 것과 직면하는 것, 유머가 담긴 질문들—"뭐야, 뱀. 넌 칭찬을 받아들일 줄도 모른단 말이야?"—로 다듬어 놓았다. 이 이야기는 듣는 이들이 어떻게 해야 하는지를 보여 주지는 않지만 칭찬을 받아들이지 못할 때 일어나게 되는 극적인 결과를 잠정적으로 지적하고 있다.

아이에게 해서는 안 되는 것을 이야기로 전해 주는 것은, (1) 목적을 달성할 수 있는 강점을 취할 수 있게 하고, (2) 이야기 속에 충격적이거나 놀라운 요소를 넣을 수 있으며, (3) 치료적 메시지를 유머로 제시할 수 있게 한다. 해서는 안 될 것에 대한 치료적 메시지가 일단 드러나고 나면 결말을 얻기 위한 건설적인 전략을 제공할 수 있는 부가적 은유들이 나올 수 있다. 예를 들어, '자제력을 잃다'(마흔일곱 번째 이야기) 같은 이야기를 한다면, '분노를 꼼짝 못하게 하는 거야'(마흔다섯 번째 이야기) 같은 이야기를 그 뒤에 해 주거나 화를 다스릴 수 있는 다른 방법들을 보여 줄 수 있다.

읽었던 이야기를 그대로 사용하지 말라

한 가지 더 덧붙인다면, 내가 제공한 이야기를 적힌 그대로 외우기보다는 그 개념을 사용하라는 것이다. 이렇게 말하는 것은 능력 있는 치료사로서 인정할 수 있는 여러 동료들이 앞서 출판된 은유에 대한 저서 『101가지 치료 이야기: 은유를 활용한 심리치료』(Burns, 2001)에 있는 이야기들을 발췌해 개인 내담자나 집단에서 많은 치료적 성공을 거두었다고 말한 데 주목하려는 것이다. 이런 경우도 있을 수 있지만, 보통은 은유들이 개인 지향적이거나 바로 그 순간 치료적 관계에서 일어나는 대화의 일부가 될 때 아이에게 훨씬 더 직접적으로 관련이 된다. 내가 한 이야기들은 특정한 시점에서 특정한 치료적 결말을 마음에 두고 특정한 내담자를 위해 만들어진 것들이다. 한 아이에게 잘 맞아서 도움이 된 것이라도 다른 아이에게는 그다지 잘 맞지 않고 도움이 안 될 수도 있다. 설령 그 아이가 같은 결말을 찾고 있다 하더라도 말이다. 내가 쓴 치유적 이야기의 대부분은 말로 들었던 것들이라 글로 옮기는 데 어려움이 있었다. 내담자를 통해 관찰한 미묘한 언어적, 비언어적 표현과 반응들을 맞춰 나가야 했다. 내가 했던 질문들이나 어린 청자들이 해 준 말들을 더해서 발전시켜 나가기도 했다. 그리고 이야기하기의 전통대로 유동성도 있고 가변성(문자로 인쇄되면 사라져 버리는 속성)도 있다.

제2부에 나온 모든 이야기는 민담 속에서 본 치료적 특성들이다. 물론 여러분이 본 것들도 있을 것이므로 내 견해에만 한정되어서는 안 된다. 이런 치료적 특성들은 모든 꾸민 이야기들이 보여 주고 있는 문제점들, 발달시켜 나갈 자원들, 제시하고자 하는 결말들을 내포하고 있다. 이것을 나는 PRO(문제(problem), 자원(resources), 성과(outcome)) 접근이라고 부른다. 현역 임상가로서 나는 전체 이야기를 기억하거나 이야기를 글자 그대로 반복하려고 하는 것보다는 이 세 가지 뼈대를 염두에 두는 것이 훨씬 유용하고 실용적이라는 것을 안다. 그런 뼈대를 가지고 조금만 연습을 하면 아이마다 적절한 방식으로 세부 사항을 만들어 나갈 수 있게 될 것이다. 은유치료의 핵심적인 속성은 어린이든, 청소년이든, 어른이든 각각의 내담자가 지닌 독특함에 맞춰 나가는 능력이다.

모든 문제마다 이야기하기 사용이 맞는지 자문하라

치료사가 쓸 수 있는 치료적 자원의 범위가 크면 클수록 모든 개별 내담자들의 요구에 더 잘 부응할 수 있게 된다. 은유치료는 치료사의 연장통 속에 들어 있는 연장 중 하나일 뿐이며, 그것이 득이 될 수 있는지 그렇지 않은지를 물어볼 필요가 있다.

한번은 협의회를 개최한 적이 있었는데, 거기서 한 발표자가 자신은 치료에 대한 한 가지 형식만을 배웠으며 그것이 자기에게 필요한 모든 것이라는 말을 했다. 그 연설을 들으면서 걱정스러운 마음이 앞섰다. 그 말은 치료사가 내담자의 모델에 맞추어 나가는 것이 아니라 치료사들의 모델에 내담자를 끼워 넣어야 한다는 것을 의미했다. 이런 생각은 특히 아동 치료에서는 매우 위험하다.

은유는 치료에서 한 가지(한 가지만은 아니라도) 방법일 따름이지만, 많은 치료적 접근을 한데 아우를 수 있는 보편적인 힘을 지니고 있다. 정신역동적 모델에서도, 인지행동적 테두리에서도, 해결중심적 전략에서도, 그 외 우리가 쓰는 치료적 접근의 광범위한 영역에 있는 다른 모든 방법들에서도 치유적 이야기를 말할 수 있다. 하지만 이야기가 지금 이 아이에게 적절한지 혹은 필요하기는 한 건지에 대한 것을 잠시 멈추고 자문해 볼 필요가 있다. 간단히 말하면, 치료를 하는 데 필요 이상으로 어렵게 하거나 복잡하게 할 필요가 전혀 없다는 말이다. 아이에게 직접적인 제안을 사용할 수만 있다면 그렇게 하라. "다음 약속 때까지 네가 운동 클럽에 들어가거나 학교에서 다른 애들이랑 좀 더 가까이 지내게 되었으면 하는데."라는 말에 반응할 수 있는 외로움을 많이 타고 수줍음이 많은 아이를 만날 수만 있다면, 결국엔 똑같은 결말이 될 건데 복잡하고 뒤얽힌 은유를 이리저리 짜맞출 필요가 없다는 말이다.

내 경우 은유를 사용해서 명명백백하게 실패한 사례는 내 딸에 대한 것이었다. 내 딸은 내가 보기에 올바르지 못한 행동에 빠져 있었고, 그렇게 내버려 둔 부모로서 나 자신도 책임을 느끼고 있었다. 그 문제에 대해 생각하던 중에 직접적으로 문제를 이야기하기보다는 이야기 속에서 메시지를 전달하는 게 낫겠다는 생각이 들었다. 나는 몇 날 며칠을 곰곰이 생각해서 어느 날 집으로 돌아오는 차 안에 딸과 둘만 있게 되었을 때 이야기를 해 주었다. 집으로 가는 길목에 들어서면서 멋지게 이야기를 마무리했다고 생각했는데, 딸은 차에서 확 뛰어내리더니 문을 쾅 닫고 들어가서는 저녁 내내 나하고 말조차 하지 않으려고 했다. 분명히 그 이야기는 충격도 있었고 이끌어 낸 반응도 있었지만, 결코 내가 원하던 것은 아니었다. 되돌아보면, 그 이야기는 너무 직접적이었던 데다 딸의 상황을 이해하기보다는 내가 바라는 결말을 보여 줬다는 중요한 가르침이 있었다. 그 이야기는 딸한테가 아니라 나에게 큰 도움이 되었다. 아무리 특별한 은유라 하더라도—혹은 정말 멋진 은유였다 해도—그 상황에 맞아떨어지는 것인가에 대한 물음을 나한테 던져 주었던 것이다.

이야기가 비교적 광범위한 호소력을 가지고 있기 때문에, 이야기가 적절한 치료개입이 되는가라는 질문은 은유치료가 적절한 개입이 되는가라는 질문처럼 문제가 되지 않는다. 이야기하기가 치료에 유익한 걸 제공하지 못한다면, 문제는 이야기 자체가 아니라 앞뒤 상황이나 듣는 이와의 관련성에 문제가 있는 것이다. 그런 경우에는 '등장인물이 아이가 동일시할 수 있는 인물인가?' '내놓은 문제가 충분히 아이에게 맞아떨어지는가?' '아이에게 관련이 있고 아이가 할 수 있을 법한 자원들을 보여 주는가?' '실용적인 방법으로 아이가 결말에 부합할 수 있는가?' 와 같은 질문을 스스로에게 던질 필요가 있다.

처방전 같은 은유는 피하라

이 책을 구성하면서 시도해 볼 수 있었던 한 가지 방법은 우울, 불안, 공포, 행동장애, 관계 문제 등을 지닌 아이에게 관련된 진단 범주를 제2부에서 부문별로 목록화하는 것이었다. 그러나 나는 치료사가 문제보다는 결과를 유의하는 게 더 중요하고 도움이 되기 때문에, 그리고 치유적 이야기를 처방전으로 사용하려는 유혹을 뿌리치기 위해 그렇게 하지 않았다. '우울을 진단하고 우울증 치료제를 처방한다.' '학대로 간주하고 억압된 기억을 분석한다.' '행동장애로 보고 인지행동 치료를 한다.'와 같이 공식화하는 것을 피하고 싶었다. 그런 규범적인 사고들이 가끔은 효과가 있을지도 모르지만, 치료사가 제대로 알지 못하거나 내담자 개인의 요구와 자원에 맞추지 못할 때는 부적절할 뿐더러 심지어 위험할 수도 있다는 부담감을 감수해야만 한다.

이런 이유로 그에 얼마간의 기대치가 있었어도 그런 규범적인 이야기 사용을 피하려고 했다. 여든아홉 번째 이야기 '더 이상 살고 싶지 않아'는 자살은 현명한 선택이 될 수 없고, 미래에는 모든 게 달라질 수 있다는 메시지를 보여 준다. 이런 이야기들은 가끔 청소년들에게 효과가 있을 수 있다. 또 이런 이야기는 너무 규범적으로 이야기를 사용하는 바로 그런 예가 되기도 한다. 이야기를 듣는 아이나 청소년에게 딱 들어맞거나 관련이 있을 때는 최상의 효과를 낸다. 그렇지만 자살 충동을 행동화하지 않는 것에 대한 하나의 이야기가 모든 내담자들에게 맞지는 않는다. 우리의 이야기는 자살을 막고자 하는 개별 청소년의 삶에 관한 것을 강화시키기 위해 방향을 잡는다면 가장 효과적일 것이다. 내담자가 친구가 없어서 자살하고 싶은 심정인가? 부모와의 관계에서 빚어진 갈등에 연루된 감정들인가? 자신감과 자기실현이 부족한가? 부정적이고 무능하며 아무 희망도 없고 우울하다는 생각에 빠져 있는가? 은유치료는 그냥 "그러지 마."라고 말하는 것보다 예방 기술을 더 잘 구축할 수 있게 해 줄 것이다. 어떤 치료적 개입에서도 정해진 문제에 규범적으로 제시하는 것보다는 개별 내담자의 요구와 목적에 따라 맞춰 갈 때 가장 효과적이 될 것이다.

하나의 이야기가 정답이 될 거라는 기대를 버려라

하나의 잘 짜인 이야기는 아이가 의미심장한 문제를 변화시킬 수 있게도 하고, 오래도록 기다리던 결론에 이르게도 하고, 나아가야 할 더 나은 방향을 찾을 수 있게도 한다. 그렇지만 치료는 일반적으로 과정이다. 제1장에서 선택적 함묵증을 보였던 제시카의 경우는 하나의 이야기가 지닌 힘을 실감하게 하지만, 그것이 완결된 답은 아니었다. 제시카는 나라는 한 사람과 내 상담실이라는 하나의 장소에서 말을 하기 시작했지만, 치료가 효과적이려면 이 기술이 제시카의 실제 삶 속에서 일반화되게 하는 것이 중요하다. 교사와도 이야기를 해야 했고, 교실에서도 말을 해야 했으며, 자기 성장에 따른 필수적인 교육적, 관계 기술들을 쌓아 나가면서 또래들과도 이야기를 해야 했다. 제시카의 치료에서는 이런 과정을 형성해 나가는 데 도움이 되는 행동적 전략과 더 심도 있는 은유들을 수반해 나갔다. 제시카의 발달을 일반화시키는 것은 교사와 치료사만이 아니라 교실에서 제시카가 할 수 있는 치료적 훈련까지 모든 노력에 힘을 모아야 했다.

달리 말하면, 의미 있는 변화를 제공하는 듯한 은유는 포괄적인 치료 계획에 부속하는 일부가 된 것이다. 제시카가 내 사무실이라는 특정 상황에서 자기 행동을 바꾼 걸 볼 수 있었다는 것과는 관계없이, 하나의 이야기 자체는 제시카의 문제에 대한 전반적인 답이 될 수는 없었다. 하지만 그것은 자기가 가지고 있었던 어려움을 인식시켜 주었고, 희망적인 요소를 제시했으며, 전반적인 치료 프로그램을 쉽게 만들어 주는 부분이 되었다.

15

치유적 이야기에 대한 아이디어의 원천

이 장에서는 치료에서 이야기에 대한 아이디어를 발전시켜 나가는 과정에 대해 설명하고자 한다. 은유 워크숍에 참여한 사람들은 치유적 이야기를 사용하는 사람이 대단한 상상력을 가지고 있거나 창조적인 사람이어야 하는 것처럼 생각하고 이런 질문을 하곤 한다. "치료적 이야기에 대한 창조력을 어디에서 얻어 오나요?" 나는 이야기를 만들어 낸다기보다는 발전시켜 나가고 쌓아 나간다는 견해를 가지고 있다. 나에게 창조한다는 것은 어찌어찌해서 아닌 밤중에 홍두깨처럼 느닷없이 믿기 어려울 만한 상상력을 지닌 머릿속에서 마술을 부려 꾸민 이야기가 툭 튀어나오는 것을 말한다. 그러나 대개 그런 경우는 없다. 나는 특별히 상상력이 뛰어난 사람도 아닐 뿐더러, 유능한 은유치료사가 되기 위해서 반드시 높은 수준의 상상력이 필요하다고 생각지도 않는다. 하지만 이야기에 대해 지속적으로 관심을 갖고 살펴보기는 한다. 물품 수집가처럼 여행 갈 때마다 이야기책을 모으고, 내담자들의 사례에서 아이디어를 찾고, 아이들이 읽는 것들을 읽고, 내 개인적 삶에서 아이들과 하는 경험을 통해 알게 되는 것들을 살펴본다. 그리고 '이걸 어떻게 하면 치료 중에 있는 아이를 위한 치유적 이야기로 만들 수 있을까?'라고 자문해 본다.

이 장에서는 이야기로 개발하는 방법을 보여 주기 위해 많은 민담들을 다시 보고, 어디에서 이야기의 뿌리를 찾았는지, 그 아이디어를 어떻게 은유로 만들었는지, 치유적 이야기를 구성하는 과정은 어떠했는지 등을 설명하려고 했다. 따라서 이 장은 사실에 입각한 문학 작품, 매일 일어나는 일에서 만나게 되는 사건들, 이야기책에서 발견하는 아이디어들, 어린 내담자들의 삶에 존재하는 영웅들, 여러분 자신만의 풍부한 상상력과 매일 겪는 삶의 경험 등의 다양한 자원으로부터 은유를 발전시켜 나가는 방법을 설명할 것이다.

사실에 기초하여 형성된 은유

기왕 치료를 하는 거라면 최고의 효과를 낼 수 있는 치료를 해야 할 것이다. 특히 아이들에게는 더욱 그러해야 한다고 생각한다. 아이들은 어른들처럼 분별력이 있는 것도 아니고 아는 것도 많지 않기 때문이다. 우리가 어떤 치료적 기술이 효과적이거나 그렇지 않은지에 대해 확실한 실증이 있는 시대에 살고 있다는 것은 행운이다. 유능한 치료사들과 그들이 쓴 전략들에 대한 실례들을 보여 주는 선구자격 임상학자들의 저서, Kazdin과 Weisz의 『아동과 청소년을 위한 실증에 근거한 심리치료(Evidenced-Based Psychotherapies for Children and Adolescents)』(2003)는 유효한 개입이 뭔지 가르쳐 준다.

숙련된 아동치료사들의 기술은 주로 아동과의 건전한 치료적 협력을 발전시키고, 아동 내담자를 위해 근거를 두는 자료에 접근하기 쉽고 이해할 수 있으며 적용 가능한 형식으로 변환시키는 그들의 능력에 있다. 어떻게 과학적인 기록을 야뇨증이 있는 어린이나 자살을 시도한 십대의 언어와 경험으로 바꿀 수 있는가? 인지 왜곡(Beck, Brown, Berchick, Stewart, & Steer, 1990), 무능함을 학습한 양식(Seligman, 1990, 1995), 귀인 유형(Yapko, 1992, 1997) 등으로 우울해진 아이와 어떻게 의사소통할 것인가? '역경을 넘어서'(일흔한 번째와 일흔두 번째 이야기)는 역경에 잘 대처한 사람과 그렇지 못한 사람의 실증에 근거한 인지적 귀인 유형을 바탕으로 만들어진 이야기다. 어린이를 위한 이야기는 같은 상황에서 서로 다른 반응을 보이는 꼬마 공룡 두 마리의 상반된 인지 양식을 비교하고 대조할 수 있도록 쉽게 만든 이야기다. 한 공룡은 낙천주의이고, 구체적으로 생각할 줄 알고, 명백한 초점을 가지고 있으며, 다른 사람을 배려할 줄 알고, 사고에 융통성이 있고, 희망적이고, 실천에 근거한 양식을 가지고 있다. 반면에 다른 공룡의 인지 양식은 훨씬 경직되어 있고, 과거 지향적이며, 생각이 많고 걱정도 많다. 이렇게 지어낸 공룡 이야기는 의기소침한 사람과 행복하게 살거나 좀 더 긍정적인 사람 간의 서로 다른 인지적 귀인 양식에 대한 근거를 바탕으로 하고 있다.

아이에게 "될 수 있으면 어두운 생각보다는 긍정적인 생각을 더 많이 해야 하는 거야."라고 말하는 것은 별로 의미도(그리고 아무 감동도) 없을 뿐더러 부정적 영향을 미칠 수도 있다. 또한 "뭉뚱그려 생각하는 것보다는 구체적으로 생각하는 게 더 좋고, 생각만 많은 것보다는 실천을 먼저 하는 게 사는 데 훨씬 도움이 된단다."라고 말하는 것은 바람직한 인지적 변화나 행동 변화를 일으키기 힘들다. 하지만 두 마리 꼬마 공룡이나 에베레스트 등반가(일흔두 번째 이야기) 같은 이야기로 포장하게 되면 아이나 청소년이 특별한 양식의 기술이나 장점을 더 쉽게 받아들이고 적용하게 된다는 것을 알 수 있다.

이 책에 담긴 101가지나 되는 치유적 이야기들 중 다수는 여러분이 읽는 동안 눈치 챘을 수도 있고 아닐 수도 있는 사실에 근거한 이야기들이다. 지면이 넉넉치 않아 전부 다시 살펴볼 수는 없지만, 나는 이러한 이야기들이 은유가 우리의 연구에서 얻은 정보를 전달하는 데 얼마나 효과적이며 신비스럽고 잠재력 있는 도구인지를 설명했으리라고 믿는다. 두 마리의 쾌활한 공룡이 핵심적인 인지행동 치료의 개념을 가르쳐 주는 것은 가능한 일이다.

- 아이가 보여 주는 구체적인 증상이나 문제를 기록하라.
- 특별히 효과가 있는 치료적 중재를 조사하면서 특정한 양상을 위한 사실에 입각한 작품을 연구하라.
- 어떤 특정한 개입이 아이가 치료적 목표에 가장 잘 이르게 하는지를 시험해 보라.
- 아이가 이해할 수 있고 아이에게 적절한 걸로 만들어, 효과적인 개입을 활용하는 방법으로 은유를 구조화하라.
- 다음 항목들을 유념하라.
  - 도전에 맞서 싸우며 결말을 모델로 삼을 수 있는 인물
  - 주어진 문제의 특정 국면
  - 내담자가 결과를 얻을 수 있는 데 필요한 자원
  - 새로운 배움과 발견으로 이끌어 줄 근거를 바탕으로 하는 개입
  - 실효성 있고 성취할 수 있는 결말

영웅에 기초한 은유

책이나 영화에 나오는 여러 유행하는 가상 인물들은 치료에 쓸 수 있는 멋진 요소들을 담고 있다. 그런 이야기들은 문제에서 해결책을 찾는 과정을 거쳐 대단원에 이르는 진행이 비슷하다. 아이가 해리 포터나 프로도 배긴스, 레모나 비즐리 같은 인물에 관심을 가지고 있는 걸 알게 되면, 이런 인물들을 당신의 이야기 속에 넣어 아이를 치료적 경험으로 끌어올 수 있다. 아이가 〈스파이더맨〉을 보고 왔으면(혹은 제3장에서처럼 치료사가 치료적 훈련으로 말을 한 적이 있다면), 무능을 극복하고 자기 기술을 개발해서 다른 사람들을 도와주는 이야기를 그려내는 인물을 쓸 기회가 될 것이다. 또 아이가 〈헐크〉를 보고 왔으면, 참을 수 없는 분노에 대한 문제를 껴안고 그걸 해결하는 방법을 찾아가서 결국 자기 힘을 쓸모 있게 쓸 줄 알게 되는 인물을 하나 얻는 것이다. 내담자가 〈해리 포터〉 책이나 영화를 봤

다면, 예기치 못한 위험을 만나 난제를 풀어 나가고 선을 향해 나아가는 길을 은유적으로 살펴볼 기회를 얻게 되는 것이다. "네가 헐크가 되어서 그런 참을 수 없는 화가 일면 어떻게 해야 좀 진정이 될 거 같니? 그걸로 한번 이야기를 만들어 보자." "네가 해리 포터가 되어서 제일 무서워하는 존재와 만나게 된다면 누가 널 도와줄 수 있을 거 같니?"와 같은 질문으로 이야기 자체에 아이를 끌어들이는 것도 좋다.

제2부에 나오는 이야기에서는 현재 유행하는 가상의 인물들을 넣지 않았다. 속편 책이나 영화가 나오면 그런 인물들은 자꾸 변하는데다 저작권 문제도 있기 때문이다. 판권을 가진 인물로 이야기를 내놓으면 저작권 분쟁이 일어날 수 있다. 사설 상담실에서 아이를 위해 영웅적 인물에 대한 치료적 이야기를 지어내어 이야기해 주는 것은 큰 문제가 되지는 않는다. 〈해리 포터〉 때문에 이미 대중화가 되어 있는 마법이나 마법사에 대한 주제는 이야기 속에 넣어도 저작권 문제가 생기지 않는다. 서른아홉 번째 이야기 '다른 사람 입장에서 생각하기'에서 미첼은 생일 선물로 마녀 복장과 마법 주문이 적힌 책을 받았는데, 그것 때문에 언니의 입장이 되어 보기도 한다. 이 이야기는 특별한 영웅을 주인공으로 삼지 않고도 영웅 때문에 유명해진 주제 위에서 만들어진 것이다.

또 다른 영웅의 이야기로는 아이가 좋아하는 운동선수나 영화배우, 인기 스타를 가지고 만든 것이 있다. 여든두 번째 이야기 '고통 다스리기'는 듣는 이가 제일 좋아하는 스포츠 영웅을 사용한다. 자기만의 영웅 모습을 만들어 낼 수도 있다. 어떻게 그렇게 할 수 있는지 설명하기 위해 나도 몇몇 인물들을 만들어 보았다. 일흔네 번째 이야기에 나오는 괴짜 마법사 윌리나 마흔여덟 번째 이야기에 나오는 광대 클레리, 두 번째 이야기와 쉰한 번째 이야기에 나오는 할아버지 곰과 네 마리 곰, 그리고 애나 어른이나 우리 가족이 제일 좋아하는 생쥐 프레드(첫 번째, 서른일곱 번째, 마흔 번째, 마흔네 번째, 예순아홉 번째 이야기)가 그러하다.

Linden(2003)은 인간의 감정을 표현해 주고 그런 등장인물들로 떠오르는 감정에 바로 접근할 수 있도록 해 주는 원형적인 인물이 있다고 한다. 예를 들어, 왕이

나 여왕은 지도력이나 힘을 표현하고, 마녀나 마법사는 마술을, 간첩이나 군인은 싸움을, 스포츠 영웅은 경쟁과 성공을, 그리고 천사와 악마는 선과 악을 표현한다. 이를 이해하고 있으면 치료사가 이야기의 영웅을 고르거나 아이가 고른 영웅을 적절하게 만들어 줄 수 있다.

Linden은 "아이가 제일 좋아하는 이야기책 혹은 TV와 영화에 나오는 인물이 뭔지 알거나 아이가 어떤 의상을 골라서 보는지를 잘 관찰해 보면 그런 인물들을 동일시시킬 수 있다."(2003a, p. 246)라고 주장한다.

연습문제 15.2 영웅에 기초한 은유

- 아동 내담자의 삶에서 영웅에 대한 것에 유념하거나 물어보라.
- 영웅적인 인물들을 연구하라.
- 그런 영웅의 힘, 성격, 특성들을 기억해 두거나 적어 두어라.
- 영웅이 내담자에게 어떤 도움이 될 수 있는지를 자문해 보라.
- 아이를 위한 바람직한 결말에 맞도록 만든 영웅의 특성과 문제해결 기술을 넣어 이야기를 만들어 보라.

상상력에 기초한 은유

훈련생들이 은유치료를 처음 시작할 때 대부분이 가지는 염려는 자신에게 상상력이 없다는 것이다. 자, 여기 기쁜 소식이 있다. 은유치료를 하기 위해서 상상력이 풍부한 사람이 될 필요는 없다. 태어날 때부터 예술적 재능이나 창조성을 부여받은 사람들이 소수 있기는 하지만, 대부분의 사람들은 인내와 끈기, 훈련을 통해 그런 기술과 능력을 획득해 나간다. 치유적 이야기를 개발할 수 있는 간단한 원칙만 가지고 있어도 등장인물과 줄거리를 더 쉽게 만들 수 있다. 이런 간단한 원칙들은 다음 장에서 더 심도 있게 다루기로 하고, 여기서는 '상상력이 풍부한' 치유적 이야기가 어떻게 만들어질 수 있는지를 설명하려고 한다.

손자가 스케이트보드장에 가고 싶어 할 때 손수 차를 모는 할아버지는 인기야 좋겠지만 데려다 주고 나면 그 근처에서 할 일도 없이 빈둥거리며 시간을 보내야 한다는 것에 당황스러워한다. 결국 난 손자 녀석과 그의 친구들이 자기 재주를 뽐내고, 새 묘기를 한번 부려 보고, 한데 어울려 빙빙 도는 동안 적당히 떨어져 있는 나무 그늘 아래 차를 대놓고 차 안에 있었다. 그렇게 멍하니 있는데, 문득 누군가 비탈길 저 위에서 자기도 모르게 난간 위에 놓인 스케이트보드를 밟으면 어떡하나 하는 생각이 들었다. 어떻게 될까? 스케이트보드를 난간 꼭대기에 두는 것과 같은 일에 책임을 지는 것이 얼마나 중요한지를 말해 주는 어떠한 일련의 사건들이 일어나게 될까? 누가 스케이트보드를 밟을 수 있을까? 아마 화가 나서 혼란해진 사람은 거기 스케이트보드가 있는 것을 알아차릴 수 없을지도 모른다. 내 생각에는 아이가 한 실수라 할지라도 동정심이라곤 하나 없이 속이 부글부글 끓을 만큼 화가 난 사람에게는 '투덜이(grumblebum)'라는 이름을 붙일 수 있을 것이다. 그것은 그 인물을 묘사해 주면서도 좀 불손하기도 하고 또 학생들이 즐길 만한 유머가 될 수도 있겠다. 그린핑거 아줌마의 동물원 응가 거름죽에서처럼(이야기 끝에서 투덜이 아저씨가 머리에 뒤집어쓴 것) 말이다.

투덜이가 화를 내는 이야기를 진행시키는 동안, 이야기를 듣는 사람을 더 확실한 방향으로 안내할 수 있는 인물을 설정하는 것이 보다 적절해 보인다. 제니가 그런 인물로 정해졌다. 그녀는 실수도 하고, 경험을 통해 배울 수 있으며, 화가 난 다른 사람에게도 기꺼이 친절한 행동을 보일 수 있고, 자신의 행동에 책임을 질 수 있는 소녀였다.

처음 듣는 사람이나 읽는 사람에게는 대단한 이야기로 보일지도 모르는 이야기가 실은 손자를 스케이트장에 데려다 준 실생활의 작은 경험에서 나온 것이었다. 아이디어를 곰곰이 생각해 보고 그것을 키워 나가는 시간을 가지면서 만들어진 것이었다. 감동과 유머를 통해 치료적으로 효과적인 결말을 듣는 이와 서로 나눌 수 있을 거란 생각으로 발달시켰다. 그 이야기가 바로 예순여섯 번째 이야기 '책임감 가지기'다.

아이디어 이야기

- 치유적 이야기가 도움이 되거나 잘 맞을 것 같은 내담자를 고른다.
- 은유를 만들 생각을 할 수 있는 시간을 가진다. 할 수 있다면 생각을 종이에 써도 좋다.
- 어떤 종류의 인물이 내담자와 잘 맞는가? 그 인물의 특성, 성격, 자원 등의 어떤 것이 아동 내담자와 잘 맞아 들어가는가?
- 줄거리를 개발해 가면서 다음과 같은 것을 어떻게 할 수 있는지에 대한 설명을 참고하라.
  - 위기나 도전을 그려라.
  - 필요한 자원을 개발하라.
  - 배우고 발견하는 데 상응하는 과정을 쉽게 하라.
  - 적절한 해결책을 제시하라.
  - 앞서 말한 것들을 만족시킬 수 있는 핵심 요소를 찾아라.
  - 아이에게 이야기를 들려주면서 아이를 잘 관찰하라.

치료적 전략에 기초한 은유

치료사가 정말 감사해야 할 것은 이런 훈련들이 수많은 전략적 도구라는 축복으로 가득하다는 것이다. 문학을 얼마든지 볼 수 있고 상이한 양식을 찾으려 애쓰고 자기가 알고 있는 것을 넓혀 나가는 걸 즐겁게 생각하는 치료사라면 쓸 만한 개입이 소진될 일은 없을 것이다. 400여 가지의 상이한 치료방식과 각 치료 학파마다 서로 다른 수십 가지 개입방법들로 박식한 치료사들에게 주어지는 질문은 '내 연장통 안에 들어 있는 연장들 중에 어느 것이 이 아이에게 가장 좋을까?'다. 그다음엔 '이 아이에게 쓸 개입이나 전략을 어떻게 해야 가장 효과적으로 전할 수 있을까?'라는 질문일 것이다.

은유로 이런 전략적 의사소통을 설명하려고 개발한 두 가지 이야기가 제12장의 처음에서 고통과 큰 병, 병원치료에 대한 불안을 다스리는 은유들이다. 여든한 번째 이야기 '아픔은 날려 버리는 거야' 뒤에 숨은 전략은 소아 혈액암 환자에 대한 Erickson의 최면치료를 바탕으로 한 것이다(Jacobs, Pelier, & Larkin, 1998). 저자들은 다음과 같이 말한다.

> 아이들이 암이라는 진단을 받고 나면 아무것도 모르겠다는 생각이 확 밀려든다. 고통과 치료는 늘 있던 일상과 멀어지게 만든다. 죽을지도 모른다는 생각이 불쑥 올라온다. 아이들은 여러 병 때문에 생기는 스트레스를 어떻게 해 보려고 심리적으로 방어할 수밖에 없고, 암에 대한 경험과 치료될지도 모른다는 가능성들을 한데 묶어서 좀 더 편안해지게 된다(1998, p. 139).

문학에 대한 검토를 통해 그들은 그러한 자료가 "아동이 얼마나 영향을 받기 쉬우며 상상력이 뛰어난지를 잘 입증하고 설명한다." (1998, p. 140)라고 주장한다. 이러한 피암시성과 본능적인 상상력이라는 요소는 아동을 대상으로 하는 은유치료의 잠재력을 뒷받침한다.

Jacobs, Pelier 및 Larkin(1998)은 아동 발달에 대해 무엇을 알고 있는지, 그런 발달적 능력들을 삶을 위협하는 병 같은 상황을 다스리는 데 쓸 수 있는 전략으로 어떻게 만들 수 있는지에 대한 의문점들도 살펴본다. 예를 들어, 취학 전 아동들은 자율성이 자라면서 뛰어난 상상력을 지니는 경향이 있다. 산타클로스나 이빨 요정을 믿고, 인형이나 우주선 같은 걸로 상상놀이도 하고, 환상과 현실을 쉽게 넘나드는 능력도 갖고 있다. 고도의 자기중심성과 결합된 이런 환상이 주는 풍요로움은 두 가지 측면을 지니고 있다. 하나는 위험과 고통 및 부모와의 분리에 대한 아동의 환상이 입원과 암의 진단 그리고 외상적 치료과정에 의해 확인되기 쉽다는 것이다.

다른 하나는 치료사가 치유적 이야기를 통해 재미있으면서도 형식에 매이지 않게 아이의 상상 세계로 들어갈 수 있다는 가능성이다. Jacobs, Pelier 및 Larkin

(1998)은 화학요법(chemotherapy) 같은 데서도 아이들이 놀이나 상상하기에 빠지도록 해서―9세 Jacob Grimm이 1794년에 종양 제거수술을 하면서 이야기를 들었던 것 같은 (제1장의 끝에 나오는) 멋진 개입처럼―아이에게 도움을 줄 수 있다고 말한다. 한 유치원 아동의 사례에서는 치료사가 아이와 바닥에 앉아 비눗방울 놀이를 하는 걸 보여 준다. 이 전략은 그 아이의 발달적 연령이 지니는 특성을 활용한 것이다. 여든한 번째 이야기 '아픔은 날려 버리는 거야: 어린이를 위한 이야기' 속에 이것이 들어가 있다.

여든두 번째 이야기 '고통 다스리기: 청소년을 위한 이야기'는 청소년 내담자가 제일 좋아하는 스포츠 영웅에 근거를 둔 영웅 이야기다. 이 책에서는 인쇄되는 이야기이기에 농구선수 이름을 선택했는데, 다른 경기나 다른 종목 선수도 가능하다. 모든 은유들로 하는 것과 마찬가지로, 가장 중요한 것은 내용이 아닌 이야기가 가지고 있는 치료적 특성이다. 여기에 Jacobs, Pelier 및 Larkin(1998)이 설명한 발달적 특성들을 다시 옮겨 놓는다. 힘을 가질 수 있는 기술과 그걸 익혀 나가 고통을 다스릴 수 있는 기술을 찾는 동안, 치료적 전략들이 청소년들의 은유적 사고 속으로 이야기가 되어 스며 들어간다.

연습문제 15.4 치료적 전략에 기초한 은유

- 내담자가 이루고 싶어 하는 목표를 기억한다.
- 알고 있는 치료적 전략이나 근거를 바탕으로 하는 접근 중에 어떤 것이 그 목표를 이루는 데 도움이 되는가?
- 그 범주 안에서 어떤 특정한 개입이 내담자가 자신의 치료적 목표에 이를 수 있도록 할 것 같은가?
- 그런 효과적인 개입들을 이야기를 듣는 내담자가 동일시할 수 있고 그 메시지에 집중할 수 있도록 하는 방법으로 이야기를 구조화한다.

아이디어에 기초한 은유

어떤 때는 아이디어 하나, 재담 한마디, 농담 하나, 한마디 말, 비유 하나가 치료적 이야기를 만들어 낼 수 있는 근간이 되기도 한다. 정규 라디오 토크쇼에서 행복이라는 주제로 대담을 하고 있었는데, 한 전화 내담자가 아주 짧은 이야기를 들려줬다. 옛날 옛날에 모든 걸 다 가졌는데도 행복하지 않은 한 왕이 살고 있었다. 왕은 자기 왕국에서 가장 행복한 사람을 찾아 그 사람의 옷을 입으면 행복이라는 게 어떤 것인지 알 수 있을지도 모른다는 생각에 가장 행복한 사람을 찾으라는 명을 내렸다. 명을 받은 자들이 돌아와서는 왕에게 이렇게 말했다. 가장 행복한 사람은 옷을 입고 있지 않았다고.

이 짤막한 이야기는 행복과 안녕에 대한 중요한 메시지를 전하고 있다. 우리(그리고 우리 아이들)는 어떻게 행복을 얻을 수 있는가를 전해 주는 수많은 메시지들을 늘 보고 있다. 예를 들어, TV를 보는 아이들은 행복한 가족이 되는 유일한 길은 어떤 상표의 냄비를 사용하고, 어떤 상표의 마가린을 빵에 바르고, 어떤 상표의 세제로 빨래를 하는 것으로 알 것이다. 옷조차 입지 않은 그 행복한 사람에 대한 이야기는 아이들이 행복이라는 주제에 대해 가진 견해들을 상쇄시키면서 행복이라는 주제를 다시 한 번 일깨울 수 있게 한다. 행복은 가진 것이나 소유물로 생기는 게 아니라 마음 상태와 삶의 태도에 달린 것이라는 말이다.

거기서 얻은 아이디어를 곰곰이 생각해 보다가 옷보다는 신발이 더 은유적인 연상에 좋을 듯하다는 생각이 들었다. 다른 사람의 입장이 되는 것,[18] 다른 사람의 선례를 따라가는 것,[19] 자기 힘으로 하는 것[20] 등과 같은 신발과 관련된 일상적인 은유를 우리는 가지고 있다. 열 번째 이야기 '행복을 찾아서'에서 이 아이디

---

18) 역주: standing in other people's shoes. 영어에서는 다른 사람의 신발을 신어 본다는 표현이 다른 사람의 입장이 되어 본다는 은유다.

19) 역주: walking in someone else's footstep

20) 역주: standing on with one's own two feet

아이디어 이야기

어가 아이들의 이야기로 활용되었다. 이 이야기의 주인공은 왕자나 공주로 해도 되고, 대군의 아들이나 인기 스타, 영화배우로 해도 된다. 똑같은 플롯으로 행복이라는 게 최신 장난감을 가지거나 유명 상표의 옷을 입거나 신발을 신는 걸로 가질 수 있는 게 아니라는 걸 보여 주면 된다.

　열 번째 이야기는 성인의 이야기가 아이들의 이야기로 어떻게 바뀌는지를 보여 준다. 성인의 이야기는 문제 있는 대군을 등장시켜 Burns와 Street의 저서(2003, pp. 1-3)에 나와 있는데, 이 책의 '신발 없이'라는 제목은 대군의 귀중한 발견에서 따온 것이다. 열 번째 이야기에서 공주(또는 듣는 이)는 행복의 본질만 깨닫는 게 아니라 더 큰 행복을 얻기 위해 거쳐야 할 과정까지 알게 된다. 왕실 유모는 더 쉽고 더 잘 사는 데 유익한, 긍정심리학 저서의 바탕이 되는 단계들을 보여 준다(Bruns & Street, 2003; Keyes & Haidt, 2003; Seligman, 2002). 유모는 사회적 상호작용의 가치와 웃을 수 있는 능력, 즐기는 것, 실천 지향의 장점 등을 말해 준다. 그녀는 범주를 넓히면서 새로운 행동을 하는 것에 대한 이야기도 하고, 행동과 정서적 반응의 영역을 넓히고 구축해 나가는 것까지 말해 준다. 유모는 또한 듣는 이에게 감각을 일깨우고 자극을 높여 가는 것에 대한 가치들도 보여 준다.

연습문제 15.5 아이디어에 기초한 은유

- 아이들에게 쓸 수 있는 은유의 아이디어들을 늘 염두에 두어라.
- 아동도서, 내담자의 말, 가족 간의 대화, 교정에서의 농담, 일상적 경험 등에서 그걸 찾아라.
- 그런 아이디어들을 기록해 두고 필요할 때 그려 낼 수 있는 은유적 메시지의 보고를 세워라.
- 그런 아이디어들을 의미심장한 치유적 이야기로 만들어 보는 연습을 하라.

아동 자신의 이야기에 기초한 은유

제3장에서 말한 대로 내담자가 만들어 내는 이야기를 사용하거나, 아이와 같이 이야기를 만들어 가거나, 아이들이 스스로 이야기를 만드는 것은 치료적으로 작업할 수 있는 유익한 소재를 제공한다. 아이에게 숙제로 치유적 이야기를 써 보라고 할 때, 나는 자주 이런 식으로 말을 건넨다. "너랑 비슷한 문제를 가지고 있으면서 그 문제를 해결해 나갈 수 있는 좋은 방법을 찾아내서, 결국에는 성공하여 행복하게 살고 있는 인물에 대한 이야기를 써 주길 바래. 동물도, 유령이나 괴물처럼 상상 속의 인물도, 마법사나 슈퍼맨 같은 영웅도 좋아. 너랑 비슷한 또래도 괜찮고. 하여튼 네가 원하면 누구라도 상관없어."

혹은 이런 예를 내놓기도 한다. "전에 어떤 아이가 나한테 유령이 나오는 이야기를 하나 써 줬는데, 그 유령은 아무도 무섭게 할 수 없다는 문제를 가지고 있었어. 심지어 파리조차도 말이야. 그것을 고칠 방법을 찾으려고 다른 더 무서운 유령들이 하는 걸 보고 자기도 그대로 따라 해 봤단다. 어떤 건 잘 되는데, 어떤 건 안 되는 거야. 그러다가 마지막에 그가 착한 사람을 벌벌 떨게 만들던 괴물을 확겁에 질리게 할 수 있게 되었지. 그때 그는 자기 자신을 매우 자랑스럽게 생각했단다." (아흔한 번째 이야기를 보라.)

이런 지시는 말로 해도 되고 써 줘도 된다. 너무 구체적으로 말하면 아이들이 상상하는 것이나 창작하는 것을 내놓는 게 아니라 치료사가 뭘 원하는지를 생각해서 만들 수 있으므로 그러지 않도록 조심해야 한다.

아동 자신의 이야기를 사용하는 것의 장점

- 아동이 이야기를 만들었을 때 성인에 의해 주어진 것보다 훨씬 잘 이야기의 메시지를 이용하고 수용하게 된다.
- 만일 이야기를 만들면서 아동이 문제에 대한 해결책을 발견한다면 치료적 연습은 성공적이게 된다.

- 만일 아동이 문제에 계속 빠져 있거나 만족할 만한 결과에 이르기 위한 수단을 찾지 못한다면 치료자가 자신의 이야기에서 해결책을 찾도록 이끌 수 있다.
- 아동을 집단으로 치료하거나 교실 안에서라면 이야기의 결말이나 이야기에서 문제가 나와 있는 부분을 소리 내어 읽어 주고 자유롭게 아이들이 그 해결책을 말할 수 있도록 할 수 있다. 네가 이 이야기의 주인공이라면 어떻게 문제를 해결해 나갈 거니? 뭘 해 볼 거야? 어떤 게 효과가 있을 거 같니? 주인공이 어떻게 할 수 없는 게 있다면 그것이 뭘까? 그 상황을 처리할 수 있는 가장 좋은 방법은 뭘까?

　　학교심리학자 Susan Boyett와 교사인 Claire Scanlon의 도움 덕분에 호주 서부에 있는 헬레나 대학의 7학년 학생들에게 문제 해결 및 치유적 이야기 작문을 숙제로 낼 수 있었다. 학생들은 위에서 말한 대로 쓰라는 지시를 받았다. 아이들이 만들어 낸 이야기 중에 일부는 학생과 부모님 그리고 학교의 허가를 받아 제13장에 다시 써 놓았다.

　　그러한 실습은 여러 가지 이유로 무척 흥미로웠다. 첫째, 이런 이야기들이 집중하는 문제들도 내 임상에서 들은 이야기들과 다르지 않았다. 부모의 이혼 문제, 학대, 이별, 슬픔, 약물 사용, 괴롭힘, 무능력, 자살 충동 등의 이야기들이 있었다. 이런 사례 속의 아동들이 그와 같은 문제를 갖고 있다는 건 아니지만, 그들 중 몇몇이 그들과 같은 연령대 집단의 특징으로서 그들이 바라보는 문제의 유형을 골라서 보여 주는 것이라고 생각한다.

　　둘째, 대부분의 아이들이 등장인물을 다른 아이로 선택했다. 어떤 아이는 인형으로 하기도 하고, 어떤 아이는 강아지로 하기도 했지만, 가상의 인물이나 '영웅'을 이야기에 넣은 아이는 아무도 없었다. 12세쯤 되는 아이 집단을 위한 은유를 만들 때 이 사실은 기억해 둘 만하다.

　　셋째, 몇몇 아이들은 제법 쓸 만한 문제해결 전략이나 문제를 고쳐 나갈 수 있는 자원들을 내놓기도 했다. 이번 사안과는 별 관계가 없는 부분이라 해도, 열두 살의 나이에 그렇게 훌륭하게 문제를 해결할 수 있다면 얼마든지 건강한 어른으로 자랄 수 있을 거라는 기대를 하게 해 준다. 훌륭한 문제해결 기술을 가진다는 것은 대처 능력이 뛰어나고 쉽게 주저앉지 않을 수 있는 어른이 지닌 특성 중 하나다(Yapko, 1997). 아이들이 이런 기술을 가질 수 있도록 하는 것은 유용한 예방 자원을 주는 것이 될 것이다.

슬픔과 무능에 대한 이야기(아흔세 번째 이야기)는 '앞으로 다가올 날들'이라는 제목에서부터 희망의 냄새가 난다. Erin Kelley는 휠체어에 앉아 다시 걷고 싶고 그 '가능성을 알게' 되는 한 아이에 대해 이야기한다. 그 아이는 목표를 향해 애쓰고, 어려움을 만나면 강해지고, 다른 사람들이 희망을 가지지 못한다고 해서 자기까지 포기하지 않고, 결국엔 생애 '최고의 날'에 이르게 된다.

넷째, 어떤 아이들은 문제는 아주 잘 설명하는 것 같은데 마법 같은 결과를 도출해 내고, 자기 능력 밖의 해결책을 내놓거나 효과적인 해결책을 찾으려고 애썼다. Stephanie Wood는 부모들이 계속 싸우기만 하는 윌로우와 하나밖에 없는 친구 페이지에 대한 이야기를 아름답게 그려 냈다(아흔아홉 번째 이야기 '할 수 있는 게 아무것도 없을 때'). 페이지가 기숙학교로 가게 되면서 윌로우는 혼자되어 슬프고 두려웠다. 윌로우는 부모님들이 싸우지 않게 할 방법도 없었고, 페이지가 기숙학교로 전학 가는 걸 막을 도리도 없었다. 아이가 만족할 만한 결과를 얻을 수 있는 수단을 찾을 수 없을 때, 은유치료사에게 당면한 문제는 아이가 일어난 일을 받아들이고 그에 대한 그들의 생각을 재구조화하거나 좀 더 나은 대처방법을 구축해 나갈 수 있도록 도와주는 것이다. 치료사는 "윌로우랑 페이지 부모님들이 내내 싸우기만 하는데, 아이들이 어떻게 해야 자신들에 대해 괜찮다는 걸 느낄 수 있을까?" "윌로우의 가장 친한 친구가 기숙학교로 떠나게 되면 윌로우는 어떻게 해야 하지?" "어떻게 다른 친구를 찾을 수 있을까?"와 같은 질문을 할 수 있다.

마지막으로 어떤 아이들은 편파적인 해결책을 내놓기도 했다. '나의 인생'(아흔여섯 번째 이야기)에서 Nathaniel Watts는 아버지의 죽음에 직면한 아이에 대해 이야기하고 있다. 슬프고 가슴 아픈 이야기로 등장인물이 아버지의 죽음이 자기 탓이 아니라는 확신을 갖게 되기까지의 몇 년간의 일들을 보여 준다. 치료사는 아마 이러한 사실에 대해 이야기를 하는 아이가 그 경험을 바꾸는 데 도움이 되는 자신감을 되찾는 것을 탐색하도록 도와주고 싶을 것이다. 슬픔이 주는 고통을 덜기 위해 또 뭘 할 수 있을까? 앞서 어떤 일들이 일어났을까? 무엇이 현재 주인공의 행복을 계속되게 하는가?

마찬가지로 Jonathon Matthews는 아흔여덟 번째 이야기 '자기 방식을 찾아라'에서 한 가지 긍정적인 경험이 부정적인 생각—자살 충동까지 포함해서—에서 벗어날 수 있게 해 준다고 말한다. 이 이야기 주인공의 경우는 반 헤일런의 노래가 그것이었다. 하지만 그런 찰나의 전환 이후 그 주인공이 뭘 할까? 어떻게 좀 더 긍정적인 생각들을 부여잡고 만들어 갈 수 있을까? 좀 더 의미 있고 행복한 삶을 영위하려면 어떻게 해야 할까? 이야기에서 말하는 '생동하는 삶'을 계속 즐기기 위해서 해야 할 것은 무엇인가? 이런 것들은 치료사, 교사, 부모, 보모들이 아이가 자기만의 은유 속에 들어 있는 상황을 살펴볼 수 있도록 도와줘야 하는 문제들이다.

아이들이 그런 개인적인 치유적 이야기를 만들어 낸다면 치료에서만이 아니라 일반적인 교육과 예방적 기술 구축에서도 강력한 도구가 될 수 있다. 아이가 자기가 만든 이야기로 해결책을 찾는다면 성공적인 것이다. 또한 아이가 해결책을 바로 찾아내지 못한다 해도 치료사가 아이를 도와 결말을 만들어 나갈 수 있게 하는 은유가 되기도 한다. 따라서 하나의 돌로 두 마리 토끼를 잡는 셈이 된다.

연습문제 15.6 아동 자신의 이야기에 기초한 은유

- 상담실에서든, 교실에서든, 집에서든, 아이에게 이야기를 해 달라고 한다.
- 유용하거나 특별히 결과 지향적인 이야기들을 기록해 둔다.
- 비슷한 문제를 겪고 있는 다른 아이에게 그 이야기를 다시 해 준다.
- 그 아이에게도 자기만의 치유적 혹은 문제 해결 이야기를 만들어 보라고 한다. 말로 해도 되고 글로 써도 된다.

유머에 기초를 둔 은유

Milton Erickson은 성인을 위한 치료적 상황에서 "가르치는 데서나 치료에서 환자들은 상당히 슬픈 상태에 있기 때문에 유머를 사용하는 데 주의할 필요가 있다."(Zeig, 1980, p. 71)라고 말했다. 나는 어린이의 경우도 성인 치료와 똑같다고 생각한다. 어떤 아이들은 자기들이 겪을 이유가 없는 너무나 부당한 경험을 겪기도 한다. 유머는 그런 부담을 가볍게 할 수도 있고 그런 경험들을 재구성해 주기도 한다. 듣고 있는 사람의 주의를 사로잡을 수만 있다면 이미 걸려든 것이다. 주의를 끌 수 있는 능력이 있다는 것은 호기심을 자아낸 것이다. 강한 감동을 주어 숨어 있는 메시지를 재미있게 전달할 수 있게 한다. 그 밖에도 유머는 기억 학습에도 도움을 주고 강력한 치료적 매개체가 된다. 이런 점을 살펴보면서 자문해 보라. 지금까지 읽은 100가지 이야기 중에서 가장 기억에 남는 것은 무엇인가? 그 목록들에서 유머러스한 이야기들의 비율은 얼마나 되는가?

앞서 인용한 Berg와 Steiner의 말을 이쯤에서 다시 한 번 새겨 볼 만하다. "여러분이 아이들과 신나게 놀아 줄 때, 아이들은 노는 것을 배워 나가면서 자신이 유일한 존재라는 행복감을 느끼게 될 것이다."(2003, pp. 13-14)

제3장에서 은유로서 유머를 이야기하고 앞 장에서 인상적인 은유를 만드는 것에 큰 영향을 미치는 유머를 살펴보았는데, 여기서는 은유에 사용될 수 있는 유머의 종류에 초점을 둔다. 첫째, 웃음을 주는 이야기는 실수의 희극(a comedy of errors)이 될 수 있다. 뭔가 잘못될 수 있다면 그것은 그렇게 될 것이다. 열여섯 번째 이야기 '칭찬을 받아들이는 것은 중요해'는 칭찬을 잘 받아들이지 못하는 뱀이 결국은 재판에까지 서게 되는 일련의 사건들로 꾸며져 있다. 이 이야기는 듣는 이로부터 당연히 웃음을 자아내게 하는 데서 전혀 눈치 챌 수 없을 듯한 강한 메시지를 전달한다. 예순여섯 번째 이야기 '책임감 가지기'에 들어 있는 웃기는 실수는 주요 대목만이 아니라 이야기 전반에 걸쳐 유머가 들어 있다.

둘째, 아이들이 코를 실룩거릴 만한—그러면서도 어쨌든 박장대소할 만한—

학교 이야기에 근거한 '불결한' 이야기로 볼 수 있는 것들이다. 예순여섯 번째 이야기에서 투덜이 아저씨가 머리에 덮어써 버린 그린핑거 부인의 통 속에 든 동물원 응가 거름죽 같은 항문기 지향의 주제나 스물다섯 번째 이야기 '잘하는 것에서 출발하라'에 나오는 냄새나는 양말을 더 지독하게 만들겠다는 잭의 결심 같은 역겨운 주제 등이 그것이다.

셋째, 개구지고 장난기 어린 이야기들이다. 이런 이야기들은 아이들이 하면 안 된다고 생각하거나 그렇게 하면 어른들에게 인정받을 수 없다고 인식하는 것들이다. 열일곱 번째 이야기 '주는 것이 받는 것이다'는 엄마의 술을 맛보는 장난꾸러기 형제의 이야기다. 그들은 병에 오줌을 채워 두는 걸로—그것이 더 나쁜 행동이었지만—완전범죄를 꿈꿨는데 그것이 일을 더 꼬이게 만들어 버렸다. 효과를 더 높이기 위해 형제 중 하나는 책임감 있는 역할을 하도록 하고, 다른 하나는 짓궂은 역할을 하도록 했다. 결국 형제의 행동은 예기치 못한 채 자기들한테로 돌아왔다. 일흔 번째 이야기 '성공의 비밀'에서는 부모님은 모르게 바위 위에서 누가 오줌을 가장 멀리 쏠 수 있는가를 보여 주는 아이가 나온다.

넷째, 예기치 못한 인물, 사건, 주제 결과들이 나오면서 유머와 감동을 더할 수 있다. 정말 운 좋게 마법의 램프를 찾았는데, 램프의 요정이 불평쟁이라는 걸 누가 상상이나 할 수 있겠는가?(여든 번째 이야기) 엄청난 재앙의 물건이 단지 연못에 떨어진 돌 하나라면?(스물두 번째 이야기) 욕심쟁이 파리가 가르쳐 준 교훈은 화를 가라앉히라는 것이 아닌가?(마흔일곱 번째 이야기)

다섯째, 나는 여러분이 아이들이 쓰는 농담과 유머에 귀 기울이기를 권한다. 아이들이 하루가 저물 때 집으로 돌아오면서 하는 말들, 어깨 너머로 들리는 친구들이랑 나누는 말들 등등. 쉰네 번째 이야기 '어? 아니잖아!'는 학교 화장실에서 휴대폰으로 이야기를 하는 다른 아이의 말을 잘못 알아듣고는 자기 혼자 그 말에 대꾸를 하게 되는 여자 아이에 대한 재미있는 이야기다. 『101가지 치료 이야기: 은유를 활용한 심리치료』(Burns, 2001, pp. 200-213)에서는 은유로서 농담을 사용하는 것과 유머러스한 이야기들을 설명하기 위해 한 장을 모두 할애하고 있다.

- 어린이를 위한 재미있는 이야기를 모은다. 책, 교정에서의 농담, 한 줄의 이메일, 그 밖에도 아이들이 하는 걸 보면서 발견하는 재미있는 것들에서 찾을 수 있다.
- 유머는 구체적이고 적절해야 한다. 결말을 얻을 수 있는 자원을 내놓지 못하거나 문화적으로 민감하거나 비방적인 유머는 피해야 한다.
- 모아 둔 재미있는 이야기 중에서 어떤 것이 어린 내담자가 당면한 문제에 맞는가?
- 여러분이 가지고 있는 유머가 담긴 이야기에 나오는 인물이 만나는 어떤 단계가 어린 청자가 답습할 때 도움이 되는가?
- 그 이야기가 도움이 되고 반복해도 될 만한 해결책이 되는가?

다른 문화의 이야기에 기초를 둔 은유

네 번째 이야기 '기르고 싶은 걸 길러라'는 북아메리카 원주민의 이야기에 그 기원을 두고 있다. 열여섯 번째 이야기 '칭찬을 받아들이는 것은 중요해'는 동아 프리카에서 채록한 이야기에 근거한다. 예순여덟 번째 이야기 '다른 시각으로 보기'는 원래 낙타에 대한 수피교의 이야기로 들었는데 내가 좀 더 서구적인 상황으로 바꾼 것이다. 서른네 번째 이야기 '네 명의 믿음직한 친구들'은 집이나 호텔, 관공서 등의 벽에 그림으로 얼마든지 볼 수 있는 부탄의 대중적 이야기로 많은 사랑을 받고 있는 것이다.

모든 문화는 이야기를 가지고 있고, 특히 아이들을 위한 이야기는 더 많이 전해 내려온다. 어떤 이야기는 문화적 경계를 그다지 쉽게 넘어서지 못하지만, 또 어떤 것들은 앞서 든 예들에서 설명하고자 한 대로 치료적 이야기로서 모양을 바꾸기도 한다. 여러분도 자기 문화적 배경에서만이 아니라 다른 문화에서도 이야기를 찾아 모으기를 바라며, 그런 것들이 여러분과 함께하는 아이들과 관련되기를 바란다.

부탄에서 돌아와 손자에게 '네 명의 믿음직한 친구들' 이야기를 해 줄 때, 아이

아이디어 이야기

들이 다른 문화의 이야기 속에서 그 의미를 보는 방법이 나에게 깊은 인상을 주었다. 손자 녀석은 가만히 듣고 있더니 잠시 후에, "근데요, 원숭이는 나무를 타고 올라가 열매를 딸 수 있는 걸요."라고 말하고는 이어서 "꿩은 나뭇가지로 날아올라서 열매를 딸 수도 있는데."라고 말했다. 조금 더 생각해 보더니, "코끼리도요, 코를 가지고 열매를 딸 수 있어요."라고 말했다. 그렇다. 토끼도 아마 과일이 다 익어 떨어질 때까지 기다릴 수는 있었을 것이다.

물론 손자 말이 맞다. 모든 동물들은 혼자서 살아갈 수 있다. 나무도 저한테 맞춰서 잘 자랄 수 있고, 야생에서 자라는 나무는 훌륭한 나이테도 그럴 수 있을 것이다. 내가 생각한 대로라면 손자의 말은 자기가 아는 것에서 나온 것이었다. 이 새로운 앎은 나한테 훨씬 더 큰 이야기의 메시지를 만들어 주었다. 핵심은 열매를 얻기 위해서 협동할 필요가 없는데 협동하기로 했다는 것이다. 친구가 되고 싶었던 것이다. 서로 돕고 싶었던 것이다. 그리고 함께 일함으로써, 씨앗 키우는 일을 함께하고 열매를 같이 거둬들여서 혼자 하는 것보다 훨씬 더 즐겁고 생산적으로 지낼 수 있었던 것이다.

 연습문제 15.8 다른 문화의 이야기에 기초를 둔 은유

내가 다양한 출처에서 이야기를 수집하는 사람이 아니었다면 이 책은 나올 수 없었을 것이다. 내가 여행을 하는 목적 중에 하나가 그 고장의 이야기를 수집하는 것이라는 말은 이미 언급하였다.

- 내담자에게 도움이 될 만한 이야기를 수집한다.
- 모든 문화는 젊은이들에게 이야기를 해 주면서 교육하고, 가치관을 가르치고, 다른 사람과 관계 맺는 법을 가르치고, 인생을 이해하고 살아가는 데 필요한 기술을 구축하도록 한다.
- 다른 문화에서 나온 이야기책을 사거나 빌려 본다. 이야기꾼들과 자리를 함께해서 치료적 연구에 쓸 만한 것만이 아니라 그렇지 못한 이야기도 찾아본다. 이는 많은 이야기들을 자세히 살펴볼 수 있게도 하지만 아주 유익한 경험이 되기도 할 것이다.

내담자의 사례에 기초를 둔 은유

한 아이의 경험, 아이가 문제를 해결한 것, 아이가 얻어낸 결실 등은 다른 아이에게도 도움이 될 수 있다. 제1장에서 논의하였듯이, 이야기는 듣는 이가 아직은 겪지 않은 경험에 대해서 의사소통을 할 수 있는 길이 된다. 이야기는 다른 아이나 어른이 비슷한 환경을 잘 처리한 것을 듣고 자기가 처한 현재나 미래에 대처하고 준비할 수 있도록 해 준다. 헬레나 대학에서 행한 프로젝트에서 아이들은 제13장에 골라 놓은 수많은 이야기들을 썼다. 학교심리학자가 진짜 있었던 일을 이야기한 아이에게 출판을 해도 되는지 물었다. 대답은 이랬다. "내 이야기가 다른 사람을 도울 수 있다면 그건 정말 중요한 거라고 생각해요." 나는 이 대답이 우리가 왜 이야기를 공유해야 하는지에 대한 가장 근본적인 이유가 된다고 생각한다.

마흔세 번째 이야기 '즐겨 봐'는 안젤라라는 여자 아이를 위한 이야기인데, 그 아이는 즐기고 싶었으며 그 목적을 이루기 위해 자기가 지나온 과정을 이야기했다. 일흔아홉 번째 이야기 '다스릴 줄 알아야 해'에서 나탈리는 습관을 통제할 수 있게 할 방법에 대해 배운다. 여든여덟 번째 이야기 '네 힘으로 다시 서는 거야'에 나오는 앤드류는 아이가 갑자기 예기치 못한 충격을 어떻게 겪어 내고 어떻게 해야 자기 힘으로 다시 일어서게 할 수 있는지에 대해 말하고 있다. 약물과 파괴적 행동에 연루된 문제에 사로잡히게 된 한 청소년을 위한 이야기(여든여섯 번째 이야기 '해결할 수 있어'), 어린 시절 자살을 하지 않기로 마음먹은 것을 편한 마음으로 돌이켜 보는 젊은이의 이야기(여든아홉 번째 이야기 '더 이상 살고 싶지 않아'), 딸이 축 처진 엄마의 기분을 어떻게 바꾸어 주는지에 대한 이야기(마흔여섯 번째 이야기 '웃게 해 주기') 등은 모두 실제 임상 사례를 바탕으로 하고 있다. 이런 이야기들은 비슷한 문제를 다룰 수 있는 방법을 찾으려고 애쓰는 다른 아이들이나 청소년들에게 도움이 될 수 있다.

- 성공적 사례에 대한 기록이나 기억을 가지고 있는 것이 좋다.
- 한 아이가 문제를 해결하는 데 도움을 받은 것이라면 같은 상황에 있는 다른 아이에게 도움이 될 수도 있다. 이는 방법만이 아니라 분명히 희망도 준다.
- 다음과 같은 이야기를 가지고 있어야 한다.
  - 다른 아이들이 만나게 되는 위기들을 설명한다.
  - 효과가 있었던 것과 그렇지 못했던 것들을 모두 함께 갖는다.
  - 다른 아이의 노력으로 생긴 결말과 그 성공을 얻은 것에 대한 느낌을 설명한다.

일상의 경험에 기초를 둔 은유

삶은 그 자체가 최고의 치유적 이야기의 원천이 된다. 우리의 삶은 이야기로 만들어져 있고, 우리가 말한 이야기들은 우리의 경험을 반영해서 만들어진다. 상상 또는 환상, 공상과학 이야기처럼 등장인물을 바꾸고 인간이 아닌 걸로 이야기를 꾸민다 해도, 이야기를 만드는 작가가 당연히 사람이기에 인간의 경험에 근거하게 되어 있다. 결국 우리 이야기들은—아무리 기상천외하다 해도—인생과 삶을 엮어 가는 수많은 경험을 말하고 있다. 일상의 경험 속에서 이야기가 될 것들이 있을 수 있다. 또한 그것은 치료적 이야기도 될 것이다.

우리의 어린 시절도 이야기가 될 수 있다. '조, 네가 그렇지 뭐'(열네 번째 이야기)처럼 말이다. 우리는 직업상 그런 아이들을 많이 본다. 우리의 삶 속에서 그런 아이들을 잘 살펴보는 것은 새로운 기술을 습득하고(스물여섯 번째 이야기 '새로운 재주 배우기'), 두려움을 이겨 내고(서른 번째 이야기 '더 이상 두렵지 않아'), 협상을 통해 해결책을 찾고(서른다섯 번째 이야기 '협상하기'), 완벽하지 않아도 얼마든지 괜찮다는 걸 알게 되고(열여덟 번째 이야기 '완벽하지 않아도 괜찮아'), 성공할 수 있는 방법을 배울 수 있는(일흔 번째 이야기 '성공의 비밀') 여러 중요한 은유적 결과들을 낳게 한다. 창으로 날아드는 새처럼 작은 일 하나가 이야기가 될 수도 있고 (여섯 번째 이야기 '웃게 만들기'), 친구가 들려준 것이 이야기가 될 수도 있고(열일 곱 번째 이야기 '주는 것이 받는 것이다'), 통근하면서 생긴 일이 이야기가 될 수도 있다(스물일곱 번째 이야기 '온 동네를 바꾼 한 가지 행동'). 동료 평론가 중에 한 사람이 이 책의 초고에 대해 논의하면서 이렇게 말했다. "이 글은 이야기가 뭔가 그럴듯한 메시지를 가질 필요는 없다는 걸 알게 해 주는군요. 이야기의 단순성 속에 심오함이 들어 있어요."

앞서 말한 은유가 만들어질 수 있는 범주는 상호 배타적인 의도도 없고 어떤 한 가지만으로 은유를 만들 수 있다는 것도 아니다. 내가 생각하기에는 치료적 이야기를 꾸미는 데 편리한 뼈대로만 구성한 것이다. 여러분에게 도움이 될 만하거나 여러분 자신의 은유적 아이디어의 근간을 세우는 데 쓸 만한 자원이 될 것 같으면 사용할 수 있도록 소개한 것이다.

연습문제 15.16 일상의 경험에 기초를 둔 은유

여러분의 경험이나 아이들을 관찰하는 것으로 이야기를 만들려면 다음을 유념해야 한다.

- 아이가 바라는 목표를 잊지 말라. 그것이 바로 여러분의 이야기가 분명히 향해야 할 방향이다.
- 결과의 성취를 잘 그려 놓은 경험을 찾아라. 이렇게 자문해 보는 것이 도움이 될 것이다. '비슷한 목표를 언제 성취했는가?' '그런 목표를 이룬 다른 사람을 언제 봤는가?'
- 여러분의 이야기가 목표 달성에 필요한 자원, 교훈, 깨달음 등으로 발전할 수 있게 하라. 다음을 자문해 보라. '그 목표를 이루려면 내가 혹은 내가 관찰한 사람이 어떤 능력이나 방법을 가져야 하는가?'
- '내가 혹은 다른 사람이 경험한 어떤 것이 내담 아동의 문제와 비슷한가?' 라고 자문하면서 은유적 문제를 정의해 보라.
- 여러분 자신의 말로 문제, 자원, 결말 등을 설명하면서 이야기해 보라.

개인적인 삶의 이야기를 사용하기 위한 지침

"이야기하기에서 자기 이야기를 하는 것(자기 노출)이 좋은 것입니까?"라는 질문은 은유치료 훈련 워크숍에서 자주 나온다. 이 질문에 대한 답을 생각하다 보니 치료적 관계는 두 가지 요소가 있는 것 같았다. 첫째, 관계(치료사와 내담자 간에 일어나거나 존재하는 것으로 정의될 수 있는 명사)는 성공적인 치료적 결과를 내놓게 하는 가장 근본적인 요인 중의 하나이고(Miller, Duncan, & Hubble, 1997), 공유된 개인적 경험을 서로 나누는 것은 의미 있는 관계를 만드는 하나의 방법이다. 이는 Chelf, Deschler, Hillman 및 Durazo-Arvisu의 암 환자에 대한 연구 (2000)에서 증명되는데, 치료적 이야기하기 워크숍에 나온 참여자의 85%가 같은 병에 걸려 이겨 낸 다른 사람들의 개인적 삶의 경험에서 희망을 얻었다고 보고하고 있다.

둘째, 관계는 치료적(그것을 설명하고 있는 형용사)이다. 자기 노출은 치료사의 문제가 내담자의 과정을 방해하는 것을 막기 위한 의도의 심리역동 이론에 기초하고 있는 개념이다. 하지만 과정과 결론에 대한 치료사의 이야기는 역시 치료과정에서 이점이 되는 요소일 수도 있다. 달리 말하면, 내가 지금까지 경험한 바로는 개인적 삶의 경험을 사용하는 것보다 그걸 어떻게 사용하느냐 하는 것이 문제인 듯하다. 치료 회기 중에 치료사가 해결하지 못한 문제들을 말하는 것(예를 들어, 내담자의 문제와 동일시할 수 있지만 해결책을 갖지 못한 이야기를 일치시키면서 말하는 것)은 별로 도움이 되지 못한다. 반면에 결과 지향적인 이야기를 의도와 목적을 가지고 하는 것은 내담자가 더 쉽게 목표를 달성할 수 있도록 해 주고 관계를 제대로 치료적으로 만들어 줄 수 있다. 이런 개인적 삶의 경험을 사용한 이야기들은 내담자가 결과로 가는 과정과 연관된 어떤 것을 나누는 과정이 자기를 그대로 드러내어 이야기하는 행위가 될 필요는 없다. 이런 결과와 연관된 치료사의 경험은 내담자의 사례, 문화적 이야기, 어떤 조건에 대한 실제 사건을 바탕으로 한 정보에서처럼 은유로 엮어 들어갈 수 있다.

자신의 경험에서 나온 적절한 결말 지향의 이야기를 가질 수 있는 기회들이 많겠지만, 여러분의 이야기를 그대로 전할 필요는 없다. 이야기가 주는 메시지를 바꿀 수도 있고, 치료사의 단점이나 슬픔, 고통과 같은 것들을 말할 필요도 없다. 그런 개인적인 이야기들은 맨 처음 사람부터 제3의 인물까지 넘어가면서 바꿀 수 있다. 열네 번째 이야기 '조, 네가 그렇지 뭐'에서 그랬던 것처럼 말이다. 이 이야기는 내 어린 시절의 이야기를 한 것인데, 괜찮다면 여전히 은유적 결과는 전달하면서도 자신과는 거리가 먼 제3자('조'라는 이름은 어릴 적 아버지가 나에게 붙여 준 애칭이다.)로 바꾸어도 된다.

개인적 삶의 경험을 사용한 치료적 교훈 이야기의 효과를 극대화하기 위해서는 다음의 몇 가지 단계를 염두에 두어야 한다.

1. 이야기의 목적을 기억하라. 그 목적은 이야기의 작용이 치료사에 대한 어떤 것을 노출하는 것이 아니라 내담자를 위해 도움이 되는 학습 경험을 창조하는 것이다.

2. 이야기가 겨냥하는 사람을 잊지 말라. 그것은 치료사의 이야기가 아니라 그걸 듣고 받아들이고 자기를 그 이야기로 끌어넣는 아이와 관계된 것이다.

3. 이야기의 목표를 기억해 두어라. 치료사의 경험에서 나온 이야기든, 어떤 출처에서 나온 실화든 아이가 지니고 있는 문제와 아이가 바라는 결말에 근접할 수 있다면 최고의 효과가 있을 것이다.

4. 이야기가 확실히 상황과 맞아 들어가게 하라. 개인적 경험의 이야기는 대화가 일어나고 있는 상황의 일부가 될 때 훨씬 더 쉽게 받아들여진다.

5. PRO 접근법(16장 참조)을 따르라. 이는 이야기가 진행되도록 해 주고, 문제(problem)가 아이와 연관된 것으로 보이게 하며, 해결책을 위한 적절한 자원(resource)에 접근할 수 있게 하고, 올바른 결말(outcome)을 낳게 한다.

6. 아이의 반응을 신중하게 살펴보라. 아이는 이야기가 재미없거나, 정신을 산만하게 하거나, 지겹거나, 화나게 하거나, 자기와 아무 상관이 없다고 느끼

면 자신의 느낌을 드러낼 것이다.

7. 도움이 되지 않는다면 개인적 은유를(다른 것들도) 더 이상 쓰지 말라. 여러분
의 이야기가 아이의 관심을 끌지 못한다면 이야기나 전체적인 치료적 접근
까지도 바꾸도록 한다. 훌륭한 치료는 어떤 것이 효과가 있는지, 또 가장 효
과적인 것은 무엇인지를 찾는 것이다.

16

치유적 이야기를 계획하고 제시하는 방법

PRO 접근법

앞 장에서 치료적 이야기를 만드는 방법의 기초를 형성하는 여러 근원들을 살펴보았다. 그다음 질문은 '어떻게 그런 아이디어가 은유 속에 들어오고 어떻게 아이들에게 그걸 보여 줄 수 있을까?'라는 것이 될 것이다. 다행히 그 과정은 어렵지 않다. 지금까지 이미 여러분에게 익숙해져 있을 거라 믿는 세 가지의 간단한 단계가 있을 뿐이다. 제2부에 나오는 모든 이야기들은 '치료적 특성들'로 방향을 잡아 나가면서, 이야기가 제시한 문제들을 세세히 다루고 개발하고자 하는 자원들을 찾고 그 결과를 보여 주고 있다. 나는 이것을 'PRO 접근법'(문제(problem), 자원(resource), 결말(outcome)의 첫 글자를 따서)이라고 밝혔다. 이것이 은유를 만들어 내는 실용적인 기초일 뿐만 아니라 치유적 결과에 초점을 유지하기 위한 것임을 발견하였다.

또한 이는 아이나 그 부모가 말하는 문제 중심의 이야기 속에서 쉽게 찾아낼 수도 있다. 그 이야기들은 그때까지는 아무 해결책이 없다. 그 문제를 의논하려고 상담실에 앉아 있다는 사실만 보더라도 그렇다. 십대 딸을 데리고 치료실에 온 한 어머니의 예를 들어 보자. 어머니는 딸이 어떻게 밥을 못 먹게 되었는지, 약물에 중독되었는지, 좋지 않은 친구들과 어울리게 되었는지, 식구들과 싸우는지, 성적이 떨어지게 되었는지 등을 이야기한다. 딸은 주먹을 휘두르며 대들고, 어머니의 항우울제를 과다 복용하고, 남자친구와 같이 자고(부모 허락도 안 받은 채), 임신이 되건 말건 신경 쓰지 말라고 한다. 부모는 모든 걸 다 해 보지만 아무 소용이 없었다고 한다. 이 십대는 팔짱을 낀 채 당신도 별로 다를 게 없을 거라는 눈으로 여러분을 똑바로 쳐다보고 있다.

어디서 시작할 것인가? 무엇이 문제인가? 부모가 설명한 행동이 문제인가, 아니면 십대 눈에 보이는 대로 독립의 박탈이 문제인가? 그걸 분명하게 할 수 있다 하더라도 문제를 공감해서 이해하는 것 ─ 그것이 정말 중요한 시점이라 해도 ─ 이 효과적인 변화를 일으킬 만한 기제를 만드는 데 반드시 필요한가? 이런 이유로 결과를 분명하게 이해하는 것이 치료적으로 유익하다. 내담자가 가고자 하는 곳은 어디인가? 내담자가 얼마나 더 행복한 삶을 원하는가? 이 십대가 자신을 위해서, 또 부모와의 관계에서 원하는 건 무엇인가?

결말을 밝히고 나면 아이나 청소년 ─ 또 결국엔 은유의 등장인물 ─ 이 바라는 결과에 이르는 데 어떤 자원, 능력, 방법이 필요한지에 대한 질문을 던지는 것이 더 쉬워진다. 결말에 초점을 두는 것은 도저히 끝날 것 같지 않은 문제인 내담자의 이야기에 사로잡혀 있는 것보다 치유적 은유를 만들어 내는 데 더 나은 위치를 점하는 것이다. 다음에서는 결과 지향적인 평가를 하고, 은유를 구상하여 어린이나 청소년에게 그걸 보여 주고, 그걸 내담자의 반응에 따라 맞춰 가고, 실제 삶 속에서 결말을 일반화시키는 방법에 대해 살펴보고자 한다.

1. 결과 지향적인 평가를 하라

아동의 평가와 치료는 성인 치료에서처럼 일반적이지 않은 독특한 문제를 가지고 있다. Berg와 Steiner(2003)는 아이들을 직업적인 문제나 법적 합의 문제에서 독특한 대상인 '비자발적 내담자'로 묘사하고 있다. 우리가 만나게 되는 대부분의 아이들은 법적으로 합의를 할 수 있는 나이보다 어리며, 많은 경우 성인에게 사용하는 형식적인 법적 합의 절차를 이해할 수 없을 만큼 어리다. 여러 연구들에서 다루는 이 문제에 대한 논쟁은 아이들도 어른들과 같은 권리를 가져야 한다는 평등주의자와 아이들은 어른들과 다른 발달 단계에 있으므로 특별한 고려가 필요하다고 주장하는 보호주의자의 두 가지 파로 나누어진다. 법적인 합의 문제를 어떻게 하느냐는 개인, 가족 혹은 사회적 모델과 작업하느냐에 따라서도 달라진다. 여기서 이 문제에 대한 법적, 직업적, 철학적 문제에 대한 토론에 개입하는 것은 내가 의도하는 것이 아니다. 그보다는 문제와 그것이 치료의 실용주의에서 무엇을 의미하는가를 지적하고 싶다.

누가 목표를 설정하는가

누가 목표를 설정하는가에 답을 하는 것은 여러분이 하는 개입이 무엇이든 성공과 실패를 결정하는 것이라 할 수 있다. 부모, 교사, 조부모, 보모 등이 다루기 힘든 아이의 손을 이끌어 상담실로 데리고 들어와 자리에 앉히고 아이의 문제를 전부 줄줄 말할 때 어떤 걸 목표로 삼을 수 있는가? 부모가 아이가 하기를 원하는 것인가, 아니면 아이가 원하는 것인가? 부모가 아이의 행동이 도저히 받아들일 수 없는 형제간의 갈등이나 부모의 결혼 생활을 위협하는 원인이 된다고 하는데, 아이는 자기를 돌봐 주지 않는다고 말한다면? 아이가 학교 애들이 자기를 괴롭히기 때문에 아버지가 총으로 그런 애들을 몽땅 쏴 버리면 좋겠다고 말한다면? 내담자가 드러내는 목표를 들어야 하는가, 아니면 도덕적·사회적으로 책임을 져야 할 태도를 취해야 하는가? 또 이런 걸 치료사의 윤리적 책임감과 어떻게 맞출 것인가? 이 경우 치료사가 질문("다른 아이들한테 넌 어떤 감정을 가지고 싶지?" "학교에 총을 갖고 가는 거 말고 할 수 있는 다른 일은 없을까?"와 같은)을 통해서 구체적이고 해결 지향적인 접근을 하면서 아이의 목표를 살펴보는 것은 내담자가 괴롭히는 행동과 그런 행동을 하는 가해자는 서로 다른 것이라는 걸 알게 해 준다. 그리고 아이의 목표가 괴롭힘을 당하는 것에 좀 더 잘 대처하고, 반 친구들을 죽여 버리는 게 아니라 그들과 더 잘 지내고 싶은 거라는 점을 강조할 수도 있다. 이는 효과적인 치료적 목표가 되고, 아이의 목표와 타인의 안녕 간의 균형을 이루게 해 준다.

학창 시절부터 내 마음속에서 잊혀지지 않고 남아 있는 이야기가 하나 있다. 그 것은 교실에서 여학생한테 입을 맞추다가 걸린 조니라는 어린이에 관한 이야기다. 교사는 그 아이를 교장에게 보냈는데, 교장은 나무로 된 커다란 책상 뒤에 앉아서 칠판에 선을 긋는 데 쓰는 자를 들고 조니의 손바닥을 탁 때리면서 위협적인 목소리로 말했다. "잘 들어라. 교실에서 여자 아이한테 입을 맞추는 게 어떤 건지 가르쳐 줄 테니까." 그때 조니는 이렇게 대답했다. "그런데요, 교장선생님. 저는 벌써 어떻게 하는지 아는데요." 조니의 담임 교사와 교장은 조니의 행동을 문제시했지만 조니는 그렇지 않았던 것이다.

제1장에서 소개한 선택적 함묵증을 보였던 여섯 살짜리 제시카의 경우, 몇 사람이나 그 아이를 내 사무실로 데려오려고 했고 그들 모두 제시카가 잘 되기를 바랐다. 처음 약속을 잡았던 할머니는 다른 아이들처럼 제시카가 말을 하기를 바랐다. 제시카의 교사는 제시카가 평가를—상술 시스템으로—받을 수 없다는 걸 문제로 보고 그런 사안들을 해결할 수 있기를 바랐다. 제시카의 어머니는 집에서는 제시카가 잘 종알대니까 문제시하지 않았고, 집에서 할 수 있다면 학교에서도 할 거라고 생각했다. 제시카의 경우는 다른 친구들이 자기를 괴롭히는 데서 벗어날 수 있으니까 그걸로 힘들지는 않았다.

이 모든 게 이런 질문을 던진다. '누가 내담자인가?' 할머니가 보통의 손녀로 제시카를 느끼도록 해야 하는가? 교사가 아이를 좀 더 쉽게 평가하도록 직업상의 문제를 도와야 하는가? 문제될 건 없다는 어머니의 입장을 받아들여야 하는가? 괴롭힘을 당하는 것으로 힘든 제시카를 구해 줘야 하는가? 아니면 이런 결과들을 모두 조합해서 내봐야 하는가?

Berg와 Steiner(2003, p. 14)는 두 사람의 경력을 모두 합해도(내 경우도 마찬가지로) 아이가 전화를 걸어서 "선생님, 저한테 문제가 있는데요. 치료를 하고 싶은데 예약할 수 있을까요?"라고 말하는 경우는 한 번도 없었다는 점을 지적했다. 대개 아이들은 부모나 교사, 보모, 사회사업가 같은 후견인, 경찰, 보호관찰사 등의 손에 이끌려 치료실로 들어선다. 물론 치료사가 일을 하고 있는 상황이나 내담자와의 관계적 특성, 내담자가 치료사의 효용성을 인식하는 방법에 따라 예외가 있을 수는 있다. 학교 환경 안에서 일하는 동료 평론가 중의 한 사람이 이런 말을 했다. 자기 방문을 두드리고 들어와 자리를 잡고 앉아서 자신을 괴롭히는 문제에 대해서 이런저런 이야기를 하는 아이들을 늘 본다고.

하지만 대개 아이는 예상도 못하고, 왜 찾아왔는지도 모를 뿐더러, 이야기를 꾸며 내는 경우도 있다. 얼마 전에 한 부모가 아이가 행동에 문제가 있다고 최면요법을 해 달라고 했다. 그 어머니는 아이에게 내가 마법을 부릴 줄 아는 사람이라고 했다. 그래서 아들은 나를 생일 파티에서 모자 속에서 토끼를 꺼내고 물건을 사라지게 하는 그런 사람이라고 생각한 모양이었다. 이런 기대로는 처음부터 아이에게 실망을 안겨 줄 거라는 것이 불 보듯 뻔한 일이었다.

누가 치료적 결말을 잡아야 하느냐는 이 질문에 이어서, 『아동의 해결작업(Children's Solution Work)』(Berg & Steiner, 2003, pp. 32-47)에 실린 '여러분의 내담자를 사정하고 목표에 응하라'라는 글을 추천하고 싶다. 이 글은 아이와 아이를 돌보는 사람들이 함께 목표를 의논할 수 있는 유익한 접근법을 내놓고 있다. 뿐만 아니라 내가 다음에서 요약한 결과 지향적 평가에 대한 더 자세한 설명과 성인 사례 연구가 있다(Burns, 2001, pp. 321-237).

결과 지향 접근법을 선택하라

이는 치료에서 아이가 원하는 방향을 검토해 보고 미래 지향적이면서 목표 지향적인 양면을 모두 취하는 접근을 선택하라는 것이다. 은유치료에서 대부분의 접근법은 결과에 주된 관심을 두기보다는 문제를 따라가는 방식을 따라 왔다. 얼마 안 되는 예외 중의 하나가 이 책과 2001년에 출판된 『101가지 치료 이야기: 은유를 활용한 심리치료』(Burns, 2001)와는 별개로 아이와 어른 모두에게 결과 지향적인 이야기를 담고 있는 Lankton과 Lankton(1989)의 『마법의 이야기(Tales of Enchantment)』다. 결과 지향적 접근법은 아이들이 누군가 자기들 문제를 들어주고 이해해 준다는 걸 알게 만드는 경험을 하게 하고 아이들이 가고 싶은 곳과 느끼고 싶어 하는 방법을 알 수 있다는 비전을 갖게 한다. 그러한 것으로 희망, 나아갈 방향, 실제 겪어야 할 단계 등을 가져올 수 있다는 이점을 갖게 된다.

결과 지향적 가설을 세워라

내가 치료에 대해 세운 가설에 치우치는 부분이 있다는 건 인정한다. 부모가 아이를 데리고 와서 "조니는 행동하는 데 문제가 있어 보여요."라고 말하면, 나는 "아이에게 좀 더 올바르게 행동하는 방법을 보여 주세요."라고 말하는 걸로 받아들인다. 또 부모가 십대를 데리고 와서 "메리는 신경성으로 뭘 잘 못 먹어요."라고 말하면, 나는 "아이가 좀 더 잘 먹게 해 주시고요, 자기 자신에 대해 좀 더 긍정적으로 생각할 수 있게 해 주세요."라는 말을 하는 것으로 여긴다. 이것은 내담자가 문제에 대한 사적인 지식을 더 가지기보다는 결과를 획득하기 위한 방법을 알기를 원한다는 이해 위에 세워진 것이다. 그러한 가정을 유지하는 것은 치료사로 하여금 아이 혹은 부모의 확고한 문제에 사로잡히지 않도록 하며 해결에 도달하기 위한 보다 명료한 지각을 가질 수 있도록 해 준다.

드러난 목표를 잘 살펴보라

부모가 "쟤가 왜 이런 식으로 행동하는지 알고 싶어요."라고 말하면, 치료사는 부모가 말로 드러낸 목표를 잘 살펴보아야 한다. 문제에 대한 분석적 해석을 원하고 있는가(또 어떤 때는 설명 같은 것, 특히 부모가 가지는 죄의식을 없애 주는 것 등이 안심을 시켜 줄 수도 있다.), 아니면 그 문제를 해결하고자 하는 실제 접근을 원하고 있는가?

부정적인 데서 긍정적인 데로 옮겨라

만약 아이가 "난 더 이상 겁내고 싶지 않아요." 혹은 "난 늘 괴롭힘 당하는 게 지긋지긋해요."라고 말한다면, 당신의 질문과 아이의 초점을 "그러면 넌 어떤 기분이 되고 싶니?" 혹은 "아이들이 괴롭히는 것에 대해 잘 대처하게 된다면 뭐가 달라질 것 같니?"와 같이 긍정적인 질문으로 옮겨 가야 한다.

결과를 기대하라

치료사가 아이가 결과에 이를 수 있는 능력이 있다고 믿어 줄 때, 아이 역시 그럴 수 있는 확률이 크다. 치료사의 긍정적인 기대가 아이의 치료적 성공에 긍정적인 효과를 낼 수 있을 것이다.

2. 은유를 구상하라

결과가 무엇인가

모든 이야기에 처음, 중간, 끝이 있다고 말하는 것과 같이, 모든 은유는 문제, 자원, 결과가 있다고 말할 수 있다. 마찬가지로 수많은 이야기 작가들이 결과를 생각하면서 시작하는 것처럼, 은유도 결과를 염두에 두고 계획을 세우면 훨씬 더 쉽게 된다. 세 번째 이야기 '아이들은 변화할 수 있다: 청소년을 위한 이야기'의 예를 들어 보자. 이 이야기는 결과 때문에 되풀이할 만하다. 평범한 십대인 트레버는 많은 가난한 사람들의 삶을 바꾸어 주었다. 어느 날 밤 트레버는 수천, 아니 수백 만의 다른 사람들이 그랬던 것처럼 TV에서 자기 마을의 집 없는 사람에 대한 이야기를 보았다. 다른 이들과 시작이 똑같았다는 것 때문이었으면 트레버의 이야기는 전해지지 않았을 것이다. 그러나 트레버의 경우는 그 끝이 달랐다. 다시 말해, 트레버가 TV나 계속 보면서 실천에 관심을 두지 않았다면 그의 이야기는 전해지지 않았을 것이다. 트레버 이야기의 그 결과 혹은 결론 덕분에 우리는 유익하고 되풀이할 만하고 치유적인 이야기를 얻게 된 것이다.

에베레스트산에서 살아남은 벡 웨더스 박사의 이야기(일흔두 번째 이야기 '역경을 넘어서: 청소년을 위한 이야기')는 나도 마찬가지지만 그 결과가 아니었다면 여러 작가들이 가져다 쓰지 않았을 것이다. 웨더스 박사가 그해 그 산에서 죽은 열다섯 사람들 중에 있었다면 그에 대한 이야기를 듣게 되지는 않았을 것이다. 놀랍게도 지난 50년 동안 1,200명이라는 많은 사람들이 그랬던 것처럼, 그가 정상에 올라 안전하게 내려오기만 했어도 우리는 그에 대해 알 수 없었을지도 모른다. 그의 이야기는 그 결과 때문에 전해지는 것이다. 그가 몇 번이나 죽을 고비를 넘어서는 도저히 믿을 수 없는 상황에서 살아남았기 때문에 글로 남겨질 수 있었던 것이다. 그의 이야기가 시작된 것은 그 끝에서이며, 그것이 우리 이야기를 구상할 수 있는 가장 쉬운 지점이다.

그러므로 이것이 은유를 구상하는 것에서 첫 번째 물음이 된다. 결과가 어떤가? 이야기가 어떻게 진행되는가? 결과를 얻기 위해서 어떤 것을 만들어 내는가? 끝은 어떤가? 아이나 부모와 함께 결과 지향적 평가를 시작한다면, 바라건대 치료가 나아가게 될 구체적이고 긍정적이며 성취 가능한 목표를 이미 가지고 있어야 할 것이다. 이것이 치료적 개입이— 은유적이건 아니건—나아가야 할 바다.

결과는 여러분이 여행하고자 하는 도로 지도에 나타난 목적지와 비슷하다. 가고자 하는 곳을 한번 알고 나면 거기에 어떻게 가는지를 물을 수 있게 된다.

결과에 이르는 데 필요한 자원은 무엇인가

치료적 목적지를 정하고 나면, 이제 아이가 결과에 이르는 데 필요한 자원, 기술, 방법 등을 구상하는 것이 문제다. 도로 지도에 비유해 보면, 그런 것들은 길, 교통 자원, 연료, 운전 기술, 여행을 하는 데 필요한 교통 법규에 대한 정보 등과 같다. 아이가 가지고 있는 자원을 활용하는 데는 몇 가지 단계가 있다.

아이가 이미 가지고 있는 능력을 검토하라

아이가 이미 지니고 있는 능력 중에 어떤 것이 치료적 목표를 성취하는 데 도움을 줄 수 있는가? 아이가 지닌 능력은 어떤 것이며, 어떻게 해야 그 능력들이 아이가 바라는 결과를 얻게 할 수 있는가? 이런 물음들을 앞에 두는 이유는 처음부터 새로운 걸 만들어 내야 하는 험난한 임무로 시작하는 것보다는 아이가 이미 가지고 있는 기술과 능력을 사용하는 것이 편하고 실용적이며 능률적이기 때문이다. 이는 Milton Erickson이 '활용(utilization)'이라고 말한 것이다. 이에 대해 Duncan, Miller 및 Coleman(2001), Revenstock(2001), Yapko(2003) 등이 상세히 설명하기도 했지만, 여전히 Erickson의 말, 즉 "어떤 삶 속의 배움과 경험, 정신적 기술이 문제를 다룰 수 있는지를 확인하기 위해서 환자의 개별성을 탐색하는 것…… 그런 다음 치료적 목표를 성취하기 위해 이런 독특한 개인적 내면 반응을 활용하는 것"(Erickson & Rossi, 1979, p. 1)이라는 말이 가장 잘 요약하고 있다.

마티는 어머니의 말대로라면 음식을 골고루 먹지 않는 게 걱정인 10세 된 아이다. 시켜 먹는 음식, 빵, 감자, 단 음식 등이 거의 먹는 것의 전부였다. 마티와 이야기를 해 보니까 자기는 새로운 음식을 먹는 게 두렵다고 했다. 잘한다고 생각되거나 좋아하는 것이 없는지 물어보았더니 자전거 타는 거라고 했다. BMX 자전거를 가지고 있는데 아주 잘 타고 재주도 부릴 줄 알아서 벌써 두려운 생각 없이 탈 수 있었다. 예전에 가졌던 두려움을 어떻게 이겨낼 수 있었는지를 은유적으로 이야기해서(처음에 테이블 꼭대기 위에 올라섰을 때, 잡동사니 더미를 뛰어넘을 때, 스케이트장에서 그라인더로 바를 타고 내려오는 묘기를 해 볼 때), 그는 처음 대하는 음식이나 먹기 힘든 음식을 먹을 때 느끼는 두려움을 극복할 수 있는 능력을 일반화시키는 걸 배웠다.

예외를 찾아라

아이가 바람직한 행동을 부분적으로라도 해 봤을 때를 찾아야 한다. 문제가 없었을 때나 문제가 적었을 때는 언제인가? 바람직한 결과가 나온 때는 언제인가?

규칙에서 예외는 어떤 것이었는가? 어린 불면증 환자가 잘 잤던 적이 몇 번이나 있었고, 선택적 함묵증 아동이 몇 번이나 말을 했으며, 약물 중독자가 몇 번이나 약물 없이 견뎌 냈으며, 우울증에 걸린 아이가 몇 번이나 웃었고, 나쁜 짓만 일삼는 아이가 친절함을 보인 건 몇 번이나 되는가?

쉰일곱 번째 이야기 '문제에 대한 예외 찾기'는 다른 친구들이 괴롭히는 것 때문에 학교에 가기 싫어했던 크리스틴의 이야기로 이런 부분의 자원들을 만들어 가는 법을 보여 주고 있다. 크리스틴의 어머니는 크리스틴이 구체적으로 생각하면서 긍정적인 것을 찾고 해결책을 발견할 수 있는 자원들을 구축해 나가, 지금까지 키워 온 두루뭉술하고 부정적인 인식들에서 예외를 찾을 수 있도록 해 주었다. 일단 예외가 있다는 걸 알게 되고 나면 어떤 환경들이 그 예외를 더욱 촉진시켜 줄 수 있으며 어떻게 되풀이될 수 있는지를 살펴보는 것으로 치료를 진행해 나갈 수 있다.

필요한 자원들을 구축해 나가라

아이들은 여전히 배우는 중이고 자라고 있으며 발달하고 있으므로 각 발달 단계에서 어른이 되었을 때 삶을 잘 조절할 수 있도록 하는 기술들을 더해 가야 한다. 가까운 누군가의 죽음을 맞는다는 것은 아이가 예전에 겪어 보지 못한 일일 수 있기에, 아이는 애도하고 죽음을 받아들이는 적절한 기술을 배우지 못할 수도 있다. 살면서 꼭 필요한 기술들이 아이가 살아오는 동안 배웠던 것들 속에 미리 들어 있지 않다면, 그때는 이렇게 물어보는 것이 좋을 것이다. 잃어버린 게 무엇인가? 아이가 아직도 얻지 못하고 있는 건 무엇이며, 치료적 상황에서 그런 기술들을 가르쳐 주려면 어떻게 해야 하는가?

'새로운 재주 배우기'(스물여섯 번째 이야기)는 그때까지 자기가 가지지 못했던 기술—오줌을 싸지 않는 것—을 배워야 하는 아이에 대해 이야기한다. 서커스단을 경영하는 친구 아버지의 도움으로 앤디는 저글링과 같이 새로운 기술을 배울 수 있다는 것을 알게 된다. 그렇게 하면서 앤디는 자기가 가지고 있었지만 미처 깨닫지 못하고 있었던 능력을 알게 되고, 그 새로운 능력을 향상시키기 위해서 연습하고, 자기가 가지고 있는 문제가 아닌 자원에 초점을 맞추게 된다. 이는 아이가 자기 문제를 해결하는 데 필요한 기술을 구축해 나가는 것을 한 단계씩 거쳐 가면서 자신감을 높여가는 이야기다.

새로운 가능성을 만들어라

치료는 새로운 배움의 기회를 열어 주는 것에 목적을 두어야 한다. 자원들을 구축해 나감으로써 은유치료는 인지, 정서, 행동 수준에서 새로운 학습 경험을 창조해 낸다. 이러한 이야기들은 듣는 이가 아직 겪어 보지 못한 것을 경험할 수 있는 기회를 주고, 그 경험들을 조절하고 즐기기까지 할 수 있는 길을 제시해 준다. 이는 '즐거움을 키워 봐'(마흔한 번째와 마흔두 번째 이야기)라는 어린이와 청소년을 위한 이야기 모두에서 설명되고 있는데, 새로운 가능성, 감각적 기쁨의 자각, 즐거움과 행복 선택하기 등을 겨냥한 이야기다. 이런 이야기는 새로운 기회와 새로운 발견을 향한 은유를 통해 자원들을 구축해 나간다.

문제가 무엇인가

이야기의 결과와 그에 이르게 하는 방법이나 자원들을 한번 정의하고 나면 이렇게 물을 수 있다. '아이가 문제라고 생각하는 것이 무엇인가?' 결과를 지도에서의 목적지에 비유하고 자원을 목적지에 이르기 위한 여러 방법에 비유한다면, 문제는 여러분의 출발에 대한 도전으로 표현할 수 있다. 직장에서 시간을 내야 하고, 숙박할 만한 데가 있어야 하고, 뭘 해야 할지를 정해야 하는 것과 같은 것이다. 결과를 정하고 그에 이르는 데 필요한 자원들을 살펴보고 나면, 문제를 맞춰 나가는 데에 아이를 참여시키는 것이 무엇이며 이야기가 치료적 목표를 향해 갈 수 있도록 하는 것이 무엇인지를 물어보는 것이 더 쉬워진다.

치료사가 질문을 하는 데 도움이 되는 물음의 유형은 다음과 같다. 어떤 은유적 문제가 아이의 문제와 맞아 들어갈까? 어린 청자가 동일시할 수 있는 위기나 도전은 무엇인가? 이야기에서 문제는 간단하게 매개체나 출발점이 된다는 사실을 기억해 두는 것이 좋다. 이는 자원들을 개발하고 결과에 이르게 하는 은유의 본질로 옮겨 가게 하는 기초 역할을 한다.

일흔세 번째 이야기 '힘을 모아 문제해결하기'는 문제만이 아니라 연령, 성별, 경험에 따라 어린 청자를 나누어 은유를 적용해야 한다는 걸 보여 준다. 이 이야기는 불면증에 대한 것이다. 아이는 이야기하기 과정에 참여하면서 결과에 도달하는 데 필요한 자원을 탐색할 수 있게 되었다. 비슷한 예가 제13장의 아이들 이야기 중에서 '할 수 있는 게 아무것도 없을 때'(아흔아홉 번째 이야기)에 나온다.

등장인물이 누구인가

은유를 구상하면서 다음으로 물어야 하는 것은 '어떤 등장인물이 이 치료적 메시지를 아이에게 가장 잘 전달할 수 있는가?'이다. 결과가 확신을 더 크게 하거나 자기 주장을 더 강하게 하는 것이고, 아이가 그걸 얻어 내기 위한 기술을 배워야 할 필요가 있다면, 문제는 두려움이나 주장의 결여가 될 것이다. 따라서 어둠을 두려워하면서 다른 사람들이 어떻게 편안하게 잠드는지를 관찰할 수 있었던 겁쟁이 생쥐(예순아홉 번째 이야기), 스노클을 무서워했지만 안전하게 세상에서 제일 큰 상어와 같이 헤엄을 칠 수 있었던 아이(서른 번째 이야기), 겁줄 수 없었지만 그렇게 할 수 있게 된 유령(아흔한 번째 이야기) 등을 고를 수 있다. 등장인물 중에서 문제를 드러낼 수 있는 인물은 원래 가지고 있던 자원들에서(아니면 새로운 걸 개발해서) 쌓아 나갈 수 있는 능력을 가져야 하고 바라는 결과에 이를 수 있어야 한다. 이런 세 가지 기본 요구가 충족되고 나면 많은 선택을 할 수 있다. 다음과 같은 가능성들에서 고를 수 있을 것이다.

- 주어진 것으로 최상을 만드는 노새(여덟 번째 이야기), 있는 그대로를 받아들이는 법을 배우는 기린(열아홉 번째 이야기), 문제를 해결하는 새(일흔다섯 번째 이야기)

- 자기가 겨우 아홉 살이라는 사실을 아버지에게 상기시켜 주는 아들(여든네 번째 이야기), 협상으로 해결책을 찾는 아이(서른다섯 번째 이야기), 도덕적 딜레마에 부딪힌 십대(예순두 번째 이야기)
- '힘을 주는 선장'(예순네 번째 이야기), 괴짜 마법사 윌리, 앞에서 말했던 투덜이 지니 같은 상상 속의 인물
- 제15장의 '영웅에 기초한 은유'에서 설명한 대로 운동선수나 영웅 같은 인물
- 결국 나누는 것을 배우게 되는 왕과 여왕의 싸움 속에 나오는 광대(일흔일곱 번째 이야기), 힘을 가지게 되는 걸 가르쳐 주는 우주선 선장(예순네 번째 이야기), 가능성을 재어 보고 결정하는 법을 배우는 상상력이 풍부한 아프리카 탐험가(예순일곱 번째 이야기) 등과 같은 전형적인 인물

등장인물은 이야기의 세 가지 치료적 특성을 전달할 수 있어야 할 뿐만 아니라 아이가 동일시할 수 있는 인물이어야 한다. 그러므로 아이의 관심거리나 취미, 스포츠 같은 것에 대해 알아두는 것이 도움이 된다. 아이가 애완동물을 가지고 있거나 동물과 사이가 좋은가? 다른 아이들에 대한 이야기를 재미있어 하는 붙임성 있고 사교적인 아이인가? 공상과학이나 판타지를 많이 읽거나 컴퓨터 게임을 많이 해서 상상 속의 인물을 만들어 낼 수 있는가? 스포츠, 대중음악, 영화배우에 관심이 많아서 영웅적인 인물에 대한 이야기를 개발할 수 있는가? 나이, 성별, 개인적 성격, 앞에서 말한 전형적인 인물에 맞춘 등장인물과 연관성이 있는가?

등장인물은 치유적 이야기의 본질은 아니지만 과정과 결과에 아이를 개입시키는 방법에서 이야기를 전달하는 중요한 매개체가 된다. 그러므로 등장인물은 듣는 이에게 가장 잘 맞도록 바꿀 수도 있다. 서른한 번째와 서른두 번째 이야기('중간에 끼었을 때')는 치료적 특성은 거의 같지만, 어린이 이야기의 경우 등장인물은 인형이고 청소년 이야기의 경우는 십대 소녀다. 등장인물은 우주 장난감이나 앞에 나오는 곰인형, 귀중한 예술작품, 십대 소년이 될 수도 있다. '행복을 찾아서'(열 번째 이야기)를 만든 이야기 아이디어는 원래 주인공이 왕이었다. 그는 '신발

없이'(Burns & Street, 2003)에서는 문제가 많은 대군(좀 더 현대적이고 청중과 관련이 있는)으로 나오는데, 이 책에서는 공주로 나온다.

3. 자신의 은유를 제시하라

은유로 작업을 하는 데 기본적이고 간단한 방법은 결과를 가지고 계획을 세우고 이야기는 문제에서부터 시작하라는 것이다. 치료 회기 동안 마음속에서 은유를 짤 때는 다음 치료 회기에 대한 것을 종이에 잘 적어 두거나 치료가 향해 갈 목표에 대한 것을 생각한다. 그리하여 우선은 결과를, 두 번째로는 자원을, 마지막으로는 문제를 구상한다. 하지만 아이에게 말할 때는 문제를 가지고 시작하고, 그 다음에 등장인물이 개발하고 활용할 자원들을 내세우고, 결과로 마무리한다.

문제를 드러내라

은유에서 이 단계의 목적은 어린 청자들이 동일시와 의미를 찾을 수 있도록 해서, "이 이야기가 나랑 무슨 관계가 있는 거죠?"라고 물을 수 있는 탐구 현상 과정에 빠려 들어가 이야기에서 개인적 연관성을 찾도록 하는 것이다. 이야기는 결국 투영검사법 같은 것이다. 인지자(perceiver)가 의미를 둘 법한 것에 상당히 애매모호한 자극을 내어 준다. 아이는 이야기의 등장인물이나 문제에 끌려들수록 결과에도 쉽게 끌려든다. 그러므로 문제를 드러내 주는 것이 그 기능을 제공하고 있다면, 아이의 눈이 멈춘 곳이나 몸의 움직임이 멈춘 곳, 머리를 가볍게 끄덕이는 곳, "맞아요, 나도 그래."라는 표현까지도 관심을 보이는 것으로 끌려들고 있다고 생각해도 좋다. 이 지점에서 이야기가 해결책을 제시하지는 않지만 문제를 간략하게 보여 주고, 듣는 이를 끌어들이며, 등장인물이 어떻게 해결책을 찾을 수 있을 것인지에 대한 어느 정도의 신비감을 만들어 낸다.

자원들을 설명하고 개발하라

이야기의 이 단계에서 아이는 자기가 이미 가진 능력에 접근하고, 과거의 기술들을 다시 활성화시키고, 문제에 대한 예외를 토대로 해서, 도전을 이겨 낼 새로운 방법들— 여러분이 계획을 세우는 단계에서 결정한 자원들—을 개발해 나갈 길로 유도된다. 청자와 같이 등장인물은 해묵은 문제들을 해결할 길을 찾아보고, 실패하고, 그렇게 밖에 될 수 없다고 생각해 오던 것에서 예외를 발견하고, 새로운 접근법과 전략을 시도해 본다. 이는 등장인물이 자기가 쓸 수 있는 도구들을 인정하고 깨닫고 활용할 수 있게 되는 단계다. 또한 쓸 만한 자원들을 사용하는 법을 찾고, 무엇이 도구인지만이 아니라 그 도구들을 실용적이고 유익하게 쓸 수 있는 방법까지 배울 수 있는 발견의 과정이기도 하다. 아이는 여기에서 만족할 만한 결과를 향해 자기를 이끌어 주는 적응, 변화, 배움, 깨달음 등의 유용한 과정을 발달시키는 데 도움을 받는다.

결과를 제시하라

이야기에서의 마지막 단계는 결과 지향적 사정으로 협상되어 오던 구체적인 치료목표의 획득이다. 이는 완전한 목표나 내담자들이 바라는 모든 것을 얻는 것은 아닐지 모르지만, 바람직한 방향으로 나아가는 구체적인 단계 중의 하나가 될 수는 있다.

이야기를 어떻게 끝낼 것인가에 대해서는 몇 가지 가능성이 있다.

- 자기 자신을 돌보아야 한다거나(다섯 번째 이야기) 자제력을 잃어버리면 안 된다는(마흔일곱 번째 이야기) 메시지처럼 분명하고 직접적이며 신랄하기까지 한 결과로 마무리할 수 있다.
- 결과를 모호하게 해서 아이가 자기만의 의미를 찾을 수 있게 할 수 있다. 스물다섯 번째 이야기 '잘하는 것에서 출발하라'에서처럼 아이가 '내가 잘하는 건 뭐고, 어떻게 해야 그걸로 발판을 삼을 수 있을까?'와 같이 곰곰이 생각해

보게 둔다.

- 일흔세 번째 이야기 '힘을 모아 문제를 해결하는 거야'에서처럼, 이야기가 전혀 결론에 이르지 않더라도 아이는 자신만의 결론을 찾을 수 있다.

끝에서 등장인물은 자신의 목표를 이룰 것 같다는 걸 알게 된다. 전에는 가질 수 없을 것 같았던 목표를 향해 한 발만 더 내디디면 될 것 같은 확신을 가질 수도 있다. 생각하고 느끼고 행동하는 방식이 만들어 내는 어떤 차이를 발견할 수도 있다. 결과는 단 한 번의 성취가 아니기 때문에 그런 경험들을 미래에 다시 되풀이 할 수 있을 거라는 기대도 해 본다. 또 배우고 발견하는 과정을 그대로 즐길 수도 있다.

어린 청자들이 우리가 의도한 대로 이야기를 해석할 필요는 없다는 걸 기억해야 한다. 아이들은 우리 치료사들이 전해 주려고 의도하지 않았던 의미를 이야기 속에 투사할 수도 있다. 이런 경우에는 아이가 이야기에서 끌어낸 해석을 가지고 작업을 하는 것이 중요하다. 왜냐하면 그것이 우리가 계획했던 메시지보다 더 강한 감동과 의미를 가질 수 있기 때문이다. 이야기하기에서는 아이가 바람직한 치료적 목표를 향해 가는 데 건설적으로 도움이 되는 방향으로 아이가 의미를 찾을 수 있도록 충분히 유연해야 한다.

요약하면, 하나의 간단한 지침은 결과, 자원, 문제, 등장인물의 순서로 은유를 구상하며, 이야기로서 은유를 제시하거나 말할 때는 문제에서 자원을 거쳐 결과로 움직여 가라는 것이다. 이 과정에서 제2장에서 논의한 이야기꾼의 목소리 사용에 따른 효과적인 이야기하기를 위한 지침을 다시 살펴보는 것이 도움이 될 것이다. 이런 지침들로 치료적 메시지의 유효성을 높여 주는 시험을 해 보는 것도 괜찮다. 그런 걸 시험해 보고 여러분의 내담자들에게 효과가 있는지 살펴보라. 듣는 이들의 관심을 끌어 이야기하기의 과정에 참여하게 하는 데 도움이 되는 것들을 사용해 보라. 그렇지 않은 것은 버려라.

4. 멈춰서 보고 들어라

치료사가 약간은 거리를 두는 것이 도움이 될 수 있다. 한편으로는 이야기하기에 아이와 함께 완전히 몰입하는 것이고, 다른 한편으로는 약간 뒤로 물러서서 아이의 반응을 관찰하면서 여러분의 이야기를 아이들의 요구에 맞춰 가야 한다는 뜻이다. 이야기를 할 때는 여러분의 이야기가 감동을 주고 있는지, 목표점을 잃어버리고 있는지를 보여 주는 개인적인 반응을 찾고 그에 귀 기울이고 싶을 것이다. 아이가 가만히 앉아서 다음에 무슨 일이 일어날지 호기심 어린 얼굴로 눈을 동그랗게 뜨고 있는가? 아니면 끊임없이 다리를 비비 꼬면서 손가락을 만지작거리고 뭐 더 재미있는 게 없을까 하며 방을 두리번거리는가? 그리고 여러분이 관찰을 하고 나면 그에 대해 어떻게 해야 하는가?

주의가 산만해진다는 표시가 나타나면, 보통은 아이가 치료적 과정에 참여하지 못하고 있거나 이야기와 동일시하지 못하고 있다는 좋은 지표가 된다. 결국 치료사의 말은 쇠귀에 경 읽기가 되고 만다. 훌륭한 이야기하기 기법 중에는 듣는 이의 요구와 스스로에게 자문해 보는 상황에 따라 개작할 수도 있고 조절할 수도 있는 융통성이라는 게 있다. 아이의 행동을 이야기 속으로 스며들게 하여 등장인물이 아이가 겪는 심란함을 반영하고 있는가? 이야기를 바꾸는 게 아이가 더 깊게 참여하도록 하는 시도인가? 아이가 등장인물이라면 이야기의 이 지점에서 무엇을 할 수 있을지 이야기를 멈추고 아이에게 물어보는가? 듣는 이의 관심거리와 취미, 스포츠 활동에 맞춰 등장인물이나 문제를 바꾸고 있는가? 이런 유형의 질문들은 여러분의 이야기가 적절하고 유익한 결과가 나도록 도와줄 것이다. 그래서 '멈춰서 보고 들어라'는 말에서 나는 여러분이 이야기를 하다가 잠시 멈추고, 아이에게 어떤 일이 일어나는지 살피고, 필요하다면 이야기를 바꾸고 조절하는 것, 즉 이야기의 유효성과 청자의 이익을 위해 이야기를 필요에 맞고 적당하게 바꾸는 일의 가치를 강조하고 싶다.

5. 현실을 토대로 하라

호주 북부에 원주민들이 믿고 있는 전설이 하나 있는데 확실히 그 지역의 환경이라는 현실에 근거를 둔 것이다. 그것은 높은 벼랑 턱에서 자기 누이동생을 겁탈하려던 한 남자의 이야기다. 어떻게든 벗어나 보려고 발버둥을 치던 누이동생은 벼랑에서 떨어져 버렸다. 그런데 떨어지면서 오빠 머리띠에서 깃털 하나를 잡아뜯었다. 그 깃털은 벼랑 꼭대기에 내려앉아 바위 속으로 들어가 굳어 버렸다. 형제들이 그놈을 찾아 나섰지만, 그놈은 달아나다가 불 속으로 뛰어들어 피부가 다 타버렸다. 물웅덩이 속으로 뛰어들었는데, 피부가 딱딱해지고 주름이 잡히더니 탄 곳부터 짙어져서 악어가 되어 버렸다. 그 부족의 누구나 그 벼랑 곁을 지나갈 때마다 꼭대기에 있는 깃털 모양의 바위를 보고 그 물웅덩이 곁을 지나다니면, 아직도 물속에 숨으려고 하는 주름진 등을 가진 악어를 볼 수 있다. 이 이야기를 듣자마자 떠오르는 메시지가 있다. 근친상간은 금기라는 것이다.

여러분이 아이의 경험이라는 현실에서 이야기를 만들 수 있다면 이야기의 메시지와 결과를 확고히 하는 데 도움이 될 것이다. 여러분의 이야기가 등장인물을 아이들이 보는 TV 프로그램과 일치시킬 수 있고 아이들이 사는 데와 비슷한 근교에 배경을 두고 있다면, 또 아이들이 하는 운동과 관계가 있거나 아이들의 친구와 비슷한 등장인물의 이야기라면, 아이들이 그 이야기에 몰입하거나 그러한 변수들과 상호작용할 때마다 이야기와 그 결말에 대해 상기하게 될 것이다.

- **1단계: 결과 지향적인 평가를 하라.** 결과에 대한 가설을 가지고 있고 구체적이고 긍정적인 목표를 추구한다면, 치유적 이야기로 작업을 하든 다른 어떤 치료적 개입을 하든 치료적 성공을 더 쉽게 보장할 수 있을 것이다.

- **2단계: 은유를 구상하라.** 첫째, 결과를 사정하라. 이야기가 어디를 향해 가는지 보라. 둘째, 아이가 결과에 이르는 데 필요한 자원과 방법을 정의하라. 그렇게 하여 그다음에 문제를 제시하고 이야기를 결론으로 이끌어 가는 데 필요한 등장인물과 제시할 문제를 탐색하라.

- **3단계: 자신의 은유를 제시하라.** 이야기를 할 때는 구상한 것과는 역순으로 전개할 것이다. 문제로 우선 시작해서 필요한 자원들을 설명하고 개발하여 마지막에 적절한 결과를 제시한다.

- **4단계: 멈춰서 보고 들어라.** 내담자를 관찰하라. 이야기가 받아들여지고 있는 방식과 이야기를 아이에게 의미 있고 유용하도록 개작하려면 무엇이 필요한지를 사정하라.

- **5단계: 현실을 토대로 하라.** 이는 아이가 이야기에 더 몰입하게 해 주고 아이의 일상적 삶 속에 그 이득을 일반화시키도록 한다.

17

부모에게 치유적 이야기 쓰는 법 가르치기

 이 책은 전문적으로 아이를 돌보는 사람이 치료적 이야기를 아이들에게 해 주거나 아이들과 함께 합작해서 만들어 내는 것에 중점을 두고 있다. 하지만 일주일에 한 번 상담할 때만 만나는 치료사보다는 부모나 조부모, 아이의 삶에 의미 있는 그 밖의 사람 등이 아이와 더 깊은 관계를 가지고 친할 수 있다. 부모들(이는 아이 일상의 삶 속에 관련된 모든 가까운 사람들을 포함하는 말로 사용할 것이다.) 식사를 함께하듯이 치유적 이야기를 밤에 침대 머리맡에 앉아서나 차 안에서 할 수 있다면, 이야기하기의 이득은 치료적 이야기를 하면 할수록 부모와 아이의 의사소통도 더 좋아지는 데까지 이를 수 있을 것이다. 이 장에서는 아동과 청소년 영역에 있는 모든 치료사들이 인식하고 있어야 하는 중요한 주제이지만 지금까지 다루지 못한 아이의 품행과 행동에 영향을 주는 부모의 역할에 대해 다루고자 한다.

부모와 양육을 위한 이야기

대부분의 부모들은 좋은 의도로 부모의 역할에 접근하고 아이들이 잘 되기를 바라지만, 효과적인 부모 역할을 하기 위한 기술을 모두 배우지는 않았을 것이며 적절한 역할 모델이 되지 않을 수도 있다. Dadds, Maujean 및 Fraser는 문제행동을 가진 아이의 구체적인 범위를 "공격성, 도둑질, 불순응, 거짓말, 규칙 위반 등과 같은 문제행동이 아동과 청소년을 정신건강 클리닉에 가장 자주 보내는 문제다."(2003, p. 238)라고 말한다. 전염병적, 발달적, 사회적, 교육적, 그리고 또 다른 유형들까지 모두 포괄하는 행동장애에 대한 위험 요인의 범위가 있지만(Loeber & Farrington, 2000), Dadds, Maujean 및 Fraser가 "많은 연구들이 어린아이에 대한 양육방식이 아이의 행동과 문제행동 발달에 관련이 있다는 걸 보여 주고 있다."(2003, p. 205)라고 말할 때는 상당히 구체적이다. 사실 그들은 가장 확실한 위험 변수는 문제 있는 양육에 노출되는 것이라고 말한다. 이는 Brinkmeyer와 Eyberg가 "부모와 아동의 애착 결핍과 행동처리 기술 부족의 요인이 함께 작용할 때는 한 가지 요인만 있을 때보다 훨씬 더 심각한 파괴적인 행동을 예언한다." (2003, p. 205)라고 말하는 것과도 일치한다. 실제 문제에서 이것이 뜻하는 의미는 아이가 문제행동을 가지고 사무실로 들어올 때는 그 문제가 가족들에게 단순히 귀찮은 것이든 범죄적 행위가 될 만큼 중요한 것이든, 대개는 그 원인을 아이들이 양육된 양육방식에서 쉽게 찾을 수 있다는 것이다. 그렇다면 치료가 제대로 방향을 잡는다는 것은 양육방식을 겨냥하는 것이 된다. Scott Sells도 「저항하는 부모들 극복하기」라는 논문에서 "좋은 양육 기술이 부족한 부모들은 똑같이 비효과적인 방식, 즉 위협적인 처벌, 목소리 높이기, 잔소리 등을 되풀이하여 아이들의 나쁜 행동에 반응하는 경향이 있다."(2003, p. 27)라고 말하고 있다. 이를 치료라는 말로 여기니까 소아정신과의 전통적인 격언 한마디가 문득 떠오른다. '아이보다는 부모와 부모의 양육방식에 대해 작업하라.' Sells는 하나의 해결책은 치료사가 '가족 코치' 역할을 맡아서 '통제할 수 없는 아이를 단계적인 지도로 어떻게 통제하는지'를 부모에게 보여 주는 것이라고 결론 내리고 있다(p. 27). 부모를 도와서 그들의 행동을 변화시키는 것은 아이들을 도와서 아이들의 행동을 변화시키는 것을 돕는 것과 너무나 똑같다.

아이를 다루는 양육방식을 수정하는 데 도움이 되는 실험적 타당성을 지닌 여러 접근법이 있다(예: Brinkmeyer & Eyberg, 2003; Sanders, 1999; Webster-Stratton & Reid, 2003). Selekman(1997, 2002) 같은 몇몇 작가들은 가족을 홀로 존재하는 개별적 아이나 부모로 보기보다는 변화를 위한 고유한 단일체로 본다. 부모와 가족의 개입에 대한 건강하고 합리적이며 경험적인 근간이 있는가 하면, 이런 범주에 들지는 않더라도 모든 어린이 및 청소년 치료사가 기억해 둬야 할 중요한 것이 있다.

부모가 야뇨증 문제로 아이를 데리고 사무실에 들어왔을 때를 한번 생각해 보자. 그런데 아이가 밤에 깨서 누워 있는데, 엄마와 아빠가 싸우는 것 때문에 너무 놀라서 잠들지도 못하고 화장실에 가지도 못했다는 사실을 바로 알게 된다. 문제는 어디에 있는가? 침대를 적시는 아이에게 있는가, 아니면 싸우는 부모에게 있는가? 게다가 누가 내담자가 되는가? 여기서 나는 이 문제가 어린이 및 청소년 치료사들이 염두에 둬야 할 문제임을 강조하고 싶다. 그리고 부모에게 은유적 이야기를 제시하는 것이 문제를 해결하려는 그들의 욕구와 양육 기술을 변화시키고 발달시키는 데 도움이 될 것이라고 생각한다. 상황과 등장인물에 따라 은유를 다음과 같이 소개하는 것도 좋을 것이다. "최근에 저는 조니 또래의 한 남자 아이를 보았는데 그 아이도 비슷한 문제를 겪고 있었어요. 물론 그러한 문제에 관해서 그 아이를 도와줄 수 있는 많은 치료사들이 있었고 조니의 부모도 그 문제를 매우 고치고 싶어 했어요. 저는 조니의 부모님이 제게 무엇을 하면 좋겠느냐고 물었을 때 그것이 매우 흥미롭다고 느꼈고, 그래서 우리는 함께 여러 가능성에 대해서 의논을 했지요. 무슨 의논을 했을 것 같으세요? 조니의 부모님이 돕기 위해서 하겠다고 했던 일은 무엇이었을 것 같나요?"

부모-자녀 관계에서 문제에 대해 부모나 가족들과 함께 작업하거나 혹은 아이의 문제와 관련하여 위험 요소 또는 강화 요소가 되는 부모와 함께 작업하기 위한 이야기들을 구상하고 보여 주는 것은 아이들을 위한 치유적 이야기를 준비하고 제시하는 것에 대한 앞 장의 논의와 같은 원칙을 따른다. 어른들을 위해 은유치료로 작업하는 것에 대해 더 알고 싶다면, Lankton과 Lankton(1986), Kopp(1995), Burns(2001) 등의 책이 좋은 안내자가 될 것이다.

부모에게 은유 사용하기를 가르치는 것의 몇 가지 의의

Yapko는 "이야기하기는 내리막길에 들어선 기법이 되어 버린 것 같다." (2003, p. 322)라고 비통해했다. 덧붙여 그는 TV가 우리 사회에 파고들어서 우리를 수동적인 경험의 방관자가 되게 했고, 컴퓨터와 '말하는' 시간을 더 많이 보내게 됨으로써 사람들과의 상호작용은 줄어들게 되었다고 했다. 개인적이거나 상호적인 이야기하기 기법이 사라지고 있다는 것과는 별개로, 나는 아이들이 듣는 이야기의 내용과 본질도 변화하고 있다는 견해를 더하고자 한다. 많은 컴퓨터 게임들이 폭력과 공격성의 이야기에 근거를 두고 있고, 많은 TV 프로그램들이(심지어 만화까지도) 전쟁과 살인, 폭력, 복잡한 관계 등을 말하고 있다. 그런 이야기들은 가치관과 본질적인 삶의 기술을 전달해 주는 이야기의 전통적인 원칙보다는 오락의 원칙에 근거한다.

우리와 우리 아이들이 보는 대중매체에 뿌리를 둔 이야기들의 특징은 충격을 주는 것이다. 비록 우리가 하는 반응의 양식에는 수많은 개인적 다양성이 있다 하더라도, 그것은 우리가 어떻게 행동하고 반응하는지에 영향을 미친다. 그렇지 않다면 회사들이 자기들이 만들어 내는 것과 서비스에 대한 이야기를 광고하는 데 그렇게 많은 비용을 쓰겠는가? 아이들이 각자의 삶 속에서 수없이 다양한 자료로부터 이야기를 듣게 된다는 점에서, 치료사의 사무실에서 한 번 이야기한 하나의 이야기가 텔레비전 뉴스 기사나 컴퓨터 게임, 복잡한 가족관계, 대중가요, 학교 폭력 등을 통해 듣게 되는 이야기를 상쇄시킬 수 있는지 물어보아야 한다. 그럴지도 모르지만 아닐 수도 있다. 하지만 요즘과 같은 기계 문명의 시대에 우리는 아이들에게 유익하고 적합한 이야기를 계속해야 하고, 이야기하기 기법을 다시 수정하여 학식 있는 부모나 교사, 치료사들에 의해 적합하다고 판명이 난 이야기의 특성을 계속 전파해야 한다. 아이가 가깝다고 느끼고 사랑하고 자기를 돌봐 주는 관계 속에서 존경할 수 있는 사람들에게 많은 이야기를 듣는 것은 아이들의 잠재력을 강화시킨다. 따라서 우리가 치료사나 교사로서 할 수 있는 것을 자기 아이들에게 할 수 있도록 부모나 다른 양육자들에게 가르치는 것은 합리적이고 바람직한 일이다.

부모-자녀 관계 강화

이 책의 서두에서 할아버지, 할머니가 아이를 무릎에 앉히고 책을 읽어 주거나 부모가 밤에 아이의 머리맡에 앉아 이야기를 해 줄 때 아이가 편안히 잠들어 가는 동안 형성되는 친밀한 관계를 보았다. 그런 상황에서는 이야기를 하는 사람과 듣는 사람 간에 흐르는 특별한 유대감과 친밀함, 친근함이 있다. 내 손자가 좀 더 어렸을 때는 둘만의 특별한 시간을 보내곤 했는데, 자리에 앉아서 안전벨트를 매려고 하면 입에서 거의 주문처럼 흘러나오는 말이 있었다. "생쥐 프레드 얘기해 주세요." 생쥐 프레드는 우리 둘만이 가질 수 있는 결속을 만들어 주었다. 프레드는 우리 둘 사이에만 존재하는 특별한 인물로서 프레드를 통해서 우리는 모험을 할 수도 있었고, 우리가 낮에 겪었던 일을 다시 볼 수도 있었고, 새로운 걸 배울 수도 있었고, 어린 시절의 문제를 해결할 길을 찾을 수도 있었다. 여러분은 부모들을 이야기하기로 초대하여 간접적으로 부모-자녀 관계를 강화시키는 과정을 촉진시킬 수 있다.

중요한 교사에게 배우기

보통 부모는 어린이의 삶에서 중요한 교사가 된다. 일반적으로 부모는 태어나면서부터 있었던 사람이고, 아이와 함께 가장 많은 시간을 보내는 사람이고, 어떻게 행동하고 상호작용하며 삶의 여러 상황 속에서 어떻게 반응해야 하는지에 대한 역할 모델이 되는 사람이다. 부모는 말과 행동으로 이야기를 전달하면서 가치관과 문제해결, 관계, 다른 삶에 필요한 기술들을 아이에게 가르칠 것이다. 그것이 유익하든 그렇지 않든 말이다. 나는 오랫동안 삶에서 가장 중요한 역할은 부모가 되는 것과 아이를 교육하는 것이라고 생각해 왔다. 그것이 아이들의 미래를 결정하니까, 나아가 정말로 세계의 미래를 결정하니까 말이다. 만일 부모가 아이들에게 주고자 하는 가치관, 여러 가지 삶의 도전에 대처하는 방법, 또는 행복한 것을 즐길 줄 아는 기술들을 전달하는 효과적인 방식으로 부모의 교육에 우리가 도움이 된다면, 우리는 효과적인 이야기하기에 대한 전략들을 그들에게 잘 가르쳐 줄 수 있을 것이다. 이러한 방식으로 아이들은 자신들의 삶에서 핵심적인 교사, 즉 그들이 자라나서 삶의 여행에 필요한 기술을 모두 갖추도록 하는 데 가장 큰 책임이 있는 사람인 부모에게서 배울 수 있다.

좋은 시간 만들기

부모 노릇을 하면서 사람들은 매일의 의무와 요구에 사로잡히기 쉽다. 업무 시간과 스트레스, 융자금 지불, 집안일 등등. 아이가 조용히 앉아서 TV를 보거나 컴퓨터 게임을 하는 동안, 부모는 설거지, 집안 청소, 잔디 깎기, 노트북에 저장해 집에까지 가져온 프로젝트 완성하기 등의 '해 놓아야 하는' 여러 가지 일에 먼저 손이 가게 된다. 그러다 보니 정작 아이들과 함께 즐거운 시간을 보낼 기회는 놓쳐 버리게 된다.

Rachel Remen은 『식탁의 지혜: 치유하는 이야기(Kitchen Table Wisdom: Stories That Heal)』(1996)라는 재미있는 책의 제목을 어린 시절 가족들이 식탁에 둘러앉아서 저녁식사를 하면서 나눈 이야기들을 모아 둔 것에서 착안했다. Yapko처럼 그녀도 가족들이 서로 이야기를 나누면서 얻는 지혜가 사라져 가는 것을 개탄했다. 그녀는 그것을 배움의 경험과 건강한 성장에서 중요한 것으로 보고 있다. 여기에 또 하나의 차원을 더한다. 이야기하기 기법과 이야기의 내용만이 아니라 이야기를 하는 사람과 듣는 사람에게 허락된 과정은 절대로 방해받을 수 없으며 즐겁고 배울 수 있는 경험을 함께 나누는 정말 멋진 시간이라는 것이다.

효과적으로 의사소통하기

몇 년 전에 효과적인 양육 기술을 위한 부모와 아이들 집단을 운영한 적이 있었다. 부모와 아이들에게 따로 어떻게 해야 부모-자녀 관계를 향상시킬 수 있다고 생각하는지 물었더니 대답은 거의 동일했다. 아이들은 부모들이 잔소리만 그만하면 더 나아질 거라고 했다. 이 문제는 늘 아이들이 작성한 목록의 최우선 순위를 차지한다. 반면에 부모들은 자기들이 아이들에게 잔소리할 필요가 없다면 더 나아질 거라고 했다. 이 역시 늘 부모들의 목록 1위를 차지한다. 여기에 관심이 쏠렸다. 양쪽 다 잔소리를 그들 관계의 공통 문제로 보고 다 탐탁찮게 여겼는데도, 모두가 그 방식을 그대로 고수하고 있었다. 부모와 아이들이 똑같이 잔소리가 주된 공통 문제였고 그들의 바람직하지 못한 의사소통 방식이었다.

이야기로 의사소통을 하는 것은 부모가 훈계를 하거나 설교를 하고 잔소리를 하는 문제를 피해 갈 수 있게 해 줄 수 있다. 물론 확실히 직접적이고 분명한 의사소통이 더 바람직할 때가 있다. 아이가 버스가 다니는 길로 들어서려고 할 때처럼 말이다. 이런 상황에서는 버스 앞으로 가면 안 된다거나 버스를 피할 방법을 장황하게 우회적인 이야기로 할 때가 아니다. 하지만 훈계를 하고 설교를 하거나 잔소리를 하지 않고 의사소통을 할 수 있는 방법으로 은유적인 이야기의 우회성이 어울리고 효과적인 때가 있다. 밀튼 H. 에릭슨 재단 책임자 Jeffery Zeig(2004, 개인적 서신)는 정보는 어린이가 다른 것을 할 수 있도록 도와주지만 이야기는 아이들이 달라질 수 있게 하는 경험을 창조해 낸다고 했다.

바람직한 행동 장려하기

치료적으로 고안된 이야기로 의사소통을 하는 또 하나의 의의는 이야기하는 과정에서 아이들의 성장에 유익하다고 사려되는 기술과 행동 양식을 가르칠 수 있다는 것이다. 이야기하기는 권위주의적이지 않아서 관계에서 동등하다는 느낌을 더 줄 수 있다. 아이는 어떻게 생각하고 느끼고 행동해야 하는지 지시받는 게 아니라 독립적으로 생각하도록 해야 한다. 기회란 자신의 생각과 행위를 사용하는 것이다. 따라서 은유 이야기는 문제해결을 더 잘할 수 있게 해 주고 의사결정 기술을 더 잘 쓸 수 있게 해 준다. 그 등장인물이 어쩌려고 하지? 그 사람이 어떻게 이 문제를 해결할까? 이렇게 하는 게 좋을까, 저렇게 하는 게 좋을까? 결과는 어떻게 될까?

이런 질문들이 아이가 답을 찾게 하고 그들의 잠재적 해결책을 시험해 보게 하고, 등장인물들과 상응해서 도움이 되는 것과 그렇지 못한 것을 찾을 수 있게 한다. 가능성을 만들어 내는 이런 과정에서 선택 사항들을 따져 보고 해결책을 찾아보면서 아이는 의사결정 기술들을 배워 나간다. 등장인물이 그 문제를 해결해 나가는 데 필요한 게 뭘까? 그는 해결책을 어떻게 찾을까? 등장인물과 함께 이런 질문들을 해 나가면서 아이들은 가능성과 확률을 점치는 걸 배우고, 자신들만의 신중한 판단을 해 보고, 자기들 인생 여정 전반에 필요하게 될 독립적인 의사결정 기술을 스스로 준비한다.

즐겁게 배우기

학창 시절을 돌이켜 보면, 내게 긍정적이고 신나는 교육 경험을 하게 해 주신 두 선생님이 떠오른다. 한 분은 초등학교 때 선생님이고, 다른 한 분은 고등학교 때 선생님이다. 두 분 다 이야기로 가르치셨는데, 그 이야기 중에서 지금까지도 기억나는 게 있다. 우리는 두려움과 상처의 상황에 처해 바로바로 배울 채비가 된 자기 보호적 부류인데, 우리가 배워야 할 것들은 대부분 긍정적이고 즐겁고 보완적인 환경을 통해서 키워지고 있다는 것이다. 이야기하기는 부모와 아이 모두 기쁘게 배울 수 있는 경험을 만들어 내면서 그런 교육적 특성들에 공헌한다. 이야기하기는 관계와 배움의 과정을 재미있고 유머가 넘치고 신나는 것으로 만드는 잠재력을 지니고 있다.

부모에게 이야기하기 가르치는 과정

부모들이 이야기를 하면서 가치관, 정보, 치유, 그 밖의 다른 삶의 교훈 등을 전달하도록 가르치는 과정은 앞 장에서 제시된 치료사의 과정과 거의 흡사하다. 여기서는 그러한 과정을 부모에게 더 잘 전달하는 데 사용할 수 있는 방식을 소개하고자 한다.

1단계: 이야기의 결과를 찾아라

가치관이나 메시지 혹은 아이에게 도움이 될 만한 다른 어떤 것을 고르고 싶을 수도 있고, '오늘 밤에 생쥐 프레드(아니면 누구라도) 이야기 하나 해 줄 텐데, 어떻게 끝났으면 좋겠니?' '넌 프레드가 어떤 마음이면 좋겠니?' '넌 프레드가 뭘 다르게 했으면 좋겠니?'와 같은 질문을 통해서 아이와 이야기의 결말을 함께 의논해 볼 수도 있다.

(이야기의 주제나 결과는 치료 회기에서 부모와 함께 정할 수도 있고, 부모들이 다음 회기 동안 지도받을 수도 있다.)

2단계: 이야기를 구상하라

앞서 언급했듯이, 모든 이야기에는 처음, 중간, 끝이 있다. 그리고 치유적 이야기에서 처음은 문제가 되고, 가운데는 자원이 되고, 끝은 결과가 된다(PRO 접근법). 이야기를 구상할 때는 1단계에서 말한 대로 결과를 찾아 끝에서 시작하는 것이 가장 쉽다. 그다음에 가운데를 뭐로 할지 물어야 한다. 등장인물이 목표에 이르려면 어떤 기술, 어떤 단계의 과정, 어떤 자원들이 필요한가? 세 번째는 이야기의 처음을 무엇으로 할 것인가다. 등장인물은 어떤 문제나 도전을 넘어서야 하는가? 네 번째는 등장인물이 누구냐는 것이다. 어떤 부류의 인물이 이야기 메시지를 전달하는 데 도움이 될 것인가? 따스하고 포근하고 꼭 안아 주고 싶은 마무리를 원한다면 곰인형이나 아이의 애완동물 중에 하나를 고를 수도 있다. 또 이야기가 강력한 메시지를 전달한다면 코끼리나 초인적인 영웅이 더 나을 것이다.

(부모와 함께 작업을 하면 치료 회기 사이에 집에서 있었던 일이나 아이와 나눴던 말들로 이야기를 구상하는 것도 도움이 된다. 다음 회기에서 아이가 그 이야기에 어떻게 반응하는지, 부모가 그걸 이야기하면서 어떻게 느꼈는지, 가족들이 부모-자녀 관계에 대해 어떤 걸 감지했는지, 어떻게 이런 경험들을 계속하거나 만들어 나갈지 등을 알고 싶을 것이다.)

3단계: 이야기를 보여 줘라

처음부터 이야기를 하라(도전 혹은 문제). 등장인물이 거쳐야 할 과정들과 이야기 목표에 이르기 위해 개발해야 할 기술 등을 설명하라(자원). 끝으로 결론을 지어라(결과).

(일반적으로 성공적인 이야기하기를 확신하면서 부모가 따라오기 쉽게 될 수 있는 대로 간단하게 이 과정을 만들어 계속할 수 있다는 자신감을 구축해 주기를 바란다. 부모가 자신감을 가질 때, 4단계를 보여 주고, 이야기하기와 제2장에서처럼 이야기꾼의 목소리에 대한 지침들을 소개해 줄 수 있다.)

4단계: 멈춰서 보고 들어라

아이가 이야기에 어떤 반응을 보이는지를 관찰하라. 아이가 관심을 가지거나 빨려드는가? 아이가 지겨워하면서 계속 몸을 비비 틀고 있는가, 아니면 자극이 되어서 흥분하고 있는가? 졸고 있거나 자지는 않는가? 이야기에 대한 반응이 바라던 거라면 그대로 계속하면 된다. 그렇지 않다면 이야기의 방향을 바꾸거나 아이가 관심을 더 가질 수 있도록 해야 한다.

(만약 피드백이 필요하면 부모들에게 테이프로 자기들이 한 이야기하기를 녹음해서 치료 시간에 가져오라고 해도 된다.)

효과적인 부모 이야기하기의 예

얼마 전에 한 아이의 어머니에게서 전자우편으로 받은 효과적인 부모 이야기하기의 사례가 있었는데, 제13장 '아이가 만든 치유적 이야기'로 모은 것들 중에 있는 것이다. 이 이야기 당시 아이는 여덟 살이었는데, 끔찍한 생일 파티를 하고는 다시는 그런 파티를 하고 싶지 않아 했다(문제). 그 아이의 어머니는 내가 설명한 단계에 따라 아름다운 이야기—시를 하나 썼다. 먼저 아들이 원하는 결과를 정했다. 아이는 생일 파티 가는 걸 좋아하고, 가슴 졸이며 기다리고, 거기서 재미있게 놀고 싶어 할 것이다. 그런 다음 그녀는 아이가 이야기 속에서 두려움에서 즐거움으로 옮겨가려면 어떤 과정이 있어야 하는가라는 질문에 부딪혔다. 다음으로 아들이 이미 가지고 있는 기술 혹은 자원(저글링)으로 접근해 갔다. 그리고 마침내 기본적인 요소들(결과, 자원, 문제)로 다음에 나오는 즐거운 이야기를 만들었다.

생일 파티

생일 파티 가는 길
옷을 쫙 빼입고
선물 가방을 들었지만
나는 약간 슬프네.

엄마 없이 있는 것이 익숙하지 않네.
엄마가 날 파티에 두고 가서
네 시에 데리러 온다는데
난 잘 모르겠어.

도착했다.
차에서 내려
집으로 걸어가는데
그 집이 너무 멀어 보여.
엄마가 벨을 눌렀지.

키 큰 어른이 나왔어.

"네 시에 데리러 올게."

거실에 죽 늘어선 풍선들과 리본들

엄마는 입맞춤을 하고 살짝 안아 주었지.

눈물은 달랑달랑, 무릎은 덜덜덜

용기를 내야 해, 이미 너무 늦었어.

엄마는 문을 나가 버린 걸.

주인공은 오늘 여덟 살이 되는 거야.

그 아이와 친구들이 나와서 나를 반겼어.

"이리 와서 놀자."

하지만 여기 머무를 수 있을지 난 아직 모르겠어.

친구에게 선물을 주었지.

선물을 풀어 보더니 신이 나서 소리를 지르는 거야.

"이야! 야광 괴물 그림 파자마다. 고마워! 오늘 밤에 입어야지."

"이것 봐. 엄마랑 아빠가 주신 경주용 차야.

앞으로도 갈 수 있고 뒤로도 가. 정말 좋지?"

지붕이 올라오는 우주선을 봐도

정말 집으로 가고만 싶었어.

"음식이 다 되었다. 와서 먹어라." 아줌마 목소리

"윽! 아무것도 못 먹을 거 같은데." 내 머릿속 목소리

그런데 우와! 산더미 같은 음식들!

게다가 전부 내가 좋아하는 음식들뿐이야.

요정 빵21) 좀 봐.

접시에는 맛있는 음식 가득

빨간 컵엔 찰랑찰랑 음료수

터질 듯한 배

그리고

"얘들아, 뒷마당으로 나가 보렴. 마술사가 와 있단다."

둥그렇게 모여 앉은 아이들

지팡이를 흔드는 마술사

마술사의 멋진 묘기

모자에서 토끼가 폴짝

풀밭으로 깡충깡충

으하하하하 터지는 웃음

"도와줄 사람이 필요한데, 누구 저글링 할 줄 아는 사람?"

난 할 줄 알아, 전에 해 본 적이 있거든.

삼촌이 과일 채소 가게를 하시는데, 난 거의 매일 거기를 가.

삼촌은 거기 빽빽하게 쌓아놓은 오렌지 같은 걸로 늘 저글링을 하시지.

나도 모르게 하늘 향해 번쩍 든 손

부끄러움은 저 멀리 날아가고 벅차오르는 자신감

공을 들고 삼촌을 자랑스러워하면서

저글링 묘기를 보여 주었어.

---

21) 역주: farry bread. 호주에서 아이들 생일에 먹는 특별한 음식. 빵 위에 버터, 마가린 등을 바르고 여러 색으로 장식을 하는 음식.

환호성이 터져 나왔지.

박수 소리, 함성 소리
모두들 날 대단하다고 여겼어.
"이런, 시간이 벌써 이렇게 되었네. 여러분, 이제 그만 안녕."

마술사는 모든 걸 거두고
작별인사를 했어.
아이들에게 감사하단 인사를 했지.
특히, 자기를 도와준 나한테.

우리는 바닥에 놓인 선물 꾸러미를 지나다니며 한 번 더 게임을 했어.
"네 시 오 분 전." 아줌마 목소리
이렇게 재미있게 논 적은 없었어.
현관을 바라보았더니, 엄마가 웃고 서 계셨어.
시간에 맞춰 왔다고, 일 분도 늦지 않았다고 하시면서
우리는 가방을 들고 차를 타고 나왔지.

더 놀고 싶어서 집에 가기가 싫었어.
그렇게 많은 맛있는 파티 음식이면 배고파 죽을 일은 없을 거야.
또 다른 파티에 갈 수 있을 거라고 엄마는 그러셨지.
어떤 애들은 집으로 갈 거고, 어떤 애들은 동물원으로 갈지도 모르지.
촛불을 끄고 생일 축하 노래를 불렀어.
나도 아이들 사이에 서서 함께 불렀지.

이제 난 우편함을 열어 두고

나한테 오는 편지를 기다려

두근대는 가슴을 안고

'초대장'이라는 커다란 글자를 읽을 때면

가슴이 터질 거 같아.

부모가 이야기하기 기술을 익히도록 도와주기

이야기꾼과 만나게 주선하라

사무실에서 시작된 치료적 이야기하기 과정을 이어나가고자 하는 부모나 가치관, 인생 경험, 이야기로 아이를 다루는 기술 등을 나누고자 하는 부모를 위해서 이야기하기의 기법, 내용, 과정 등을 개발할 수 있는 몇 가지 기회들이 있다. 첫째, 많은 나라에 퍼져 있는 이야기꾼 모임들이 있는데, 오락과 치료 두 가지 모두에 대한 이야기하기 기법을 토론하고 연습하는 회의와 회합을 가진다. 둘째, 가끔 지역 도서관에서 이야기 읽기와 이야기하기 시간을 갖는다. 셋째, 이야기 아이디어를 만들어 내고 개발하는 데 관심을 가진 사람들을 위한 워크숍이나 회의를 운영하는 작가들의 모임도 있다. 이런 것들이 아이들과 의사소통을 하기 위한 부모들의 기술을 넓혀 나가고 쌓아 나가는 데 도움이 될 것이다.

책을 추천하라

득이 될 만한 책에는 두 가지 종류가 있다. 하나는 이야기하는 법을 가르치는 것이고, 다른 하나는 은유적 이야기의 아이디어나 보기들을 보여 주는 것이다. 이 책에서 나는 결과 지향적 이야기를 만들어 내는 과정을 담은 이야기하기 기법과 실례가 되는 이야기하기 아이디어들의 조합을 함께 실으려고 했다. 기본적으로는 치료사들을 겨냥한 것이었지만, 부모, 조부모, 교사, 그 외에도 이야기로 작업하는 것에 대해 좀 더 알기를 원하는 아이를 돌보는 모든 사람들에게도 유익한 정보들이 담겨 있다. 아이들을 위한 많은 이야기책들이 있기에 치료사로서 여러분은 근처 서점이나 도서관을 둘러보고 현재 출판되고 있는 것들을 부모들에게 권해 줄 수 있다. 그리고 불안을 이겨내고, 병을 다스리고, 화를 조절하고, 가난으로 인한 물리적·정서적 변화에 적응해 나가고, 또래들과의 문제를 다루고, 좀 더 나은 사회적 관계를 구축해 나가는 등 아이에게 개인적으로 관계된 어떤 것이라도 부모들이 아이의 필요에 맞춰서 직접 책을 찾아보게 할 수도 있다. 이러한 방법 몇 가지가 백한 번째 이야기 '내 선생이 되어 줄래?'의 뒤에 수록된 '자원, 참고 자료, 은유적 이야기에 대한 다른 원천들'에서 제공될 것이다.

역할 모델을 창출하라

부모에게 은유로 의사소통할 수 있는 역할 모델을 보여 주는 것도 괜찮다. 여기에는 몇 가지 방법이 있다. 첫째, 부모에게 이 장에서 설명한 것처럼 이야기하기의 'PRO 접근법'을 가르쳐 줄 수 있다.

둘째, 적절한 경우 자기 아이들이 은유치료를 받는 자리에 부모가 함께 있는 것이 도움이 될 수 있다. 때로 부모 앞에서는 드러내고 싶어 하지 않은 비밀을 털어 놓고 싶어 하거나 독립심을 가진 아이들에게는 이 방법이 좋지 않다. 부모가 함께 참여할 때는 어떻게 은유를 만들어 낼 수 있는지, 이야기를 어떻게 만들어 나가는지, 왜 그런 방식으로 표현하는지를 신중하게 조금씩 조금씩 설명하는 것이 좋다. 몇 년 동안 연구하고 훈련하고 실천해 오면서 개발한 과정을 치료에 딱 한 번 참여한 부모가 이해할 거라는 기대는 하지 않는 게 좋다.

셋째, 부모가 이야기를 살펴보고 다시 만들어 보게 하는 것도 좋다. 부모가 써 봤던 이야기에 대해서 물어보는 시간을 가져라. 부모가 기록해 두거나 아이들에게 써 봤던 방법으로 이야기를 해 보라고 해서 들어 보라. 부모의 이야기가 결과 목표와 맞는지, 아니면 목표를(그리고 이야기들을) 아이의 과정에 맞춰 수정해야 할지를 살펴보라. 나와 있는 자원들을 시험해 보라. 그것이 여전히 쓸 만한가? 더 도움이 될 만한 게 있는가? 여러분의 임상 경험과 작품에서 부모들의 이야기에 더해 도움이 될 만한 어떤 게 있는지 아는가?

아이와의 협력을 장려하라

치유적 이야기를 개발해 내는 데 부모가 아이와 힘을 모아 상호적으로 함께하는 것은 이야기의 치유적, 교육적 특성뿐만 아니라 부모－자녀 관계까지 강화시킨다. 부모와 아이들이 이야기 비디오를 만들게 할 수도 있다. 또한 그림으로 그리게 할 수도 있고, 좋아하는 장난감이나 인형으로 이야기하게 할 수도 있으며, 연극으로 할 수도 있고, 같이 이야기책을 만들게 할 수도 있다.

연습문제 17.1 부모에게 치유적 이야기 쓰는 법 가르치기

- 이야기하기와 은유를 사용하는 데 부모를 지도하는 것을 연습하라.
- '부모에게 이야기하기 가르치는 과정' 부분이 도움이 될 것이다.
- 부모와 함께 이야기 내용을 고른다.
- 부모에게 아이나 여러분, 혹은 집에서 오디오테이프에 이야기를 해 보게 한다.
- 부모에게 치유적 이야기를 계속 사용할 수 있도록 구체적인 피드백을 준다.

……그리고 이야기는 계속된다

삶은 이야기로 풍성하다. 극장에서의 이야기, 책 속의 이야기, 가족 안에서의 이야기, 내담자들의 이야기, 우리 경험 속의 이야기…… 삶 자체의 이야기. 하나 더 덧붙이면, 여러분이 지금까지 읽어 온 모든 걸 기초로 삼아 뭔가를 하기 바라는 것인데, 그건 바로 즐기는 것이다. 이야기 아이디어를 찾고 읽고 모으는 과정을 즐겨라. 자신의 치유적 이야기를 준비하고 구상하고 표현하는 것을 즐겨라. 가르치고 치료하는 데 이야기를 쓰는 좋은 점을 관찰하는 것을 즐겨라. 여러분의 작업 결과를 즐기고, 무엇보다 아이들이나 청소년들과 함께 작업하는 것을 즐겨라. 그들은 그럴 만한 기술을 잃어버렸기 때문에 그냥 재미 삼아 관계를 맺을 수도 있지만, 여러분은 따뜻하고 사랑할 줄 알고 놀 줄 알고 여러분의 즐거움으로 그들과 상호작용할 수 있는 모델이 될 수 있다.

치유적 이야기에 대한 탐색을 함께 해 준 것에 감사한다. 여러분이 하는 작업이 잘 되기를 바라고, 여러분 삶의 이야기들이 유익하고 건강한 여정으로 가득하기를 바란다. 백한 번째 이야기로 이 책을 마무리하고자 한다.

내 선생이 되어 줄래?

백한 번째 이야기

이야기꾼 한 사람이 살고 있었다. 그는 한때 매우 유명했었지만, 지금은 너무나 안쓰러운 사람이 되어 있었다. 이야기꾼이 이야기를 잃어버렸으니 말이다. 이제는 사람들에게 즐거움과 정보를 주면서 이 마을 저 마을로 돌아다닐 수가 없었다. 그래서 외딴 곳에 있는 작은 산으로 올라가 바위 위에 앉아 초라하게 발만 내려다보고 있었다.

그런데 그가 고른 그 작은 산도 생각했던 것만큼 외딴 곳은 아니었다. 여름이면 염소 떼들이 그곳 풀밭에 와서 풀을 뜯었는데, 그 염소를 키우는 소녀가 바위 위에 앉아 가련하게 발만 내려다보고 있는 이야기꾼을 알아보았다. 소녀는 마을 광장에서 그 이야기꾼의 발치에 앉아 그의 재미있는 이야기를 들었던 적이 있었다. 소녀가 걸어와서 부드럽게 물었다. "너무 슬퍼 보여요, 이야기 아저씨. 무슨 일 있으세요?"

"이야기를 잃어버렸단다." 그에게서 맥이 다 빠진 답이 흘러나왔다.

"어쩌다 이야기를 잃어버리셨어요?" 믿을 수 없다는 듯 소녀가 물었다. 소녀는 염소나 책가방을 잃어버리는 것 같은 건가 했지만, 문득 학교에서 늘 하는 농담을

511

집으로 올 때는 까맣게 잊어버린 적이 있었다는 걸 떠올렸다.

"내 스승은 나에게 모든 이야기를 가르쳐 주셨단다." 이야기꾼은 여전히 멍한 눈으로 발끝만 내려다 보면서 대답했다. "난 그 모든 걸 기쁘게 배웠지. 모든 걸 다 말이다. 말 한마디 한마디까지. 마을 사람들이 이젠 그 모든 걸 다 듣고 새로운 뭔가를 원하고 있지만, 나는 새로운 이야기를 하나도 가지고 있지 않아. 내가 만든 이야기는 하나도 없단 말이다."

"뭘 보고 계세요?" 이야기꾼의 말을 못들은 것처럼 소녀가 물었다.

"아무것도 안 봐." 기운 없는 대답이었다.

"아저씨 눈앞에요, 나에게는 마른 여름 땅에 풀잎들이 반짝거리고 있는 것이 보여요." 소녀가 입을 뗐다. "이것으로 어떤 이야기를 만들어 낼 수 있을지 생각해 본 적 있어요? 그것은 땅에 버려진 씨처럼 살아남을지 잘 자랄지 모르는 상태로, 비나 햇빛을 어떻게 할 힘도 없이 무력한 상태이면서도 살기 시작하죠. 뿌리는 거친 땅 속 좁은 길을 찾아나가야 하고, 잎은 햇빛에 닿으려고 절대로 포기하지 않고 최선을 다하는 거예요. 염소가 먹어 버린다 해도요, 포기하지 않고 더 자라서 다음 날 다른 염소가 먹을 수 있도록 또 자라요. 사실 아저씨도 보시겠지만—눈으로 보기에는 너무 작지만—아저씨 눈앞에서 그것이 계속 자라잖아요. 그것이 다시 씨가 될 거고 또 다른 풀잎이 되어서 자기 삶만 사는 게 아니라 염소들이랑, 다른 생물들이랑, 돌아가면서 우리 가족들에게도 생명을 주잖아요."

이야기꾼은 가만히 풀잎을 내려다 보았다. 늘 보았던 건데도 마치 처음 보는 것처럼.

"그것 말고 또 뭘 봐요?" 소녀가 물었다.

이야기꾼은 머리를 들어 자기 앞에 있는 긴 뿔을 가진 염소를 보았는데, 그 늙고 노란 눈이 이야기꾼의 눈을 호기심 어린 듯 빤히 들여다보았다. "이건 그냥 앙상하고 늙어빠진 염소잖아." 그가 말했다.

"이런 말라빠진 늙은 염소라도 할 이야기가 있다고요. 이놈은요, 가난한 우리 부모님이 열심히 일해서 차근차근 저축한 돈으로 산 첫 재산이었어요. 이놈이 지금 아저씨가 보고 있는 이 염소 떼를 다 낳은 거라고요. 그런데도 이놈의 삶은 아직도 그다지 만만해 보이진 않아요. 여우한테 대들어 용감하게 싸웠는데도 새끼들이 몇 마리나 잡아먹혔거든요. 이놈은 다른 동물들이 죽어 넘어지던 가뭄 때도 살아남았어요. 우리가 마시기도 하고 치즈를 만들 수 있는 염소젖을 얼마든지 공급해주면서, 우리 가족에게는 어떤 사람보다 가까운 친구가 되었지요. 이놈에게 감사하는 마음으로 우리는— 이놈도요 —지금도 편안하게 살고 있어요."

"또 무슨 생각하세요?" 어린 염소치기가 다시 주제를 바꾸려는 듯 물었다.

"음, 아무것도." 이야기꾼은 약간 자신 없는 듯 대답했다. 처음에 자기는 오로지 슬픔만 느낄 뿐 아무것도 느끼는 게 없다고 믿었지만, 이젠 자기가 앉아 있는 바위의 단단함을 느끼고 있을지도 모른다는 생각을 하고 있었다. 바위도 강함과 견고함, 참을성에 대한 이야기를 할 게 있을까라고 스스로에게 묻고 있었던 것이다. 그에 대해 생각했다면 더운 여름 해도 느낄 수 있었을 것이다. 저 해도 생물을 키우고 어둠에 빛을 주고 별들에게 생명을 주는 이야기를 가지고 있을까? 맞다. 그는 산들바람의 손길도 느낄 수 있었다. 부드럽게 망망대해에서 배를 밀어 주면서 물결을 일으키다가 집을 삼켜 부숴 버리는 무시무시한 태풍이 되기도 하는 변덕스러운 마음을 가진 저 바람은 얼마나 개구쟁이 같은 이야기인가? 기분을 가라앉히거나, 행동에 대한 책임을 지거나, 악 대신 선으로 행동하는 이야기를 어떻게 하면 만들 수 있을까?

그 소녀는 이야기꾼의 눈을 보면서 더 이상 질문을 할 필요가 없다는 걸 알아차렸다. 마치 우주를 다 싸안을 듯이 두 팔을 벌려 큰 원을 그리면서 소녀는 말했다. "모든 게요, 전부 다 말이에요, 자기 이야기를 갖고 있어요."

작은 산 아래를 보면서 이야기꾼은 오늘 내 이야기는 절망의 골짜기에서 시작되었다라고 생각했다. 가파른 비탈길을 오르고 불쑥 나온 바위를 넘어가며 고독을 찾아 내 눈을 열고 희망의 꼭대기에 나를 세워 줄 작은 사람을 찾기 위해서 새로운 땅을 가로질러 왔다.

어린 염소치기 소녀를 바라보면서 이야기꾼은 말했다. "계속 내 선생이 되어 줄래?"

자원, 참고 자료, 은유적 이야기에 대한 다른 원천들

은유에 대한 참고 자료와 전문 서적들

전문 서적들 중에는 은유적 과정과 사례사 연구 그리고 은유의 자원 예를 제공하는 은유에 대한 많은 학술지 논문과 책들이 있다. 이 책 전반에 걸쳐 이야기에 대한 것과 이야기를 사용하는 기술에 대한 공간을 극대화하기 위해 다른 사람들의 연구에 대한 언급이나 반복은 최소화했다. 치유적 이야기의 과학, 이론, 양식, 적용 등에 대한 심도 있는 연구를 위해서 포괄적인 도서 목록을 제공하려고 했다. 이는 광범위한 문학의 횡단면까지를 포함한다(내가 한 것과는 다른 뿌리를 가지는 것도 있을 것이다.). 여기에는 교재에 인용한 논문들과 책들이 모두 실려 있다. 일부는 알파벳순으로 그리고 주제별로 쉽사리 접근할 수 있게 하려고 다음에 반복한 것도 있다.

Amantea, C. (1989). *The Lourdes of Arizona*. San Diego, CA: Mho & Mho.

Amos, J. (1994a). *Brave*. Austin, TX: Raintree Steck-Vaughn.

Amos, J. (1994b). *Confident*. Austin, TX: Raintree Steck-Vaughn.

Amos, J. (1994c). *Happy*. Austin, TX: Raintree Steck-Vaughn.

Amos, J. (1997). *Lonely: Stories about feelings and how to cope with them*. Bath, U.K.: Cherrytree Books.

Amos, J., & Spenceley, A. (1997a). *Owning up*. Bath, U.K.: Cherrytree Books.

Amos, J., & Spenceley, A. (1997b). *Why fight?* Slough, U.K.: Cherrytree Books.

Angus, L. E., & Rennie, D. L. (1988). Therapist participation in metaphor generation: Collaborative and noncollaborative style. *Psychotherapy, 25*, 552-560.

Angus, L. E., & Rennie, D. L. (1989). Envisioning the representational world: The client's experience of metaphoric expression in psychotherapy. *Psychotherapy, 26*, 372-379.

Baldwin, S. (2001). When "No" means "Yes": Informed consent themes with children and teenagers. In C. Newnes, G. Holmes, & C. Dunn (Eds.), *This is madness too: Critical perspectives on mental health services.* Ross-on-Wye, U.K.: PCCS Books.

Baldwin, S., & Barker, P. (1995). Uncivil liberties: The politics of care for younger people. *Journal of Mental Health, 1,* 41-50.

Barker, P. (1985). *Using metaphors in psychotherapy.* New York: Brunner/Mazel.

Battino, R. (2002). *Metaphoria: Metaphor and guided metaphor for psychotherapy and healing.* Carmarthen, U.K.: Crown House.

Battino, R., & South, T. L. (1999). *Ericksonian approaches: A comprehensive manual.* Carmarthen, U.K.: Crown House.

Beck, A. (1967). *Depression: Causes and treatment.* Philadelphia: University of Pennsylvania Press.

Beck, A. (1973). *The diagnosis and management of depression.* Philadelphia: University of Pennsylvania Press.

Beck, A. (1976). *Cognitive therapy and the emotional disorders.* New York: International Universites Press.

Beck. A., Brown, G., Berchick, R., Stewart, B., & Steer, R. (1990). Relationship between hopelessness and ultimate suicide: A replication with psychiatric outpatients. *American Journal of Psychiatry, 147,* 190-195.

Berg, I. K., & Dolan, Y. (2001). *Tales of solutions: A collection of hope-inspiring stories.* New York: Norton.

Berg, I. K., & Steiner, T. (2003). *Children's solution work.* New York: Norton.

Bettleheim, B. (1976). *The uses of enchantment: The meaning and importance of fairy tales.* New York: Knopf.

Bettleheim, B. (1984). *Freud and man's soul.* New York: Vintage Books.

Black, M. (1962). *Models and metaphors.* New York: Ithaca.

Boik, B. L., & Goodwin, E. A. (2000). *Sandplay therapy: A step-by-step manual for psychotherapists of diverse orientations.* New York: Norton.

Braithwaite, A. (1997). *Feeling angry.* London: A&C Black.

Brinkmeyer, M. Y., & Eyberg, S. M. (2003). Parent-child interaction therapy for oppositional children. In A. E. Kazdin & J. R. Weisz (Eds.), *Evidence-based psychotherapies for children and adolescents* (pp. 204-223). New York: Guilford Press.

Brown, L. K., & Brown, M. (1998). *How to be a friend: A guide to making friends and keeping them.* Boston: Little, Brown & Co.

Burns, G. W. (1998). *Nature-guided therapy: Brief integrative strategies for health and well-being.* Philadelphia, PA: Brunner/Mazel.

Burns, G. W. (1999). Nature-guided therapy: A case example of ecopsychology in clinical practice. *Australian Journal of Outdoor Education, 3*(2), 9-16.

Burns, G. W. (2001). *101 healing stories: Using metaphors in therapy.* New York: Wiley.

Burns, G. W., & Street, H. (2003). *Standing without shoes: Creating happiness, relieving depression, enhancing life.* Sydney, Australia: Prentice Hall.

Campbell, J. (1986). *The inner reaches of outer space: Metaphor as myth and as religion.* New York: Harper & Row.

Campos, L. (1972). Using metaphor for identifying life script changes. *Transactional Analysis Journal, 2*(2), 75.

Chelf, J. H., Deschler, A. M. B., Hillman, S., & Durazo-Arvizu, R. (2000). Storytelling: A strategy for living and coping with cancer. *Cancer Nursing, 23*(1), 1-5.

Clarke, G. N., DeBar, L. L., & Lewinsohn, P. M. (2003). Cognitive-behavioral group treatment for adolescent depression. In A. E. Kazdin & J. R. Weisz (Eds.), *Evidence-based psychotherapies for children and adolescent* (pp. 120-147). New York: Guilford Press.

Close, H. T. (1998). *Metaphor in psychotherapy: Clinical applications of stories and allegories.* San Luis Obispo, CA: Impact Publishers.

Cohen, T. (1979). Metaphor and the cultivation of intimacy. In S. Sacks (Ed.), *On metaphor* (pp. 1-10). Chicago, IL: University of Chicago Press.

Combs, G., & Freedman, J. (1990). *Symbol, story, and ceremony: Using metaphor in individual and family therapy.* New York: Norton.

Covich, S. (Ed.). (2003). *A circle in a room full of squares.* Fremantle, Australia: John Curtin College of Arts.

Cox, M., & Theilgaard, A. (1987). *Mutative metaphors in psychotherapy: The aeolian mode.* London: Tavistock.

Dadds, M. R., Maujean, A. & Fraser, J. A. (2003). Parenting and conduct problems in children: Australian data and psychometric properties of the Alabama Parenting Questionnaire. *Australian Psychologist, 38*(3), 238-241.

Dahl, R. (2001). *The wonderful story of Henry Sugar and six more.* London: Puffin.

Dolan, Y. M. (1986). Metaphors for motivation and intervention. *Family Therapy Collections, 19,* 1-10.

Donnelly, C. M., & Dumas, J. E. (1997). Use of analogies in therapeutic situations: An analogue study. *Psychotherapy, 34*(2), 124-132.

Donnelly, C. M., & McDaniel, M. A. (1993). The use of analogy in learning specific scientific concepts. *Journal of Experimental Psychology, 19,* 975-986.

Duhl, B. (1983). *From the inside out and other metaphors: Creative and integrative approaches to training in systems thinking.* New York: Brunner/Mazel.

Duncan, B. L., Miller, S. D., & Coleman, S. T. (2001). Utilization: A seminal contribution, a family of ideas, and a new generation of applications. In B. Geary & J. Zeig (Eds.), *The handbook of Ericksonian psychotherapy* (pp. 43-56). Phoenix, AZ: The Milton H. Erickson Foundation Press.

Dwivedi, K. N. (Ed.). (1997). *The therapeutic use of stories.* New York: Routledge.

Ellis, A. (1987). A sadly neglected cognitive element in depression. *Cognitive Therapy and Research, 11*(1), 121-145.

Erickson, B. (2001). Storytelling. In B. Geary & J. Zeig (Eds.), *The handbook of Ericksonian psychotherapy* (pp. 112-121). Phoenix, AZ: The Milton H. Erickson Foundation Press.

Erickson, M. H. (1980). Pediatric hypnotherapy. In E. Rossi (Ed.), *The collected papers of Milton H. Erickson on hypnosis: Vol. 4. Innovative hypnotherapy* (pp. 174-180). New York: Irvington. (Original work published 1958)

Erickson, M. H., & Rossi, E. L. (1979). *Hypnotherapy: An exploratory casebook.* New York: Irvington.

Erickson, M. H., Rossi, E. L., & Rossi, S. (1976). *Hypnotic realities.* New York:

Irvington.

Eva, D., & Lalak, N. (2003). Bush magic. In J. Pastorelli (Ed.), *Enriching the experience: An interpretive guide to tour guiding* (pp. 271-274). Sydney, Australia: Pearson Education.

Evans, M. B. (1985). *Metaphor, personality, and psychotherapy: An individual difference approach to the study of verbal metaphor.* Unpublished doctoral dissertation, University of North Carolina, Chapel Hill.

Evans, M. B. (1988). The role of metaphor in psychotherapy and personality change: A theoretical reformulation. *Psychotherapy, 25*(4), 543-551.

Fantz, R. E. (1983). The use of metaphor and fantasy as an additional exploration of awareness. *Gestalt Journal, 6,* 28-33.

Fredrickson, B. L. (2000, March 7). Cultivating positive emotions to optimize health and well-being. *Prevention and Treatment, 3,* Article 0001a, Retrieved November 20, 2000, from http://journals.apa.org/prevention/volume3/pre0030001a.html

Gardner, R. (1971). *Therapeutic communication with children: The mutual storytelling technique.* New York: Science House.

Geary, B. B., & Zeit, J. K. (2001). *The handbook of Ericksonian psychotherapy.* Phoenix, AZ: The Milton H. Erickson Foundation Press.

George, H. (1999). The role of animals in the emotional and moral development of children. In F. R. Ascione & P. Arkow (Eds.), *Child abuse, domestic violence, and animal abuse: Linking the circles of compassion for prevention and intervention* (pp. 380-392). Lafayette, IN: Purdue University Press.

Gilligan, S. (2001). The problem is the solution: The principle of sponsorship in psychotherapy. In B Geary & J. Zeig (Eds.), *The handbook of Ericksonian psychotherapy* (pp. 398-415). Phoenix, AZ: The Milton H. Erickson Foundation Press.

Goatly, A. (1997). *The language of metaphors.* New York: Routledge.

Gonclaves, O. F., & Craine, M. H. (1990). The use of metaphors in cognitive therapy. *Journal of Cognitive Psychotherapy, 4*(2), 135-149.

Gordon, D. (1978). *Therapeutic metaphors: Helping others through the looking glass*. Cupertino, CA: Meta Publications.

Groth-Marnat, G. (1992). Past cultural traditions of therapeutic metaphor. *Psychology: A Journal of Human Behavior, 29,* 3-4.

Grove, D. J., & Panzer, B. I. (1989). *Resolving traumatic memories: Metaphors and symbols in psychotherapy.* New York: Irvington.

Gullone, E. (2000). The biophilia hypothesis and life in the 21st century: Increasing mental health or increasing pathology? *Journal of Happiness Studies, 1,* 293-321.

Haley, J. (1973). *Uncommon therapy: The psychiatric techniques of Milton H. Erickson.* New York: Norton.

Hammond, D. C. (Ed.). (1990). *Handbook of hypnotic suggestions and metaphors.* New York: Norton.

Harris, J. J., Lakey, M. A., & Marsalek, F. (1980). Metaphor and images: Rating, reporting, remembering. In R. R. Hoffman & R. P. Honeck (Eds.), *Cognition and figurative language* (pp. 231-258). Hillsdale, NJ: Erlbaum.

Haskell, R. E. (Ed.). (1987). *Cognition and symbolic structures: The psychology of metaphoric transformation.* Norwood, NJ: Ablex.

Hesley, J. W., & Hesley, J. G. (2001). *Rent two films and let's talk in the morning: Using popular movies in psychotherapy* (2nd ed.). New York: Wiley.

Hintikka, J. (Ed.). (1994). *Aspects of metaphor.* Dordrecht, Germany: Kluwer Academic Publications.

Hoffman, L. (1983). Imagery and metaphor in couples therapy. *Family Therapy, 10*(2), 141-156.

Hogan, C. (1997). The power of story telling in learning about conflict resolution processes. *Training and Management Development Methods, 11*(1), 17-22.

Hogan, C. (2000). *Facilitating empowerment: A handbook for facilitators, trainers, and individuals.* London: Kogan Page.

Holmbeck, G. N., Greenley, R. N., & Franks, E. A. (2003). Developmental issues and considerations in research and practice. In A. E. Kazdin & J. R. Weisz (Eds.), *Evidence-based psychotherapies for children and adolescents* (pp. 21-41). New York: Guilford Press.

Honeck, R. P. (1997). *A proverb in mind: The cognitive science of proverbial wit and wisdom.* Hillsdale, NJ: Erlbaum.

Honeck, R. P., & Hofman, R. R. (1980). *Cognition and figurative language.* Hillsdale, NJ: Erlbaum.

Honeck, R. P., Katz, A. N., Marks, L. E., Burgess, C., Chiarello, C., & Martin, J. H. (1996). *Metaphor and symbolic activity: 10th Anniversary special: Figurative language and cognitive science.* Hillsdale, NJ: Erlbaum.

Hunter, M. E. (1994). *Creative scripts for hypnotherapy.* New York: Brunner/Mazel.

Ingal, C. K. (1997). *Metaphors, maps, and mirrors: Moral education in middle schools.* Greenwich, CT: Ablex.

Ingram, D. H. (1996). The vigor of metaphor in clinical practice. *American Journal of Psychoanalysis, 56*(1), 17-34.

Jacobs, E., Pelier, E., & Larkin, D. (1998). Ericksonian hypnosis and approaches with pediatric hematology oncology patients. *American Journal of Clinical Hypnosis, 41*(2), 139-154.

Kazdin, A. E., & Weisz, J. R. (Eds.). (2003). *Evidence-based psychotherapies for children and Adolescents.* New York: Guilford Press.

Keyes, C. L. M., & Haidt, J. (2003). *Flourishing: Positive psychology and the life well-lived.* Washington, DC: American Psychological Association.

Kingsbury, S. J. (1994). Interacting within metaphors. *American Journal of Clinical Hypnosis, 36*(4), 241-247.

Kirsch, I. (1997). Hypnotic suggestion: A musical metaphor. *American Journal of Clinical Hypnosis, 39*(4), 271-282.

Kohen, D. P., & Wynne, E. (1997). Applying hypnosis in a preschool family asthma education program: Uses of storytelling, imagery, and relaxation. *American Journal of Clinical Hypnosis, 39*(3), 169-181.

Kopp, R. R. (1995). *Metaphor therapy: Using client-generated metaphors in psycho-therapy.* New York: Brunner/Mazel.

Kopp, R. R., & Craw, M. J. (1998). Metaphoric language, metaphoric cognition, and cognitive therapy. *Psychotherapy, 35*(3), 306-311.

Kopp, S. (1971). *Guru: Metaphors from a psychotherapist.* Palo Alto, CA: Science & Behavior Books.

Kovecses, Z. (2003). *Metaphor: A practical introduction.* New York: Oxford University Press.

Kuttner, L. (1988). Favorite stories: A hypnotic pain-reduction technique for children in acute pain. *American Journal of Clinical Hypnosis, 30,* 289-295.

Lakoff, G., & Johnson, M. (1980). *Metaphors we live by.* Chicago: University of Chicago Press.

Lalak, N. (2003). Sensory education: A fairy's tale. *Landscape Australia, 25*(2), 72-77.

Lankton, C., & Lankton, S. R. (1989). *Tales of enchantment: Goal-oriented metaphors for adults and children in therapy.* New York: Brunner/Mazel.

Lankton, S. (2001). A goal-directed intervention for decisive resolution of coping limitations resulting from moderate and severe trauma. In B. Geary & J. Zeig (Eds.), *The handbook of Ericksonian psychotherapy* (pp. 195-214). Phoenix, AZ: The Milton H. Erickson Foundation Press.

Lankton, S. R. (1988). *The blammo-surprise book: A story to help children overcome fears.* New York: Magination Press.

Lankton, S. R., & Lankton, C. (1983). *The answer within: A clinical framework of Ericksonian hypnotherapy.* New York: Brunner/Mazel.

Lankton, S. R., & Lankton, C. (1986). *Enchantment and intervention in family therapy: Training in Ericksonian hypnosis.* New York: Brunner/Mazel.

Linden, J. H. (2003a). Metaphoria: Metaphor and guided metaphor for psychotherapy and healing [Book review]. *American Journal of Clinical Hypnosis, 46*(2), 148-150.

Linden, J. H. (2003b). Playful metaphors. *American Journal of Clinical Hypnosis, 45*(3), 245-250.

Loeber, R., & Farrington, D. P. (2000). Young children who commit crime: Epidemiology, developmental origins, risk factors, early interventions, and policy implications. *Development and Psychopathology, 12,* 737-762.

Malgady, R. G., & Costantino, G. (2003). Narrative therapy for Hispanic children and adolescents. In A. E. Kazdin & J. R. Weisz (Eds.), *Evidence-based psychotherapies for children and adolescents* (pp. 21-41). New York: Guilford Press.

Martin, J., Cummings, A. L., & Hallberg, E. T. (1992). Therapists' intentional use of metaphor: Memorability, clinical impact, and epistemic/motivational functions. *Journal of Consulting and Clinical Psychology, 1,* 143-145.

Matthews, W. M., & Dardeck, K. L. (1985). Construction of metaphor in the counseling process. *American Mental Health Counselors Association Journal, 7,* 11-23.

McCurry, S. M., & Hayes, S. C. (1992). Clinical and experimental perspectives on metaphor talk. *Clinical Psychology Review, 12,* 763-785.

McNeilly, R. B. (2000). *Healing the whole person: A solution-focussed approach to using empowering language, emotions, and actions in therapy.* New York: Wiley.

Miller, S., Duncan, B., & Hubble, M. (1997). *Escape from Babel.* New York: Norton.

Mills, J. C. (2001). Ericksonian play therapy: The spirit of healing with children and adolescents. In B. Geary & J. Zeig (Eds.), *The handbook of Ericksonian psycho-therapy* (pp. 112-121). Phoenix, AZ: The Milton H. Erickson Foundation Press.

Mills, J. C., & Crowley, R. J. (1986). *Therapeutic metaphors for children and the child within.* New York: Brunner/Mazel.

Muran, J. C., & DiGiuseppi, R. A. (1990). Towards a cognitive formulation of metaphor use in psychotherapy. *Clinical Psychology Review, 10,* 69-85.

Nathan, P. E., & Gorman, J. M. (Eds.). (1998). *A guide to treatments that work.* New York: Oxford University Press.

Norton, C. C., & Norton, B. E. (1997). *Reaching children through play therapy.* Denver, CO: Publishing Cooperative.

Norton, C. C. (1989). *Life metaphors: Stories of ordinary survival.* Carbonadale: Southern Illinois University Press.

O'Connor, K. J., & Braveman, L. M. (Eds.). (1997). *Play therapy: Theory and practice.* New York: Wiley.

O'Connor, K. J., & Schaefer, C. E. (Eds.). (1994). *Handbook of play therapy: Theory and practice.* New York: Wiley.

O'Hanlon, B. (1986). The use of metaphor for treating somatic complaints in psychotherapy. *Family Therapy Collections, 19*, 19-24.

Olness, K., & Kohen, D. P. (1996). *Hypnosis and hypnotherapy with children* (3rd ed.). New York: Guilford Press.

Ornstein, R., & Sobel, D. (1971). *The healing brain.* New York: Simon & Schuster.

Ortony, A. (Ed.). (1979). *Metaphor and thought.* New York: Cambridge University Press.

Parkin, M. (1998). *Tales for trainers: Using stories and metaphors to facilitate learning.* London: Kogan Page.

Paterson, M. (1995). *With love: Gifting your stories to grandchildren.* North Shore City, New Zealand: Tandem Press.

Pert, C. (1985). Neuropeptides, receptors, and emotions. *Cybernetics, 1*(4), 33-34.

Pert, C. (1987). Neuropeptides: The emotions and the body-mind. *Neotic Sciences Review, 2*, 13-18.

Radman, Z. (Ed.). (1995). *From a metaphoric point of view: A multidisciplinary approach to the cognitive content of metaphor.* New York: W. de Gruyter.

Remen, R. M. (1996). *Kitchen table wisdom: Stories that heal.* Sydney, Australia: Pan Macmillan.

Remen, R. M. (2000). *My grandfather's blessings: Stories of strength, refuge, and belonging.* New York: Riverhead Books.

Revenstock, D. (2001). Utilization of the relationship in hypnotherapy. In B. Geary & J. Zeig (Eds.), *The handbook of Ericksonian psychotherapy* (pp. 541-559). Phoenix, AZ: The Milton H. Erickson Foundation Press.

Rosen, S. (1982). *My voice will go with you: The teaching tales of Milton H. Erickson.* New York: Norton.

Rossi, E. L. (1993). *The psychobiology of mind-body healing: New concepts of therapeutic hypnosis* (2nd ed.). New York: Norton.

Rossi, E. L., & Cheeck, D. B. (1988). *Mind-body therapy: Methods of ideodynamic healing in hypnosis.* New York: Norton.

Sacks, S. (Ed.). (1979). *On metaphor.* Chicago: University of Chicago Press.

Sakya, K., & Griffith, L. (1980). *Tales of Kathmandu: Folktales from the Himalayan kingdom of Nepal.* Brisbane, Australia: House of Kathmandu.

Sanders, M. R. (1999). Triple P-Positive Parenting Program: Towards an empirically validated multilevel parenting and family support strategy for the prevention of behavior and emotional problems in children. *Clinical Child and Family Psychology Review, 2*(2), 71-90.

Schaefer, C. E. (2003). *Foundations of play therapy.* New York: Wiley.

Schaefer, C. E., & Cangelosi, D. M. (Eds.). (2002). *Play therapy techniques.* Northvale, NJ: Jason Aronson.

Schaefer, C. E., & O'Connor, K. J. (Eds.). (1983). *Handbook of play therapy.* New York: Wiley.

Seligman, M. (1990). *Learned optimism.* New York: Knopf.

Seligman, M. (1993). *What you can change and what you can't.* New York: Knopf.

Seligman, M. (1995). *The optimistic child: How learned optimism protects children from depression.* New York: Houghton Mifflin.

Seligman, M. (2002). *Authentic happiness: Using the new positive psychology to realize your potential for lasting fulfillment.* Sydney: Random House Australia.

Selekman, M. D. (1997). *Solution-focused therapy for children: Harnessing family strengths for systemic change.* New York: Guilford Press.

Selekman, M. D. (2002). *Living on the razor's edge: Solution-oriented brief family therapy for self-harming adolescents.* New York: Norton.

Sells, S. (2003). Getting through to resistant parents: Advice is not enough. *Psychotherapy Networker* (November/December), 27-28.

Siegelman, E. Y. (1990). *Metaphor and meaning in psychotherapy.* New York: Guilford Press.

Sommer, E., & Weiss, D. (1996). *Metaphors dictionary.* Detroit, MI: Visible Ink.

Sommers-Flanagan, J., & Sommers-Flanagan, R. (1996). The Wizard of Oz metaphor in hypnosis with treatment-resistant children. *American Journal of Clinical Hypnosis, 39*(2), 105-114.

Sontag, S. (1991). *Illness as metaphor and AIDS and its metaphors.* London: Penguin.

Sternberg, R. J. (1990). *Metaphors of mind: Conceptions of the nature of intelligence.*

Cambridge: Cambridge University Press.

Stevens-Guille, M. E., & Boersma, F. J. (1992). Fairy tales as trance experience: Possible therapetuic uses. *American Journal of Clinical Hypnosis, 34*(4), 245-254.

Thiessen, I. (1983). Using fairy tales during hypnotherapy in bulimerexia and other psychological problems. *Medical Hypnoanalysis, 4,* 139-144.

Thiessen, I. (1985). A new approach with fairy tales as anchoring devices in hypnotherapy. *Medical Hypnoanalysis, 6,* 21-26.

Thomas, J. D. (1999). *Great stories for kids.* Nampa, ID: Pacific Press.

Thompson, K. (1990). Metaphor: A myth with a method. In J. K. Zeig & S. G. Gilligan (Eds.), *Brief therapy: Myths, methods, and metaphors* (pp. 247-257). New York: Brunner/Mazel.

Thompson, K. L., & Gullone, E. (2003). Promotion of empathy and prosocial behaviour in children through humane education. *Australian Psychologist, 38*(3), 175-182.

Tilton, P. (1984). The hypnotic hero: A technique for hypnosis with children. *International Journal of Clinical and Experimental Hypnosis, 32,* 366-375.

Trenkle, B. (2001). Three candies for five boys and other strategic and solution-oriented approaches for children and adolescents. In B. Geary & J. Zeig (Eds.), *The handbook of Ericksonian psychotherapy* (pp. 112-121). Phoenix, AZ: The Milton H. Erickson Foundation Press.

Turbayne, C. M. (1991). *Metaphors of the mind: The creative mind and its origins.* Columbia: University of South Carolina Press.

Valliant, G. (2002). *Aging well.* New York: Little, Brown & Co.

Vaisrub, S. (1977). *Medicine's metaphors: Messages and menaces.* Oradell, NJ: Medical Economics.

Ventura, M. (2001). Beauty resurrected. *Fmaily Therapy Networker* (January/February), 30-35.

Wallas, L. (1985). *Stories for the third ear: Using hypnotic fables in psychotherapy.* New York: Norton.

Watkins, J. G. (2001). *Adventures in human understanding: Stories for exploring the* self. Carmarthen, U.K.: Crown Hous.

Webster, W. C. & O'Grady, D. J. (1991). *Clinical hypnosis with children*. New York: Brunner/ Mazel.

Webster-Stratton, C., & Reid, M. J. (2003). The Incredible Years Parents, Teachers, and Children Training Series: A multifaceted treatment approach for young children with conduct problems. In A. E. Kazdin & J. R. Weisz (Eds.), *Evidence-based psychotherapies for children and adolescents* (pp. 224-240). New York: Guilford Press.

Welch, M. J. (1984). Using metaphor in psychotherapy. *Journal of Psychosocial Nursing and Mental Health Services, 22,* 13-18.

Wellner, A. S., & Adox, D. (2002). Happy days. *Psychology Today* (May/June), 32-37.

White, R. M. (1996). *The structure of metaphor: The way the language of metaphor works.* Oxford, U.K.: Blackwell.

Wynne, E. (1987). Storytelling in therapy. *Children Today, 16*(2), 11-15.

Yapko, M. D. (1992). *Hypnosis and the treatment of depressions: Strategies for change.* New York: Brunner/Mazel.

Yapko, M. D. (1995). *Essentials of hypnosis.* New York: Brunner/Mazel.

Yapko, M. D. (1997). *Breaking the patterns of depression.* New York: Brunner/ Mazel.

Yapko, M. D. (1999). *Hand-me-down Blues: How to stop depression from spreading in families.* New York: Golden Books.

Yapko, M. D. (2003). *Trancework: An introduction to the practice of clinical hypnosis* (3rd ed.). New York: Brunner/Routledge.

Zeig, J. K. (1980). *A teaching seminar with Milton H. Erickson.* New York: Brunner/ Mazel.

Zeig, J. K., & Gilligan, S. G. (Eds.). (1990). *Brief therapy: Myths, methods, and metaphors.* New York: Brunner/Mazel.

Zeig, J. K., & Munion, W. M. (Eds.). (1990). *Ericksonian approaches.* San Francisco: Jossey-Bass.

Zipes, J. (1994). *Fairy tale as myth/myth as fairy tale.* Lexington: University Press of Kentucky.

Zipes, J. (1995). *Creative storytelling: Building community, changing lives.* New York: Routledge.

아이들을 위한 이야기하기, 은유치료

은유는 아동 치료에 쉽고 적절하게 스며든다. 이 목록은 종합적이라기보다는 적용 가능한 작품에 들어 있는 아이디어들을 제공하고 심도 있는 자원의 재료를 찾을 수 있는 위치를 점하게 해 주는 출발점이라고 할 수 있다. 아이를 위해 특별히 쓰인 이야기하기, 은유의 기법과 아동/청소년 치료의 다양한 접근법이 제시되어 있다.

Amos, J. (1994a). *Brave.* Austin, TX: Raintree Steck-Vaughn.

Amos, J. (1994b). *Confident.* Austin, TX: Raintree Steck-Vaughn.

Amos, J. (1994c). *Happy.* Austin, TX: Raintree Steck-Vaughn.

Amos, J. (1997). *Lonely: Stories about feelings and how to cope with them.* Bath, U.K.: Cherrytree Books.

Amos, J., & Spenceley, A. (1997a). *Owning up.* Bath, U.K.: Cherrytree Books.

Amos, J. & Spenceley, A. (1997b). *Why fight?* Slough, U.K.: Cherrytree Books.

Barton, B., & Booth, D. (1990). *Stories in the classroom: Storytelling, reading aloud, and roleplaying with children.* Portsmouth, NH: Heinemann.

Berg, I. K., & Steiner, T. (2003). *Children's solution work.* New York: Norton.

Blatt, G. T. (Ed.). (1990). *Once upon a folktale: Capturing the folktale process with children.* Portsmouth, NH: Heinemann.

Bloomquist, M. L., & Schnell, S. V. (2002). *Helping children with aggression and conduct problems: Best practices for intervention.* New York: Guilford Press.

Braithwaite, A. (1997). *Feeling angry.* London: A&C Black.

Briggs, D. (1993). *Toddler storytime programs.* Metuchen, NJ: Scarecrow Press.

Brink, N. E. (2002). *Grendel and his mother: Healing the traumas of childhood through dreams, imagery, and hypnosis.* Amityville, NY: Baywood.

Brett, D. (1997). *Annie stories: Helping young children meet the challenges of growing up.* Sydney, Australia: Hale & Iremonger.

Brown, L. K., & Brown, M. (1998). *How to be a friend: A guide to making friends and keeping them.* Boston: Little, Brown & Co.

Callow, G. (2003). "Magician": The use of sustained simile in the alleviation of serious behavioural disturbance and acute dyslexia in a 7-year-old boy. *Contemporary Hypnosis, 20*(1), 40-47.

Cooper, P. (1993). *When stories come to school: Telling, writing, and performing stories in the early childhood classroom.* New York: Teachers & Writers Collaborative.

Cooper, P. J., & Collins, R. (1992). *Look what happened to Frog: Storytelling in education.* Scottsdale, AZ: Gorsuch Scarisbrick.

Covich, S. (Ed.). (2003). *A circle in a room full of squares.* Fremantle, Australia: John Curtin College of Arts.

Davis, N. (1990). *Therapeutic stories to heal abused children.* Oxenhill, MD: Psychosocial Associates.

Davis, T. E., & Osborn, C. J. (2000). *The solution-focused school counselor.* Philadelphia: Accelerated Development.

Edgette, J. S. (2002). *Connection and enterprise in adolescent therapy.* New York: Norton.

Freeman, J., Epston, D., & Lobovits, D. (1997). *Playful approaches to serious problems: Narrative therapy with children and their families.* New York: Norton.

Goforth, F., & Spillman, C. (1994). *Using folk literature in the classroom.* Phoenix, AZ: Oryx Press.

Gottman, J. (1998). *Raising an emotionally intelligent child.* New York: Simon & Schuster.

Johnston, M. (1996). *Dealing with Insults.* New York: Powerkids Press.

Kazdin, A. E., & Weisz, J. R. (Eds.). (2003). *Evidence-based psychotherapies for children and adolescents.* New York: Guilford Press.

Lankton, C., & Lankton, S. R. (1989). *Tales of enchantment: Goal-oriented meta-*

phors for adults and children in therapy. New York: Brunner/Mazel.

Lankton, S. R. (1988). *The blammo-surprise book: A story to help children overcome fears.* New York: Magination Press.

Linden, J. H. (2003). Playful metaphors. *American Journal of Clinical Hypnosis, 45*(3), 245-250.

MacDonald, M. R. (1993). *The storyteller's start-up book: Finding, learning, performing, and using folktales.* Little Rock, AR: August House.

MacDonald, M. R. (1995a). *Bookplay: 101 creative themes to share with young children.* Northhaven, CT: Library Professional Publications.

MacDonald, M. R. (1995b). *A parent's guide to storytelling.* New York: HarperCollins.

Malgady, R. G., & Costantino, G. (2003). Narrative therapy for Hispanic children and adolescents. In A. E. Kazdin & J. R. Weisz (Eds.), *Evidence-based psychotherapies for children and adolescents* (pp. 21-41). New York: Guilford Press.

Mills, J. C. (2001). Ericksonian play therapy: The spirit of healing with children and adolescents. In B. Geary & J. Zeig (Eds.), *The handbook of Ericksonian psychotherapy* (pp. 112-121). Phoenix, AZ: The Milton H. Erickson Foundation Press.

Mills, J. C., & Crowley, R. J. (1986). *Therapeutic metaphors for children and the child within.* New York: Brunner/Mazel.

Moses, B. (1997). *I'm worried,* East Essex, U.K.: Wayland.

Olness, K., & Kohen, D. P. (1996). *Hypnosis and hypnotherapy with children.* New York: Guilford Press.

Pellowski, A. (1990). *The world of storytelling: A practical guide to the origins, development, and applications of storytelling* (Rev. ed.). New York: Wilson.

Pellowski, A. (1995). *The storytelling handbook: A young people's collection of unusual tales and helpful hints on how to tell them.* New York: Simon & Schuster.

Schaefer, C. E. (1999). *Innovative psychotherapy techniques for child and adolescent therapy.* New York: Wiley.

Schaefer, C. E. (1999). *How to talk to teens about really important things: Specific questions and answers and useful things to say.* San Francisco: Jossey-Bass.

Schwartz, M., Trousdale, A. & Woestehoff, S. (Eds.). (1994). *Give a listen: Stories of storytelling in school.* Urbana, IL: National Council of Teachers of English.

Selekman, M. D. (1997). *Solution-focused therapy for children: Harnessing family strengths for systemic change.* New York: Guilford Press.

Selekman, M. D. (2002). *Living on the razor's edge: Solution-oriented brief family therapy for self-harming adolescent.* New York: Norton.

Selekman, M. (2004). The therapeutic roller coaster: Working with self-harming teens is dramatic and unpredictable. *Psychotherapy Networker* (January/February), 77-84.

Sells, S. P. (1998). *Treating the tough adolescent: A family-based, step-by-step guide.* New York: Guilford Press.

Sells, S. P. (2001). *Parenting your out-of-control teenager: 7 steps to reestablishing authority and reclaim love.* New York: Guilford Press.

Straus, M. (1999). *No-talk therapy for children and adolescents.* New York: Norton

Taffel, R. (2000). *Getting through to difficult kids and parents: Uncommon sense for child professionals.* New York: Guilford Press.

Tatar, M. (1992). *Off with the heads! Fairy tales and the culture of childhood.* Princeton, NJ: Princeton University Press.

Thomas, J. D. (1999). *Great stories for kids.* Nampa, ID: Pacific Press.

아이들의 이야기

아이들의 이야기는 은유적 내용이 많고 창조적 아이디어를 건드려 주는 좋은 원천이 되기도 한다. 게다가 이야기의 본질과 이야기 구성 과정, 의사소통 기법을 설명하기도 한다. 여기에 몇 가지 예를 실어 둔다. 다른 적용 가능한 것들을 서점이나 도서관에서 살펴보기 바란다.

Clark, M., & Voake, C. (1990). *The best of Aesop's fables.* London: Walker Books.

de Saint-Exupery, A. (1993). *The little prince.* London: Mammoth.

Jackson, J. (1981). *Tawny scrawny lion.* Racine, WI: Golden Press.

Milne, A. A., & Shepherd, E. H. (1999). *Winnie-the-Pooh's little book of wisdom.* London: Methuen.

Nykokabi, S. (1974). *The chameleon who couldn't stop changing his mind.* Nairobi,

Kenya: Transafrica Publishers.

O'Mara, L. (Ed.). (1991). *Classic animal stories*. London: Michael O'Mara Books.

Powell, M. (1994). *Wolf tales: North American children's stories*. Santa Fe, NM: Ancient City Press.

Shipton, J., & Foreman, M. (1991). *Busy! Busy! Busy!* London: PricutreLions.

Shorto, R. (1990). *Cinderella and Cinderella's stepsister* (T. Lewis, illus.). New York: Carol Publishing Group.

Williams, M. (1991). *The velveteen rabbit*. London: Heineman.

Young, R. A., & Dockrey, J. (Eds.). (1993). *African-American folktales for young readers*. Little Rock, AR: August House.

다문화적 신화, 설화, 전설, 요정 이야기

설화는 이야기를 통한 의사소통의 전 역사와 전통을 담고 있으면서 정보를 알려 주고 가르치고 오락이 되기도 한다. 그 안에 있는 이야기들은 보편적이고 문화, 종교, 세대를 초월한다. 이런 이야기를 읽으면서 눈과 귀를 열고 치료적 주제가 될 수 있는 이야기의 본질을 통찰하는 것만큼 즐거운 방법은 없다. 전통 이야기꾼이라면 더욱 그럴 것이다.

Akello, G. (1981). *Iteso thought patterns in tales*. Dar Es Salaam, Tanzania (formerly Tanyanyika): Dar Es Salaam University Press.

Barchers, S. I. (Ed.). (1990). *Wise women: Folk and fairy tales from around the world*. Littleton, CO: Libraries Unlimited.

Bruchac, J. (1991). *Native American stories*. Colorado: Fulcrum, Golden.

Bruchac, J. (1993). *Flying with the Eagle, racing the Great Bear: Stories form Native North America*. Troll Medallion.

Caduto, M. J., & Bruchac, J. (1994). *Keepers of the night*. Colorado: Fulcrum, Golden.

Chophel, N. (1983). *Folk culture of Tibet*. Dharamsala, India: Library of Tibetan Works and Archives.

Degh, L. (1994). *American folklore tales and the mass media*. Bloomington: Indiana University Press.

Ghose, H. N. (1993). *Tibetan folk tales and fairy stories*. New Delhi, India: Rupa &

Co.

Hatherley, S. (1991). *Folk tales of Japan*. South Melbourne, Australia: Macmillan.

Hull, R. (1992). *Native North American stories*. East Essex, U.K.: Wayland.

Hull, R. (1994). *Indian stories*. East Essex, U.K.: Wayland.

Ingpen, R., & Hayes, B. (1992). *Folk tales and fables of the Middle East and Africa*. Surrey, U.K.: Dragon's World.

In-Sob, Z. (1979). *Folktales from Korea*. New York: Grove Press.

Kamera, W. D., & Mwakasaka, C. S. (1981). *The compliment: East Africa folktales*. Arusha, Tanzania (formerly Tanyanika): East Africa Publications.

Lall, K. (1991). *Nepalese book of proverbs*. Kathmandu, Nepal: Tiwari's Pilgrims Bookhouse.

Lurie, A. (Ed.). (1993). *The Oxford book of modern fairy tales*. Oxford: Oxford University Press.

Martin, R. (1990). *The hungry tigress: Buddhist legends and jataka tales*. Berkeley, CA: Parallax Press.

Morgan, W. (1988). *Navajo coyote tales*. Santa Fe, NM: Ancient City Press.

Njururi, N. (1975). *Tales from Mount Kenya*. Nairobi, Kenya: Transafrica Press.

Ramanujan, A. K. (Ed.). (1991). *Folktales from India*. New York: Pantheon.

Retan, W. (1989). *Favorite tales from many lands*. New York: Grosset & Dunlap.

Roberts, A., & Mountford, C. P. (1980). *The first sunrise: Australian aboriginal myths in paintings*. Adelaide, Australia: Rigby.

Rockwell, A. (1994). *The robber baby: Stories from the Greek myths*. New York: Greenwillow.

Sakya, K., & Griffith, L. (1980). *Tales of Kathmandu: Folktales from the Himalayan kingdom of Nepal*. Brisbane, Australia: House of Kathmandu.

Scheffler, A. (1997). *Silent Beetle gets the seeds: Proverbs from far and wide*. London: Macmillan.

Schultz, G. F. (1968). *Vietnamese legends*. Tokyo: Charles E. Tuttle.

Scott, M. (1988). *Irish fairytales*. Dublin, Ireland: Mercier Press.

Sherman, J. (1993). *Rachel the Clever and other Jewish folktales*. Little Rock, AR:

August House.

Sierra, J., & Kaminski, R. (1991). *Multcultural Folktales: Stories to tell young children.* Phoenix, AZ: Oryx Press.

Spears, R. (Ed.). (1991). *West African folk tales* (J. Berry, trans.). Evanston, IL: Northwestern University Press.

Te Kanawa, K. (1997). *Land of the long white cloud: Maori myths, tales, and legends.* Auckland, New Zealand: Viking.

Thomas, R. (2002). *Folk tales of Bhutan.* New Delhi, India: Learners Press.

Urton, G. (Ed.). (1985). *Animal myths and metaphors in South American.* Salt Lake City, UT: University of Salt Lake City.

Zipes, J. (1979). *Breaking the magic spell: Radical theories of folk and fairytales.* Houston: University of Texas Press.

Zipes, J. (1994). *The outspoken princess and the gentle knight.* New York: Bantam.

종교적이고 영적인 이야기

종교는 오랫동안 비유를 통해 가르침을 주었다. 영적인 작품에는 여러 강한 도덕적 가치관, 긍정적 재구성, 관계의 건설적 조절, 건강한 세계관 등이 담겨 있다. 여기에 몇 가지 예가 실려 있다.

Berg, L. (1999). *The God stories: A celebration of legends.* London: Frances Lincoln.

de Mello, A. (1988). *The song of the bird.* Anand, India: Gujarat Sahitya Prakash.

Feldman, C., & Kornfield, J. (1991). *Stories of the spirit, stories of the heart: Parables of the spiritual path from around the world.* San Francisco: Harper.

Friedlander, S. (1987). *When you hear hoofbeats think of a zebra: Talks on Sufism.* New York: Perennial Library.

Hoff, B. (1989). *The tao of Pooh.* London: Mandarin.

Hoff, B. (1993). *The te of Piglet.* London: Mandarin.

Jensen, L. (1999). *Uncovering the wisdom of the heartmind.* Wheaton, IL: Quest Books.

Martin, R., & Soares, M. (1995). *One hand clapping: Zen stories for all ages.* New York: Rizzoli.

Redhouse, R. W. (Trans.). (1977). *Legends of the Sufis*. London: Theosophical
  Publishing House.

Shah, I. (1970). *Tales of the dervishes*. New York: Dutton.

Shah, J. (1979). *The Sufis*. London: Allen.

비디오테이프

내가 본 것들은 대부분 성인 내담자들의 것이었지만, 이런 매체를 가지고 작업하는 숙련된 은유치료사들을 보여 주는 유용한 비디오테이프들이 많이 있다. 뿐만 아니라 내담자와 상호 작용하는 장면, 의사소통 양식, 인쇄물로는 볼 수 없는 아이와 작업할 때 시시때때로 바뀌는 목소리 사용법 등을 보여 주기 때문에 더욱 유용하다.

밀튼 H. 에릭슨 재단에서는 지난 25년간의 회의에서 시연한 것을 녹화한 포괄적인 비디오테이프 모음을 가지고 있다. 재단의 연락처는 다음과 같다.

The Milton H. Erickson Foundation, Inc.

3606 N. 24th Street

Phoenix, AZ 85016

USA

E-mail: office@erickson-foundation.org

인터넷 웹사이트

이야기 아이디어를 찾고 있다면 단초를 제공해 줄 만한 웹사이트들이 많다. 특정 아동이나 당면 문제, 바람직한 임상 결과에 맞출 아이디어를 그 광대한 보고에서 퍼오기 전에 많은 이야기들을 섭렵할 필요가 있다는 걸 말해 주고 싶다. 다음의 자료들은 웹사이트의 특성상 바뀔 수 있다(가끔은 매우 빨리). 그러므로 이 책이 출판될 때쯤에는 수정된 경우도 있을 것이다. 다음의 자료들을 통해 보다 많은 치유적 이야기들을 웹에서 발견할 수 있기 바란다.

After Hours Inspirational Stories: inspirationalstories.com

Ah-Life Stories: www.ah-life.com

Animals, Myths, and Legends: members.ozemail.com.au/~oban/

Bear Time-Stories, Songs, and Fun for Children: www.beartime.com/children_
   stories.htm

Bedtime.com: www.bedtime.com

Bedtime-Story: the-office.com/bedtime-story/

Biblekids: www.biblekids.info/

Child and Youth Health-Once Upon a Time:
   www.cyh.com/cyh/parentopics/usr_index0.stm? topic_id=341

Children's Stories Online: www.wrendesign.com/Children'sStoriesHomePage.html

Children's Storybooks Online: www.magickeys.com/books/

Clean jokes: members.iinet.net.au/~hewittg/Jokes1.html

Ecokids-Say It with Words: www.childrenoftheearth.org/SIWWcontents.htm

Internet Public Library (kids): ipl.sils.umich.edu/div/kidspace/storyhour/

Internet Public Library (teens): ipl.sils.umich.edu/div/teenspace/storyhour/

Kidlink: www.kidlink.org/english/general/intro.html

Kids' authors: www.kidauthors.com/

kids' Stories: home.netrover.com/~kingskid/108.html

Laugh-a-Lot!: www.graceweb.org/Laugh-A-Lot!/

The Macscouter: Indian stories: www.macscouter.com/stories/RC_Stories_Indian.
   html

Metaphors We Talk By: www.stanford.edu/~dib/metaphor.html

Parenting Toddlers.com-Child Short Stories: www.parentingtoddlers.com/
   childshortstories.html

Room 108 Kids' Stories: www.netrover.com/~kingskid/108b.html

Stories in a Nutshell: www.storyarts.org/library/nutshell

Stories of Nasrudin: www.csclub.uwaterloo.ca/u/tamulder/nasrudin.html

Story Arts: www.storyarts.org

Story Palace-Children's Stories: storypalace.ourfamily.com/children/html

Story Palace-Inspirational Stories: storypalace.ourfamily.com/inspirational.html

Story Palace: Jokes & humor: storypalace.ourfamily.com/main2.html

Storytelling in the Classroom: www.storyarts.org/classroom/index.html

Wacky Web Tales: www.eduplace.com/tales/

Wonderworld of Fun-Small Stories for Little People: www.ssheen.clara.net/pleasure3.
   html

Zen Pursuer: sungag.buddhism.org/zen.html

Zen Stories to Tell Your Neighbours: www.rider.edu/users/suler/zenstory/nature.html

Zensufi Story Park: www.zensufi.com/story.htm

내용

George, W. Burns

임상심리사이자, Western Australia에 있는 Milton H. Erickson 연구소 소장으로 심리치료 수련감독자다. 주요 저서로는 『101가지 치료 이야기: 은유를 활용한 심리치료』, 『자연치료』가 있고, 공저로 『맨발로 서기: 행복창조, 우울감소, 생활향상』이 있다.

김춘경

경북대학교 아동가족학과와 문학치료학과 교수로 아동 상담, 가족 상담, 문학치료를 가르치고 연구하고 있다. 주요 저·역서로는 『아동상담: 이론과 실제』, 『아들러 아동상담: 이론과 실제』, 『청소년 상담』(공저), 『상호작용놀이를 통한 집단상담』(공저), 『상담기법』(역), 『삶의 기술』(역), 『상담과 심리치료: Adler의 개인심리학의 통합적 접근』(역), 『집단상담 전략과 기술』(역), 『아동 집단상담 프로그램』(공저), 『상담 및 심리치료의 이해』(공역) 등이 있다.
e-mail: kckyung@knu.ac.kr

어린이와 청소년을 위한
마음을 치유하는 101가지 이야기
은유를 사용한 심리치료

101 Healing Stories for kids and Teens: Using Metaphors in Therapy

2009년 2월 5일 1판 1쇄 발행
2023년 8월 10일 1판 5쇄 발행

지은이 • George W. Burns
옮긴이 • 김춘경
펴낸이 • 김진환
펴낸곳 • (주)**학지사**
04031 서울특별시 마포구 양화로 15길 20 마인드월드빌딩
등록번호 • 제313-2006-000265호

홈페이지 • http://www.hakjisa.co.kr
페이스북 • https://www.facebook.com/hakjisabook

ISBN 978-89-6330-022-1 93180

가격 18,000원

출판미디어기업 **학지사**
간호보건의학출판 **학지사메디컬** www.hakjisamd.co.kr
심리검사연구소 **인싸이트** www.inpsyt.co.kr
학술논문서비스 **뉴논문** www.newnonmun.com
교육연수원 **카운피아** www.counpia.com